송시선 宋詩選

SNUP 동서양의 고전 7

송시선 宋詩選

류종목 · 송용준 역해

서울대학교출판문화원

A Bilingual Anthology of Song Poetry

Translated and Annotated by Jong-Mok Liu, Yong-Joon Song

序 文

당시와 송시는 중국 고전시가의 쌍벽으로 우열을 논하기 어렵다. 양자의 우열에 대해서는 남송 이후 오늘날에 이르기까지 중론이 분분한 가운데, 중국 고전시가는 唐代에 이르러 절정에 달했다고 보는 당시우월론이 다소 우위를 점하는 편이다.

그러나 사실 당시와 송시의 차이는 '낫고 못함'의 차이가 아니라 '서로 다름'의 차이일 뿐이다. 그러므로 양자의 우열을 논하는 것은 매우 무모하고 또 불필요한 일이라고 할 수 있다. 당시가 감정의 토로를 본령으로 한다면 송시는 說理的 · 思辨的 요소를 많이 지니고 있고, 당시에 비해 산문적 성격이 강하며, 시풍이 平淡하다는 특징을 지니고 있다. 당시에 뜨거운 정감이 넘쳐흐른다면 송시에는 냉철한 이성이 흐르고 있다. 당시를 술에 비유하고 송시를 차에 비유하는 것은 바로 이 때문이다.

송대에는 시가 지식인의 일상생활과 밀착되어 있었다고들 하거니와 송인들은 일기를 쓰거나 간단한 메모를 하는 가벼운 마음으로 시를 쓰는 경우가 많았다. 다시 말해서 그들은 시를 감정 토로의 수단으로만 보지 않고 '備忘의 수단'으로 생각하여 일상생활에서 일어나는 작은 일들까지도 시에다 담아 두곤 했던 것이다. 그 결과 질적인 면에서는 당시와 송시의 우열을 논하기 어렵지만 양적인 면에서는 송시가 당시를 훨씬 능가한다. 《全唐詩》에는 2,200여 명의 시 48,000여 수가 수록되어 있고 《全宋詩》에는 9,300여 명의 시 27만여 수가 수록되어 있다는 사실이 이것을 입증해 준다.

송시가 우리 선현들에게 미친 영향 또한 당시에 뒤지지 않는다. 예컨대, 고려 시인 李奎報가 당시의 젊은 학자들이 과거시험에 급제하기 전에는 과거용 문체를 익히기에 급급하다가 일단 과거에 급제하여 시간적 여유가 생기면 너도나도 蘇軾의 시를 배우는 기풍을 두고, "세상의 학자들이 처음에는 과거시험에 필요한 문체를 익히느라 풍월을 일삼을 겨를이 없다가 과거에 급제하고 나서 시 짓는 법을 배우기 시작하면 소동파 시 읽기를 무척이나 좋아하기 때문에 매년 과거의 방이 나붙은 뒤에 사람마다 금년에 또 서른 명의 소동파가 나왔다고 여긴다"(世之學者, 初習場屋科擧之文, 不暇事風月, 及得科第, 然後方學爲詩, 則尤嗜讀東坡詩, 故每歲牓出之後, 人人以爲今年又三十東坡出矣)(《東國李相國集 · 答全履之論文書》)라고 하고, 조선의 대학자 金宗直이 "신라 말에서 고려 초까지는 오로지 만당 시만 익혔고 고려 중엽에는 소동파 시만 배웠다"(羅季及麗初, 專習晩唐, 麗之中葉, 專學東坡)(《靑丘風雅 · 序》)라고 했을 만큼 소식의 시풍은 고려 중엽 이후 우리 나라 시단에 지대한 영향을 미쳤으며, 江西詩派의 開祖로 송대의 시단에 커다란 영향을 미친 黃庭堅의 시풍은 조선 中宗 이후 우리 나라 시인들에게도 크게 추앙을 받아 이른바 해동강서시파가 형성되기에 이르렀다.

이처럼 송시는 그 중요성이 지대함에도 불구하고 오늘날 우리 나라에는 송시를 소개한 책이 거의 없다. 이에 필자들이 함께 이 책을 편찬하기로 하고 공동편찬에 따른 문제점을 줄이기 위해 먼저 편찬원칙을 세운 뒤 이를 엄수하면서 작업을 진행했다. 다음에 중요한 편찬원칙 및 이에 따른 작업의 진행과정을 밝혀 둔다.

1. 송시의 발전과정을 가장 잘 보여 줄 수 있고 각 시기별 또는 각 시파별 특성을 대표할 수 있는 시인과 작품을 선정한다는 원칙 아래 먼저 61명의 대표적 시인을 선정하여 출생시기 순으로 배열했다.

2. 이들을 중요도에 따라 네 등급으로 나누고 각 등급별로 미리 정한 한도 내에서 작품을 선정했다.

3. 각 시인마다 생애와 시풍을 간단하게 소개하고 각 작품마다 창작배경을 간략하게 설명한 〈해제〉를 붙였다.

4. 번역은 가급적 원문의 의미가 잘 드러나도록 하되 우리말의 운율에도 충분히 주의를 기울였다.

5. 일반인도 原詩의 의미를 쉽게 이해할 수 있게 하고 또 번역으로 처리하기 어려운 문제도 해결하기 위하여 주석은 최대한 상세하게 달았다.

6. 이구 · 문동 · 사마광 · 유반 · 소식 · 소철 · 황정견 · 하주 · 진사도 · 장뢰 · 공평중 · 안구 · 이정조 · 여본중 · 유자휘 · 육유 · 범성대 · 소덕조 · 강기 · 서기 · 대복고 · 화악 · 엄우 · 유극장 · 악뢰발 · 소립지 · 주밀 · 문천상 · 임경희는 류종목 교수가, 왕우칭 · 구준 · 임포 · 양억 · 범중엄 · 유영 · 안수 · 송기 · 매요신 · 구양수 · 소순흠 · 소옹 · 증공 · 왕안석 · 정해 · 왕령 · 장순민 · 진관 · 당경 · 왕조 · 왕정규 · 증기 · 진여의 · 양만리 · 우무 · 주희 · 옹권 · 조사수 · 방악 · 섭소옹 · 사방득 · 왕원량은 송용준 교수가 選詩와 역해를 맡아 총 61명의 시 285수를 選錄했다.

출판을 맡아 준 서울대학교출판부에 감사를 드린다. 그리고 필자들이 능력은 돌보지 않고 의욕만 앞세워 감행했던 작업인 만큼 많은 문제점이 있을 것으로 알고 독자 여러분의 애정 어린 질정을 기다린다.

2001년 6월

류종목 · 송용준

개정판을 내면서

우리가 《송시선》을 세상에 내놓은 지 어느덧 근 10년이 지났다. 그 동안 우리는 대학 강의실에서 이 책에 수록된 작품에 대하여 강론하기도 하고 다른 연구를 위하여 이 책을 참고하기도 했다. 이러한 일련의 과정을 통하여 우리는 이 책에 수록된 작품들에 대하여 보다 나은 역해를 모색할 수 있었다. 이제 그 동안 모색해온 새로운 역해를 반영하고 부족한 부분을 보완함은 물론 새로 발견된 몇 가지 오류를 수정하여 초판보다 다소 발전된 면모의 새로운 《송시선》을 선보이게 되었다.

아울러 책의 체제도 다소 개선했으니 원문과 번역문을 나란히 배열함으로써 대조의 편의를 도모하고, 각 시인의 시를 창작시기 순으로 정돈함으로써 작품 이해의 효율성을 제고했다. 또 여기저기 흩어져 있던 각 시인의 略傳을 따로 뽑아 한데 모아놓음으로써 필요시 참고하기에 편리하게 했다.

보다 나은 《송시선》을 만들기 위해 앞으로도 부단히 노력할 것을 약속하며 독자 제현의 변함없는 관심과 애정을 고대한다.

2009년 여름

역해자

目 次

序 文 | v

개정판을 내면서 | ix

일러두기 | xviii

王禹偁 | 對雪(눈을 대하고) 2 | 感流亡(유랑민들을 생각하며) 8 | 新秋卽事(其二)(초가을을 맞아 즉흥적으로 읊다) 14 | 村行(시골길) 16 | 日長簡仲咸(긴긴 날 중함에게 보내는 편지) 18

寇 準 | 春日登樓懷歸(봄날 누대에 올라 고향을 생각하며) 20 | 書河上亭壁(其四)(황하 가 정자 담벽에 쓰다) 22 | 遠恨(멀리 떨어져 있는 슬픔) 24

林 逋 | 竹林(대나무 숲) 26 | 山園小梅(동산의 작은 매화) 28 | 山村冬暮(산촌의 겨울 저녁) 30

楊 億 | 南朝(남조) 32 | 漢武(한 무제) 34 | 代意(마음을 대신하여) 38

范仲淹 | 江上漁者(강 위의 어부) 40 | 野色(들판의 희뿌연 기운) 42

柳 永 | 煮海歌(바닷물을 달이는 노래) 44

晏 殊 | 寓意(마음을 기탁하며) 48 | 假中示張寺丞王校勘(휴가중에 張先 寺丞과 王琪 校勘에게) 50

宋 祁 | 落花二首(其一)(낙화) 52

梅堯臣 | 陶者(기와 굽는 이) 54 | 范饒州坐中客語食河豚魚(饒州知州 范仲淹의 연회석상에서 한 객이 복어 먹은 이야기를 하여) 56 | 汝墳貧女(汝河 가의 가난한 집 딸) 60 | 魯山山行(노산의 산길) 64 | 悼亡(其一)(죽은 아내를 애도하며) 66 | 同謝師厚宿胥氏書齋聞鼠甚患之(謝景初와 함께 胥偃의 서재에서 묵다가 쥐 소리를 듣고 몹시 걱정이 되어) 68 | 夜聽隣家唱(밤에 이웃집의 노랫소리를 듣고서) 70 | 牽船人(배 끄는 사람) 72 | 八月九日晨興如厠有鴉啄蛆(8월 9일 새벽에 일어나 변소에 갔더니 까마귀가 구더기를 쪼아 먹고 있었다) 74 | 秋日家居(가을날 집안에서) 76

歐陽修 | 戱答元珍(정보신에게 장난삼아 답하여) 78 | 晩泊岳陽(밤에 악양에 정박

하여) 80 | 水谷夜行寄子美聖兪(水谷에서 밤길을 가다 소순흠과 매요신에게) 82 | 啼鳥(지저귀는 새) 88 | 豊樂亭游春三首(풍락정의 봄나들이) 94 | 邊戶(변경의 주민) 98 | 明妃曲和王介甫(왕안석의 〈明妃曲〉에 화답하여) 100 | 日本刀歌(일본도 노래) 104 | 食糟民(지게미를 먹는 백성) 108 | 學書(其二)(서예를 익히다가) 112

蘇舜欽 | 慶州敗(경주에서의 패전) 114 | 吳越大旱(오·월 땅의 큰 가뭄) 120 | 依韻和勝之暑飮(王益柔의 〈더운 날의 음주〉詩 韻에 따라 화답하여) 126 | 蜀士(촉 땅의 선비) 132 | 淮中晩泊犢頭(淮河 여행중 날이 저물어 독두에 배를 대고) 138 | 中秋松江新橋對月和柳令之作(중추절 송강의 신교에서 달을 대하고 柳縣令의 작품에 화답하다) 140 | 夏中(한여름) 142 | 覽照(거울을 들여다보며) 144

李　覯 | 苦雨初霽(장마가 갓 갠 뒤) 146 | 憶錢塘江(전당강 추억) 148

邵　雍 | 高竹八首(其二)(높이 자란 대나무) 150 | 首尾吟(其七十八)(수미음) 152 | 安樂吟(安貧樂道의 노래) 154

文　同 | 望雲樓(망운루) 158 | 新晴山月(비 갠 뒤의 저녁달) 160

曾　鞏 | 西樓(서쪽 누각) 162 | 城南(성 남쪽) 164

司馬光 | 獨步至洛濱二首(其二)(혼자 걸어서 낙수까지 가노라니) 166 | 道傍田家(길가의 농가) 168

王安石 | 河北民(하북의 백성들) 170 | 强起(억지로 일어나서) 172 | 葛溪驛(갈계역) 174 | 明妃曲二首(其一)(王昭君 노래) 176 | 示長安君(장안군에게) 180 | 夜直(밤 근무를 하다가) 182 | 泊船瓜洲(과주에 배를 대고) 184 | 酬沖卿月晦夜有感(吳充의 〈그믐날 밤 느낀 바가 있어서〉시에 화답하여) 186 | 書湖陰先生壁二首(其一)(호음선생 댁 벽에 쓰다) 190 | 桃源行(桃花源 노래) 192

鄭　獬 | 春盡(봄은 다 가는데) 196 | 滯客(발이 묶인 나그네) 198

劉　攽 | 雨後池上(비 온 뒤의 연못) 200 | 新晴(비가 그치니) 202

王　令 | 假山(인조 돌산) 204 | 暑旱苦熱(여름 가뭄의 고통스런 더위) 206 | 感憤(울분을 느끼며) 208 | 讀老杜詩集(杜甫詩集을 읽고서) 210 | 餓者行(굶주린 자의 노래) 212

張舜民 | 打麥(보리 타작) 214

蘇　軾 | 江上看山(강 위에서 산을 보니) 218 | 和子由澠池懷舊(자유의 〈면지회구〉에 화답하여) 220 | 雨中遊天竺靈感觀音院(천축사의 영감관음원) 222 | 六月二十七日望湖樓醉書五絶(其一)(망호루에서 술 마시며) 224 | 吳中田婦歎(오중 지방 어느 농촌 아낙의 탄식) 226 | 法惠寺橫翠閣(법혜사 횡취각) 230 | 飮湖上初晴後雨二首(其二)(비 내리는 서호) 234 | 於潛僧綠筠軒(어잠 스님의 녹균헌) 236 | 有美堂暴雨(유미당의 폭우) 238 | 八月十五日看潮五絶(其二, 其三)(팔월 보름날의 파도타기 구경) 240 | 百步洪二首(其一)(백보홍) 242 | 東坡八首(其一, 其二)(동파) 246 | 紅梅三首(其一)(홍매) 250 | 洗兒戲作(세아회 날 장난삼아) 252 | 題西林壁(여산진면목) 254 | 惠崇春江晩景二首(其一)(혜숭의 〈춘강만경〉을 보고) 256 | 書鄢陵王主簿所畵折枝二首(其一)(언릉 왕주부의 절지화를 보고) 258 | 荔支歎(여지의 탄식) 260 | 食荔支二首(其二)(여지를 먹는 재미) 264

蘇　轍 | 逍遙堂會宿二首(其一)(소요당에서 함께 자며) 266 | 中秋夜八絶(其一)(한가위의 보름달) 268

黃庭堅 | 勞坑入前城(노갱을 통해 전성으로 들어가니) 270 | 登快閣(쾌각에 올라) 272 | 寄黃幾復(황기복에게) 274 | 戲呈孔毅父(공의보에게 장난으로) 276 | 題竹石牧牛(죽석목우도) 278 | 病起荊江亭卽事十首(其一, 其八)(병석에서 일어나 형강정에 올라) 280 | 蟻蝶圖(개미와 나비) 284 | 雨中登岳陽樓望君山二首(비 내리는 동정산) 286 | 跋子瞻和陶詩(소식의 화도시를 읽고) 288 | 鄂州南樓書事四首(其一)(악주 남루에 올라 보니) 290

秦　觀 | 泗州東城晚望(저물녘 사주의 동성에서 바라보며) 292 | 田居四首(其一)(전원에 거처하며) 294 | 秋日三首(其一)(가을날) 298 | 次韻太守向公登樓眺望二首(其一)(태수 상공의 〈登樓眺望〉시에 차운하여) 300 | 春日五首(其二)(봄날) 302

賀　鑄 | 淸燕堂(청연당에서) 308 | 宿芥塘佛祠(개당사에서 묵노라니) 306

陳師道 | 別三子(아들딸과 이별하고) 308 | 九日寄秦觀(중양절날 진구에게) 312 | 示三子(아들딸에게) 314 | 雪後黃樓寄負山居士(눈이 갠 뒤 황루에서 부산거사에게 부친다) 316 | 田家(농가) 318 | 泛淮(회수에 배 띄우고) 320 | 後湖晚坐(저녁에 후호에서) 322 | 登快哉亭(쾌재정에 올라) 324 | 絶句四首(其四)(세상사) 326 | 春懷示隣里(춘심) 328

張　耒 | 感春十三首(其一)(춘흥) 330 | 勞歌(노동자의 노래) 332 | 海州道中二首(其二)(해주로 가는 길에) 334 | 秋日登海州乘槎亭(가을에 해주의 승사정에 올라) 336 | 初見嵩山(숭산을 처음 보고) 338 | 夜坐(밤에 앉아 있노라니) 340

孔平仲 | 禾熟三首(其一)(벼 익는 시절) 342 | 霽夜(맑게 갠 밤) 344

韓　駒 | 夜泊寧陵(영릉에서 밤을 나며) 346 | 和李上舍冬日書事(이상사의 〈겨울날〉에 화답하여) 348

唐　庚 | 春日郊外(봄날 교외에서) 350 | 張求(장구) 352

王　藻 | 卽事二首(즉흥시) 356 | 己酉亂後寄常州使君姪(기유년의 난리 후 상주태수 조카에게) 358 | 春日(봄날) 360

王庭珪 | 送胡邦衡之新州貶所二首(其一)(신주로 좌천되어 가는 胡銓을 전송하며) 362 | 二月二日出郊(2월 2일 교외로 나와서) 364

李淸照 | 烏江(오강) 366 | 春殘(늦봄) 368

呂本中 | 兵亂後雜詩五首(其一, 其四, 其五)(전란을 겪고 나서) 370 | 春日卽事二首(其二)(봄날) 374 | 柳州開元寺夏雨(유주 개원사의 여름비) 376 | 連州陽山歸路(연주 양산에서 되돌아가는 길에) 378 | 夢(꿈) 380

曾 幾 | 三衢道中(구주의 길목에서) 382 | 蘇秀道中自七月二十五日夜大雨三日, 秋苗以蘇, 喜而有作(소주에서 수주로 가던 도중 7월 25일 밤부터 사흘 동안 큰비가 내려 가을 곡식이 소생하였으므로 기뻐서 짓는다) 384 | 壬戌歲除作明朝六十歲矣(임술년 선달 그믐날에, 내일 아침이면 60세로다) 386

陳與義 | 襄邑道中(양읍 가는 길에) 388 | 中牟道中二首(중모 가는 길에) 390 | 清明(청명) 392 | 登岳陽樓二首(其一)(악양루에 올라) 394 | 雨中對酒庭下海棠經雨不謝(비 오는 가운데 술 마주했는데, 뜰 아래 해당화가 비를 맞고도 지지 않아서) 396 | 春寒(봄추위) 398 | 傷春(봄날에 가슴아파서) 400 | 牡丹(모란) 402 | 雨晴(비가 개어) 404

劉子翬 | 汴京紀事二十首(其一)(변경에서) 406 | 江上(강촌 풍경) 408 | 策杖(지팡이 짚고 나섰더니) 410

陸 游 | 夜讀兵書(밤에 병서를 읽다가) 412 | 遊山西村(산서촌을 유람하고) 414 | 聞雨(빗소리를 들으며) 416 | 黃州(황주) 418 | 劍門道中遇微雨(검문관을 지나는 길에 가랑비를 맞으며) 420 | 金錯刀行(금착도행) 422 | 長歌行(장가행) 424 | 春殘(봄이 저무네) 428 | 關山月(관산월) 430 | 初發夷陵(이릉을 막 떠나며) 432 | 六月十四日宿東林寺(유월 열나흗날 동림사에서 자며) 434 | 五月十一日夜且半, 夢從大駕親征, 盡復漢唐故地, 見城邑人物繁麗, 云西涼府也. 喜甚, 馬上作長句, 未終篇而覺, 乃足成之(5월 11일 한밤중이 다 돼 갈 무렵 꿈에 임금님의 수레가 친정하는 것을 따라가 한나라와 당나라 때의 옛 땅을 모두 수복하고 성읍의 사람과 문물이 번화한 것을 보았는데, 西涼府라고 했다. 하도 기뻐서 말 위에서 칠언고시를 짓는데 시가 아직 끝나기 전에 꿈을 깨었으므로 이에 이를 완성하다) 436 | 書憤(분개) 440 | 臨安春雨初霽(임안에 봄비 갓 개어) 442 | 秋夜將曉出籬門迎涼有感二首(其二)(가을 밤이 새려 할 때 울타리 문을 나서서 바람을 쐬며) 444 | 十一月四日風雨大作二首(其二)

(동짓달 초나흗날 비바람이 크게 일어) 446 | 沈園二首(심원) 448 | 梅花絶句(매화) 450 | 示兒(아들들에게) 452

范成大 | 寒食郊行書事二首(其一)(한식날 교외에서) 454 | 繅絲行(고치를 켜는 농민의 노래) 456 | 催租行(세금 독촉의 노래) 458 | 後催租行(다시 쓰는 세금 독촉의 노래) 460 | 州橋(주교) 462 | 會同館(회동관) 464 | 夜坐有感(밤에 앉아 있노라니) 466 | 春日田園雜興十二絶(其二)(춘일전원잡흥) 468 | 晩春田園雜興十二絶(其三)(만춘전원잡흥) 470 | 夏日田園雜興十二絶(其七)(하일전원잡흥) 472 | 秋日田園雜興十二絶(其九)(추일전원잡흥) 474 | 冬日田園雜興十二絶(其十)(동일전원잡흥) 476

楊萬里 | 過百家渡四絶句(其二, 其四)(백가도를 지나며) 478 | 憫農(가엾은 농민들) 480 | 閒居初夏午睡起二絶句(한가히 기거하는 초여름에 낮잠 자고 일어나) 482 | 揷秧歌(모심기 노래) 484 | 桑茶坑道中八首(其二, 其七)(상다갱의 길 가운데서) 486 | 道傍店(길 옆 가게) 488 | 安樂坊牧童(안락방의 목동) 490 | 五月初二日苦熱(5월 2일 고통스러운 더위에) 492 | 醉吟(취하여 읊음) 494 | 湖天暮景(호수의 석양) 496 | 分宜逆旅逢同郡客子(분의의 여관에서 만난 同鄕의 나그네와 이별함에) 498

尤袤 | 淮民謠(淮南 지방의 민요) 500

朱熹 | 觀書有感二首(其一)(책을 보다가 느낌이 일어서) 506 | 水口行舟二首(其一)(배를 타고 수구로 가며) 508 | 鵝湖寺和陸子壽(아호사에서 육구령에게 화답하여) 510

蕭德藻 | 樵夫(나무꾼) 512 | 古梅二首(其一)(늙은 매화나무) 514 | 登岳陽樓(악양루에 올라) 516

姜夔 | 除夜自石湖歸苕溪十首(其一, 其三)(제야에 석호에서 초계로 돌아가며) 518 | 過垂虹(수홍교를 지나며) 520 | 平甫見招不欲往二首(其一)(평보가 부르는데 마음이 없네) 522 | 湖上寓居雜詠十四首(其一, 其九)(호숫가에 사는 재미) 524 | 昔遊詩十五首(其五)(그 옛날의 유랑 시절) 526

徐　璣 | 新涼(초가을) 528 | 山居(산 속에 사노라니) 530

翁　卷 | 鄕村四月(사월의 시골 마을) 532 | 野望(들판 풍경) 534

趙師秀 | 數日(며칠) 536 | 約客(손님을 기다리며) 538 | 薛氏瓜廬(薛師石의 瓜廬) 540

戴復古 | 庚子薦饑三首(其一)(경자년의 거듭된 굶주림) 542 | 夜宿田家(시골집에 묵으며) 544 | 淮村兵後(전란 뒤의 회하 마을) 546

華　岳 | 驟雨(소나기) 548 | 田家十首(其四)(농가) 550

嚴　羽 | 臨川逢鄭遐之之雲夢(임천에서 운몽으로 가는 정하지를 만나) 552 | 有感六首(其一)(유감) 554

劉克莊 | 戊辰卽事(무진년의 즉흥시) 556 | 落梅(떨어진 매화) 558 | 北來人二首(其一)(북쪽에서 온 사람) 560 | 冶城(야성) 562 | 築城行(성 쌓기 노래) 564 | 軍中樂(즐거운 군대 생활) 566 | 苦寒行(춥고 힘든 군대 생활) 568

方　岳 | 春思(봄 생각) 570 | 農謠五首(其四, 其五)(농촌가) 572 | 三虎行(세 호랑이 노래) 574

葉紹翁 | 遊園不値(화원에 갔으나 주인을 만나지 못하다) 578 | 田家三詠(농촌가) 580

樂雷發 | 秋日行村路(가을날 시골길을 가노라니) 584 | 逃戶(도망자) 586

謝枋得 | 武夷山中(무이산에서) 588 | 蠶婦吟(누에 치는 아낙의 노래) 590

蕭立之 | 送人之常德(상덕으로 가는 이에게) 592 | 偶成(단비) 594

周　密 | 夜歸(밤중의 귀향길) 596 | 西塍廢圃(서마승의 황폐한 채소밭) 598

文天祥 | 揚子江(양자강) 600 | 過零丁洋(영정양을 지나며) 602 | 南安軍(남안군) 604 | 金陵驛二首(其一)(금릉역) 606 | 眞州驛(진주역) 608 | 正氣歌(정기가) 610 | 除夜(제야) 618

汪元量 | 醉歌十首(其五, 其九)(취하여 부르는 노래) 620 | 湖州歌九十八首(其五, 其三十八)(호주의 노래) 622

林景熙 | 山窓新糊有故朝封事稿閱之有感(산촌 집의 창문에 새로 바른 종이에

옛날 조정의 비밀 상소문 원고가 있어서 그것을 읽고 느낀 바를 쓴다) 624 | 溪亭(개울가의 정자에서) 626

宋詩에 대하여 | 629
作家소개 | 650
영문초록 | 679
시인 찾아보기 | 681
작품 찾아보기 | 683

일러두기

1. 이 책은 극소수의 작품을 통하여 송시의 맛을 선보이는 데 목적이 있는 만큼 어느 하나의 판본에 의존하지 않고 여러 가지 판본 중에서 이러한 목적을 달성하기에 가장 적합한 것을 선택했다.
2. 송시의 발전과정을 가장 잘 보여줄 수 있고 각 시기별 또는 각 시파별 특성을 대표할 수 있는 시인의 작품 가운데 가장 대표적인 것을 선정했다.
3. 시인은 출생시기 순으로 배열하고 한 시인의 작품은 창작시기 순으로 배열함을 원칙으로 했지만 창작시기가 분명치 않은 것은 맨 뒤에 수록했다.
4. 書名은《 》로 표시하고 篇名이나 작품명은〈 〉로 표시했다.

송시선 宋詩選

對雪

帝鄉歲云暮
衡門晝長閉
五日免常參
三館無公事
讀書夜臥遲
多成日高睡
睡起毛骨寒
窓牖瓊花墜
披衣出戶看
飄飄滿天地
豈敢患貧居
聊將賀豊歲.
月俸雖無餘
晨炊且相繼

[해설] 이 시는 왕우칭 최초의 풍유시로서 端拱 元年(988) 右正言直史館으로 재직할 때 지어진 것이다. 시인은 큰 눈을 대하며 촉발된 감정을 賦體를 사용하여 써 내려갔는데, 감정이 진지하고 언어가 통절하여 북송사회가 당면한 현실에 대한 시인의 관심사를 진실하게 표현한 것이라고 하겠다. 이와 같은 풍유시는 다른 백체 시인들에게서 찾아볼 수 없었던 것으로, 이러한 면이 점차 그를 다른 백체 시인들과 구별짓게 하였다.

帝鄕(제향): 황제가 거주하는 곳으로, 여기서는 北宋의 수도 汴京(지금의 開封市)을 가리킨다. '歲云暮'의 '云'은 어조사로서 뜻이 없다. 衡門(형문): 橫木을 대문으로 삼

눈을 대하고

서울의 거리도 한 해가 저무는데
누추한 집 대문은 온 종일 닫혀 있다.
닷새에 한 번 가야 하는 조회도 면제되고
관공서에도 공무가 없어서
밤이 이슥하도록 책을 읽다가
늦잠을 자는 일이 많아졌다.
잠에서 깨어나니 오싹 추위가 느껴져
살펴보니 창 밖에 하얀 눈꽃이 떨어진다.
옷을 걸치고 문 밖으로 나와 보니
흩날리는 눈발이 천지에 가득하다.
어찌 감히 가난한 살림을 걱정하리
오직 풍년이 들기만을 바랄 뿐이다.
월급은 비록 넉넉하지 않지만
아침이 되면 그럭저럭 밥을 지을 수 있다.

았다는 뜻으로 누추한 집을 가리킨다. 免常參(면상참): 닷새에 한 번 조회에 나아가는 정해진 예절을 면제받다. 황제가 닷새에 한 번 조회를 하면 신하들은 조정에 나아가서 절하고 뵙는데, 이것은 漢代로부터 전해진 법이다. 三館(삼관): 昭文館 · 國史館 · 集賢館을 3館이라고 하였는데, 여기서는 史館을 가리킨다. 이 때 왕우칭은 右正言直史館으로 재직하고 있었다. 瓊花(경화): 옥과 같이 새하얀 눈꽃을 가리킨다. 時瑞(시서): 시절의 상서로움. 옛 사람들은 겨울에 오는 눈을 '瑞雪'(상서로운 눈)이라고 일컬었다. 河朔(하삭): 황하 이북을 가리킨다. 그 당시 宋은 거란(1066년부터는 국호를 遼라고 하였음)과 한창 전쟁중이었고, 왕우칭도 宋 太宗에게 〈禦戎十策〉을 바쳤다.

薪芻未缺供
酒肴亦能備
數杯奉親老
一酌均兄弟
妻子不飢寒
相聚歌時瑞
因思河朔民
輸挽供邊鄙
車重數十斛
路遙數百里
羸蹄凍不行
死轍冰難曳
夜來何處宿
闃寂荒陂裏
又思邊塞兵
荷戈御胡騎
城上卓旌旗
樓中望烽燧

輸挽(수만): 수레를 끌다. 당시 송 왕조는 북방의 거란과 전쟁중이어서 조정에서는 수시로 황하 이북의 백성들을 징발하여 군량을 전선으로 운송시켰다. 邊鄙(변비): 변방. 邊邑. 羸蹄(이제): 파리한 말발굽. 여기서는 이것으로 지치고 야윈 말을 지칭하였다. 死轍(사철): 죽은 수레바퀴. 즉, 수레바퀴가 땅에 얼어붙어서 움직이지 않는다는 말이다. 闃

땔감과 목초도 떨어지지 않고
술과 안주도 장만할 수 있다.
몇 잔은 부모님께 올리고
형제들도 한잔씩 마실 수 있다.
처와 자식들 춥거나 배고프지 않고
함께 모여 시절의 상서로움을 노래한다.
계제에 황하 북쪽의 백성들 생각해 보면
변방에 식량 나르려고 수레를 끈다.
수레엔 수십 섬이 실려 무겁기만 한데
길은 아득히 수백 리를 가야 한다.
파리한 발굽은 일어서 나아가지 못하고
수레바퀴는 얼어붙어 끌기조차 어렵다.
밤에는 또 어디서 묵을까?
쓸쓸하고 황량한 산비탈이겠지.
또한 변방의 병사들 생각해 보면
창을 메고 오랑캐 기병을 막고 있겠지.
성 위에 깃발을 우뚝 세우고
망루에서 봉화를 바라보리라.

寂(격적): '靜寂'과 같다. 烽燧(봉수): 烽火. '烽'과 '燧'는 고대 변방에서 사용했던 두 가지 경보 신호이다. 변방에 높은 토대를 쌓고 敵이 쳐들어올 기미가 있으면 불을 피워 올려 알리는 것을 '烽'이라고 하고, 땔나무를 높이 쌓아올려 적이 당도하면 태워서 연기를 올리는 것을 '燧'라고 한다. 낮에는 '燧'를 피워 올리고, 밤에는 '烽'을 피워 올렸다.

弓勁添氣力
甲寒侵骨髓
今日何處行
牢落窮沙際
自念亦何人
偸安得如是
深爲蒼生蠹
仍尸諫官位
謇諤無一言
豈得爲直士
褒貶無一詞
豈得爲良史
不耕一畝田,
不持一隻矢
多慚富人術
且乏安邊議
空作對雪吟
勤勤謝知己

牢落(뇌락): 멀고 쓸쓸한 모양. **蒼生蠹**(창생두): 백성들의 좀 벌레. 백성들에게 피해를 끼치는 사람. **尸位**(시위): 관직에 있으면서 그 직분을 다하지 못하다. 이 구절은 諫官의 직위에 있으면서 諫官의 책임을 다하지 못한다는 뜻이다. **謇諤**(건악): 인정 사정 보지 않고 있는 그대로 말하다. **良史**(양사): 훌륭한 史官. 당시 왕우칭이 재직하고 있던 直史館은 일종의 史官이다. **富人術**(부인술): 백성들을 부유하게 만드는 방법. '富'는 여기서

있는 힘을 다해 강궁을 당기면
갑옷의 한기가 골수에 스며들리라.
오늘은 어디로 가는가?
쓸쓸한 사막 끝을 헤매겠지.
생각해 보면 나는 또 어떤 사람인가?
눈앞의 안일만을 탐한 것이 이와 같다.
참으로 백성들의 좀 벌레가 되어
諫官의 자리만 차고 앉아 봉급을 축낸다.
솔직하게 바른 말 한 마디도 못하니
어찌 올곧은 관리가 될 수 있으리?
선악의 褒貶에 대해 한 마디도 못하니
어찌 훌륭한 史官이 될 수 있으리?
한 뙈기의 밭도 경작하지 않고
화살 하나 제대로 쏠 줄 모르면서
부끄럽게도 백성을 부유하게 할 줄 모르고
변방을 안정시킬 방책도 없다.
부질없이 〈對雪〉시를 지어 읊어
삼가 친구들에게 사죄할 뿐이다.

使動詞로 쓰였다. 이 구절은 "謝知己勤勤"과 같다. 좋은 친구들이 열렬하고 진지하게 바라는 것을 마주할 면목이 없다는 뜻이다. 왕우칭은 비록 이처럼 자신을 비판하였지만 당시의 각종 기록과 그 자신의 작품을 근거로 하여 살펴보면 그는 직언할 만한 배포가 있는 사람이었다.

感流亡

謫居歲云暮
晨起廚無煙
賴有可愛日
懸在南榮邊
高舂已數丈
和暖如春天
門臨商於路
有客憩簷前
老翁與病嫗
頭鬢皆皤然
呱呱三兒泣
惸惸一夫鰥
道粮無斗粟
路費無百錢

[해설] 이 시는 淳化 2年(991) 商州에서 지어진 것이다. 근 2년에 걸친 상주에서의 폄적 생활은 왕우칭에게 보다 직접적으로 민중의 고통과 사회현실을 직시할 기회를 주었다. 이 체험이 그가 폄적되었을 때의 심정과 어울려 그로 하여금 〈感流亡〉·〈竹鼠留〉·〈烏啄瘡驢詩〉·〈畬田詞〉·〈謫居感事〉·〈金吾〉·〈秋霖二首〉·〈對雪示嘉祐〉·〈十月二十日作〉·〈射弩〉·〈霪雨中偶書所見〉·〈四皓廟〉 등의 풍유시를 창작케 하였다. 이 시는 형식면에서 長篇 古體 위주로 바뀌어 풍부한 내용을 담는 거대 용량을 보여 주고 있으며, 평이하고 꾸밈

유랑민들을 생각하며

귀양살이에 또 한 해가 저무는데
새벽에 일어나니 밥짓는 연기가 없다.
마침 따뜻하고 화창한 태양이
남쪽 추녀 끝에 걸려 있다.
저무는 해가 아직 몇 길 높이에 있으니
따뜻하기가 마치 봄날 같다.
대문은 상오의 거리에 닿아 있는데
웬 나그네들이 처마 밑에서 쉬고 있다.
늙은 영감과 병든 노파는
머리털이 온통 새하얗다.
세 아이가 배고파 울어대니
홀아비 한 사람 근심에 차 있다.
길 떠날 양식은 한 말도 안 되고
노잣돈도 한 푼 가진 게 없다.

없는 어조로 사회현실과 민간의 실정 및 시인 자신의 심정에 대해 빠짐없이 서술하여 백거이의 풍유시를 학습한 특징을 나타내고 있는 한편 언어의 구사가 유창하면서도 공허하지 않아서 以文爲詩의 풍모가 엿보인다.

南榮(남영): 남쪽 추녀. 高舂(고용): 해가 서쪽으로 기울어 황혼에 가까운 때를 가리킨다. 商於(상오): 지금의 陝西省 商南縣과 河南省 淅川縣·內鄕縣 일대를 가리킨다. 皤然(파연): 새하얀 모양.

聚頭未有食
顏色頗飢寒
試問何許人
答云"家長安
去歲關輔旱
逐熟入穰川
婦死埋異鄉
客貧思故園
故園雖孔邇
秦嶺隔藍關
山深號六里
路峻名七盤
襁負且乞丐
凍餒復險艱
惟愁大雨雪
僵死山谷間."
我聞斯人語
倚戶獨長嘆
爾爲流亡客
我爲冗散官
在官無俸祿

惸惸(경경): 근심하는 모양. 關輔(관보): 關中. 長安이 關中에 있으므로 關輔라고 칭하였다.('輔'는 京城 부근의 땅을 가리킨다.) 逐熟(축숙): 농작물이 익는 계절을 따르다. 穰川(양천): 농작물이 풍성한 넓은 들판. 孔邇(공이): 매우 가깝다. '很近'과 같다. 秦嶺(진

머리를 맞대어봐도 먹을 건 없어
안색에 춥고 배고픔이 역력하다.
어디서 온 사람이냐고 물어보니
대답하기를 "집은 원래 장안인데
지난해 장안 일대에 가뭄이 들어
가을에 곡식 찾아 넓은 들판으로 왔으나
아내는 도중에 죽어서 타향에 묻었고
가난한 나그네 되어 고향을 그린다오.
고향 땅 매우 가깝다고는 하지만
진령이 가로놓이고 남관도 막혀 있으니
산이 깊어 六里라 부르고
길이 험해 七盤이라 이름지었지요.
어린아이 등에 업고 구걸을 하니
몸은 얼고 굶주려 고생이 말이 아니라오.
다만 걱정되는 건 큰 눈이 내려
산골짝에서 뻣뻣이 얼어 죽는 것이라오."
나는 이 사람의 말을 듣고서
지게문에 기대어 혼자 길게 탄식하였다.
그대가 떠돌이 유랑객이라면
나는 하는 일 없는 벼슬아치라네.
관직에 있다지만 봉록이 변변치 않아

령): 山名. 《三秦記》: "진령은 동쪽으로 상낙에서 시작하여 서쪽으로 견롱까지 이어져 동서로 800리이다."(秦嶺東起商雒, 西盡汧隴, 東西八百里.) 藍關(남관): 藍田縣關으로, 지금의 陝西省 藍田縣에 있다. 冗散官(용산관): 할 일 없는 벼슬아치.

奉親乏甘鮮
因思筮仕來
倏忽過十年
峨冠蠹黔首
旅進長素餐
文翰皆徒爾
放逐固宜然
家貧與親老
睹爾聊自寬

筮仕(서사): 出仕하기 전에 吉凶을 점치다. 여기서는 처음으로 관직에 나아간 것을 가리킨다. 倏忽(숙홀): 어느덧. 시간이 빨리 지나간 것을 가리킨다. 峨冠(아관): 높은 관. 여기서는 이것으로 士大夫를 지칭하였다. 黔首(검수): 백성. 旅進(여진): 뭇 사람과 함께 부모님 봉양에 맛난 음식은 못 드렸다.
첫 벼슬 하려던 때를 돌이켜보니
어느덧 십 년 세월이 지나가 버렸다.
높은 관 쓰고 백성들을 좀먹으며
그저 대세에 따르면서 늘 공밥을 먹고 있다.
文士란 모두 이렇게 쓸모 없을 따름이니
쫓겨난 것이 정말 당연하다.
집은 가난하지만 늙은 부모 모시고 있으니
그대를 보면서 잠시 스스로를 위안한다.

나아가다. 대세에 따르다. **素餐**(소찬): 일하지 않고 공밥을 먹다. 《詩經 · 魏風 · 伐檀》: "진실한 군자란 일하지 않고 밥 먹지 않는 법인데."(彼君子兮, 不素餐兮.) **文翰**(문한): 문장. 文辭. 여기서는 이것으로 문장을 다루는 선비, 즉 文士를 지칭하였다.

新秋即事(其二)

宦途流落似長沙
賴有詩情遣歲華
吟弄淺波臨釣渚
醉披殘照入僧家
石挨苦竹旁抽笋
雨打戎葵臥放花
安得君恩許歸去
東陵閑種一園瓜

[해설] 이 시는 淳化 3年(992) 商州에서 지어진 것이다. 시인은 표면적으로 경치를 묘사하고 있지만, 頸聯의 '苦竹'과 '戎葵'가 시인 자신을 비유한 것으로 볼 수 있어서 폄적 생활에 대한 자신의 처지와 심정을 잘 깃들여 놓고 있다. 이와 같이 왕우칭은 시가 학습의 범위를 두보에게로까지 확대시킨 뒤 특히 情과 景의 융합 방면에서 좋은 성과를 거두었다.

초가을을 맞아 즉흥적으로 읊다

벼슬길 떠도는 것이 長沙傅 신세와 같지만
다행히 詩情에 의지해 세월을 보낸다.
시 읊조리며 잔물결 헤쳐 낚시터로 나아가고
술 취하면 노을 빛 받으며 낡은 암자로 돌아간다.
바위를 비집고 나온 참대는 군데군데 새순을 돋우고
비 맞은 접시꽃은 누워서 꽃을 피운다.
어찌하면 임금님의 은혜 입어 고향으로 돌아가
동쪽 언덕에서 한가로이 오이를 심을 수 있을까?

長沙(장사): 漢 賈誼를 가리킨다. 그는 관직이 大中大夫에까지 올라 정치의 개혁에 주력했지만 周勃·灌嬰 등의 배척을 받아 長沙王太傅로 좌천되었기 때문에 '賈長沙'로 불렸다. 遣歲華(견세화): 세월을 보내다. 釣渚(조저): 물 가운데 있는 沙洲의 낚시터. 殘照(잔조): 저물녘의 햇빛. 노을빛. 戎葵(융규): 접시꽃. 東陵(동릉): 秦 東陵侯였던 召平은 秦이 망하고 漢나라가 들어선 후 평민이 되어 長安城 동쪽에서 오이를 재배하며 살았는데, 오이가 달고 맛있어서 당시에 '東陵瓜'라는 명칭이 있었다고 한다.

村行

馬穿山徑菊初黃
信馬悠悠野興長
萬壑有聲含晚籟
數峰無語立斜陽
棠梨葉落胭脂色
蕎麥花開白雪香
何事吟餘忽惆悵
村橋原樹似吾鄉

[해설] 이 시는 淳化 3年(992) 가을 商州에서 지어진 것이다. 시인은 이 시에서 가을날 황혼 때의 아름다운 경치를 생동감 있게 묘사한 뒤, 尾聯에서 "시골 다리와 들판 나무가 내 고향 닮았구나"라고 토로하여 폄적 생활에 대한 권태와 고향으로 돌아가고픈 마음을 더욱 절실하게 전달할 수 있었다.

시골길

말 타고 산길에 접어드니 들국화 노랗게 피어 있고
말 가는 대로 맡기니 야외의 흥취가 마냥 새롭다.
골짜기마다 가을 저무는 소리가 들리고
봉우리는 말없이 석양 속에 우뚝 서 있다.
팥배 나뭇잎은 연지 빛으로 물들어 떨어지고
메밀꽃은 흰눈처럼 피어나 향기롭다.
어인 일인가, 읊고 나니 홀연히 슬퍼지는 건
시골 다리와 들판 나무가 내 고향 닮았다.

悠悠(유유): 자유롭고 한가한 모양. 野興(야흥): 자연 경치에 대한 정취. 晩籟(만뢰): 저물녘에 들려 오는 자연의 소리. 棠梨(당리): 팥배나무. '杜梨'와 같다. 白雪(백설): 메밀꽃이 白雪처럼 하얗다는 말이다. 原(원): 교외의 들판을 가리킨다.

日長簡仲咸

日長何計到黃昏
郡僻官閑晝掩門
子美集開詩世界
伯陽書見道根源
風飄北院花千片
月上東樓酒一樽
不是同年來主郡
此心牢落共誰論

[해설] 이 시는 淳化 4年(993) 商州(지금의 西安市 동남쪽에 있음)에서 지어진 것이다. 왕우칭의 시가창작 노선을 살펴보면 시를 교제와 응수의 수단으로 삼은 창화시에서 출발하여 시로써 사회현실을 반영하고 비판하는 풍유시로 발전하였을 뿐만 아니라 거기서 한 걸음 더 나아가 두보 시의 학습을 통해 시가예술의 새로운 경지를 추구하였다. 이 시에서 그는 "두보의 시집이 시 세계를 새로 열었다"고 말하여 두보 시의 '개척' 방면에 착안하고 그의 '집대성'을 강조하지 않았다. 이는 그가 주로 시가 발전의 각도에서 두보 시의 창신 정신에 주목했음을 단적으로 설명해 준다.

긴긴 날 중함에게 보내는 편지

이 긴 낮에 무슨 수로 황혼을 맞을 수 있을까?
궁벽한 고을이라 관아는 한가하여 낮에도 문이 닫혀 있다.
두보의 시집은 시 세계를 새로 열었고
노자의 책은 도의 근원을 밝혀 놓았다.
바람 부는 북쪽 뜰에는 꽃잎이 무수히 흩날리고
동쪽 누각에 달 떠오르면 술잔을 기울일 뿐.
나이가 같은 그대가 이 곳을 맡지 않는다면
의지할 데 없는 이 마음 누구와 이야기하리!

仲咸(중함): 馮伉의 字이다. 子美(자미): 杜甫의 字이다. 世界(세계): 여기서는 영역 또는 범위를 가리킨다. 伯陽(백양): 老子를 가리킨다. 老子는 성명이 李耳, 字가 伯陽, 謚號가 聃이다.(《史記 · 老子列傳》 참고) 이 구절은 老子의 《道德經》이 道의 근원을 밝혀 놓았다는 말이다. 同年(동년): 仲咸을 가리킨다. 왕우칭 〈馮氏家集前序〉: "중함은 저와 같은 해에 태어났습니다."(仲咸某之同年生也.) 主郡(주군): 商州의 郡守가 되는 것을 가리킨다. 牢落(뇌락): 의지할 데 없는 모양. 陸機 〈文賦〉: "佳句의 짝을 구할 수 없어 마음을 의지할 데가 없다."(心牢落而無偶.)

春日登樓懷歸

高樓聊引望
杳杳一川平
野水無人渡
孤舟盡日橫
荒村生斷靄
古寺語流鶯
舊業遙清渭
沉思忽自驚

[해설] 이 시는 시인이 20여 세에 지은 것으로, 봄의 정경을 묘사한 것인데도 전편에 걸쳐 적막하고 황량한 기운이 배어 있다. 頷聯의 "野水無人渡, 孤舟盡日橫"은 韋應物의 〈滁州西澗〉시 "野渡無人舟自橫"(들판 나루에 사람은 없고 배만 혼자 매여 있다)구를 변화시킨 것인데, 황량한 자연환경과 시인의 고독한 심리상태가 잘 어우러져 있다. 方回는 이 시를 평하여 "寇公의 시는 晩唐을 학습하여 九僧體와 비슷하다"("萊公詩學晩唐, (與)九僧體相似"(《瀛奎律髓》 卷10))라고 하여, 구준의 시가 만당체에 속한다는 것을 밝혔다. 그의 시를 살펴보면 주변 경물의 정밀한 묘사 속에 자신의 감정을 이입시키는 경향이 뚜렷하며, 또한 맑고 고적한 풍격과 협소한 경계로 인해 경물의 묘사가 황량하고 쓸쓸한 편이다.

봄날 누대에 올라 고향을 생각하며

높은 누대에서 멀리 바라보니
아득히 광야가 펼쳐져 있다.
들판의 강에는 건너는 사람이 없어
배만 외로이 종일토록 매여 있다.
황량한 마을에선 안개가 피어오르고
낡은 절에선 꾀꼬리 소리 흘러나온다.
머나먼 고향 위수 가의 옛 가업
회상에 잠겨 있다가 놀라 깨어난다.

引(인): 여기서는 '遠'의 뜻으로 사용되었다. 杳杳(묘묘): 아득히 먼 모양. 一川(일천): 주로 자연경치를 형용하는 데 사용하는 말로서, '온 들판'의 뜻이다. 여기서 '川'은 '野'와 같다. '野水' 두 구절은 韋應物의 〈滁州西澗〉시의 마지막 구 "野渡無人舟自横"(들판 나루에 사람은 없고 배만 혼자 매여 있다)를 변화시켜 쓴 것이다. 斷靄(단애): '殘霧'의 뜻이다.

'古寺' 구절은 李白의 〈春日醉起言志〉시 "春風語流鶯"(봄바람은 그저 꾀꼬리와 이야기를 나눌 뿐이다)에서 따온 것이다. 舊業(구업): 고향에서 농사지으며 살아가던 옛 가업을 가리킨다. 淸渭(청위): 맑은 물이 흐르는 渭水. 여기서는 시인의 고향 下邽(지금의 陝西 渭南)를 가리킨다. 이 곳으로 渭水가 지나간다.

書河上亭壁(其四)

暮天寥落凍雲垂
一望危亭欲下遲
臨水數村誰畫得
淺山寒雪未消時

[해설] 이 시는 眞宗 景德年間(1004~1007)에 지은 것으로 모두 4수가 있으며, 각각 네 계절의 경물을 묘사하였다. 시인은 이 시에서 水村과 산의 겨울 모습을 묘사하였는데 細密의 功이 잘 나타나 있다. 《苕溪漁隱叢話》에서는 "구준의 시에는 情思가 悽惋하게 담겨 있어서 정이 풍부하다"라고 평하여 그의 시가 "오직 눈앞의 경물을 찾아 깊이 있게 사고하였다"는 만당체 시풍의 보편적 특

황하 가 정자 벽에 쓰다

저녁 하늘 쓸쓸하고 찬 구름 드리웠는데
높다란 정자에서 바라보니 해는 뉘엿뉘엿하다.
물가의 마을들 누가 그려 낼 수 있을까?
산의 눈 녹지 않아 희뿌연 이 때의 모습을.

징을 갖추고 있음을 언급하였다.

寥落(요락): 드넓고 쓸쓸한 모양. 危亭(위정): 높은 곳에 있어서 위태롭게 보이는 정자.
淺山(천산): 쌓인 눈이 녹지 않아 희뿌옇게 보이는 산.

遠恨

敗葉亂如雨
暮蟬聲似哭
感物悲昔心
佳期悵難續
雲山雖阻歎
韶華若在目
深情染綵牋
密密空盈幅
溫瘴雁不來
游魚隱深谷
羽鱗孰可憑
音書安可復
焚灰寄長風
字滅魂亦逐

[해설] 구준의 시에 일관되게 나타나는 황량한 환경과 고독한 심정의 결합은 종종 淸苦한 詩風과 哀怨한 정조를 형성한다. '敗葉'·'暮蟬'으로 시작되는 이 시는 온통 쓸쓸한 경물뿐이고, 이와 같은 자연 경물과 멀리 떨어져 있는 데서 우러나는 주관 감정의 교감은 작가 자신의 비애의식을 작품 속에 체현한 것이라고 할 수 있다.

멀리 떨어져 있는 슬픔

낙엽은 비처럼 어지러이 흩날리고
저녁 매미 소리는 흐느끼는 듯하다.
사물을 대하니 옛날 생각에 슬프고
좋은 시절 지속될 수 없음에 슬프다.
구름과 산이 가로놓여 있어 한스럽지만
아름다웠던 세월이 눈앞에 아른거린다.
깊은 정이 채색 편지지를 물들여
빈 종이를 빽빽하게 채웠다.
덥고 습기 찬 곳이라 기러기 오지 않고
물고기도 깊은 계곡으로 숨어 버렸다.
새와 물고기 어느 것을 의지할 수 있을까?
소식과 서신을 어떻게 전할 수 있으리?
불태워 재로 만들어 바람에 부치니
사라지는 글자 따라 혼도 쫓아간다.

敗葉(패엽): 생명을 잃고 말라 버린 잎. 낙엽. 韶華(소화): 아름다운 시절. 일반적으로 봄 또는 청년시절을 가리키는데, 여기서는 아름다웠던 지난 세월을 지칭하였다. '溫瘴' 두 구절은 시인이 멀리 떨어져 있어 그리운 사람들에게 소식을 전할 방법이 없다는 말이다. 고인들은 기러기와 물고기를 소식이나 서신을 전해 주는 매개체로 비유하였다.

竹林

寺籬斜夾千梢翠
山磴深穿萬籜乾
却憶貴家廳館裏
粉墻時畫數莖看

[해설] 이 시는 林逋의 작품에서 드물게 보이는 풍자시이다. 아무리 훌륭한 저택이라도 벽에 인공으로 그려 놓은 대나무가 자연 속에 늘어선 대나무 숲에 비견될 수는 없을 것이다. 시인은 부귀한 사람들의 몰취미를 풍자

대나무 숲

절 울타리는 파랗게 우거진 대나무 숲을 끼고 있고
산 비탈길 깊숙이 죽순 껍질이 말라 있다.
생각해 보면 높으신 댁 대청에는
때맞춰 하얀 벽에 대나무 몇 그루 그려 놓았지.

함으로써 간접적으로 그들을 비판하였다.

千梢(천초): 수많은 대나무. '梢'는 '竿'과 같다. 山磴(산등): 산으로 오르는 돌 비탈길.
籜(탁): 대 꺼풀. 죽순 껍질.

山園小梅

衆芳搖落獨暄妍
占盡風情向小園
疏影橫斜水清淺
暗香浮動月黃昏
霜禽欲下先偸眼
粉蝶如知合斷魂
幸有微吟可相狎
不須檀板共金尊

[해설] 林逋는 詠物詩에서도 뛰어난 성과를 거두었는데, 매화를 노래한 이 시에서는 표현의 신선함과 함께 작가의 호젓하고 고아한 정취를 느낄 수 있다. 특히 이 시의 頷聯 "疏影橫斜水清淺, 暗香浮動月黃昏"은 매화의 예술 특징을 잘 포착하여 역대로 傳誦되는 名句여서 南宋의 詞人 姜夔는 매화를 읊은 사를 지어 〈暗香〉·〈疏影〉이라고 命名하기도 하였다.

衆芳(중방): 뭇 꽃. '百花'와 같다. 暄妍(훤연): 아름답고 곱다. 여기서는 이것으로 매화

동산의 작은 매화

모든 꽃 다 졌는데 홀로 곱게 피어나
작은 동산의 아름다운 풍광을 독차지하였다.
맑은 개울물 위로 희미한 그림자 드리우고
그윽한 향기는 황혼의 달빛 속에 번져 온다.
하얀 새는 내려앉기 전에 눈길 먼저 주고
흰나비도 안다면 넋을 잃고 감탄하리.
다행히 시 읊으며 서로 친할 수 있으니
노래판과 술자리가 무슨 소용 있으랴!

를 형용하였다. 風情(풍정): 풍광. 자태. '疏影' 두 구절은 五代 詩人 江爲의 〈咏桂〉詩 : "竹影橫斜水淸淺, 桂香浮動月黃昏"(맑은 개울물 위로 대나무 그림자 드리우고, 계수나무 향기는 황혼의 달빛 속에 번져 온다) 구절을 변화시킨 것이지만 표현과 구성의 적절성이 더욱 뛰어나다. 霜禽(상금): 서릿빛같이 하얀 새. 여기서는 동시에 매화가 피는 추운 시절의 새라는 의미도 담고 있다. 合(합): 응당 ……할 것이다. '應該'와 같다. 檀板(단판): 노래 부를 때 박자를 맞추는 데 사용되는 檀木 拍板. 金尊(금준): 황금 술잔. 진귀한 술잔. '尊'은 '樽'과 같다.

山村冬暮

衡茅林麓下
春氣已微茫
雪竹低寒翠
風梅落晩香
樵期多獨往
茶事不全忙
雙鷺有時起
橫飛過野塘

[해설] 이 시는 자신이 처한 환경과 생활을 기반으로 하여 담백한 필치로 눈앞의 경물과 한적한 생활모습을 묘사하였는데, 풍격이 청담하고 意趣가 高遠하다. 梅堯臣은《和靖詩集·序》에서 林逋의 시를 평하여 "평담하면서 오묘하고 아름다워 읊조리면 온갖 일을 잊게 한다. 그의 말은 平靜에 주력하고 풍자에 주력하지 않았다"(平淡邃美, 咏之令人忘百事也. 其辭主乎靜, 不主乎刺譏)

산촌의 겨울 저녁

산기슭 아래의 누추한 초가에도
봄기운이 희미하게 찾아들었다.
눈 덮인 대나무도 밑에서 푸름이 돋고
바람에 떨어지는 매화에선 향기가 풍겨 온다.
나무하러 홀로 가는 날이 많고
차 잎 가꾸는 일도 전적으로 바쁜 건 아니다.
백로 한 쌍이 때때로 날갯짓하며
들판의 못을 가로질러 날아간다.

라고 했는데, 이 말은 山林詩人 특유의 시가 미술 경계를 표현한 것이다.

衡茅(형모): 橫木을 대문으로 삼고 띠풀로 지붕을 이은 누추한 집. 微茫(미망): 희미하고 모호한 모양. '微芒'이라고도 한다. 樵期(초기): 나무하는 때. 나무하는 날.

南朝

五鼓端門漏滴稀
夜籤聲斷翠華飛
繁星曉埭聞鷄度
細雨春場射雉歸
步試金蓮波濺襪
歌翻玉樹涕霑衣
龍盤王氣終三百
猶得澄瀾對敞扉

[해설] 이 시는 首聯에서 남조의 군주가 밤낮을 가리지 않고 淫樂에 빠져 지내는 생활을 묘사하였다. 史書의 기록에 의하면 齊 武帝는 야간에 궁중의 妃嬪들과 연회를 즐기다가 새벽이 되면 다시 그들과 함께 밖으로 나들이를 했다고 한다. 頷聯에서는 남조의 군주가 백성들의 고통은 돌보지 않고 수렵을 즐겼던 일을 지적하였다. 제 무제는 종종 비빈과 궁녀들을 거느리고 琅邪城으로 나가 수렵을 즐겼는데 새벽에 출발하여 玄武湖 북쪽 제방을 지나게 되면 그 때서야 닭이 울기 시작했다고 한다.(이상 齊 武帝의 일화에 대해서는 《南齊書 · 武穆裴皇后傳》을 참고할 것) 또한 齊의 군왕은 꿩 사냥을 특히 좋아하여 東昏侯 때에는 꿩 사냥터를 296곳이나 두었다.(《南齊書 · 東昏侯紀》: "置射雉場二百九十六處, 翳中帷帳及步障, 皆袷以綠紅錦, 金銀鏤弩牙, 瑇瑁帖箭.") 동혼후는 사냥을 나갈 때마다 鷹犬隊主 徐令孫 · 媒翳隊主 俞靈韻 등과 동행하였는데, 백성들이 그 모습을 보지 못하도록 사냥터 주위의 주민들을 내쫓고 이에 따르지 않는 자는 그 자리에서 죽여 버렸다고 한다. 頸聯에서는 남조의 군주가 주색에 빠져 지내는 모습을 묘사하였다. 出句에서는 동혼후가 潘妃를 총애한 모습을 그렸다. 그는 반비에게 진귀한 보물을 주는 것만으로는 부족하다고 생각하여 금으

남조

오경의 북소리가 궁전 문에 울리면 물시계 소리 그쳐 가고
새벽을 알리는 댓개비 소리에 이어 화려한 수레 나간다.
별 반짝이는 새벽에 닭 울음소리 들으며 봇둑을 지나고
봄비 내리는 사냥터에서 꿩을 잡아 돌아온다.
금 연꽃 위를 걸으니 버선 걸음 사뿐하고
〈옥수후정화〉를 노래 부르니 눈물이 옷을 적신다.
용이 서렸던 제왕의 기운도 삼백 년으로 끝나고
맑은 물결만이 열려진 사립문을 대하고 있다.

로 연꽃을 만들어 땅에 붙여놓고 반비에게 그 위를 걷게 하고는 "걸음마다 연꽃이 생겨나는구나"라고 말하며 좋아했다고 한다.(이상 東昏侯의 일화는 《南史·齊本紀 下》'廢帝東昏侯'條를 참고할 것) 對句는 陳 後主의 일을 묘사한 것이다. 그는 매일 張貴妃·孔貴嬪을 데리고 풍류객들과 함께 술과 가무를 즐겼는데, 〈玉樹後庭花〉·〈臨春樂〉 등을 지어 장귀비와 공귀빈의 용모를 찬미했다고 한다.(이에 대한 이야기는 《陳書·皇后傳·後主張貴妃》를 참고할 것) 尾聯에서 '열려진 사립문'은 폐허가 되어 버린 남조의 궁전을 비유한 것으로, 작가는 여기서 남조 군주의 방탕한 생활로 인해 야기된 왕조의 멸망을 언급함으로써 당시 어려운 국제 정세 속에서도 무절제한 생활을 영위했던 송 진종에게 역사가 남긴 교훈을 일깨우려 했다고 볼 수 있다.

端門(단문): 궁전의 正南門. 夜籤(야첨): 야간의 시각을 알리는 댓개비. 이것을 쳐서 궁중의 곳곳에 시각을 알렸다. 翠華(취화): 비취 깃털로 장식한 황제의 수레덮개. 여기서는 이것으로 황제의 수레를 지칭하였다. 波濺襪(파천말): 물결 위를 걷는 듯한 버선 걸음. 여기서는 이것으로 걸음걸이가 사뿐한 潘妃의 자태를 형용하였다. 曹植 〈洛神賦〉: "凌波微步, 羅襪生塵."(물결 위를 걷는 듯한 사뿐한 걸음걸이, 비단 버선에 먼지가 인다.)

漢武

蓬萊銀闕浪漫漫
弱水回風欲到難
光照竹宮勞夜拜
露溥金掌費朝餐
力通青海求龍種

[해설] 이 시는 양억이 한 무제의 옛일을 빌려 眞宗의 祭天事가 무모한 짓임을 일깨우려 한 것이다. 작가는 수련에서 한 무제가 方士를 바다로 보내 신선이 살고 있다는 봉래를 찾게 했지만 결국 수포로 돌아갔음을 서술하였고(이 이야기는《史記 · 封禪書》에 보인다), 함련에서는 무제가 신선이 되기 위해 무척 노력했지만 뜻을 이룰 수 없었음을 말하였고, 경련에서는 무제가 방사 少翁(文成將軍)에게 속은 것이 분하여 그를 죽이고서도 여전히 신선술에 미혹되어 欒大에게 자신이 소옹을 죽인 것이 아니라 그가 말의 간을 잘못 먹고 죽은 것이라고 발뺌하는 모습을 묘사함으로써 무제의 무모함을 폭로하였고, 미련에서는 東方朔이 박봉에 시달려 굶주리다가 체구가 왜소한 朱儒를 끌어들여 체구가 큰 자신과 비교함으로써 무제에게 봉록을 올려 줄 것을 요구했던 고사를 통해 군주에게 총애받지 못하는 자신의 처지를 암시하였다. 이와 같은 시의 내용을 통해 알 수 있듯이 작자는 한 무제를 회고하면서 그의 치적을 찬양한 것이 아니라 방사를 통해 신선술을 구하려 했으나 뜻을 이루지 못한 무모했던 일들을 들추어 서술하였다. 이를 통해 우리는 당시 天書가 강림했다는 조작된 사건을 기화로 하여 무제처럼 泰山에서 성대한 제천의식을 거행하려

한 무제

봉래의 은빛 궁궐은 물결 아득히 멀고
약수와 회오리바람 가로막혀 갈 수가 없다.
빛이 죽궁에 비쳐들면 애써 밤에 절하고
금 손바닥에 내린 이슬을 조찬으로 먹는다.
위력이 청해에 통하여 천리마를 구하고

했던 진종에게 교훈을 주려고 한 작자의 의도를 엿볼 수 있다.

蓬萊(봉래): 고대 전설 중의 神山名. 그 주위에는 늘 회오리바람이 몰아치고 또한 弱水가 있어서 어떤 물체도 뜨지 못하고 가라앉고 말아 인간의 접근을 허용하지 않았다고 한다. **漫漫**(만만): 끝이 없다. 아득하다. **竹宮**(죽궁): 甘泉祠宮을 가리킨다. 대나무로 만든 궁으로, 무제가 이 곳에 거처하였다.《漢書 · 禮樂志》: "밤에 언제나 유성과 같은 神光이 祠壇에 머물러서 천자가 죽궁에서 바라보고 절하였다."(夜常有神光如流星, 止集於祠壇, 天子自竹宮而望拜.) **漙**(단): 이슬이 많다. 이슬이 내리나. 이 구절은 한 무제가 신선이 되기 위해 금 손바닥에 내린 이슬을 조찬으로 먹었다는 말이다.《漢武故事》: "황제는 玉杯를 떠받치고 있는 황금 기둥을 세워서 구름 표면의 이슬을 받게 하였는데, 옥 가루와 함께 마셔서 신선이 되고자 하였다."(帝作金莖擎玉杯, 以承雲表之露, 擬和玉屑飮之以求仙.) **龍種**(용종): 천리마.《北史 · 吐谷渾傳》: "청해는 둘레가 천여 리인데, 그 안에 작은 산이 있다. 매년 겨울 얼음이 언 후 좋은 암말을 이 곳에 두었다가 이듬해 봄에 데려오는데, 그렇게 해서 얻은 망아지를 龍種이라고 부른다."(靑海周回千餘里, 內有小山. 每冬冰合後, 以良牝馬置此, 來春收之, 所生得駒, 號爲龍種.)

死諱文成食馬肝
待詔先生齒編貝
那敎索米向長安

文成(문성): 文成將軍. 方士 少翁을 가리킨다. 《史記 · 封禪書》: "제 지방 사람 소옹이 신선의 방술을 가지고 황제를 알현하여 황제는 그에게 문성장군의 직함을 수여하였다. 일 년 남짓이 지났지만 그의 방술이 날로 효험이 떨어져 신선에 이르지 못했다. 이에 몰래 소에게 帛書를 먹이고는 이 소의 뱃속에 奇書가 있다고 하였다. 소를 죽이고 奇書를 꺼내어 살펴보니 그 내용이 몹시 괴이했는데, 황제가 소옹의 글씨임을 알아보고 그의 부하를 심문하였더니 과연 僞書였다. 이에 황제는 문성장군을 죽이고 그 사실을 숨겼다. 그러나 황제는 그의 방술을 다 써보기도 전에 그를 죽인 것을 후회하며 애석해하였는데, 마침 난대를 보고는 크게 기뻐하였다. 난대가 '저는 바다 가운데를 자주 왕래하다가 안기생과 연문의 무리들을 만났습니다. 저의 스승이 황금을 만들 수 있고, 황하가 터진 것을 막을 수 있고, 불사약을 얻을 수 있고, 신선에 이를 수 있다고 하였습니다. 그러나 제가 생각하기에 문성장군의 예를 따르면 방사들이 모두 입을 닫고 말 것이니 누가 감히 방술을 말씀드리겠습니까?'라고 말하니, 황제는 '문성장군은 말의 간을 먹고 죽은 것일 뿐이다. 그대가 정말로 그 방술을 연마해 낼 수 있다면 내가 무엇을 아끼겠는가?'라고 말하였다."(齊人少翁以鬼神方見上, 於是乃拜少翁爲文成將軍. 居歲餘, 其方益衰, 神不至. 乃爲帛書以飯牛, 詳不知, 言曰此牛腹中有奇. 殺視得書, 書言甚怪, 天子識其手書, 問其人, 果是僞書, 於是誅文成將軍, 隱之. 天子旣誅文成, 後悔其蚤死, 惜其方不盡, 及見欒大, 大說. 大言曰: "臣常往來海中, 見安期 · 羨門之屬. 臣之師曰: '黃金可成, 而河決可塞, 不死之藥可得, 仙人可致也.' 然臣恐效文成, 則方士皆奄口, 惡敢言方哉!" 上曰: "文成食馬肝死耳. 子誠能修其方, 我何愛乎!") 待詔先生(대조선생): 東方朔을 가리킨다. 《漢書 · 東方朔傳》:

문성을 죽이고는 말의 간을 먹었다고 하였다.
대조선생은 치아가 조개를 엮어 놓은 듯한데
어찌 장안을 향해 쌀을 구걸하도록 하였는가?

"동방삭이 갓 와서는 글을 올려 자신을 높이 치켜세웠다. 황제가 그를 대단하게 여겨 待詔公車로 발령을 냈지만 봉급이 박한데다 더 이상 발탁되지도 않았다. 한참 후 동방삭은 말 사육사 주유를 속여서 '황제께서는 너희들이 쓸모가 없는 데다 먹고 입는 것만 밝힌다고 여기시어 너희들을 모두 죽이려 하신다'라고 말하였다. 그 말을 듣고 주유는 크게 놀라 엉엉 울었다. 얼마 후 황제가 지나가신다는 소식을 듣고 주유는 울부짖으며 머리를 조아렸다. 황제가 왜 그러느냐고 묻자 '동방삭이 그러는데 황제께서 저희들을 모두 죽이려고 하신다는군요'라고 대답하였다. 황제는 동방삭이 궁리가 많다는 것을 알고 동방삭을 불러들여 '어째서 주유에게 겁을 주었느냐?'라고 물으니, 동방삭은 '제가 죽기를 각오하고 말씀드리겠습니다. 주유는 키가 석 자 남짓인데 봉급으로 쌀 한 자루와 240錢을 받고, 저는 키가 아홉 자 남짓인데도 똑같은 봉급을 받습니다. 그 결과 주유는 배 터져 죽고 저는 배고파 죽을 지경입니다. 제 말씀이 일리가 있으면 대우를 달리 하여 주시고, 부당하다고 판단되시면 저를 파직하시어 그저 장안의 쌀을 구걸하게 하지 말아 주십시요'라고 대답하였다. 황제가 크게 웃고는 待詔金馬門으로 발령을 내어 좀더 측근에 두었다." (朔初來上書, 高自稱譽. 上偉之, 令待詔公車. 奉祿薄, 未得省見. 久之, 朔紿騶朱儒曰: "上以若曹無益於縣官, 徒索衣食, 欲盡殺若曹." 朱儒大恐啼泣. 居有頃, 聞上過, 朱儒皆號泣頓首, 上問何爲, 對曰: "東方朔言上欲盡誅臣等." 上知朔多端, 召問朔: "何恐朱儒爲?" 對曰: "臣朔生亦言, 死亦言. 朱儒長三尺餘, 奉一囊粟, 錢二百四十. 臣朔長九尺餘, 亦奉一囊粟, 錢二百四十. 朱儒飽欲死, 臣朔飢欲死. 臣言可用, 幸異其禮; 不可用, 罷之, 無令但索長安米." 上大笑, 因使待詔金馬門, 稍得親近.)

代意

夢蘭前事悔成占
却羡歸飛拂畫簷
錦瑟驚弦愁別鶴
星機促杼怨新縑
舞腰試罷收紈袖
博齒慵開委玉奩
幾夕離魂自無寐
楚天雲斷見凉蟾

[해설] 이 시는 시인이 자신의 불우한 처지에 대한 감개를 여러 가지 전고를 동원해가며 비유와 암시를 통해 자신들의 마음을 표현한 것이다. 이 시에서 작자는 鄭 文公의 첩 燕姞의 故事·商陵牧子의 고사·漢 樂府 〈산에 올라 궁궁이를 뜯다(上山采蘼蕪)〉의 이야기 등을 활용하여 남편으로부터 버림받고 쓸쓸히 지내는 여인의 마음을 대신 서술하였는데, 당시 양억의 상황이 그 자신의 강직한 성격과 주변의 시기로 인해 진종의 신임을 잃어 가고 있던 때임을 감안하면 이 또한 자신의 우울한 처지에 대한 감개를 서술한 것이라고 볼 수도 있을 것이다.

夢蘭前事(몽란전사): 난초를 꿈에 받았던 옛 일. 《左傳·宣公 三年》: "정 문공에게 연길이라는 천첩이 있었는데, 꿈 속에서 천사가 난을 주며 '나는 백조인데, 네 조상이다. 이것을 네 자식으로 삼거라. 난의 향이 나라에서 으뜸이니 이것을 차고 있으면 딴 사람이 난을 사랑하듯이 너를 사랑해 줄 것이다'라고 말하였다. 얼마 후 문공이 연길을 보고는 난을 주며 잠자리 시중을 들라고 했다. 연길이 문공에게 '저는 천한 계집이지만 요행히 당신의 자식을 갖게 되었습니다. 다른 사람들이 믿지 않으면 감히 청컨대 이 난을 징표로 삼아도 되겠습니까?'라고 말하니, 문공이 '그렇게 하라'고 허락하였다. 연길이 목공을 낳고 이름을 난이라고 하였다."(鄭文公有賤妾曰燕姞, 夢天使與己蘭, 曰: "余爲伯儵. 余而

마음을 대신하여

난초를 꿈에 받았던 옛일이 점괘가 된 걸 후회하니
오히려 처마를 스치며 돌아가는 새가 부럽다.
〈별학조〉 타는 비파 소리 슬프고
새 사람이 비단 짜는 베틀 소리 원망스럽다.
춤추던 것 끝내고는 비단 소매 거두고
博齒 놀이도 하기 싫고 경대도 내버려 둔다.
몇 밤이나 이별 때문에 잠 못 이루었던가?
남녘 하늘 터진 구름 사이로 싸늘한 달이 보인다.

祖也. 以是爲而子, 以蘭有國香, 人服媚之如是." 旣而文公見之, 與之蘭而御之. 辭曰: "妾不才, 幸而有子. 將不信, 敢徵蘭乎?" 公曰: "諾." 生穆公, 名之曰蘭.) **別鶴**(별학): 樂府 琴曲名 〈別鶴操〉이다. 晋 崔豹《古今注》(卷中): "〈별학조〉는 상릉목자가 지은 것이다. 장가든 지 5년이 지났는데도 자식이 없자 부모형제들이 새 장가를 들이려 하였다. 아내가 그 소식을 듣고 한밤중에 일어나 문에 기대어 슬피 시를 읊조렸다. 목자가 듣고서 너무나도 슬퍼 거문고를 뜯으며 노래를 불렀는데, 후인들이 이것을 악장으로 만들었다." (〈別鶴操〉, 商陵牧子所作也. 娶妻五年而無子, 父兄將爲之改娶, 妻聞之, 中夜起, 倚戶而悲嘯. 牧子聞之, 愴然而悲, 乃援琴而歌, 後人因爲樂章焉.) 이 구절은 漢 樂府 〈上山采蘼蕪〉: "……새 사람이 대문으로 들어서니, 옛 사람은 쪽문을 통해 떠나갔지. 새 사람은 합사 비단을 짜지만, 옛 사람은 생사 비단을 쌌었지. 합사 비단은 하루에 네 필이지만, 생사 비단은 다섯 필 남짓이었지. 합사 비단을 생사 비단에 견주면, 새 사람은 옛 사람보다 못하다오"(……新人從門入, 故人從閤去. 新人工織縑, 故人工織素. 織縑日一匹, 織素五丈餘. 將縑來比素, 新人不如故)의 이야기를 활용한 것이다. **博齒**(박치): 일종의 주사위 놀이인데, 주사위의 1과 4 부분에 붉은색을 칠하고 나머지 부분에는 검은색을 칠하여 던졌을 때 숫자 또는 색깔을 가지고 승부를 정한다. **楚天**(초천): 남녘 하늘. 옛날 춘추전국시대에 초나라가 남쪽에 있었으므로 이렇게 말했다.

范仲淹 범중엄

江上漁者

江上往來人
但愛鱸魚美
君看一葉舟
出沒風波裏

[해설] 이 시는 어부들의 고난과 위험에 찬 생활 모습을 여유 있는 사람들과 대비시켜 그린 것이다. 唐 李紳 〈憫農〉시: "누가 알리오 소반에 놓인 밥, 낟알마다 농민의 노고가 배어 있음을!"(誰知盤中餐, 粒粒皆辛苦)을 연상시켜 주는 이 시는 시인의 "천하 백성들이 근심하기 전에 먼저 근심하고, 천하 백성들이 즐기고 난 뒤에 즐긴다"(先天下之憂而憂, 後天下之樂而樂)는

강 위의 어부

강물 따라 오고 가는 사람들
그저 농어 맛 즐길 뿐이다.
그대 보시게 조각배에 의지하고
풍파 속에 출몰하는 저 어부를!

사상을 반영하고 있다.

鱸魚(노어): 농어. 입이 크고 비늘이 가늘며 몸이 납작한 물고기로 맛이 뛰어나다. '出沒' 구절은 풍랑이 거세서 어부가 탄 조각배가 보였다 말았다 한다는 말이다.

野色

非煙亦非霧
冪冪映樓臺
白鳥忽點破
殘陽還照開
肯隨芳草歇
疑逐遠帆來
誰會山公意
登高醉始回

[해설] 이 시는 해가 저물어 갈 무렵의 자연 경관과 그것을 애호하는 시인의 마음을 표현한 것이다. 梅堯臣의 "그려 내기 어려운 경치를 눈앞에 있는 듯이 묘사한다"(狀難寫之景如在目前)는 말에 잘 부합하는 작품이라고 하겠다.

冪冪(멱멱): 짙은 모양. 농밀한 모양. **破**(파): 여기서는 백조가 갑자기 날아올라 시야에 변화를 주었다는 말이다. **殘陽**(잔양): 석양. 얼마 안 있으면 서산으로 질 해를 가리키는

들판의 희뿌연 기운

연기도 아니고 안개도 아닌 것이
짙게 누대를 가리고 있다.
백조가 갑자기 점갈이 날아오르고
석양은 여전히 헤치고 비쳐든다.
그 기운 방초 따라 머물지도 않고
멀리서 돛배 쫓아 온 것만 같다.
누가 알리오 산공의 마음 속을
높이 올라 취해야 돌아오는 마음을.

말이다. 肯(긍): '不肯'과 같다. 山公(산공): 晉朝의 名臣 征南將軍 山簡을 가리키는데, 그는 일찍이 적군과 대치해 있는 긴장된 순간에 군사들의 마음을 안정시키기 위해 일부러 야외에 나가 연회를 열고 흠뻑 술을 마시면서 여유를 보였다고 한다. 이하 두 구절은 山簡의 예를 빌려 西夏의 침략에 맞서 변방을 지키고 있는 시인의 마음을 간접적으로 표현한 것으로서, 지휘관으로서의 책임을 암시하는 한편 적에게 반드시 승리를 거두겠다는 의지와 용기를 표명한 것이다.

煮海歌

煮海之民何所營
婦無蠶織夫無耕
衣食之源太寥落
牢盆煮就汝輸征
年年春夏潮盈浦
潮退刮泥成島嶼
風乾日曝鹽味加
始灌潮波塯成鹵
鹵濃鹽淡未得閑
採樵深入無窮山
豹踪虎跡不敢避
朝陽出去夕陽還
船載肩擎未遑歇
投入巨竈炎炎熱
晨燒暮爍堆積高
才得波濤變成雪

[해설] 이 시는 元代 馮福京 등이 엮은《昌國州圖志》卷6에 보인다. 昌國은 현재의 浙江省 定海縣이며, 유영은 그 곳의 曉峯 鹽場의 감독관을 지낸 적이 있다. 이 시는 그 때 지어졌을 것이다.

營(영): 생계를 도모하다. 寥落(요락): 보잘것없다. 稀少하다. 牢盆(뇌분): 소금을 달이는 기구. 輸征(수정): 納稅. 소금을 달이는 곳을 亭場이라고 하고 그 곳의 주민을

바닷물을 달이는 노래

바닷물 달이는 백성들은 무엇으로 살아갈까?
아내에겐 누에와 베틀이 없고 남편에겐 밭이 없다.
의식의 원천이 너무나도 보잘것없는데
소금을 달여서 그대들은 세금을 내야 한다.
해마다 봄 여름에 조수가 개펄을 뒤덮으면
조수가 물러난 뒤 개펄 흙 쌓은 것이 섬처럼 크다.
바람에 마르고 햇볕에 쪼이면서 염분이 증가하면
비로소 바닷물을 다시 끌어들여 간수를 만든다.
간수는 탁하고 염분은 묽어서 쉴 새도 없이
땔감을 찾아 끝없이 산 깊숙이 들어간다.
표범과 호랑이의 자취를 보아도 피하지 못하고
아침해와 함께 나서서 해질 무렵에야 돌아온다.
배에 싣고 어깨에 메고 와 조금도 쉬지 못하고
거대한 부뚜막에 집어넣고 뜨겁게 불을 지핀다.
높이 쌓아 놓고 아침저녁으로 계속 불을 때야
끓어오르는 간수가 백설 같은 소금으로 변한다.

亭戶 또는 竈戶라고 하는데 戶마다 鹽丁이 있다. 달여서 만든 소금은 대부분 관가에 세금으로 바쳐야만 했다. '潮退' 구절은 해마다 음력 8월에 소금 달이기가 시작되어 그 준비로 소금을 함유한 개펄 흙을 모아 쌓아 두는데 그 크기가 엄청나 섬처럼 보인다는 말이다. 壨(류): '溜'와 통하여 흘러 움직인다는 뜻이다. 이 구절은 개펄 흙이 바람에 마르고 햇볕에 쪼여 염분이 증가하면 개펄 흙에 다시 바닷물을 끌어들여 소금기가 흘러나오게 해 소금을 달여 내기 좋게 한다는 말이다.

自從瀦鹵至飛霜
無非假貸充餱糧
秤入官中充微值
一緡往往十緡償
周而復始無休息
官租未了私租逼
驅妻逐子課工程
雖作人形俱菜色
煮海之民何苦辛
安得母富子不貧
本朝一物不失所
願廣皇仁到海濱
甲兵淨洗征輸輟
君有餘財罷鹽鐵
太平相業爾惟鹽
化作夏商周時節

飛霜(비상): 여기서는 이것으로 하얀 소금을 형용하였다. 六朝의 張融은 바닷물을 달여 소금을 만드는 것을 형용하여 "모래를 걸러서 흰 것을 만들고, 물결을 달여서 흰 것을 낸다. 쌓인 눈이 봄의 가운데 있고, 흩날리는 서리가 길을 찐다"(漉沙構白, 熬波出素. 積雪中春, 飛霜暑路)라고 하였는데, 유영이 그의 시구를 차용하였다. '一緡' 구절은 소금을 담보로 하여 빌린 식량을 갚을 땐 왕왕 열 배로 갚아야 한다는 말이다. 俱菜色(구채색): 굶어서 얼굴빛이 누렇게 뜨고 살이 야위었음을 형용한 말이다. '安得' 구절에서 母子는 정부와 백성들을 비유한 말이다. 甲兵淨洗(갑병정세): 갑옷과 병기를 깨끗이 씻다. 즉 전

고인 물 같았던 간수가 흩날리는 서리가 되면
이를 몽땅 담보로 하여 말린 양식을 꾼다.
무게 달아 관가에 납품하지만 대금은 형편없고
한 꿰미의 빚을 왕왕 열 꿰미로 갚아야 한다.
생산을 끝내면 휴식도 없이 다시 시작해야 하니
세금도 다 바치지 못했는데 상인들은 빚 독촉한다.
처자를 몰고 쫓으며 소금 만드는 일을 부과하니
사람 모습은 갖추었으되 누렇게 뜨고 야위었다.
바닷물을 달이는 백성들은 그 얼마나 고달픈가!
어찌하면 어버이 부유하고 자식들 빈궁하지 않을까?
우리 왕조는 어느 하나 잘못한 것 없으니
황제의 은덕이 바닷가까지 뻗치기를 바란다.
전쟁이 완전히 끝나 세금 납부가 멈추어지고
임금님 재물에 여유가 있어 鹽稅와 鐵稅가 폐지되었으면!
태평성대를 이룩하는 재상의 일이 소금과 같으니
夏·商·周 三代의 시절을 회복할 수 있기를!

쟁이 완전히 끝났다는 말이다. 罷鹽鐵(파염철): 鹽稅와 鐵稅를 폐지하다. 송대에는 염세와 철세를 전담하는 鹽鐵使라는 관직이 있었다.) 《書經·說命》과 《呂氏春秋·本味篇》 등에는 모두 나라를 다스리는 것을 요리에 비유하였는데, 그렇다면 재상의 일은 맛을 내는 조미료와 같다. 유영은 백성들이 소금을 달여 세금을 내는 고통을 서술하고 《書經·說命》의 "만약 국에 간을 맞추려면 오직 소금과 매실뿐이다"(若作和羹, 爾惟鹽梅)라는 두 구절을 연상하고 재상이 된 자가 자신의 역할을 잘하여 이른바 三代之治를 회복할 수 있기를 소망하였다.

寓意

油壁香車不再逢
峽雲無迹任西東
梨花院落溶溶月
柳絮池塘淡淡風
幾日寂寥傷酒後
一番蕭瑟禁煙中
魚書欲寄何由達
水遠山長處處同

[해설] 이 시의 제목이 〈無題〉로 되어 있는 것도 있다. 이 시는 따뜻한 봄날 밤 함께 만나 사랑을 나누었던 여인과 이별한 후 이별의 고통과 그리움을 쓴 것이다.

油壁香車(유벽향거): 옻칠을 한 香木으로 만든 수레로, 여자들이 타는 輕車이다. **峽雲**(협운): 巫峽에 사는 巫山神女. 고대의 詩文에서 종종 연애의 대상이 되는 여인을 상징한다. **任西東**(임서동): 그녀가 어디를 가건 그녀에게 맡길 수밖에 없다는 말로

마음을 기탁하며

향긋한 채색 수레는 다시 만날 수 없고
巫峽의 구름은 종적 없어 찾을 길 없다.
배꽃 만발한 정원의 하얗게 빛나는 달
버들솜 날리는 연못의 가볍게 부는 바람
며칠 동안 적막하여 크게 술 취한 뒤
한식날이라 한 차례 쓸쓸함만 더한다.
물고기 통해 이 내 마음 전하려 해도
곳마다 산과 물 아득하니 어찌 전하나!

시 그녀를 찾을 길이 없다는 뜻이다. 溶溶(용용): 하얗게 빛나는 모양. 淡淡(담담): 미약한 모양. 傷酒(상주): 술에 몸이 상하다. 즉 크게 취했다는 말이다. 禁煙中(금연중): 연기를 금하는 기간. 즉 寒食날을 가리킨다. 魚書(어서): 편지. 古詩 〈飮馬長城窟行〉: "손이 먼 곳에서 와서, 나에게 한 쌍의 잉어를 주었다. 아이를 불러 잉어를 삶으라고 하니, 그 안에 비단에 쓴 편지가 들어 있었다."(客從遠方來, 遺我雙鯉魚. 呼兒烹鯉魚, 中有尺素書.) 晏殊는 〈鵲踏枝〉詞에서도 "아름다운 난새와 비단에 쓴 편지를 보내고자 하나, 산 멀고 물 넓어 어느 곳인지 모르겠다"(欲寄彩鸞兼尺素, 山長水闊知何處)라고 하였다.

假中示張寺丞王校勘

元巳清明假未開
小園幽徑獨徘徊
春寒不定斑斑雨
宿醉難禁灩灩杯
無可奈何花落去
似曾相識燕歸來
遊梁賦客多風味
莫惜青錢萬選材

[해설] 張寺丞과 王校勘은 각각 張先과 王琪를 가리킨다. 안수는 일생 동안 대체로 부귀를 누리며 산 風流才士였고, 빈객을 좋아하고 후진의 발탁에 힘쓴 사람이다. 이 시에서 그는 겨울을 보내고 새봄을 맞이하여 느낀 스러져 가는 인생에 대한 감개와 그렇기 때문에 더욱더 인재의 선발에 힘써야겠다는 다짐을 서술하였다.

元巳(원사): 上巳. 음력 3월 상순의 巳日을 가리키는데, 三國 魏 이후에는 3월 3일로 고정되었다. 옛날의 습속에 이 날 물가에 가서 몸을 씻어 상서롭지 못한 기운을 떨쳐 버렸는데, 이를 '修禊'라고 하였다. 清明(청명): 寒食 후 하루 또는 이틀 뒤의 날로 양력 4월 5, 6

휴가중에 張先 寺丞과 王琪 校勘에게

上巳와 淸明 시절 되었건만 휴가 시작되지 않아
작은 정원 그윽한 길을 혼자서 배회한다.
오락가락 방울져 내리는 봄비에 추위 느껴져
숙취에도 찰랑거리는 술잔을 금할 수 없다.
어쩔 수가 없구나 꽃이 져서 떨어지는 것을
전에 본 듯한 제비는 다시 돌아왔건만.
梁園에서 노닐던 詩客들 풍미가 많으니
이 출중한 인재들의 선발을 아끼지 않으리.

일경이다. 중국에서는 이 때 踏靑과 掃墓의 습속이 있다. 斑斑(반반): 반점이 많은 모양. 여기서는 빗방울이 끊임없이 떨어지는 것을 형용하였다. 灩灩(염염): 술잔에 술이 가득 차 찰랑거리는 모양. '無可' 두 구절은 그의 〈浣溪沙〉(一曲新詞酒一盃)詞에도 보인다. 그는 이 두 구절을 통해 봄은 어김없이 다시 찾아와 순환을 반복하지만 인생은 그렇지 않다는 감개를 표현하였다. 遊梁賦客(유량부객): 梁園에서 노닐던 詩客. 여기서는 張先과 王琪를 가리킨다. 梁園은 梁苑으로 지금의 河南省 開封市 남동쪽에 있었다. 漢 梁孝王 劉武가 지었으며 司馬相如·枚乘·鄒陽 등의 문사들을 上客으로 초대해 잔치를 벌이고 시를 완상하던 곳이다. 風味(풍미): 여기서는 풍부한 학식과 출중한 재주를 가리킨다. 靑錢萬選(청전만선): 文才가 출중함을 비유하는 말이다.

落花二首(其一)

墮素翻紅各自傷
青樓煙雨忍相望
將飛更作回風舞
已落猶成半面妝
滄海客歸珠迸淚
章臺人去骨遺香
可能無意傳雙蝶
盡付芳心與蜜房

[해설] 이 시는 詠物詩로서 고달픈 인생행로 속에서 고군분투하는 독자들에게 사랑 받아 온 작품이다. 표면적으로 젊음이 지나가 사랑하는 사람이 떠나가버린 가련한 여인을 연상시켜 주지만 총애를 잃은 신하, 전력투구한 사업에 실패한 사업가 등을 연상할 수도 있다. 감정이 침울하고 기탁이 심원하여 陳廷焯이 《白雨齋詞話》에서 말한 "드러날 듯 말 듯 하면서 반복하여 얽히고 설켜 끝내 한마디로 설파할 수 없도록 해야 한다"(必若隱若現, 欲露不露, 反復纏綿, 終不許一語道破)의 경지에 도달했다고 하겠다.

墮素翻紅(타소번홍): 흰 꽃 붉은 꽃이 흩날려 떨어지다. **青樓**(청루): 妓樓. 妓院. '忍'은 '不忍'과 같고, '相望'은 '望之'와 같다. '望'은 여기서 平聲으로 읽는다. **回風舞**(회풍무): 〈回風曲〉에 맞추어 추는 춤. 여기서는 이것으로 落花가 바람에 흩날리며 떨어지는 모습을 형용하였다. 《洞冥記》의 기재에 의하면 漢 武帝 때 궁녀 麗娟이 芝生殿에서 〈回風曲〉을 부르자 뜰 안의 꽃이 모두 흩날려 떨어졌다고 한다. 李賀 〈殘絲曲〉:

낙화

흰 꽃 붉은 꽃 흩날려 떨어져 스스로를 상하게 하니
청루에서 안개비 속에 차마 바라볼 수가 없다.
낙화는 흩날리다 다시 回風舞를 추고
땅에 떨어진 후에도 半面妝을 하였다.
창해의 객 돌아가니 진주에선 눈물이 솟아 흐르고
장대 사람 가 버린 뒤에도 꽃잎엔 향기가 남아 있다
어찌 쌍쌍의 나비를 불러들일 마음이 없으랴만
꽃술 속의 꿀을 모두 벌집에 주어 버린 뒤라네.

"낙화가 일어나 회풍무를 춘다."(落花起作回風舞.) **半面妝**(반면장): 얼굴 반쪽에만 하는 화장.《南史 · 后妃傳》의 기재에 의하면 梁 元帝는 애꾸눈이었는데, 徐妃는 그가 올 때 일부러 半面妝을 하고 그를 기다렸기 때문에 元帝가 크게 노하여 가 버렸다고 한다. 이 구절은 낙화가 땅에 떨어졌을 때 비바람으로 인해 이미 부분적으로 훼손되었음을 비유한 것이다.
'滄海' 구절은 鮫人泣珠의 고사를 빌어 낙화로 인해 사람이 눈물 흘림을 비유한 것이다. 李商隱 〈錦瑟〉시: "창해에 달 밝으면 진주에 눈물빛 흐르고, 남전에 날 따뜻하면 옥 연기가 솟아난다."(滄海月明珠有淚, 藍田日暖玉生煙.) **章臺**(장대): 漢 長安 章臺 아래의 거리 이름. 이 곳에 妓樓가 많이 있었던 관계로 옛날에는 妓樓의 代稱으로 많이 사용되었다. '骨'은 여기서 '꽃잎'을 가리킨다. '遺'는 '留'와 같다 . **可能**(가능): '豈能'과 같다. **傳**(전): 불러들이다. '招'와 같다. **芳心**(방심): 꽃술. '花蕊'와 같다. 여기서는 이것으로 꽃술 속의 꿀을 지칭하였다. **蜜房**(밀방): 벌이 꿀을 모아 저장해 두는 밀랍으로 만든 벌집.

陶者

陶盡門前土
屋上無片瓦
十指不霑泥
鱗鱗居大廈

[해설] 이 시는 景祐 3년(1036)에 지어진 시로서, 내용은 고통받는 기층민중들의 생활에 초점이 맞추어져 있다. 실제 생산활동에 종사하면서도 자신이 만든 생산품에 소외되어 있는 일반 민중과 아무런 노동 없이 이를 향유하는 지배계층을 好惡의 감정 판단을 배제시킨 채 단순 비교나열의 형식을 취하여 서술함으로써 오히려 그 모순과 불합리함을 극대화시키는 효과

기와 굽는 이

문 앞의 흙이 다 없어지도록 기와를 만들어도
자기 집 지붕에는 기와 조각 하나 없는데
열 손가락에 흙 한 점 묻히지 않는 사람은
비늘처럼 기와 정연한 저택에 살고 있다.

를 나타내고 있다.

鱗鱗(인린): 물고기 비늘처럼 정연하다. 여기서는 저택 지붕의 기와가 물고기 비늘처럼 정연하게 배열되어 있음을 형용하였다.

范饒州坐中客語食河豚魚

春洲生荻芽
春岸飛楊花
河豚當是時
貴不數魚鰕
其狀已可怪
其毒亦莫加
忿腹若封豕
怒目猶吳蛙
庖煎苟失所

[해설] 이 시는 매요신이 景祐 5년(1038)에 지은 것이다. 여기서 그는 자연물에 대한 관찰을 바탕으로 복어의 여러 가지 특징을 서술하면서 "무척 좋은 것은 나쁜 것도 함께 있다"는 교훈을 제시하였다. 일찍이 구양수는《六一詩話》에서 이 시를 칭찬하여 "매요신이 일찍이 범중엄의 연회석상에서 복어 시를 지어 '봄의 모래섬에 갈대 싹 돋고, 봄의 물가에 버들솜 날리니, 복어는 이 때가 되면, 귀하기가 물고기와 새우로는 헤아릴 수 없다'라고 하였다. 복어는 보통 늦은 봄에 나와 물 위에서 무리 지어 노닐며 버들솜을 먹고 살이 찐다. 남방 사람들은 흔히 복어를 갈대 싹과 함께 국을 끓여 먹으면 아주 맛있다고들 한다. 그런 까닭에 시를 아는 자는 단지 첫 두 구절만으로도 이미 복어의 좋은 점을 모두 표현하였다고 여긴다. 매요신은 평생 시를 짓는 데 고심하면서 평온하고 초연하며 옛스럽고 담백한 것을 意境으로 삼았기 때문에 그의 詩想은 극도로 잘 짜여져 있다. 이 시는 술자리에서 지어졌어도 필력이 힘차고 넉넉하며, 잠깐 동안에 이루어졌는데도 마침내 절창이 되었다"(梅聖俞嘗於范希文席上, 賦河豚魚詩云: '春洲生荻芽, 春岸飛楊花. 河豚當是時, 貴不數魚鰕.' 河豚常

饒州知州 范仲淹의 연회석상에서 한 객이 복어 먹은 이야기를 하여

봄의 모래섬에 갈대 싹 돋고
봄의 물가에 버들솜 날리니
복어는 이 때가 되면
귀하기가 물고기와 새우로는 헤아릴 수 없다.
모양이 기괴한데다
독 또한 더 보탤 수가 없을 정도이다.
화난 배는 큰 돼지 같고
성난 눈은 吳 땅의 개구리 같은데
주방에서 요리하다가 실수하면

出於春暮, 群遊水上, 食絮而肥. 南人多與荻芽爲羹云最美. 故知詩者謂祇破題兩句, 已道盡河豚好處. 聖兪平生苦於吟詠, 以閒遠古淡爲意. 故其構思極艱. 此詩作於樽俎之間, 筆力雄贍, 頃刻而成, 遂爲絶唱)라고 하였다.

范饒州(범요주): 范仲淹을 가리킨다. 시인이 이 시를 지을 당시 범중엄은 知饒州(지금의 江蘇省에 속함)로 있었다. 河豚(하돈): 복어. 복어의 불룩한 모습을 보고 돼지 같다고 하여 붙인 이름이다. 封豕(봉시): 큰 돼지. '封'은 '大'와 같고 '豕'는 '豚'과 같다. 이 말은 《左傳 · 定公四年》에 보인다. 吳蛙(오와): 吳 땅의 개구리. 《韓非子 · 內儲說上》: "월나라 왕 구천은 오나라를 칠 마음을 먹고 백성들이 결사적으로 싸우도록 하기 위해 밖에 나갔을 때 성난 개구리를 보고는 수레 앞 횡목을 잡고 고개를 숙여 예를 표하였다. 시종하던 사람이 '어찌하여 성난 개구리에게 고개 숙여 예를 표하십니까?' 하고 묻자, 구천은 '저것에게 용기가 있었기 때문이오'라고 대답하였다. 이듬해 왕에게 목을 바치길 자청한 사람이 한 해 동안 십여 명이 되었다."(越王慮伐吳, 欲人之輕死也, 出見怒蛙, 乃爲之式. 從者曰: "奚敬於此?" 工口: "爲其有氣故也." 明年, 人之請以頭獻王者, 歲十餘人.)

入喉爲鏌鎁
若此喪軀體
何須資齒牙
持問南方人
黨護復矜誇
皆言美無度
誰謂死如麻
我語不能屈
自思空咄嗟
退之來潮陽
始憚餐籠蛇
子厚居柳州
而甘食蝦蟆
二物雖可憎,
性命無舛差
斯美曾不比
中藏禍無涯
甚美惡亦稱
此言誠可嘉

鏌鎁(막야): 예리한 검을 가리킨다.《莊子 · 大宗師》成玄英 疏: "막야는 옛날의 훌륭한 검 이름이다. 옛날에 오나라 사람 간장이 오나라 왕을 위해 검을 만들었는데, 아내의 이름이 막야였으므로 두 검의 이름을 각각 간장과 막야라고 하였다."(鏌鎁, 古之良劍名也. 昔吳人干將爲吳王造劍, 妻名鏌鎁, 因名雄劍曰干將, 雌劍曰鏌鎁.) **黨護**(당호): 편을 들며 비호하다. **咄嗟**(돌차): 탄식하다. **退之**(퇴지): 唐 韓愈의 字. 元和 14년(819) 憲宗에게 〈論佛骨表〉를 올렸다가 廣東省 潮州刺史로 좌천된 한유는 처음으로 광동지방의 기이한 음식을 접하고 애를 먹고는 그 경험을 시로 표현하였다. 〈初南食貽元十八協律〉시: "오직 뱀만은 옛날부터 알고 있었지만, 사실 보기에 흉악하여 먹기를 꺼렸다오."(惟蛇舊所識,

목구멍에 들어가 예리한 칼이 된다.
그처럼 몸을 해치는 것이라면
어찌 치아에 제공할 필요 있으리?
그러나 남방인을 붙잡고 물어보면
좋다고 편을 들며 자랑한다.
모두들 가늠할 수 없이 맛있고
"마비되어 죽는다고 누가 그러던가?"라고 한다.
나는 말로 설복시킬 수 없어서
스스로 생각하며 공연히 탄식한다.
韓愈는 조양에 와서
처음에는 바구니 속의 뱀 먹기를 꺼렸고
柳宗元은 유주에 거처할 때
두꺼비를 맛있게 먹었다지.
두 동물 비록 보기 싫지만
생명에는 잘못됨이 없는데
복어 맛 비할 데 없다지만
뱃속에 들어가면 재앙이 끝이 없다.
무척 좋은 것은 나쁜 점도 함께 있다는
그 말 참으로 좋은 말이다.

實憚口眼獰.) 子厚(자후): 唐 柳宗元의 字. 韓愈 〈答柳柳州食蝦蟆〉시: "나는 처음에 목에 넘기지 못했지만, 근래에는 조금 익숙해졌다오. 항상 두렵기는 야만의 풍속에 젖어, 평소에 좋아하던 것을 잃어버릴까 하는 것이오. 그런데 그대는 또 어떠한가요? 사육한 표범 요리처럼 달게 먹고 있으니."(余初不下喉, 近亦能稍稍. 常懼染蠻夷, 失平生好樂. 而君復何爲, 甘食比豢豹.) 舛差(천차): 잘못. 실수. '甚美' 구절은 叔向이 申公巫臣의 딸을 아내로 맞이하려 했을 때 그의 모친이 반대하며 한 말이다. 《左傳 · 昭公二十八年》: "몹시 아름다운 것은 반드시 추악함이 있는 법이다."(甚美必有甚惡.)

汝墳貧女

汝墳貧家女
行哭音悽愴
自言有老父
孤獨無丁壯
郡吏來何暴
縣官不敢抗
督遣勿稽留
龍鍾去携杖
勤勤囑四隣
幸願相依傍
適聞閭里歸
問訊疑猶强
果然寒雨中

[해설] 이 시는 시인이 河南 襄城縣令으로 있을 때인 康定 원년(1040)에 쓰여진 작품이다. 시인은 송 왕조가 西夏와 전쟁을 치를 때의 참상을 묘사하였는데, 늙은 부친을 징병 보낸 어린 딸아이라는 구체적인 대상을 설정하여 그 입을 통해 백성들의 고통을 묘사하고 있는 까닭에 그 느낌의 정도가 훨씬 강하다.

汝河 가의 가난한 집 딸

汝河 가의 가난한 집 딸
걸으며 우는 소리 처참하다.
스스로 말하길 "늙은 아버지 계신데
젊은 남자는 없고 혼자이셔요.
郡의 관리 어찌나 포악한지
縣의 관리는 항의도 못하지요.
꾸물대지 말고 전장에 나가라고 다그쳐서
쇠약한 몸으로 지팡이 짚고 떠나셨지요.
삼가 주위의 이웃에게 부탁하며
서로 의지할 수 있기를 바라셨지요.
때마침 마을로 돌아오는 사람이 있다고 하여
의심스럽지만 버티고 계시냐고 물어보니
결국 차가운 비를 맞으며

汝墳(여분): *汝河* 가. '*汝*'는 北*汝河*를 가리키는데, 지금의 河南省 중부에 있으며 襄城縣을 지난다. '墳'은 큰 제방을 가리킨다. 《詩經 · 周南》에 〈*汝墳*〉이라는 시가 있는데, 한 여인의 입을 통해 난세를 묘사한 작품이다. 督遣(독견): 보낼 것을 독촉하다. 龍鍾(용종): 노쇠한 모양. 쇠약한 모양. 여기서는 노인의 代稱으로 쓰였다.

僵死壤河上
弱質無以託
橫尸無以葬
生女不如男
雖存何所當
拊膺呼蒼天
生死將奈向

壤河(양하): 瀼河를 가리킨다. 魯山縣을 경유하여 沙河로 들어간다. 拊膺(부응): 가슴을

양하 가에서 얼어죽으셨답니다.
이 몸 약질인데다 의탁할 곳 없어
버려진 시체 장사지낼 방법이 없답니다.
딸은 아들만 못하니
살아 있다 한들 무슨 쓸모가 있겠어요?
가슴을 치며 하늘에 외칩니다.
삶과 죽음을 앞으로 어찌할까요?"

치다. 奈向(내향): '奈何'와 같나. '向'은 조사로서 의미가 없다.

魯山山行

適與野情愜
千山高復低
好峰隨處改
幽徑獨行迷
霜落熊升樹
林空鹿飲溪
人家在何許
雲外一聲鷄

[해설] 康定 원년(1040)의 시로, 方回는《瀛奎律髓》에서 이 시를 평하여 “왕안석은 唐體에 가장 빼어나 대우에 고심하여 매우 정교하지만 초탈하지는 않았다. 매요신의 이 시는 尾句가 자연스러우며 곰, 사슴이 나오는 聯은 사람들이 모두가 그 공교함을 칭찬하고 있으나 그 앞의 연이 더욱 빼어나고 맛이 있다”(王介甫最工唐體, 苦于對偶太精而不脫灑. 聖俞此詩, 尾句自然, 熊鹿一聯人皆

노산의 산길

마침 자연을 사랑하는 내 마음에 맞는다
높고 낮은 수많은 산들.
아름다운 봉우리는 곳에 따라 바뀌고
그윽한 오솔길은 홀로 가다 잃겠다.
서리 내린 나무 위로 곰이 기어오르고
고요한 숲에서 사슴은 개울물을 마신다.
인가는 어디쯤 있는 것일까?
구름 저편에서 닭 울음소리 들린다.

稱其工, 然前聯尤工而有味)라고 하였다.

魯山(노산): '露山'이라고도 하며, 지금의 河南省 魯山縣 북동쪽에 있다. **野情**(야정): 자연을 사랑하는 마음. **愜**(협): '合'과 같다. **何許**(하허): '何處'와 같다. 이 두 구절은 나그네의 적막감을 역설적으로 표현하고 있다.

悼亡(其一)

結髮爲夫婦
于今十七年
相看猶不足
何況是長捐
我髮已多白
此身寧久全
終當與同穴
未死淚漣漣

[해설] 이 시는 慶曆 4년(1044) 시인이 아내 謝氏를 잃고 그녀를 애도하며 지은 세 수 중에서 첫번째 작품이다. 潘岳의 〈悼亡〉시 이래 悼亡詩는 하나의 시적 유형으로 정착되어 많은 시인들에 의해 쓰여져 왔지만 매요신의 이 시처럼 아내에 대한 애정과 아내를 잃은 슬픔을 감동적으로 묘사한 작품은 많지 않다. 평이한 언어로 시인의 진지하고 순결한 감정을 표현하고 있어서 인정의 깊이를 느끼게 해 준다.

죽은 아내를 애도하며

머리 묶고 부부가 된 지
지금까지 십칠 년
그대를 바라보아도 부족할 지경인데
영영 이별하게 된 지금에서랴!
내 머리 이미 희끗희끗하니
이 몸인들 어찌 오래 가리오?
결국에는 한데 묻힐 몸
죽지 못해 눈물만 줄줄 흐른다.

結髮(결발): 결혼하여 머리를 묶다. 옛날에는 결혼한 날 밤에 남편의 왼쪽 머리와 아내의 오른쪽 머리를 함께 묶어 쪽을 쪘기 때문에 이렇게 칭하였다. 매요신은 부인 謝氏와 天聖 6년(1028)에 결혼하여 慶曆 4년(1044)에 謝氏가 죽었으므로 17년이라고 하였다. 漣漣(연련): 눈물이 끊임없이 흐르는 모양.

同謝師厚宿胥氏書齋聞鼠甚患之

燈青人已眠
饑鼠稍出穴
掀翻盤盂響
驚聒夢寐輟
唯愁机硯撲
又恐架書齧
癡兒效猫鳴
此計誠已拙

[해설] 이 시는 慶曆 4년(1044) 겨울 汴京에서 매요신이 謝景初와 함께 胥偃의 서재에서 하룻밤을 묵을 때의 일을 기록한 것이다. 이 작품에는 자신의 개인적 경험을 서술하는 것 이외의 어떠한 작가적 의도도, 시적 이상화를 위한 노력도 표면화되어 있지 않다. 그저 생활 속의 이야기가 사실적이고 해학적으로

謝景初와 함께 胥偃의 서재에서 묵다가 쥐 소리를
듣고 몹시 걱정이 되어

등불 희미하고 사람들 이미 잠드니
굶주린 쥐들이 슬슬 구멍에서 나온다.
들렸다 엎어지는 접시와 사발 소리에
깜짝 놀라 꿈에서 깨어나고 말았다.
저것들이 책상 위의 연적을 깰까 걱정되고
선반 위의 책을 갉아먹지 않을까 두렵다.
바보 같은 아들놈 고양이 소리를 내보지만
그 계략 참으로 졸렬하여 소용이 없다.

서술되어 있다는 느낌을 줄 뿐이다.

師厚는 謝景初(1019~1084)의 字이고, 胥氏는 胥偃을 가리킨다. 燈靑(등청): 등불의 불꽃이 푸른빛으로 어두운 상태를 말한다. 잠을 잘 때는 등불을 약하게 켜 놓는다. 癡兒(치아): 어리석은 아이. 시인의 어린 아들을 가리킨다.

夜聽隣家唱

夜中未成寐
隣家聞所稀
想像朱脣動
髣髴梁塵飛
誤節應偸笑
竊聽起披衣
披衣曲已終
窗月存餘輝

[해설] 이 시는 慶曆 7년(1047)에 지어진 것으로, 한밤중 이웃집에서 노래 부르는 소리를 듣고 그것을 엿듣고자 했던 일상생활 속의 사건이 세밀한 필치에 의해 사실적으로 묘사되어 있다.

밤에 이웃집의 노랫소리를 듣고서

한밤중 잠 못 이뤄 하는데
이웃집에서 노랫소리 희미하게 들려온다.
상상해 보니 붉은 입술 벙긋거리고
들보 위의 먼지도 살포시 날리리라.
박자 틀렸음인가 킥킥거리며 웃는 소리.
몰래 들이 보려고 일어나 옷자락 걸쳤는데
옷자락 걸치자 노래는 끝이 나고
창가에 달빛만이 남아 있다.

梁塵飛(양진비): 노래가 사람을 감동시킬 정도로 훌륭함을 형용한다. 《太平御覽》 卷572 引 漢 劉向 《別錄》: "한나라가 일어난 이래 노래를 잘 부른 사람은 魯人 虞公인데, 발성이 맑고 애틋하여 들보 위의 먼지가 날렸다."(漢興以來, 善歌者魯人虞公, 發聲淸哀, 蓋動梁塵.) 偸笑(투소): 몰래 웃다. 웃음을 참지 못해 킥킥거리며 웃다.

牽船人

沙洲折脚雁
疑人鋪翅行
奈何暮雨來
復値寒風生
濕毛染泥滓
縮頸無鳴聲
爾輩正若此
猶勝被堅兵

[해설] 이 시는 매요신이 慶曆 8년(1048)에 지은 것이다. 시인은 이 시에서 배를 끄는 사람의 모습을 직접 묘사하는 대신에 모래톱의 다리 부러진 기러기의 모습을 묘사함으로써 자연스럽게 묘사 대상의 모습을 도출해 내었다. 그리고는 마지막에 전절을 가하여 배 끄는 사람의 비참한 상황이 그래도 전쟁에 끌려나가 적군의 병기에 찔려 죽는 군인보다 낫다고 하여 생활고와 병역의 二重

배 끄는 사람

모래톱의 다리 부러진 기러기
배 끄는 사람처럼 날개를 늘어뜨리고 걷는다.
어찌하나 저녁 비 내리고
다시 찬바람 일어나니!
깃털은 젖어 진흙에 절고
목이 움츠러들어 울음소리조차 내지 못한다.
그대들 바로 이와 같지만
그래도 날카로운 병기에 찔리는 사람보다 낫겠지.

苦에 시달리는 백성의 고통을 폭로하였다.

沙洲(사주): 모래톱. 강이나 호수에 모래가 퇴적하여 생긴 섬 모양의 땅. 堅兵(견병): 날카로운 병기.

八月九日晨興如厠有鴉啄蛆

飛烏先日出
誰知彼雌雄
豈無腐鼠食
來啄穢厠蟲
飽腹上高樹
跋觜噪西風
吉凶非予聞
臭惡在爾躬
物靈必自潔
可以推始終

[해설] 이 시는 매요신이 皇祐 元年(1049)에 지은 것이다. 시인은 경험의 대상이 무엇이건 간에 자신이 경험한 영역으로부터 제재를 묘사하면서 그 경험 내용을 사실적으로 충실히 묘사하였다. 이 시에서도 시인은 제 몸을 더럽히는 짓을 하는 까마귀는 靈物의 자격이 없다고 함으로써 암시적 교훈을 제시하였다. 교훈적 내용을 담고 있는 이와 같은 시들은 그의 시가 이론화의 경향을 띠

8월 9일 새벽에 일어나 변소에 갔더니 까마귀가 구더기를 쪼아먹고 있었다

나는 까마귀 해 뜨기 전에 나왔는데
저것들의 암수를 누가 알 수 있으랴?
어찌 주워 먹을 썩은 쥐가 없어서
더러운 변소에 벌레를 쪼아먹으러 왔으리?
배를 채우고는 높은 나무에 올라앉아
부리를 치켜올리고 서풍 속에 시끄럽게 운다.
길흉에 대한 저것들의 예언을 나는 듣지 않으리니
냄새나고 더러운 것으로 제 몸을 더럽히는 것을!
영물은 반드시 스스로를 깨끗이 해야
처음부터 끝까지 받들어질 수 있으리.

고 있음을 보여 준다.

腐鼠(부서): 썩은 쥐. 《莊子 · 秋水》에 보면 썩은 쥐가 가장 하등의 음식물로 나온다. 西風(서풍): 가을 바람. 吉凶(길흉): 옛날에 까마귀가 우는 방식을 보고 길흉을 점치는 미신이 있었다.

秋日家居

移榻愛淸暉
翛然世慮微
懸蟲低復上
鬪雀墮還飛
相趁入寒竹
自收當晩闈
無人知靜景
苔色照人衣

[해설] 송시의 내용으로서 특기할 만한 것 중의 하나는 시인들이 일상생활 속에서 일어나는 크고 작은 일들을 시에 담았다는 사실이다. 그들은 자신의 생활 주변에서 일어나는 일상적인 경험을 시에 담으면서 그것을 찬미하거나 전통적 의미에서 그것을 시화함이 없이 담담하게 사실적으로 묘사하였다. 따라서 그들의 시에는 唐代의 시인들이 지니고 있었던 제재에 대한 과장이나 심화의 경향은 보이지 않고 대신 자신이 시술하고 있는 사건이나 대상의 세부 묘

가을날 집안에서

걸상 옮기면서 맑은 햇빛 즐기노라니
저절로 세상 근심 사라진다.
거미는 줄에 매달려 내려왔다 다시 올라가고
참새들은 싸우면서 떨어졌다 다시 날아간다.
그러다 참새들은 어울려 찬 대숲으로 들어가고
거미는 줄 거두고 해 기운 대문 아래 매달렸다.
고요한 이 경치 아는 이 없는데
이끼 빛만이 내 옷에 되비치고 있다.

사에 주력하였다. 至和 元年(1054)에 지어진 이 시는 이러한 특징들을 잘 지니고 있어서 시인은 일상생활 속의 자질구레한 일과 대상을 제재로 하여 세밀한 관찰과 섬세한 묘사로써 唐詩와는 다른 시적 가능성을 제시하였다.

翛然(소연): 구속되지 않는 모양. 초탈한 모양. 懸蟲(현충): 매달려 있는 벌레. 여기서는 거미줄에 매달려 있는 거미를 가리킨다.

戲答元珍

春風疑不到天涯
二月山城未見花
殘雪壓枝猶有橘
凍雷驚筍欲抽芽
夜聞歸雁生鄉思
病入新年感物華
曾是洛陽花下客
野芳雖晚不須嗟

[해설] 仁宗 景祐 3년(1036) 5월, 구양수는 峽州 夷陵 縣令으로 좌천되었는데, 이듬해 친구인 丁寶臣(字 元珍)이 〈花時久雨〉시를 써 보내자 구양수가 이 시로 답한 것이다. 제목에 '戲'라 함은 자기가 쓴 것이 장난에 불과하다는 말이지만, 사실 그의 정치상 실의를 의미한다.

1, 2구는 이른 봄에 대한 설명이다. 이릉은 편벽한 곳으로 산수에 가로막혀 2월이 되었어도 여전히 꽃이 피지 않는다. 이는 그가 있는 곳과 시를 쓴 때를 설명한 것이기도 하지만, 자신의 적막한 정회를 펴내는 것이기도 하다. 또한 1구는 임금의 은혜가 이르지 않았음을 비유하여 폄적된 후 억울한 정서를 드러낸다. 2연은 1연의 뜻을 이어 2월 산성의 가장 전형적인 경물을 묘사하였다. 이릉은 귤로 유명한데, 귤 가지 위엔 겨울 눈이 아직 쌓여 있다. 그러나 봄은 결국 왔고, 가지 위에 남은 것은 '殘雪'일 뿐이다. 또한 이릉은 대나무로도 유명한데, 春雷 소리에 지하에서 잠자던 죽순이 놀

정보신에게 장난삼아 답하여

봄바람이 하늘 끝까지는 이르지 않았는지
2월인데도 산성에 꽃핀 것을 보지 못했다.
남은 눈이 가지를 누르고 있는데도 노란 귤이 보이고
초봄의 우렛소리에 죽순이 놀랐는지 싹이 트려 한다.
밤에 듣는 기러기 울음소리에 고향생각 일고
병중에 새해 맞으니 경물에 대한 느낌이 다르다.
일찍이 낙양성에서 꽃 속의 나그네였으니
들꽃이 늦는다 해도 한탄할 필요 없으리.

라 깨어 싹을 틔운다. 3연은 寫景에서 감개로 이어진다. 시인은 멀리 좌천되어 고민스럽고 밤에도 잠을 이룰 수 없어 누워서 돌아오는 기러기 소리를 들으니 고향생각이 나며, 병든 몸으로 다시 새해를 맞는 처지를 생각하니 어찌 감개가 없겠는가! 그러나 시인은 결코 낙담하지 않고 마지막 연의 봄을 기다리는 마음으로 위로를 한다. 즉 나는 일찍이 낙양의 화원에서 아름다운 봄을 향유했으니, 한탄하지 말고 이 곳에서 늦게 피는 들꽃이나 기다리자는 것이다. (그러나 그 속에는 현재의 좌천된 처지에 대한 서글픔이 짙게 배어 있다.)

天涯(천애): 하늘가. 여기서는 다음 구의 山城과 마찬가지로 夷陵을 가리킨다. 凍雷(동뢰): 추운 날의 우레. 여기서는 초봄의 우렛소리를 가리킨다. 物華(물화): 아름다운 景物. 花下客(화하객): 꽃 속의 나그네. 北宋 때 낙양은 모란으로 유명했다. 구양수는 전에 洛陽留守推官으로 있으면서 〈洛陽牡丹記〉를 썼고, 정보신도 낙양에 거주한 적이 있다.

晩泊岳陽

臥聞岳陽城裏鐘
繫舟岳陽城下樹
正見空江明月來
雲水蒼茫失江路
夜深江月弄淸輝
水上人歌月下歸
一闋聲長聽不盡
輕舟短楫去如飛

[해설] 구양수는 景祐 3년(1036)에 있었던 政爭에 패배하여 5월 京師를 떠나 夷陵(지금의 湖北 宜昌)으로 좌천되었는데, 이 시는 그가 이릉에 도착하기 직전인 9월에 岳州에 이르러 지은 칠언고시로, 여행중의 客愁를 묘사하였다. 1, 2구에서는 아직 악양성에 들어가지 못한 시인이 성안에서 들려 오는 종소리로 객수에 젖는 모습을 그려 내었는데, 악양성 '안'의 종소리와 악양성 '아래'에 배를 묶어 둔 나그네와의 대비를 통해 객수를 부각시키고 있다. 3구의 '空江'은 시인의 외로움을 대변하고, 때마침 찾아온 달은 바로 그의 외로움을 달래기 위한 대상으로 여겨진다. 그러나 이어서 그가 배를 타고 온 강길을 잃어버리는 것으로 묘사한 4구는 어쩌면 다시는 돌아올 수 없을지도 모른다는 불안한 심리를 반영한 것이다. 그리고 이런 심리는 6구에서 돌아가는 어부의 모

밤에 악양에 정박하여

악양성 안의 종소리 누워 듣는데
이 배는 악양성 아래 나무에 매여 있다.
마침 텅 빈 강에 밝은 달 나오는 것이 보이고
구름 낀 강물 아득하여 뱃길 잃어버리겠다.
밤 깊어 가며 강의 달 맑은 빛을 희롱하고
물 위의 사람들 노래 부르며 달빛 아래 돌아간다.
유장한 그 곡조 다 듣지 못했는데
가벼운 배 짧은 노 저어 나는 듯 가 버렸다.

습과 대비를 이루고 있다. 7, 8구에서는 시인이 어부들의 노래를 다 듣지 못한 것에 대한 안타까움을 드러내었는데, 사실 그는 노래보다는 나그네의 외로움을 달래 줄 어부의 출현에 더 관심을 두고 있었다. 그래서 이런 안타까움으로 그들이 사라진 것이 마치 나는 듯 가 버렸다고 느낀 것이다. 전체적으로 평이하면서도 유창하고 정이 깊으면서도 완곡하여 方植은 "감람을 씹듯 여미가 있다"(如啖橄欖, 時有餘味)(《昭味詹言》)고 하였다.

岳陽城(악양성): 岳州 巴陵(지금의 湖南省 岳陽縣)을 가리킨다. 蒼茫(창망): 광활하여 끝이 없는 모양.

水谷夜行寄子美聖兪

寒鷄號荒林
山壁月倒掛
披衣起視夜
攬轡念行邁
我來夏云初
素節今已居
高河瀉長空
勢落九州外
微風動凉襟
曉氣清餘睡
緬懷京師友
文酒邀高會
其間蘇與梅
二子可畏愛

[해설] 水谷은 지금의 河北省 完縣 북서쪽에 있다. 慶曆 4년(1044) 4월 구양수는 河北都轉運使로 임명되어 임지로 가는 길에 가을쯤 이 곳을 지났다. 子美와 聖兪는 각각 소순흠과 매요신의 字이다. 시인은 이 시에서 소순흠의 시는 기개가 웅건하고 매요신의 시는 맑고 절실하여 그 풍격이 서로 다르지만 두 사람의 시가 모두 훌륭하다고 평가하였다. 이로부터 알 수 있듯이 구양수는 詩歌 風格의 다양성을 인정하여 詩壇에 다양한 풍격의 시가가 서로 어울려 울려 퍼지는 大合奏를 제창했음을 알 수 있다.

水谷에서 밤길을 가다 蘇舜欽과 梅堯臣에게

추운 밤 황량한 숲에서 닭이 울부짖고
깎아지른 산에 달이 거꾸로 걸려 있다.
옷을 걸치고 일어나 어둠을 살피며
고삐를 잡고 갈 길이 먼 것을 생각한다.
내가 출발한 것은 초여름이었는데
지금은 벌써 가을이 되었다.
드넓은 하늘에선 은하수가 쏟아져 내려
기세가 이 세상 밖으로 떨어질 것 같다.
미풍이 옷깃을 스치니 서늘하게 느껴지고
새벽기운에 남은 잠이 싹 가시고 말았다.
멀리 서울에 있는 벗들을 생각하니
성대했던 글과 술의 모임이 아득하다.
그 중에 蘇舜欽과 梅堯臣
두 사람은 두려우면서 사랑스럽다.

攬轡(남비): 고삐를 잡다. 말을 끌고 가다. '牽馬'와 같다. 行邁(행매): 갈 길이 멀다. 구양수는 음력 4월에 임지로 출발하였다. 음력으로 4, 5, 6월이 여름에 해당되므로 음력 4월을 초여름이라고 하였다. 素節(소절): 가을. 고대의 五行說에 따르면 가을은 西方에 속하고 색깔은 흰색이므로 가을을 素節이라고 하였다. '屆'는 '到'와 같다. 高河(고하): 높은 하늘에 걸려 있는 은하수. 九州(구주): 중국 전체를 가리키는 말인데, 여기서는 이 세상의 뜻으로 사용되었다. 凉襟(양금): 서늘한 옷깃. 새벽바람에 옷깃이 서늘하게 느껴졌다는 말이다. 京師(경사): 北宋의 수도 汴京을 가리킨다.

篇章富縱橫
聲價相磨蓋
子美氣尤雄
萬竅號一噫
有時肆顚狂
醉墨洒滂霈
譬如千里馬
已發不可殺
盈前盡珠璣
一一難柬汰
梅翁事淸切
石齒漱寒瀨
作詩三十年
視我猶後輩
文詞愈淸新
心意雖老大
譬如妖韶女

富縱橫(부종횡): 종횡으로 기세가 넘치다. 相摩蓋(상마개): 수레가 나란히 달려 수레의 지붕이 서로 맞닿아 마찰을 일으킨다는 말로서, 서로간에 우열을 가릴 수 없다는 뜻이다. 萬竅(만규): 온갖 구멍.《莊子 · 齊物論》: "대지가 뿜어 내는 기운을 바람이라고 합니다. 이 바람은 일지 않으면 그만이지만 일단 일면 온갖 구멍에서 성난 소리를 냅니다." (夫大塊噫氣, 其名爲風. 是唯無作, 作則萬竅怒呺.) 滂霈(방패): 큰 비가 세차게 콸콸 흘러내리는 모양. 기세가 성대한 모양. 여기서는 이것으로 거침없는 붓놀림을 형용하였다. 殺(쇄): 속도를 늦추다. 기세가 약화되다. 盈前(영전): 앞에 가득 놓인 것. 소순흠의 앞에

그들의 글은 종횡으로 기세가 넘쳐
그 명성 서로 우열을 가릴 수 없다.
소순흠은 기개가 더욱 웅건하여
온갖 구멍에서 일제히 소리를 내는 듯하다.
때로는 마구 미친 듯이
붓을 휘둘러 좍좍 써 내려간다.
비유하자면 천리마와 같아서
한 번 내달리면 늦출 수가 없다.
앞에 가득 놓인 것 모두가 주옥이어서
일일이 취사선택할 수가 없다.
매요신은 맑고 절실함을 일삼아
계곡의 돌들이 찬 여울물에 씻기는 듯하다.
삼십 년 동안 시를 지어서
비교해 보면 내가 그야말로 후배이다.
시어는 더욱 맑고 새로워
마음과 뜻이 늙어 가면서도 크기만 하다.
비유하자면 아리따운 여인과 같아서

가득 놓인 詩文을 가리킨다. 柬汰(간태): 취사선택하다. 선별하다. 石齒(석치): 계곡의 가장자리에 톱니처럼 늘어선 돌을 가리킨다. 視(시): 비교하다. '比'의 뜻이다. 이 구절은 구양수가 자신을 낮추어 겸손하게 말한 것이다. '心意' 구절은 나이는 많지만 여전히 큰 뜻을 품고 있다는 말이다. 妖韶(요소): 아리따운 여인. 이 말은 아름다운 여인을 형용하는 疊韻語이다. '咀嚼' 구절은 씹으려 해도 잘 씹혀지지 않는다는 말로서 梅詩의 古硬함을 형용하였다.

老自有餘態
近詩尤古硬
咀嚼苦難嘬
初如食橄欖
眞味久愈在
蘇豪以氣轢
擧世徒驚駭
梅窮獨我知
古貨今難賣
二子雙鳳凰
百鳥之嘉瑞
雲煙一翱翔
羽翮一摧鎩
安得相從遊
終日鳴噦噦
相問苦思之
對酒把新蟹

噦噦(홰홰): 봉황이 우는 소리. 이 구절은 우리가 함께 모여서 시 짓는 즐거움을 공유하고 싶다는 말이다. '相問' 두 구절은 맛있는 술과 안주가 있어도 소순흠과 매요신에 대한 늙어도 여전히 그 자태가 남아 있다.
근래의 시는 더욱 예스럽고 딱딱하여
씹어도 먹어 내기가 무척 어렵다.
감람을 씹는 듯이 처음에는 힘들지만
오랠수록 참 맛이 입 안에 남아 있다.
소순흠은 호방하여 기세로 압도하니
온 세상이 그저 놀랄 뿐이다.
매요신의 곤궁함은 나만이 아니니
옛 물건 지금은 팔아먹기 어렵다.
두 사람은 한 쌍의 봉황과 같아서
온갖 새들 중의 상서로운 것이지만
구름과 안개를 뚫고 비상하려 하면
날개가 꺾이고 잘리고 만다.
어찌하면 그들과 함께 어울려서
종일토록 시를 주고받을 수 있을까?
몹시도 그리워 그대들 소식을 물으니
햇 게를 안주로 술을 들어도 소용이 없다.

그리움을 삭일 수 없어서 이렇게 시를 지어 소식을 묻는다는 말이다.

啼鳥

窮山候至陽氣生
百物如與時節爭
官居荒凉草樹密
撩亂紅紫開繁英
花深葉暗耀朝日
日暖衆鳥皆嚶鳴
鳥言我豈解爾意
綿蠻但愛聲可聽
南窓睡多春正美
百舌未曉催天明

[해설] 이 시는 일설에 구양수가 慶曆 6년(1046) 봄 滁州에서 지은 것이라 하는데, 또 어떤 이는 이릉에 폄적되어 있을 때 지은 것이라 한다. 이 시는 내용상 세 단락으로 나눌 수 있다.

처음 네 구가 1단락으로, 주로 때와 환경을 묘사했다. 비록 황량한 곳에 있고 빈 산이라도 봄이 오면 양기가 생겨 꽃이 많아지며 만물이 생동한다. 이 단락은 전체 시를 밝고 명랑하게 한다.

2단락은 "花深葉暗耀朝日"구에서 "異鄕殊俗難知名"까지이다. 윗 단락을 이어 각 새에 대해 묘사하고 있다. 작자는 세밀하게 관찰하여 온갖 새들이 지저귀는 봄 경치를 묘사하였다. 비록 작가가 "鳥言我豈解爾意"라 먼저 말하였으나 후에는 어느새 새와 더불어 하나가 되니 새에게도 성정이 있는 듯 느껴진다. 이런 생기 발랄한 분위기 속에 좌천된 시인의 감상은 아래 단락에 표현되어 있다.

"我遭讒口身落此"에서 끝까지는 3단락으로, 전체 시의 주지이기도 하다. 작

지저귀는 새

궁벽한 산에도 계절이 찾아와 양기가 생겨
온갖 것들 마치 시절과 다투는 듯하다.
나의 임지 황량한 곳이라 수풀 빽빽하고
울긋불긋 뒤섞여 많은 꽃 피었다.
꽃 질고 잎 무성해 아침 햇살에 빛나고
날로 따뜻해지니 뭇 새들 모두 정답게 지저귄나.
새가 말을 하여도 내 어찌 너희 뜻을 알겠는가?
지저귀는 소리 다만 사랑스럽고 들을 만하다.
남창 아래 잠 많아지는 것은 봄이 아름답기 때문이고
검은쥐바꿔새는 새벽도 되기 전에 날 새기를 재촉한다.

가는 새에게서 자기에게로 주의를 돌리고 있다. 그가 모함을 받아 정치 투쟁 중 중상모략을 당하자 매번 "교설"을 들을 때마다 증오의 마음이 생긴다. 그러나 산성은 적막하고 미인의 가무도 없어 다만 술로 근심을 달래며 취하여 花鳥와 벗을 맺을 뿐이다. "花能嫣然顧我笑, 鳥勸我飮非無情"은 시인이 취한 뒤의 상상인데, 시인이 지위하는 밀이기도 하나. 어쨌든 이 부분에 와서는 사람과 物이 일체가 되어 작자의 심정이 평정을 이루게 된다. 그는 "鳥散花落"을 근심하고, 굴원이 초췌하여 홀로 깨어 스스로 번뇌에 빠졌던 것을 비웃는다. 이 마지막 두 구가 표현하는 것은 어쩔 수 없음과 초월함으로 본 편의 주제이기도 하고 구양수가 좌천된 후의 심정이기도 하다.

官居(관거): 滁州(지금의 安徽省 滁州市) 관서를 가리킨다. 繁英(번영): 많은 꽃. '繁花'와 같다. 嚶鳴(앵명): '齊鳴'과 같다. 새 두 마리가 함께 지저귀는 것을 '嚶'이라고 한다. 綿蠻(면만): 새가 지저귀는 소리를 형용하는 말이다.

黃鸝顔色已可愛
舌端啞咤如嬌嬰
竹林靜啼靑竹笋
深處不見惟聞聲
陂田遶郭白水滿
戴勝穀穀催春耕
誰謂鳴鳩拙無用
雄雌各自知陰晴
雨聲蕭蕭泥滑滑
草深苔綠無人行
獨有花上提葫蘆
勸我沽酒花前傾
其餘百種各嘲哳
異鄕殊俗難知名
我遭讒口身落此
每聞巧舌宜可憎
春到山城苦寂寞
把盞常恨無娉婷
花開鳥語輒自醉

啞咤(아타): 어린아이가 말을 배울 때 옹알거리는 소리. 소순흠도 《蘇學士文集》권8 〈빗속에 꾀꼬리 소리를 듣다(雨中聞鶯)〉시에서 "인가의 교태로운 어린 소녀처럼, 꽃가지 속에서 흐느끼는 듯 속삭이는 듯하다"(嬌騃人家小女兒, 半啼半語隔花枝)라고 하였다. 靑竹笋 및 아래의 戴勝, 泥滑滑, 提葫蘆는 모두 새 이름이다. 穀穀(곡곡): 뻐꾹뻐꾹. 뻐꾸기 울음소리의 의성어. 비둘기는 둥지를 지을 줄 모르므로 일명 '拙鳥'라 한다. 고대의 속담에 "하늘에 비가 오려는가 수비둘기가 암비둘기를 뒤쫓고, 하늘에 이미 비가 내리니 수

노란 꾀꼬리의 색깔도 이미 사랑스럽고
혀끝에서 나는 울음소리 마치 귀여운 아기인 듯.
대숲에서 조용히 청죽순 새가 우짖는데
깊은 곳에서 보이지는 않고 다만 소리만 들린다.
성곽 에워싼 비탈진 밭에 맑은 물 가득한데
뻐꾸기 뻐꾹뻐꾹 봄 경작을 재촉한다.
누가 비둘기더러 우둔하고 쓸모 없다 하였는가?
암수 각각 스스로 흐림과 갬을 알고 있는데.
빗소리 쏴쏴, 왜가리 있고
수풀 무성해 이끼 푸르고 다니는 사람도 없다.
다만 꽃 위에 사다새 있어
나에게 술을 사서 꽃 앞에서 잔 기울일 것 권한다.
나머지 온갖 새들 각각 지저귀는데
타향은 습속이 달라 이름조차 알기 어려워라.
나는 참언을 받아 이 곳으로 몸 떨어져
매번 번드르르한 말 듣자니 응당 가증스럽다.
산성에 봄이 왔지만 심히 적막하여
잔 들며 어여쁜 이 없음이 항상 한스럽다.
꽃 피고 새 울어 문득 스스로 취하니

비둘기가 암비둘기를 부른다"(天欲雨, 鳩逐婦. 天旣雨, 鳩呼婦)라고 하였다. 嘲哳(조찰): 새들이 요란하게 지저귀는 소리. 《居士集》의 목록에는 이 시를 慶曆 6년(1046)에 엮었다. 慶曆 5년에 구양수는 조카딸 張氏의 애매한 일로 남에게 무고를 당하여 滁州의 知州로 나갔다. '讒口'는 바람잡듯 무턱대고 그를 공격한 정적을 가리킨다. 山城(산성): 滁州를 가리킨다. 이 곳이 산으로 둘러싸여 있기 때문에 이렇게 말하였다. 娉婷(빙정): 여인의 아름다운 모양. 여기서는 미인을 가리킨다.

醉與花鳥爲交朋
花能嫣然顧我笑
鳥勸我飮非無情
身閒酒美惜光景
惟恐鳥散花飄零
可笑靈均楚澤畔
離騷憔悴愁獨醒

嫣然(언연): 예쁘게 웃는 모양. 靈均은 屈原이다.《楚辭 · 漁父》에는 "굴원이 이미 쫓겨나……못가를 다니며 신음할 때 …… 안색은 파리했으며……(그가) 이르기를, 온 세상이 모두 탁하지만 나만 홀로 맑고, 여러 사람들이 모두 취했으나 나만 홀로 깨어 있어서 쫓

취하여 꽃·새와 벗이 된다.
꽃은 예쁜 모습으로 날 보며 미소지을 줄 알고
새가 나에게 술 권하는 데에도 정이 깃들어 있다.
몸 한가하고 술 맛 좋아 흐르는 세월을 아쉬워하니
다만 새 흩어지고 꽃 날아가 떨어질까 두렵다.
초나라 못 가의 굴원을 비웃나니
근심을 만나 초췌하여 수심 속에 홀로 깨어 있었지.

겨났다"(屈原旣放……行吟澤畔……顔色憔悴……曰擧世皆濁而我獨淸, 衆人皆醉而我獨醒, 是以見放)라고 하였다. 구양수는 이 비유를 빌어 써서 술 마시는 구실로 삼고 자신의 불평을 부쳤다.

豊樂亭游春三首

其一

綠樹交加山鳥啼
晴風蕩漾落花飛
鳥歌花舞太守醉
明日酒醒春已歸

[해설] 풍락정은 구양수가 滁州를 다스리고 있을 때인 仁宗 慶曆 6년(1046)에 지은 것으로, 지금의 安徽省 滁縣 琅琊山 幽谷泉 위에 있다. 시인은 이 시에서 풍락정의 봄 경치를 뽑아, 1수에서는 봄을 아쉬워하는 마음을, 2수는 봄에 취한 모습을, 3수는 봄을 사랑하는 정을 썼다.

(1수) 1, 2구에서는 봄나들이 나온 사람들이 경치 중에서 느끼는 유쾌한 심경을 써 내었다. 시인은 이런 경치 속에서 술에 취하여 있다. 다음 날 술이 깨면 봄은 간 데 없이 돌아가겠지라고 생각하며, 여기서는 과장된 어조로 봄 경치에 취해 봄날이 짧게 느껴지는 애석함을 담았다.

(2수) 하늘에는 구름과 햇살이 반짝이고 땅에는 봄 풀이 무성하여 옷깃을 당긴다. 날아다니는 버들 솜은 나그네 옷 위에 떨어진다. 봄 경치의 생동하는 모습이다. 이윽고 노닐던 사람이 흥이 나 풍락정에 왔는데, 정자 서쪽에서 구양 태수를 만났다. 태수는 머리와 옷깃에 꽃을 꽂고 흠뻑 취해 돌아오고 있다.

풍락정의 봄나들이

제1수

푸른 나무 뒤섞인 곳에 산새들 우짖고
비 개인 뒤 바람 부니 떨어진 꽃 흩날린다.
새는 노래하고 꽃은 춤추며 태수는 취해 있는데,
내일 술에서 깨었을 땐 봄은 이미 돌아갔겠지.

그가 대로 엮은 가마를 타고 오는 것은 그의 소탈하면서 매이지 않은 성격을 드러낸다.

(3수) 날은 이미 저물고 봄도 사라져 가려 하지만 유객들은 봄을 사랑하는 마음에 여전히 돌아가지 않고 풍락정 앞을 거닐며 낙화를 밟고 있다. 저물어 가는 봄의 아름다운 경치를 아쉬움 속에 즐기고 있는 사람들의 마음이 잘 표현되어 있다.

세 시는 모두 앞 두 구에서는 경치를 썼고, 뒤 두 구에서는 정을 펴내었다. 경치는 아름답고 다채로운 모습이고, 정감은 명랑 활발하면서 심후함이 함축되어 있어 긴 여운이 느껴진다.

蕩漾(탕양): 바람에 가볍게 흩날리는 모양. 太守(태수): 당시 滁州知州로 있던 시인 자신을 가리킨다.

其二

春雲淡淡日輝輝
草惹行襟絮拂衣
行到亭西逢太守
籃輿酩酊揷花歸

其三

紅樹靑山日欲斜
長郊草色綠無涯
游人不管春將老
來往亭前踏落花

輝輝(휘휘): 빛나는 모양. 빛이 반짝이는 모양. 行襟(행금): 행인의 옷깃. 酩酊(명정): 크게 취한 모양. 紅樹(홍수): 꽃이 활짝 피어 붉게 보이는 나무를 가리킨다. 長郊(상교): 넓

제2수

봄 하늘 구름 맑고 깨끗하며 햇살 반짝이는데
들풀은 행인의 옷깃 당기고 버들솜은 옷을 친다.
걸어 정자 서쪽까지 오게 되면 태수를 만나는데
가마 타고 술에 흠뻑 취한 채 꽃 꽂고 돌아온다.

제3수

붉은 나무 푸른 산에 날은 저물려는데
넓은 들 풀빛은 끝없이 푸르다.
노니는 이는 봄이 저무는 것에도 아랑곳없이
정자 앞을 오가며 낙화를 밟는다.

은 들. 광활한 들판.

邊戶

家世爲邊戶
年年常備胡
兒童習鞍馬
婦女能彎弧
胡塵朝夕起
虜騎蔑如無
邂逅輒相射
殺傷兩常俱
自從澶州盟
南北結歡娛
雖云免戰鬪
兩地供賦租
將吏戒生事
廟堂爲遠圖
身居界河上
不敢界河漁

[해설] 이 시에서 변경은 遼와의 국경지대를 가리킨다. 이 시는 구양수가 至和 2年(1055) 겨울 賀契丹國母生辰使(거란 국모의 생신을 축하하는 사신)이 되어 국경지대를 지날 때 지은 것으로, 전주의 맹약이 변경의 백성들에게 가져다준 재난과 조정의 무능을 폭로하고 변경 주민들의 고통에 대하여 깊은 동정을 표시하였다. 변경 주민들의 이와 같은 고통은 직접 관찰하지 않으면 간과하기 쉬운 것이어서 작가의 예민한 관찰력이 돋보이는 작품이다.

변경의 주민

집안이 대대로 변경의 주민인지라
해마다 늘 오랑캐를 방비하였다.
아이들은 말타기를 익히고
부녀자는 활을 당길 줄 알았다.
오랑캐 먼지가 아침저녁으로 일지만
오랑캐 기병은 없다는 듯이 멸시하였다.
맞닥뜨리면 서로 상대를 쏘아
살상자는 양쪽이 언제나 비슷하였다.
전주의 맹약을 맺은 후로는
남과 북이 기쁨과 즐거움으로 맺어졌다.
전투를 면했다고는 하지만
양쪽 지역에 모두 세금을 내야 한다.
장수와 관리들 일이 생길까 경계하고
조정에서는 심원한 계책이라 하여
몸은 국경의 강가에 살아도
강에서 고기를 잡을 수 없게 되었다.

邊戶(변호): 변경지대의 주민. 이 구절은 오랑캐 기병을 조금도 두려워하지 않았다는 말이다. **兩常俱**(양상구): 양쪽이 언제나 비슷하다. '俱'는 '同'과 같다. **澶州盟**(전주맹): 澶淵의 맹약. 眞宗 景德 원년(1004) 12월에 宋이 遼와 맺은 화의. 이 때 宋은 遼에게 매년 銀 10萬兩과 絹 20萬匹을 歲幣로 주기로 하였다. **將吏**(장리): 장수와 관리. **廟堂**(묘당): 朝廷. 중앙정부를 가리킨다.

明妃曲和王介甫

胡人以鞍馬爲家
射獵爲俗
泉甘草美無常處
鳥驚獸駭爭馳逐
誰將漢女嫁胡兒
風沙無情貌如玉
身行不遇中國人
馬上自作思歸曲
推手爲琵却手琶
胡人共聽亦咨嗟

[해설] 이 시는 嘉祐 4年(1059) 王安石이 지은 〈明妃曲〉 2수에 대해 구양수가 和作한 것이다. 작가는 여기서 明妃(王昭君)의 불행했던 운명에 대한 서술을 통해 宋朝의 무능에 대한 자신의 감개를 기탁하였다. “아름다운 漢의 궁녀를 삭막한 변방의 胡兒에게 시집보낸” 漢 왕조의 나약한 자세는 바로 遼와 西夏에 대해 굴욕적인 양보를 일삼는 宋 왕조의 나약함을 풍자한 것이고, “깊숙한 궁실에서만 지내는” 漢宮의 여인들이 “누런 먼지 자욱한 변방으로 나가는 것이 어떤 일인지 모르면서 그저 황제의 사랑을 얻기 위해 明妃가 남긴 비파곡을 배우느라 방 안에서 나오지도 않는” 모습은 외부의 실정은 파악하지도 않고 궁궐 안에서 황제의 총애나 얻고자 하는 宋朝의 신하들을 풍자한 것이라고 하겠다. 清 方東樹가 왕안석의 〈明妃曲〉과 구양수의 和詩를 평하여 “이와 같은 제목은 각 사람이 기탁한 바가 있어서 제목을 빌려 자신의 주장을 세운 것일 따름이다. ……王公의 이 시는 임금 가까이에 있지 못했음과 임금 가까이

왕안석의 〈明妃曲〉에 화답하여

胡人은 안장 없은 말을 집으로 삼고
활로 사냥하는 것이 습속이다.
일정한 거처 없이 단 샘물 맛있는 풀 찾아
다투어 말 몰고 다니니 새와 짐승 놀란다.
누가 漢의 여인을 오랑캐에게 시집보냈는가?
옥 길은 그녀를 모래바람 부는 무정한 곳으로!
자신이 가는 곳엔 중원 사람 만날 수 없어
말 위에서 스스로 고향 그리는 노래를 지었다.
날렵하게 손 움직여 비파를 연주하니
胡人들도 함께 들으며 슬퍼하였다.

에 있어도 國士들이 알아주지 않음에 대한 실의를 말한 것이니 오히려 비천한 짓이다. 歐陽公은 천하의 지극한 妙理를 말한 것이어서 한가한 자들이 알 수 있는 것이 아니며, 스스로 자신의 감개를 비유하여 속된 무리가 알 수 있는 것이 아니다"(此等題各人有寄託, 借題立論而已. ……(王)公此詩言失意不在近君, 近君而不爲國士知, 猶泥塗也. 六一則言天下至妙, 非悠悠者能知, 以自喩其懷非俗衆可知"(《昭昧詹言》卷12)라고 한 것을 참고할 만하다.

漢女(한녀): 漢의 여인. 즉, 王昭君을 가리킨다. 그녀는 漢 元帝 때의 궁녀였는데, 漢의 朝廷에 의해 선발되어 흉노의 單于에게 시집가서 끝내 漢으로 돌아오지 못했다고 전해진다. **胡兒**(호아): 王昭君을 아내로 맞아들인 흉노족 單于를 가리킨다. **中國人**(중국인): 중원 사람. 즉, 漢族을 가리킨다.

玉顔流落死天涯
琵琶却傳來漢家
漢宮爭按新聲譜
遺恨已深聲更苦
纖纖女手生洞房
學得琵琶不下堂
不識黃雲出塞路
豈知此聲能斷腸

流落(유락): 타향을 떠돌다. 天涯(천애): 하늘 끝. 여기서는 흉노 땅을 가리킨다. 洞房(동방): 깊숙한 내실. 閨房. 여기서는 궁녀들이 거처하는 곳을 가리킨다. 黃雲(황운): 누런

옥안의 그녀 고향 떠나 하늘 끝에서 죽었지만
그녀의 비파곡은 漢宮에 전해졌다.
漢宮의 여인들 다투어 그 신곡 배우니
남긴 한 이미 깊어 소리 더욱 애닯다.
깊숙한 궁실에 사는 여인들 가냘픈 손으로
비파곡 배우느라 방안에서 나오지도 않는다.
누런 먼지 자욱한 변방 길을 모르는데
이 소리 애 끊을 수 있음을 어찌 알리!

먼지. '黃塵'과 같다.

日本刀歌

昆夷道遠不復通
世傳切玉誰能窮
寶刀近出日本國
越賈得之滄海東
魚皮裝貼香木鞘
黃白閒雜鍮與銅
百金傳入好事手
佩服可以禳妖凶
傳聞其國居大島
土壤沃饒風俗好
其先徐福詐秦民
採藥淹留丱童老
百工五種與之居
至今器玩皆精巧

[해설] 이 시는 구양수가 仁宗 嘉祐年間(1060년경)에 紹興의 한 상인을 통해 일본도 한 자루를 보고 지은 것이다. 작가는 이 시에서 일본도의 내력과 효험으로부터 일본에 얽힌 전설을 서술하고 마지막에 일본에 전해지고 있다는 《書經》 백 편에 대한 감회를 말하였다. 산문의 필법을 구사하여 한 자루의 일본도에 얽힌 이야기를 풀어 나가고 있어서 송시의 서술성을 잘 보여 주고 있는 작품이다.

昆夷(곤이): 殷·周 시대에 중국 북서쪽에 있었던 부족 이름. 전설에 의하면 곤이에서 만든 보검은 옥을 잘라도 손상되지 않는다고 한다. 窮(궁): 찾다. '探'과 같다. 越賈(월고):

일본도 노래

곤이로 가는 길은 멀어서 다시는 통할 수 없으니
옥도 절단한다는 그 칼을 누가 찾을 수 있으리?
근래에 보검이 일본국에서 나와
월 상인이 창해 동쪽에서 그것을 얻었다.
물고기 껍질을 장식해 붙인 향나무 칼집,
노린빛과 흰빛이 섞인 놋쇠와 구리.
백금에 호사가의 손으로 넘어오니
허리에 차면 요괴를 물리칠 수 있단다.
듣기에 그 나라는 큰 섬에 있고
토양이 비옥하고 풍속이 좋다고 한다.
그 선조인 서복이 진나라 백성을 속여
약을 캐러 갔다가 동남동녀 그 곳에서 늙어 갔다.
각종 장인과 오곡을 그들에게 주어 살게 하니
지금에 이르도록 공예품 모두 정교하다.

浙江省 紹興 지방의 상인을 가리킨다. 間雜(간잡): 중간에 섞이다. '間雜'과 같다. 徐福(서복): 徐市를 가리킨다. 秦의 方士로 始皇帝에게 글을 올려 바다 한가운데 蓬萊·方丈·瀛洲의 세 神山이 있는데, 그 곳에 仙人들이 거주한다고 하였다. 이에 진시황은 동남동녀 수천 인을 징발하여 그와 함께 仙藥을 구하러 바다로 보냈다고 한다.(《史記·秦始皇本紀》 28年條를 참고할 것.) 당시 서복이 진시황을 속여 수천의 동남동녀를 데리고 선약을 구하러 바다로 가 돌아오지 않았는데, 알고보니 그들이 일본에 정착하여 대대로 그 곳에서 살았다는 전설이 있다. 丱童(관동): 총각 머리를 한 어린아이. 여기서는 童男童女를 가리킨다. 五種(오종): 다섯 가지 곡식 종자.

前朝貢獻屢往來
士人往往工詞藻
徐福行時書未焚
逸書百篇今尚存
令嚴不許傳中國
擧世無人識古文
先王大典藏夷貊
蒼波浩蕩無通津
令人感激坐流涕
鏽澁短刀何足云

前朝(전조): 唐 왕조를 가리킨다. 구양수는 역사학자이기도 했기에 그가 지은《新唐書》〈東夷列傳〉의 일본조에 朝臣仲滿(중국이름은 朝衡)·橘逸勢·浮屠空海 등 당에 유학한 일본문인을 열거해 두었다. 詞藻(사조): 詩賦를 가리킨다. 여기서는 문학의 뜻으로 사용되었다. 여기서의 '書'는 일반 서적의 의미가 아니라《書經》을 말한다. 이 구절은 원래《書經》이 모두 백 편이나 진시황 焚書의 결과, 중국에 전해 내려 오는 것은 다만 본래의 절반쯤뿐이고 서복이 바다로 간 것은 분서 이전이어서 그가 가지고 간《書經》백 편이

지난 왕조 때 공물 바치러 누차 왕래하여
선비들 종종 문학에 뛰어났다.
서복이 떠날 때는 《書經》이 불타지 않아
전해지지 않는 책 백 편이 지금까지 보존되었다.
중국으로 전하는 것을 엄하게 금지하여
세상에는 고문을 아는 이 아무도 없었다.
선왕의 대전이 오랑캐 땅에 숨겨져 있지만
푸른 물결 끝없이 넓어 갈 수가 없다.
넉잔 감격에 앉아서 눈물 흘리니
녹슨 단도야 어찌 언급할 만하겠는가!

지금도 완전하게 일본에 보존되어 있다는 말이다. 古文(고문): 공자 시대의 고체문자를 가리킨다. 이 구절은 일본에서 《書經》의 반출을 금지했기 때문에 전 중국에서 고대의 글자체를 아는 사람이 하나도 없다는 말이다. 夷貊(이맥): 오랑캐. 여기서는 일본을 가리킨다. 浩蕩(호탕): 바다의 물결이 끝없이 넓은 모양. 鏽澁(수삽): 여기서는 칼이 녹슬고 무뎌진 것을 형용하였다.

食糟民

田家種糯官釀酒
榷利秋毫升與斗
酒沽得錢糟棄物
大屋經年堆欲朽
酒醅瀺灂如沸湯
東風來吹酒瓮香
纍纍罌與瓶
惟恐不得嘗
官沽味濃村酒薄
日飮官酒誠可樂
又見田中種糯人
釜無糜粥度冬春
還來就官買糟食
官吏散糟以爲德
嗟彼官吏者

[해설] 구양수는 이 시에서 조정이 백성과 이익을 다투는 현실을 비판하고 헐벗은 백성들의 고통을 돌아보지 않는 관리들을 질책하는 한편 자신도 관청의 혜택을 받으면서 관리로서의 책임을 다하지 못하고 있다고 자책하였다. 이와 같이 백성에 대한 연민과 관리에 대한 질책에서 한 걸음 더 나아가 한 사람의 관리로서 책임을 다하지 못하고 있는 자신을 책망하는 표현수법은 드물게 보

지게미를 먹는 백성

농민이 심은 찹쌀로 관청에서 술을 빚으면서
전매 이익은 되와 말 조금도 늦춤이 없다.
술을 팔아 돈을 벌고 지게미는 버리는데
큰 집에 해를 묵혀 쌓아 두어 썩으려 한다.
술 빚을 땐 보글거림이 끓는 물 같고
동풍이 불면 술독이 향기롭다.
항아리와 병 첩첩이 쌓여 있어
다만 다 맛보지 못할까 걱정이로다.
관청의 술은 맛이 진하고 촌 술은 묽어서
날마다 관청의 술 마시면 참으로 즐겁다.
한편 밭에서 찰벼를 심는 사람들을 보면
솥에 죽도 없이 겨울과 봄을 지낸다.
도리어 관청에 가 지게미를 사서 먹는데
관리는 지게미 뿌리는 것을 덕으로 여긴다.
아아, 저 관리들이여!

이는 것으로 구상의 참신성이 엿보인다.

榷利(각리): 전매 이익. 大屋(대옥): 큰 집. 여기서는 창고를 가리킨다. 濸漘(참작): 물 소리. 여기서는 술이 빚어질 때 나는 보글거리는 소리를 형용하였다.

其職稱長民
衣食不蠶耕
所學義與仁
仁當養人義適宜
言可聞達力可施
上不能寬國之利
下不能飽民之饑
我飲酒, 爾食糟
爾雖不我責
我責何由逃

長民(장민): 백성을 거느리는 사람. 고대에는 天子나 諸侯를 가리켰는데, 나중에는 지방

그들의 직책은 백성을 거느리는 것이라면서
양잠을 않고도 옷을 입고 밭 갈지 않고도 밥을 먹으며
배운 것은 의로움과 인자함이다.
인자하면 백성을 기르고 의롭다면 옳은 일을 해야 하며
언로는 조정에 통할 수 있고 시행할 힘이 있건만
위로는 나라의 이익을 넓히지 못하고
아래로는 굶주린 백성들을 배불리 먹일 수 없다.
나는 술을 마시고, 당신들은 지게미를 먹으니
당신들이 나를 질책하지 않는다 해도
나의 책임을 어떻게 피하리?

관리를 일컫는 말로 사용되었다. 不我責(불아책): '不責我'와 같다.

學書(其二)

學書不覺夜
但怪西窓暗
病目故已昏
墨不分濃淡
人生不自知
勞苦殊無憾
所得乃虛名
榮華俄頃暫
豈止學書然
作銘聊自鑒

[해설] 이 시는 같은 제목의 시 두 수 중 두 번째 것으로서 구양수가 집안에서 날이 어둡도록 서예를 익히다가 그로부터 촉발된 歸隱의 심정을 적은 것이다. 나는 무엇 때문에 이토록 서예를 익히는 데 열중하는 것일까? 스스로 반성해 보아도 사실 알 수 없는 노릇이다. 서예에 담겨있는 중요한 의미를 발견하기 위해서였을까? 그런 것 같지는 않다. 그저 서예를 좋아하기 때문에 열심히 연습하는 것이지 무슨 특별한 목적이 있는 게 아니다. 그렇게 생각해보면 인생도 마찬가지이다. 사람은 살아가면서 무엇인가에 열중하게 되지만 무엇을 위해 그러느냐고 물으면 별로 대답할 말이 없을 것이다. 세속적으로 열심히 노

서예를 익히다가

서예를 익히느라 밤 되는 줄도 몰랐는데
다만 서쪽 창문이 어두운 게 이상하다.
병든 눈이라 본래 침침했지만
먹의 농담도 구분할 수 없게 되었다.
사람의 삶을 스스로 알 수는 없지만
노고하면서도 아무런 유감이 없다.
그로 인해 얻는 건 헛된 명성뿐이고
부귀영화도 순간에 불과한 것을.
어찌 서예를 익히는 것만 그러하리?
좌우명으로 삼아 스스로를 살펴야겠다.

력한 결과 '허명'을 얻을 수도 있고 '영화'를 누릴 수도 있겠지만 그것들은 결국 순식간에 덧없이 사라질 것이다. 그것이 인생을 지배하는 사실이다. 따라서 '허명'과 '영화'를 얻기 위해 인생을 낭비해서는 안 될 것이다. 이것을 좌우명으로 삼아 스스로를 경계해야 할 것이다. 全詩의 대부분을 의론에 할애한 것은 종전에 잘 보이지 않던 현상으로서, 나중에 蘇軾 등에 계승되어 송시의 한 특색으로 정착되었다.

學書(학서): 서예를 익히다. 붓글씨를 연습하다. 昏(혼): 어둡다. 눈이 침침하다.

慶州敗

無戰王者師
有備軍之志
天下承平數十年
此語雖存人所棄
今歲西戎背世盟
直隨秋風寇邊城
屠殺熟戶燒障堡
十萬馳騁山嶽傾
國家防塞今有誰

[해설] 慶州는 지금의 甘肅省 慶陽縣이다.《宋史 · 外國傳一 · 夏國上》: "景祐 元年(1034), 西夏가 마침내 環慶路를 공격하여 주민들을 죽이고 노략질해 갔다. ……(宋) 慶州 柔遠寨 蕃部巡檢 嵬通이 後橋의 여러 보루를 공격하여 쳐부수자, 이에 趙元昊가 군사를 모아 보복하였다. 緣邊都巡檢 楊遵 · 柔遠寨監押 盧訓이 병사 칠백을 이끌고 龍馬嶺에서 싸웠으나 대패하였다. 環慶路都監 齊宗矩 · 走馬承受 趙德宣 · 寧州都監 王文이 이를 구원하기 위해 출병하여 節義峰에 주둔하였는데 복병이 일어나 宗矩를 잡고는 오랜 후에 돌려보냈다."(景祐元年, (夏)遂攻環慶路, 殺掠居人, ……(宋)慶州柔遠寨蕃部巡檢嵬通攻破後橋諸堡, 於是元昊稱兵報仇, 緣邊都巡檢楊遵 · 柔遠寨監押盧訓以兵七百與戰于龍馬嶺,敗績. 環慶路都監齊宗矩 · 走馬承受趙德宣 · 寧州都監王文援之, 次節義峰, 伏兵發, 執宗矩, 久之始放歸.) 이 시는 그때의 참상을 묘사한 것인데, 작자는 전쟁에 패한 송나라 군사들의 비참한 모습을 묘사하면서 그 책임이 무능한 장수와 사람을 제대로 쓸 줄 모르는 조정의 통치자에게 있나고 비판하였다. 이 시의 "今歲西戎背世盟, 直隨秋

경주에서의 패전

"싸우지 않는 것은 王者의 군대이고,
대비해 두는 것은 군대의 의지이다."
천하가 안정된 지 수십 년 되니
이 말은 존재하지만 사람들 이미 버렸다.
금년에 서쪽 오랑캐가 오랜 맹약 저버리고
곧장 가을 바람 따라 변방의 성을 노략질했다.
이민족 백성을 도살하고 요새를 불태우며
십만의 군대가 내달리니 산악이 기우는 듯하다.
나라의 변방을 지키는 이 지금 누구인가?

風寇邊城"으로 미루어 景祐 元年(1034) 초겨울에 이 작품이 쓰여졌음을 알 수 있다.

王者(왕자): 德으로 사람들을 심복시키는 군주를 가리킨다. 따라서 이 구는 王者의 군대는 王道를 행하기 위해 악한 자를 정벌하는 경우는 있어도 승리를 다투어 싸우지는 않는다는 뜻이나.《荀子·議兵》: "王者는 벌은 수되 싸우지는 않는다."(王者有誅而無戰.) '軍之志'를 軍志 즉 兵書로 보고, 이 구절을 "병서에 적힌 대로 대비하고 있다"의 뜻으로 보기도 한다.(《蘇舜欽集編年校注》 35쪽) 西戎(서융): 西夏國으로, 송대에 탕구트족이 세운 정권이다. 明道 元年(1031) 趙元昊가 趙德明을 이어 西夏의 군주가 되자 바로 瓜州(甘肅安西의 동남쪽)·沙州(甘肅 敦煌 서쪽)·肅州(甘肅 酒泉)를 점령하니 그 국경이 동쪽으로는 황하에 닿았고, 서쪽으로는 玉門과 이웃하였고, 북쪽으로는 사막을 제압하여 영토가 사방 만여 리였으며, 정예 병사 삼십여 만을 집결시켜 북송 서북방의 강적이 되었다. 熟戶(숙호): 중국의 풍속습관에 동화되어 있는 변방의 非漢族戶口를 가리킨다. 障堡(장보): 돌을 쌓아 만든 보루. '碉堡'와 같다.

官爲承制乳臭兒
酣觴大嚼乃事業
何嘗識會兵之機
符移火急蒐卒乘
意謂就戮如縛尸
未成一軍已出戰
驅逐急使緣嶮巇
馬肥甲重士飽喘
雖有弓劍何所施
連顚自欲墮深谷
虜騎笑指聲嘻嘻
一麾發伏鴈行出
山下掩截成重圍
我軍免胄乞死所
承制面縛交涕洟
逡巡下令藝者全
爭獻小技歌且吹

承制(승제): 宋代 武臣의 관직명으로, 武臣 43번째의 등급이다. 齊宗矩가 環慶路 都監에 임명되었으나 內殿承制의 京官 직함을 여전히 지니고 있었으므로 承制라 칭한 것이다. **符移**(부이): 징집·징발 등 칙명 문서의 통칭. **卒乘**(졸승): 병사와 전차. 후에는 이것으로 군대를 지칭하였다. **連顚**(연전): '連蹇'(길이 험하거나 피로하여 가기 힘든 모양)과 같다. **一麾發伏**(일휘발복): 일단 명령이 떨어지자 복병이 일제히 뛰쳐나왔다는 말이다. '麾'는 '揮'와 같다. **鴈行**(안항): 기러기가 대열을 이루어 날아가듯이 군대가 질서정연하게 행동하는 것을 가리킨다. **掩截**(엄절): 엄습하여 공격을 차단하다《後漢書·西羌傳》:

承制 관직의 젖비린내 나는 어린아이란다.
먹고 마시며 즐기는 것이 일이었으니
그가 언제 용병술을 익혔으리요?
징집의 칙명을 받고 화급히 군대를 모아
시체를 결박하듯 적군을 무찌를 기세였다.
군대가 제대로 편성되기도 전에 출전하여
병사를 몰아 급히 험준한 산을 오르게 했다.
말은 살찌고 갑옷 무거워 병사들 헐떡거리니
활과 칼 있다지만 어떻게 쏘고 휘두를까?
험하고 고달파 깊은 계곡으로 떨어지려 하니
오랑캐 기병들이 손가락질하며 비웃는다.
명령이 떨어지자 매복했던 병사들 정연히 뛰쳐나와
산 아래를 차단하고 겹겹이 포위하였다.
우리 병사들 투구를 벗어 던지고 살려 달라 애걸하고
장수는 결박당하여 눈물 콧물이 줄줄 흐른다.
포로들 어쩔 줄 몰라할 때 기에 있는 자 살려 준다고 하니
앞다투어 작은 기에 선보이며 노래 부르고 나팔 분다.

"일만 기병의 무리로 수천의 오랑캐를 뒤쫓아 후미를 추격하여 엄습해서 공격을 차단하니 그들의 길이 저절로 막혔다."(以萬騎之衆, 逐數千之虜, 追尾掩截, 其道自窮.) **乞死所**(걸사소): 죽음의 장소에서 삶을 구걸한다는 말로, 적에게 항복하고 살려 달라고 애걸한다는 뜻이다. **承制**(승제): 앞에서 언급한 '官爲承制乳臭兒'의 承制로서, 조정에서 파견한 장수를 가리킨다. **面縛**(면박): 손을 뒤로하여 묶여서 얼굴만 보이는 상태를 말한다. **逡巡**(준순): 뒷걸음질치거나 머뭇거리는 것을 뜻하는 말인데, 여기서는 이로써 포로들이 어찌할 바를 모르는 모습을 형용하였다.

其餘劓馘放之去
東走矢液皆淋漓
首無耳準若怪獸
不自媿恥猶生歸
守者沮氣陷者苦
盡由主將之所爲
地機不見欲僥勝
羞辱中國堪傷悲

劓馘(의괵): '劓'는 코를 베는 것이고, '馘'은 귀를 베는 것이다. **矢液**(시액): 똥과 오줌. '矢'는 '屎'와 같다. **淋灕**(임리): 피 또는 땀 같은 것이 줄줄 흐르는 모양. **準**(절): 콧등을 말한다.《漢書·高帝紀》: "고조의 생김새는 우뚝하니 높은 콧등에 용의 얼굴을 하였다."(高祖爲人, 隆準而龍顔.) **地機**(지기): 군사상 형세가 험하고 중요한 관건 지역을 가리킨

그 나머지 코 베고 귀 벤 후 놓아 주니
도망치며 똥오줌 싼 것이 줄줄 흐른다.
얼굴에 귀와 코 없으니 괴상한 짐승 같건만
수치스러운 줄 모르고 살아 돌아온 것만 감지덕지한다.
수비하는 자 기 꺾이고 함락당한 자 고통받는 것은
모두가 장수의 소행에서 비롯된 것이다.
요충지를 모르고서 요행만 바란 결과
나라를 욕되게 하였으니 참으로 애통하다.

다. 《吳子 · 論將》: "무릇 병법에는 四機가 있는데, 첫째는 氣機이고 둘째는 地機이고 셋째는 事機이고 넷째는 力機이다. ……길이 좁고 험하며 명산이 막고 있으면 열 명이 지켜도 천 명이 지나갈 수 없으니 이것이 地機이다."(凡兵有四機: 一曰氣機, 二曰地機, 三口事機, 四口力機. ……路狹道險, 名山人塞, 十大所守, 千大不過, 是謂地機.)

吳越大旱

吳越龍蛇年
大旱千里赤
尋常秔稌地
爛漫長荊棘
蛟龍久遁藏
魚鼈盡枯腊
炎暑發厲氣
死者道路積
城市接田野
慟哭去如織

[해설] 吳越은 지금 江蘇省 남부 및 浙江省 북부의 땅이다. 春秋時代에 吳나라와 越나라에 속했던 땅이었으므로 吳越이라 부른 것이다. 이 시는 시인이 越 지방에 가는 도중에 직접 경험한 일을 기록한 것이다. 鄧之誠《淸詩紀事初編》卷1에 吳銘道의 〈吳越大旱用蘇子美韻〉(《古雪山民詩後五》)가 인용되어 있는 것을 통해 이 시가 淸初에도 영향을 끼쳤음을 알 수 있다.

龍蛇年(용사년): 宋 仁宗 康定元年(1040)이 庚辰年이고 그 다음 해(1041)가 辛巳年이어서

오·월 땅의 큰 가뭄

오·월의 땅에 용과 뱀의 해에
큰 가뭄이 들어 천리 땅이 벌거벗었다.
평상시 벼와 기장 심던 밭에
가시나무만 무성하게 자랐다.
교룡은 오래 전에 숨어들고
물고기와 자라는 모두 말라 비꼈다.
찌는 더위가 전염병을 일으켜
죽은 시체가 길거리에 쌓이고
도시는 들판으로 이어져서
통곡하며 떠나는 사람들 베를 짜듯 끊임없다.

이렇게 부른 것이다. 秔穄(갱제): 메벼와 메기장. 枯腊(고석): 말린 고기. 여기서는 물고기와 자라가 말라 죽었음을 뜻한다. 厲氣(여기): '厲'는 '癘'와 통하여서 전염병을 가리킨다. 去如織(거여직): 떠나가는 사람들이 베를 짜듯 도로를 왕래하다. 張衡 〈思玄賦〉: "사방 머나먼 곳에서 고생하며 길을 왕래하다."(庸織路於四裔兮.) 李善 注: "동서로 길을 왕래하는 것이 베 짜는 것 같다는 말이다."(言涉路東西, 有似於織也.) 呂向 注: "織은 도로를 왕래하는 것이 베 짜는 것 같다는 말이다."(織, 往來於道如織也.)

是時西羌賊
凶燄日熾劇
軍須出東南
暴斂不暫息
復聞籍兵民
驅以教戰力
吳儂水爲命
舟檝乃其職
金革戈盾矛
生眼未嘗識
鞭笞血塗地
惶惑宇宙窄
三丁二丁死
存者亦乏食

西羌賊(서강적): 서쪽의 오랑캐. 西夏를 가리킨다.《宋史 · 仁宗紀二》: "(康定 元年(1040) 正月) 이 달에 趙元昊가 延州를 노략질하고 鄜延과 環慶 兩路의 副都總管 劉平과 鄜延의 副都總管 石元孫을 잡아갔다. ……(五月) 이 달에 元昊가 塞門砦를 함락하여 兵馬監押 王繼元이 그 곳에서 죽었고, 또한 安遠砦를 함락하였다. ……(九月) 이 달에 元昊가 三川砦를 노략질하여 都巡檢 楊保吉이 그 곳에서 죽었다. 또한 師子堡와 定川堡를 포위하여 戰士 중에 죽은 자가 5천여 명이었고, 마침내 乾溝 · 乾河 · 趙福의 3堡를 함락하였다."((康定元年正月) 是月, 元昊寇延州, 執鄜延 · 環慶兩路副都總管劉平 · 鄜延副都總管石元孫. ……(五月) 是月, 元昊陷塞門砦, 兵馬監押王繼元死之, 又陷安遠砦. ……(九月) 是月, 元昊寇三川砦, 都巡檢楊保吉死之: 又圍師子 · 定川堡, 戰士死者五千餘人, 遂陷乾溝 · 乾河 · 趙福三堡.)《仁宗紀二》: "(慶曆 元年(1041) 二月) 이 달에 元昊가 渭州를 노략질

이 때에 서쪽의 오랑캐들이
흉포한 기세가 날로 치열해져서
군수품을 동남지역에서 대야 하니
가혹한 세금은 잠시도 쉬지 않는다.
게다가 백성들을 병적에 올려놓고
전력을 증강한다고 내몰아 훈련시킨다.
오 땅의 사람들은 물이 생명이고
뱃사공이 바로 그들의 직업인지라
칼과 창, 갑옷·투구와 방패는
눈을 뜨고도 알아보지 못한다.
채찍질에 피가 땅을 뒤덮고
두려워 갈팡질팡하니 천지가 비좁다.
세 사람 중에 두 사람은 죽고
살아남은 자도 먹을 것이 없다.

하였는데, 環慶路馬步軍副總管 任福이 好水川에서 패하여 任福 및 장군을 보좌하던 군사 중에 죽은 사가 6천여 명이었다. ……(七月) 이 날에 元昊가 麟州와 府州를 노략질하였다. ……(八月) 이 달에 元昊가 金明砦를 노략질하고 寧遠砦를 격파하여 砦主 王世亶과 兵馬監押 王顯이 그 곳에서 죽었다. 豊州를 함락하여 知州 王餘慶과 兵馬監押 孫吉이 그 곳에서 죽었다.”((慶曆元年二月) 是月, 元昊寇渭州, 環慶路馬步軍副總管任福敗于好水川, 福及將佐軍士死者六千餘人. ……(七月) 是月, 元昊寇麟·府州. ……(八月) 是月, 元昊寇金明砦, 破寧遠砦, 砦主王世亶·兵馬監押王顯死之. 陷豊州, 知州王餘慶·兵馬監押孫吉死之.) **軍須**(군수): 군대에서 필요로 하는 물품. 군수품. ‘驅以’ 구절은 전투력 증강을 위해 필요하다고 하면서 백성들을 강제로 동원하여 훈련시킨다는 말이다. **金革**(금혁): ‘金’은 칼이고, ‘革’은 갑옷과 투구를 가리킨다.

寃對結不宣
衝迫氣候逆
二年春及夏
不雨但赫日
安得涼冷雲
四散飛霹靂
滂沱消祲癘
甘潤起稻稷
江波開舊漲
淮嶺發新碧
使我揚孤帆
浩蕩入秋色
胡爲泥滓中
視此久戚戚
長風卷雲陰
倚柂淚橫臆

不宣(불선): '不散'(발산되지 않다)의 뜻이다. '衝迫' 구절은 怨氣가 충돌하여 핍박하니 마침내 기후도 비정상이 되었다는 뜻이다. 滂沱(방타): 비가 주룩주룩 내리는 모양. 비가 콸콸 퍼붓는 모양. 祲癘(침려): 음양 두 기운이 서로 침입하여 생기는 전염병. 淮嶺(회

원한이 피에 맺혀 발산되지 않고
충돌하여 핍박하니 기후도 이상해져
2년 동안이나 봄과 여름에
비는 내리지 않고 붉은 해만 이글거렸다.
어찌하면 서늘한 구름을 얻어
사방으로 우레를 치며
큰비가 내려 전염병을 없애고
파릇파릇 벼와 기장 싹 돋아나고
강물은 옛날처럼 넘실거려 물결치고
회남의 산들은 신록을 발하고
나로 하여금 외로운 배를 띄워
드넓은 물 위에서 가을빛으로 들어가게 할 수 있을까?
어찌하여 진흙탕 속에서
이를 바라보며 오래도록 슬픔에 잠겨
바람은 계속 불어 구름을 걷어 가는데
배에 기대어 눈물이 앞을 가리게 한단 말인가?

령): 淮南의 산들. 浩蕩(호탕): 물이 광대하게 펼쳐진 모양. 泥滓(이재): 가뭄으로 수원이 감소하여 강물이 모두 진흙탕이 되었다는 말이다. 柁(타): 배의 키이다. 여기서는 이것으로 배를 지칭하였다.

依韻和勝之暑飮

九夏苦炎烈
入伏氣候惡
況玆大旱時
其酷甚炮烙
爭得羿復生
射此赤日落
欲擘青天開
騰身出寥廓
狂走無處逃
坐恐肝腦涸
不如以酒澆
庶可免焦爍
相呼坐僧居

[해설] 依韻은 和韻詩를 짓는 방법 중의 하나로서 唱和하고자 하는 시와 같은 韻部를 쓰는 것인데, 次韻·用韻과는 달리 똑같은 字를 韻字로 써야 하는 것은 아니다. 勝之는 王益柔의 字이다. 王益柔는 재상 王曙의 아들로서 河南縣 사람이다. 아버지의 지위 덕분에 蔭官으로 殿中丞까지 올랐고, 介丘縣(지금의 山西에 속함)의 知事를 지내기도 하였다. 천하의 사안들에 대해 논의하기를 좋아하였고, 수차례 글을 올리기도 하였다. 慶曆 연간의 혁신 세력을 지지하며 보수파들에 반대하는 입장에 섰다. 慶曆 3年(1043) 겨울에 范仲淹의 추천으로 集賢校理에 임명되었다.《宋史》卷286에 傳이 있다. 왕익유와 소순흠의 和詩는 모두 慶曆 4年(1044) 여름에 지어졌다.

王益柔의 〈더운 날의 음주〉詩 韻에 따라 화답하여

여름 구십 일의 고통스런 더위는
복날에 접어들며 날씨가 끔찍하다.
하물며 이렇게 큰 가뭄이 든 지금
그 혹독함이 포락의 형벌보다 심하다.
어떻게 하면 명사수 예를 부활시켜
저 붉은 태양을 떨어뜨릴 수 있을까?
저 푸른 하늘을 쪼개어 열고는
몸을 솟구쳐 광활한 우주로 나가고 싶다.
마구 뛰어봐도 도망갈 곳이 없으니
간과 뇌가 말라붙을까 두렵구나.
차라리 이 몸에 술을 들이부어
타서 없어짐을 면할 수 있기를 바라리.
절에 머무는 사람을 불러내어

九夏(구하): 음력 4·5·6 월 90일 동안의 여름. **入伏**(입복): 한여름의 初伏·中伏·末伏 기간에 들다. **炮烙**(포락): '炮烙之刑'을 뜻한다. '炮烙之刑'은 殷나라 紂王이 구리 기둥에 기름을 발라 숯불에 달군 후 그 위를 죄인으로 하여금 걷게 한 酷刑이다. **羿**(예): 고대의 신화·전설에 나오는 활 잘 쏘는 사람. 전설에 따르면 堯임금 때 하늘에 10개의 태양이 떠 있어서 식물이 고사하고 맹수와 뱀이 해를 입혀 羿가 10개의 태양 중 9개를 활로 쏘아 떨어뜨리고 맹수와 뱀을 사살하여 백성들의 근심을 풀어 주었다고 한다. **寥廓**(요곽): 광활한 우주를 가리킨다. **坐**(좌): '乃'의 뜻이다. **坐**(좌): '居留'의 뜻이다.

頃刻釂百酌
佳瓜判青膚
熟李吸絳膜
尚嫌味不爽
更與冰雪嚼
裂耳發浩歌
解顔縱善謔
逕趨無何鄕
回覺萬事錯
不知余中虛
外冷得所託
眞氣潛遁亡
半夜忽發霍
嘔洩不暫停
迸筋走兩脚
初如巨繩纏
忽似秋蚓躍
委頓體不支
藜牀爲穿鑿

釂(조): 잔에 들어 있는 술을 다 마시다. **無何鄕**(무하향): '無何有之鄕'(텅 비어 아무것도 없는 허무의 세계)의 준말. 여기서는 睡鄕(꿈나라)을 가리킨다. 岑參 〈林臥〉시: "다만 좋아하는 건 책상에 기대 잠이 들어, 홀로 허무의 세계에서 노니는 것이라네."(唯愛隱几時, 獨遊無何鄕.) **眞氣**(진기): 元氣. 사람의 정신과 생명력의 본원. **霍**(곽): '霍亂'. 더위에 음식이 체하여 별안간 토사가 심한 급성 위장병. '迸筋' 구절은 토하고 설사하는 데 힘이 순식간에 백 잔의 술을 다 들이켰다.
맛좋은 오이의 푸른 껍질을 벗겨 내고
잘 익은 자두의 붉은 과육을 들이킨다.
아직은 맛이 시원하지 않을까 저어되어
다시 빙설과 함께 씹어먹는다.
귀청이 찢어지도록 큰 소리로 노래 부르고
희색이 만면하여 마음껏 농담을 한다.
꿈나라 이곳 저곳을 헤매다가
깨어나 보니 반사가 살못되었다.
나도 모르게 속이 허했는지
오한이 나고 올 것이 오고 말았다.
원기가 슬며시 빠져나가더니
한밤중에 갑자기 곽란이 일어났다.
구토와 설사가 잠시도 멎지 않고
두 다리가 후들후들 몹시 떨린다.
처음에는 굵은 밧줄에 묶인 것 같더니
갑자기 가을 지렁이처럼 꿈틀대는구나.
지친 나머지 몸을 지탱할 수 없어서
명아주 침대에 구멍을 뚫고 말았다.

들어 근육과 뼈가 따로 노는 것처럼 두 다리가 쉬지 않고 발작적으로 떨린다는 말이다. '初如' 두 구절은 가슴이 답답하고 내장이 요동치는 것을 형용하였다. 委頓(위돈): 극도로 피곤한 모양. 매우 지친 모양. '藜牀' 구절은 구토와 설사 때문에 너무나 지친 나머지 움직이기 힘들어 배설을 위해 침대에 구멍을 뚫었다는 말이다.

君言暑飲佳
但得一晌樂
艱難踰旬時
僅飲數斗藥
快意事皆然
遺殃愼無作

僅(근): 여기서는 '거의'의 뜻으로 쓰였다.

그대는 더운 날의 음주가 좋다고 말했지만
그저 잠시의 즐거움을 얻을 뿐이다.
열흘이 넘도록 고통에 시달리며
거의 몇 말의 약을 마셨다.
통쾌한 일은 모두가 이러하니
재앙 남길 일은 삼가고 하지 마시게.

蜀士

蜀國天下險
奇怪生中間
有士貫其姓
抱材東入關
獻冊叩諫鼓
其言蔚可觀
願以微賤軀
一得至上前
掉舌滅西寇
畫地收幽燕
且云太平久
兵戰無人言
臣嘗學其法
自集數百篇

[해설] 慶曆 4年(1044) 5月에 蘇舜欽은 范仲淹에게 〈上范公參議書〉와 함께 〈諮目〉 7條를 올려 당시의 政令에 대해 건의하였다. 그 후에도 그는 〈上集賢文相書〉·〈上三司副使段公書〉·〈上孫沖諫議書〉·〈上孔待制書〉를 지어 제출했지만 모두 채택되지 않았다. 그래서 그는 宋과 西夏가 전쟁하던 기간에 이 시를 지어 자신의 심경을 피력하였다.

蜀國(촉국): 지금의 四川 지방을 가리킨다. **關**(관): 函谷關. 지금의 河南省 靈寶縣 남쪽에 있으며, 蜀 땅에서 中原으로 진입할 때 반드시 거쳐야 하는 곳이다. **冊**(책): '策'과 동

촉 땅의 선비

촉 땅은 천하의 험준한 곳인데
기괴한 일이 그 속에서 생겼다.
가씨 성의 한 선비가 있었는데
재능을 품고 동쪽으로 函谷關에 들어와
계책을 바치고자 간언의 북을 두드렸으니
그의 말 성대하여 들어 볼 만하였다.
"원컨대 이 몸이 미천하긴 하지만
일단 임금님 앞에 나아가기만 하면
서쪽 오랑캐를 멸할 계책을 올리고
땅에 경계를 그어 幽·燕 지대를 수복하리다."
또한 말하기를 "태평세월 오래 되어
아무도 전쟁을 말하지 않지만
저는 일찍이 병법을 배워서
스스로 수백 편을 엮었습니다.

하여 계책의 뜻으로 쓰였다. **諫鼓**(간고): 堯임금 때 궁전 앞마당에 북을 설치해 놓고 백성들로 하여금 북을 두드려 간언을 할 수 있도록 하였다고 한다. 여기서는 일개 평민의 신분인 蜀士가 임금에게 계책을 진언하기 위해 뵙기를 청했다는 의미이다. **上**(상): 皇上. 임금님. **掉舌**(도설): 혀를 놀리다. 여기서는 임금에게 계책을 말씀드리는 것을 말한다. **西寇**(서구): 서쪽 오랑캐. 西夏를 가리킨다. **幽燕**(유연): 燕·雲 16州를 가리키는데, 대략 지금의 河北·山西 두 省의 땅에 해당된다. 五代 後 晉 高祖 石敬塘이 거란에게 燕·雲 16州를 할양했는데 宋代에 들어와서도 여전히 遼가 점령하고 있는 상태였다.

治亂與成敗
密然不可删
三獻輒罷去
志屈心悲酸
將相門戶深
欲往復見攔
負販冒日熱
引重衝雪寒
羈苦輦轂下
以圖晨夕餐
如此三歲餘
夜夜抱膝歎
義者或賑給
遂復歸巴川
嗟乎區宇大
此徒亦已繁
城市與巖穴
隱默孰辨旃
幸得出自鬻
何惜置末班

三獻(삼헌): 여러 번 계책을 바치다. '三'은 정수가 아니라 '여러 차례'의 뜻이다. **門戶**(문호): '門戶之見'(파벌의 정서나 이해관계로 인해 조성된 편견)을 가리킨다. **負販**(부판): 화물을 등에 지고 장사하다. 즉 행상을 하다. **引重**(인중): 수레를 끌어 화물을 운반하다. **輦轂下**(연곡하): 임금이 타는 수레의 아래라는 말로서 首都를 가리킨다. **巴川**(파천): 지

治亂과 成敗에 대하여
엄밀하게 논하여 삭제할 게 없습니다."
여러 번 바쳤지만 그 때마다 파기되어
뜻은 꺾이고 마음은 비통하기만 하다.
장군과 재상의 문호는 깊기만 하여
들어가려고 해도 다시 제지당하고 만다.
뜨거운 태양을 무릅쓰며 행상을 하고
차가운 눈을 맞으며 화물을 운반하면서
집 떠나 임금님 계신 서울에서 고생하며
아침 저녁의 끼니를 마련하고자 하였다.
이와 같이 삼 년 남짓 지내며
밤마다 무릎을 끌어안고 탄식하였다.
의로운 이가 간혹 구원의 손길을 펴서
마침내 다시 촉 땅으로 돌아갈 수 있었다.
아아 강역이 넓고 넓어서
이러한 무리 또한 이미 많으니
도시와 암혈에서
숨어 지내는 그들을 누가 알아보리요?
다행히 나와서 스스로를 피력하였으니
말단 관직에 놓인들 무엇이 섭섭하랴?

금의 四川省 南江縣 동쪽에 있는 것으로, 여기서는 蜀 땅을 가리킨다. **此徒**(차도): '懷才不遇'의(재능은 있으나 때를 만나지 못한) 선비를 가리킨다. **旃**(전): '之'와 같다. '此徒'를 지칭하는 대명사이다. **出自鬻**(출자육): 賈生이 서울로 들어와 諫鼓를 두드려 임금에게 계책을 바친 일을 가리킨다. **末班**(말반): 末位. 말단관직을 가리킨다.

吾相柄天下
處事當幾先
古之設爵位
蓋欲英雄躔
次第立名級
不使智慮閑
稍有才器者
必以祿仕牽
所患在不出
旣出那棄捐
放蛟入大水
驅虎還深山
失一故無害
其類莫可攀

幾先(기선): '機先'과 같다. **次第**(차제): 科擧 시대에 시험에 합격한 사람은 서열에 따라 방에 붙였다. 여기서는 이로써 과거에 합격한 사람을 지칭하였다. **才器**(재기): 才能을 가리킨다. **那**(나): 여기서는 '奈何'(어찌하나)의 뜻으로 쓰였다.《續資治通鑑·宋紀·仁宗寶元二年》(9월에) 富弼의 상소를 인용하여 "元昊가 일찍이 姦險함을 감추고 호걸을 받아들이기에 힘썼기 때문에 과거에 급제하지 못한 擧子들 몇 사람이 스스로 그에게 두

우리 재상이 나라의 권력을 잡았으니
일 처리는 응당 기선을 잡았으리.
옛날에 작위를 설치한 것은
영웅들이 따라오길 바라서였다.
과거에 합격하면 명예와 등급을 세우고
지혜와 사려를 쉬지 않게 하였다.
조금이라도 재능 있는 자는
반드시 봉록과 관직으로 끌어들였다.
근심할 것은 才士가 出仕하지 않는 것인데
벼슬길에 나온 다음에 버리면 어찌하나?
교룡을 놓아 두면 큰 물 속으로 들어가고
호랑이를 내몰면 깊은 산으로 돌아가는 법
하나쯤 잃는 것이야 해가 없겠지만
그 무리들을 더는 끌어들일 수 없으리.

항하니 元昊는 그들을 장수에 임명하기도 하고 公卿에 임명하기도 하여 자신을 위한 謀士로 삼았다"(元昊早蓄姦險, 務收豪傑, 故不第擧子數人自投於彼, 元昊或授以將帥, 或任之公卿, 倚爲謀主)라고 하였다. 그 당시 조정에 의해 버려진 '蛟'·'虎'가 되어 西夏에 투항한 뒤 그들에게 협력한 사람으로는 張元·吳昊·張陟·張絳 등이 있다.

淮中晩泊犢頭

春陰垂野草青青
時有幽花一樹明
晩泊孤舟古祠下
滿川風雨看潮生

[해설] 《元豊九域志》 卷5에 "(초주 산양군) 회음은 주의 서쪽으로 40리 떨어진 곳에 다섯 향이 있고, 18리 떨어진 곳에 하진 · 홍택진 · 독두진의 3진이 있다"((楚州山陽郡)淮陰, 州西四十里, 五鄕. 十八里河 · 洪澤 · 瀆頭三鎭)라고 하였다. 이 시 제목의 犢頭는 분명 이 瀆頭鎭일 것이다. 이 시는 소순흠이 慶曆 5年(1045) 봄 蘇州로 남하하던 중에 지었을 것이다. 陳衍 《宋詩精華錄》에서 이 시의 마지막 구를 평하여 "韋應物 〈滁州西澗〉시의 '春潮帶雨晩來急'(봄 강물 비에 불어 석양녘 흐름이 세차다)을 보라. 기세가 그것을 뛰어넘는다"라고 하였다. 劉克莊 《後村詩話》 卷2에서도 이 시를 일컬어 "위운물과 흡사하다"

淮河 여행중 날이 저물어 독두에 배를 대고

구름 들판을 뒤덮고 풀은 파릇파릇한데
때마침 그늘 속에 꽃 피어 온 나무가 환하다.
해 저물어 외로운 배를 옛 사당 아래 대고
온 들판 비바람 속에서 밀려드는 조수를 바라본다.

(極似韋蘇州)라고 하였다. 시인은 제 1, 2구에서 어려운 환경과 여건 속에서도 자신의 절조를 지켜나가는 선비의 기상과 그 굳은 의지가 꽃 피우면 그로 인해 온 나무가 환하게 되리라는 신념과 희망을 보여주었지만, 마지막 구에서는 거대한 운명 앞에서 무기력할 수밖에 없는 인간의 모습을 비유적으로 담아내었다.

幽花(유화): 그늘진 곳에 핀 꽃.

中秋松江新橋對月和柳令之作

月晃長江上下同
畫橋橫絶冷光中
雲頭灩灩開金餠
水面沈沈臥綵虹
佛氏解爲銀色界
仙家多住玉華宮
地雄景勝言不盡
但欲追隨乘曉風

[해설] 松江新橋는 〈松江長橋未明觀魚〉시에서 언급한 長橋이다. 新橋라고 한 것은 이 다리가 慶曆 7年(1047)에 완성되었기 때문이다. 同治《蘇州府志》卷34 吳江縣 利往橋(長橋) 밑에 이 시가 실려 있어서 新橋가 長橋임을 알 수 있다. 이 시는 慶曆 8年(1048) 中秋節에 지어졌다. 柳令은 吳江縣令을 가리키는 듯한데 누구인지 알 수 없다. 方回는《瀛奎律髓》卷22에서 "소순흠은 壯麗頓挫하여 두보가 남긴 맛을 지니고 있는데 다만 哀怨의 생각이 많다. 내가 어렸을 때 소순흠을 배우기도 했다. 안타깝게도 소순흠은 일찍 죽고 말았는데 그가 오래 살았다면 황정견과 어깨를 나란히 했을 것이다. 이 시는 고금의 절창이며 秋·月·色이 三絶을 이루었다"(蘇子美壯麗頓挫, 有老杜遺味, 然多哀怨之思. 予少時初亦學此翁. 惜乎子美早卒, 使老壽, 山谷當幷立也. 此篇古今絶唱, 秋·月·色成三絶)라고 하였다.

灩灩(염염): 환하고 아름다운 모양. 金餠(금병): 황금빛 호떡. 여기서는 이것으로 보름달을 비유하였다. 고대의 중국인들에게 보름달은 그리움을 상징하는 것이 보통이었다. 그래서 보름달은 그리움이 투영될 수 있도록 '嬋娟' 등의 아름다운 이미지에 비유되어 왔

중추절 송강의 신교에서 달을 대하고 柳縣令의 작품에 화답하다

밝은 달 장강에 비치니 위아래가 같고
채색 다리는 찬 빛 속을 가로질렀다.
구름 끝에서 환하게 황금 호떡이 나오니
수면에는 성대하게 무지개가 누워 있다.
불도들은 해석하여 은빛 세계라 하고
선가들은 玉華宮에 많이 거주한다지.
웅장하고 빼어난 경치를 다 표현 못하니
다만 새벽바람을 타고 뒤따르고 싶다.

는데, 소순흠이 이것을 '호떡'에 비유한 것은 충격적이라고 하겠다. 아마도 그는 이 비유를 통해 굶주린 백성들의 소망과 자신의 곤궁한 처지를 암시하려고 했던 것 같다. **沈沈**(침침): 성대한 모양. 《淮南子 · 俶眞》: "茫茫沈沈, 是謂大治."(성대한 것을 大治라고 한다.) 高誘 注: "茫茫沈沈, 盛貌." **彩虹**(채홍): 무지개. 여기서는 이것으로 채색 다리를 비유하였는데, 長橋의 별명이 垂虹橋이기 때문이기도 하다. **銀色界**(은색계): 은빛 세계. 불교에서는 銀地라고 하는데, 보살이 거처하면 琉璃를 땅에 깐다고 하므로 그렇게 칭한다. 후에는 銀地로 佛寺를 지칭하기도 하였다. **玉華宮**(옥화궁): 仙境을 가리킨다. 여기서는 이것으로 月宮을 비유하였다. 李賀 〈天上謠〉: "월궁의 계수나무 꽃 아직 떨어지지 않았고, 선녀는 꽃향기를 따서 허리춤에 드리운다."(玉宮桂樹花未落, 仙妾採香垂珮纓.)

劉克莊 《後村詩話》前集 卷2: "소순흠의 시는 매요신보다 雄放하여 자유분방한 모습이 그의 사람됨과 같다. ……〈垂虹亭觀中秋月〉시에서 '불도들은 해석하여 은빛 세계라 하고, 선가들은 옥화궁에 많이 거주한다지'라고 한 것이 대단히 훌륭하다. 그런데 세상에서는 그 앞의 '金餠' · '彩虹' 2句만을 음영한다니 어찌된 일인가?"(子美歌行, 雄放于聖兪, 軒昂不羈, 如其爲人. ……〈垂虹亭觀中秋月〉云: "佛氏解爲銀色界, 仙家多住玉華宮." 極工. 而世惟咏其上一聯, '金餠' · '彩虹'之句, 何也?)

夏中

院僻簾深晝景虛
輕風時見動竿烏
池中綠滿魚留子
庭下陰多燕引雛
雨後看兒爭墜果
天晴同客曝殘書
幽棲未免牽塵事
身世相忘在酒壺

[해설] 이 시는 시인이 蘇州에 있을 때 지은 것이다. 눈앞에 펼쳐진 한여름의 정경과 나라 일에 관심을 가지면서도 현실적으로 그렇게 할 수 없는 시인의 심정이 진하게 묻어 있다.

한여름

외진 집에 발 길게 드리우니 햇빛 은은한데
가벼운 바람에 이따금 장대 위 까마귀 움직인다.
연못 속 가득 찬 물풀에 물고기는 알을 낳고
뜰 아래 짙은 그늘로 제비는 새끼들을 끌어 온다.
비 온 뒤 아이들은 떨어진 과일을 다투어 줍고
날이 개이니 색과 함께 낡은 책을 햇볕에 말린다.
은거하려 해도 속세의 일에 끌려들지 않을 수 없어
술병으로 이 내 신세 잊어 보련다.

晝景虛(주경허): 한낮의 햇빛이 은은하다는 말이다. '虛'는 '空'·'閑'의 뜻이다. 竿烏(간오): 古代의 풍향계이다. 장대 위에 나무나 銅으로 만든 까마귀를 매단 것으로 바람이 불면 그 힘으로 움직인다. '相風烏' 또는 '烏竿'이라고도 한다. 幽棲(유서): '隱居'와 같다.

覽照

鐵面蒼髯目有稜
世間兒女見須驚
心曾許國終平虜
命未逢時合退耕
不稱好文親翰墨
自嗟多病足風情
一生肝膽如星斗
嗟爾頑銅豈見明

[해설] '覽照'는 거울에 자신을 비추어보는 것이다. 시인은 비록 핍박을 당하여 蘇州에 은거하고 있지만 적을 평정하여 나라에 보답하고자 하는 웅지는 아직 없어지지 않았다. 이 작품은 시인이 蘇州에 은거해 있을 때 지은 것이다.

鐵面(철면): 강직하고 비굴하지 않은 얼굴을 형용한 말이다. **蒼髯**(창염): 푸른빛이 도는 하얀 수염. **目有稜**(목유릉): 눈이 마름모꼴이라고 한 것은 위엄 있는 눈매를 지녔다는 뜻이다. **許國**(허국): 一身을 나라에 바치다. **終**(종): '盡'의 뜻이다. 《禮記 · 儒行》: "(선비의 행동은 광대한 것이므로) 갑자기 이를 꼽아 세어 본다면 명료하고 충분하게 그 일을 말로 다할 수가 없다."(遽數之不能終其物.) **不稱**(불칭): 감당할 수 없다. 《後漢書 · 來歙

거울을 들여다보며

무쇠 얼굴에 푸른 수염, 눈은 마름모꼴이니
세간의 아이들이 보고서 놀랄 수밖에 없다.
일찍이 이 몸 바쳐 오랑캐를 다 평정키로 마음먹었지만
운명이 때를 만나지 못하니 물러나 밭을 갈아야 하리.
좋은 글 써내지 못하지만 붓과 먹을 가까이하고
스스로 병이 많음을 탄식하지만 마음은 넉넉하다.
일생 동안 흉금은 하늘의 별처럼 빛나건만
오호라, 무딘 구리 거울에 어찌 그 빛이 보이랴?

傳》: "맡은 바 직책을 감당할 수 없어 조정의 수치가 되었음이 참으로 한탄스럽다."(誠恨奉職不稱, 爲朝廷羞.) 이 구절은 가작을 짓는 일은 비록 감당할 수 없지만 글쓰기를 좋아하므로 늘 붓과 벼루를 가까이한다는 말이다. 翰墨(한묵): 붓과 먹. 문학, 문사의 뜻으로 활용된다. 風情(풍정): 意趣. 마음. 《晋書 · 袁宏傳》: "원굉은 재주가 뛰어났고 문장이 매우 아름다웠다. 일찍이 영사시를 지었는데, 그것은 그의 마음을 기탁한 것이다."(宏有逸才, 文章絶美, 曾爲詠史詩, 是其風情所寄.) 이 구절은 다병하여 한가히 지냄을 스스로 탄식하지만 은거생활에 만족하는 심경을 말한 것이다. 頑銅(완동): 쓸모없는 銅. 여기서는 구리 거울을 가리킨다.

苦雨初霽

積陰爲患恐沈綿
革去方知造化權
天放舊光還日月
地將濃秀與山川
泥途漸少車聲活
林薄初乾果味全
寄語殘雲好知足
莫依河漢更油然

[해설] 오랜 장마가 순식간에 그친 뒤의 벅찬 환희와 대자연의 위력에 대한 경외심을 노래한 것이다.

苦雨(고우): 오랫동안 내리는 궂은 비. 장미. 積陰(적음): 오랫동안 누적된 음기. 오랫

장마가 갓 갠 뒤

쌓이고 쌓인 음기가 우환이 되어
골치가 아프겠다 걱정했는데
그 많던 구름이 순식간에 없어지니
조화옹의 위력을 바야흐로 알겠구나.
하늘은 일월에게 옛 광채를 돌려 주고
대지는 산천에게 산뜻함을 주었구나.
진흙탕이 점차 줄어 수레 소리 낭랑하고
수풀의 물이 말라 가니 과일 맛이 제대로 나겠구나.
남아 있는 구름에게 말 전하노니
그만큼 비를 내렸으면 만족할 줄 알아야지
은하수의 힘을 믿고 다시 일지 말게나.

동안 흐린 날씨. 沈綿(침면): 병이 낫지 않고 오래 끌다. 장마가 오래 되어 재앙이 됨을 뜻한다. 革去(혁거): 제거하다. 造化權(조화권): 조화의 권능. 濃秀(농수): 비에 씻겨서 산뜻해진 아름다움. 林薄(임박): 숲. 好(호): ……해야 하다. 河漢(하한): 은하수. 油然(유연): 구름이 뭉게뭉게 이는 모양.

憶錢塘江

昔年乘醉擧歸帆
隱隱前山日半銜
好是滿江涵返照
水仙齊着淡紅衫

[해설] 지나간 어느 날 술을 마시며 흔쾌하게 놀다가 해질 무렵에 배를 타고 집으로 돌아가면서 본 아름다운 錢塘江 풍경을 회상하여 지은 것이다.

전당강 추억

그 옛날 술에 취해 돌아가는 배를 탔지.
앞산에 은은하게 해가 반쯤 물렸었지.
때마침 강에 가득 저녁 햇살 잠기어
수중 선녀 일제히 분홍 적삼 입었었지.

錢塘江(전당강): 절강성에 있는 강. 杭州 남쪽을 지나간다. 乘醉(승취): 취기에 편승하다. 擧歸帆(거귀범): 돌아가는 배의 돛을 올리다. 好是(호시): 때마침. 返照(반조): 저녁 햇빛. 水仙(수선): 물 속의 선녀.

高竹八首(其二)

高竹臨淸溝
軒小亦且幽
光陰雖屬夏
風露已驚秋
月色林間出
泉聲砌下流
誰知此夜情
邈矣不能收

[해설] 邵雍은 이 시에서 여름에서 가을로 접어들 무렵 대나무 숲 속 작은 정자의 맑고 그윽한 정경을 묘사하면서 자신의 閑情逸趣를 표현하였다. 그는 이 시에서 다른 작품들과는 달리 경물의 묘사 속에 감성을 이입시키는

높이 자란 대나무

높이 자란 대나무 맑은 개울가에 있고
그 안의 정자는 작고도 그윽하다.
세월은 아직 여름에 속하지만
바람과 이슬은 이미 가을이로다.
달빛이 숲 사이로 새어나오고
샘 소리는 섬돌 아래로 흐른다.
누가 이 밤의 정경을 알겠는가?
끝없이 뻗어 있어 거둘 수 없다.

情景交融의 수법을 발휘하였다.

驚秋(경추): 가을이 놀랄 만큼 갑자기 오다. 邈矣(막의): 아득하다. 끝없이 뻗어 있다.

首尾吟(其七十八)

堯夫非是愛吟詩
詩是堯夫可愛時
已著意時仍著意
未加辭處與加辭
物皆有理我何者
天且不言人代之
代了天工無限說
堯夫非是愛吟詩

[해설] 그의 〈首尾吟〉 135수는(《伊川擊壤集》 卷20에는 〈首尾吟〉 134수가 실려 있고, 《全宋詩》(七) 卷381에 나머지 1수가 수록되어 있다) 시의 기능에 대하여 설파한 것이 주 내용이다. 그는 이 시들 속에서 기능 이론을 전개하면서 시

수미음

요부는 시 읊기를 좋아하는 것이 아니다.
시는 요부가 사랑할 수 있을 때
이미 마음을 쓸 때는 마음을 쓰고
말을 가하지 않은 곳엔 말을 가한다.
사물엔 모두 이치가 있는데 나는 무엇인가?
하늘이 말하지 않으니 사람이 그것을 대신한다.
자연조화의 무한한 말을 대신하는 것이니
요부는 시 읊기를 좋아하는 것이 아니다.

의 정의를 보이거나 특질을 언급하였다. 邵雍은 이 시에서 예언의 기능을 설파하면서 시에 '自樂'과 '觀物之樂'을 표현하는 기능이 있음을 말하여 그의 詩論을 담아 내고 있다.

安樂吟

安樂先生
不顯姓氏
垂三十年
居洛之涘
風月情懷
江湖性氣
色斯其擧
翔而後至
無賤無貧
無富無貴
無將無迎
無拘無忌
窘未嘗憂
飮不至醉
收天下春
歸之肝肺
盆池資吟

[해설] 이 시는 邵雍이 죽기 2년 전에 지은 것으로, 일종의 자서전적인 성격을 지니고 있다. 자신을 安樂先生이라고 칭한 것에서 알 수 있듯이 安貧樂道하며 살아온 시인의 일생과 인생관이 잘 나타나 있다. 그에게는 이렇듯 개인의 '死生榮辱'과 시대의 안녕 여부에서 벗어나 감정에 얽매이지 않는 '自樂'의 인생 철학을 표현한 시가 적지 않다.

安貧樂道의 노래

안락 선생은
성씨를 드러내지 않고
삼십 년 동안
낙수 가에서 살았다.
바람과 달에 마음을 두고
은거하는 것이 기실에 맞아
안색을 살피고 날아오르더니
빙빙 돌다가 내려앉았다지.
천함도 가난함도 없고
부유함도 귀함도 없고
보냄도 맞이함도 없고
얽매임도 거리낌도 없다.
군색하지만 일찍이 걱정한 적 없고
술을 마셔도 취함에는 이르지 않는다.
온 세상의 봄을 거두어
마음 속에 간직하였다.
작은 못은 詩想을 제공하고

洛之涘(낙지사): 洛水의 가. 江湖性氣(강호성기): 江湖에 사는 것이 기질에 맞다. 즉 은거하는 것이 기질에 맞다는 말이다. '色斯' 두 구절은《論語·鄕黨》: "꿩들은 자로가 수상한 표정을 지으면 곧 날아올라 하늘에서 빙빙 돈 뒤에 다시 내려와 앉았다"(色斯擧矣, 翔而後集)에서 따온 말이다. 孔子는 꿩이 때와 장소를 가려서 거취를 정하는 점에 감탄하여 이런 말을 하게 되었다고 한다. 여기서는 작자가 때와 장소를 가려서 자신의 거처를 정했음을 가리킨다.

瓮牖薦睡
小車賞心
大筆快志
或戴接羅
或著半臂
或坐林間
或行水際
樂見善人
樂聞善事
樂道善言
樂行善意
聞人之惡
若負芒刺
聞人之善
如佩蘭蕙
不佞禪伯
不諛方士
不出戶庭
直際天地
三軍莫凌
萬鍾莫致
爲快活人
六十五歲

瓮牖(옹유): '甕牖'와 같다. 깨진 옹기를 창으로 삼은 집이라는 뜻으로, 매우 빈한한 집을 가리킨다. 接羅(접리): 古代 사람들이 쓰던 두건의 일종이다. 萬鍾(만종): 대단히 많은 누추한 집은 잠잘 곳이 되어 준다.
작은 수레에 감상하는 마음을 싣고
큰 붓으로 마음껏 써 내려간다.
머리에 두건을 쓰기도 하고
반팔옷을 입기도 하고
숲 사이에 앉기도 하고
물가를 거닐기도 한다.
착한 사람 보기를 좋아하고
착한 일 듣기를 좋아하고
착한 말 하기를 좋아하고
착한 뜻 행하기를 좋아한다.
다른 사람의 악행을 들으면
마치 가시를 짊어진 것 같고
다른 사람의 선행을 들으면
마치 난초와 혜초를 찬 것 같다.
禪師에게도 아첨하지 않고
方士에게도 아첨하지 않는다.
집과 뜰을 나서지 않아도
바로 천지와 만날 수 있으니
삼군의 위세로도 업신여길 수 없고
만종의 봉급으로도 이를 수 없다.
쾌활한 사람으로서
육십오 년을 살아왔다.

봉록을 가리킨다. '鍾'은 중국 고대의 부피를 세는 단위로, 지금의 약 200 ℓ 에 해당된다.

望雲樓

巴山樓之東
秦嶺樓之北
樓上卷簾時
滿樓雲一色

[해설] 洋州(지금의 섬서성 洋縣 일대)知州로 재임중이던 熙寧 8년(1075) 가을에서 이듬해 봄 사이에 자기 집에 있는 望雲樓에 올라가서 본 경치를 한 폭의 수묵화처럼 질박하고 담담하게 그린 것이다.

望雲樓(망운루): 자신의 정원에 있었던 누각으로 보인다. 巴山(파산): 大巴山脈. 섬

망운루

파산은 누각 동쪽
진령은 누각 북쪽
누각 위에서 발을 걷으니
누각에 온통 구름뿐이네.

서성 · 사천성 · 호북성의 경계 지역에 있는 큰 산으로 길이가 수백 리에 이르며 일명 巴嶺 · 大巴山이라고도 한다. 主峰은 사천성 南江縣과 섬서성 南鄭縣의 사이에 있다. 秦嶺(진령): 진령산맥. 감숙성 天水에서 하남성 陝縣까지 뻗어 있는 큰 산으로 섬서성 장안현에 있는 終南山이 그 주봉이다.

新晴山月

高松漏疎月
落影如畵地
徘徊愛其下
及久不能寐
怯風池荷捲
病雨山果墜
誰伴余苦吟
滿林啼絡緯

[해설] 비가 갓 갠 뒤 산 위에 막 떠오른 산뜻한 저녁달과 그것이 빚어 낸 주위의 해맑은 경치를 그린 것이다. 역시 담아하고 소박한 필치로 그린 한 폭의 산수화 같은 시이다.

비 갠 뒤의 저녁달

키 큰 소나무에 달빛이 새나오니
땅에 그려 놓은 듯 그림자가 넘어졌다.
그 아래가 좋아서 배회하느라
밤이 이슥하도록 잠을 이룰 수 없다.
바람이 무서워 못의 연잎 웅크리고
궂은 비에 멍들어 산의 과일 떨어진다.
그 누가 나와 함께 시를 지을꼬?
숲에 가득 베짱이만 밤 새워 운다.

池荷捲(지하권): 연못의 연잎이 동그랗게 말리다. 苦吟(고음): 고심하여 시를 짓다. 絡緯(낙위): 베짱이.

西樓

海浪如雲去却回
北風吹起數聲雷
朱樓四面鉤疏箔
臥看千山急雨來

[해설] 西樓는 시 안에서 언급한 朱樓인데, 西樓라고 칭한 것은 동쪽에 있는 바다를 염두에 두고 상대적으로 말한 것이다. 이 시는 비가 내리기 직전의 바닷가 풍경을 묘사한 것인데, 기세가 세차고 壯麗한 느낌을 준다.

서쪽 누각

구름 같은 파도는 물러갔다 다시 돌아오고
북풍이 일기 시작하자 천둥소리 우르릉.
붉은 누각 사면에 발을 고리에 걸어 두고
누워서 바라보니 온 산에 소낙비 몰려온다.

鉤疏箔(구소박): 성긴 발을 고리에 걸다. 즉 바깥 풍광을 안에서 보기 위해 발을 걷어올려 고리에 건다는 뜻이다.

城南

雨過橫塘水滿堤
亂山高下路東西
一番桃李花開盡
惟有青青草色齊

[해설] 이 시는 비가 온 뒤의 풍광을 묘사한 것으로, 시인의 눈에 비친 광경의 묘사를 통해 생명력에 대한 시인의 사색을 깃들여 놓았다.

橫塘(횡당): 옛날 蘇州에 있던 제방의 이름이었는데, 여기서는 고유명사가 아닌 일반 연

성 남쪽

연못에 비 지나간 뒤 물은 둑에 넘실거리고
어지럽게 산에서 내려와 동서로 흘러간다.
활짝 피었던 복숭아꽃 오얏꽃은 다 떨어지고
오로지 풀들만 가지런히 파릇파릇하구나.

못의 뜻으로 사용되었다. '亂山' 구절은 쏟아진 비가 높은 산에서 어지럽게 내려와 동서로 길을 이루며 흘러간다는 말이다. '一番' 두 구절은 아름다움을 뽐내던 꽃들과 소박한 풀의 생명력을 대비시킴으로써 시인의 사색을 깃들여 놓은 것이다.

獨步至洛濱二首(其二)

草軟波清沙岸微
手攜笻竹着深衣
白鷗不信忘機久
見我猶穿柳岸飛

[해설] 洛陽에서 한가로이 지낼 때 지은 것이다. 일견 세속적인 일을 잊고 초연하게 사는 것 같지만 내심으로 은근히 왕안석 일파가 강행하고 있는 新政에 대하여 노심초사하고 있는 그의 심리상태를 드러내고 있다.

洛濱(낙빈): 洛水의 강가. 笻竹(공죽): 사천성 邛都縣에서 나는 지팡이를 만들기에

혼자 걸어서 낙수까지 가노라니

풀은 보드랍고 강물은 맑고
모래 덮인 둑길은 희미하게 뻗었는데
심의를 걸쳐 입고 지팡이 짚고 나섰다.
세상 일을 잊은 지 오래임을 아니 믿고
갈매기도 날 보더니 버들 둑을 질러 날아간다.

좋은 대나무. '邛竹'으로 쓰기도 한다. 深衣(심의): 옛날에 귀인들이 입던 옷. 대개 흰 두루마기 모양에 소매가 넓으며 검은 비단으로 가장자리를 두른다. 白鷗(백구): 갈매기는 인품을 알아볼 줄 알아서 고결한 사람하고만 사귄다고 한다. 忘機(망기): 세속적인 일을 잊어버리다.

道傍田家

道傍田家翁嫗具垂白
敗屋蕭條無壯息
翁攜鐮索嫗攜箕
自向薄田收黍稷
靜夜偸舂避債家
比明門外已如麻
筋疲力弊不入腹
未議縣官租稅足

[해설] 가혹한 조세와 그로 인한 가난을 피해 젊은 사람들은 모두 농촌을 떠나고 힘없는 늙은이들만이 도탄에 빠진 채 어렵사리 살아가는 당시의 농촌현실을 그린 것이다.

길가의 농가

길가의 농가에 할아버지 할머니
머리에 가득히 흰 서리를 맞은 채
허물어진 집에서 자식도 없이
쓸쓸하게 두 분이 구차히 사네.
할아버진 낫과 새끼 할머니는 키를 들고
오늘도 기장 걷으러 자갈밭으로 나가네.
빚쟁이에게 뺏기는 걸 피하기 위해
깊은 밤에 살그머니 절구질을 했건만
날이 새자 문 밖에 이미 삼처럼 늘어섰네.
뼈빠지게 일하고도 뱃속에 드는 것 없건만
현관이 거둬들인 조세가 많다고
따져 본 적 지금껏 한 번도 없었다네.

翁嫗(옹구): 할아버지와 할머니. 垂白(수백): 백발을 드리우다. 蕭條(소조): 쓸쓸한 모양. 壯息(장식): 장성한 아들. 鎌索(겸삭): 낫과 새끼. 自(자): 예전처럼 여전히. 薄田(박전): 척박한 밭. 黍稷(서직): 메기장과 차기장. 債家(채가): 채권자. 比明(비명): 밝을 녘이 되다. 如麻(여마): 채권자가 삼처럼 많이 서 있음을 가리킨다.

河北民

河北民
生近二邊長苦辛
家家養子學耕織
輸與官家事夷狄
今年大旱千里赤
州縣仍催給河役
老少相携來就南
南人豊年自無食
悲愁白日天地昏
路傍過者無顔色
汝生不及貞觀中
斗粟數錢無兵戎

[해설] 後晉의 꼭두각시 황제 石敬塘이 燕雲16州를 할양하여 契丹에게 준 이후에, 북송은 이 불행한 유산을 이어받아, 송초 이래로 강한 적들의 능욕을 받아 왔다. 후에 또 강제적으로 굴욕적인 평화조약을 맺고 나서는 매년 契丹(遼)과 西夏에게 대량의 歲幣를 바쳐야 했다. 이 무거운 경제적인 부담은 우선적으로 변경지역에 거주하는 백성들에게 지워졌다. 그래서 황하 이북의 백성들은 줄곧 생활이 매우 곤궁하였고, 天災를 당한 경우에는 더욱 말할 수 없을 정도로 처참하였다.

이 시는 慶曆 8년(1048/28세) 왕안석이 지은 최초의 사회시로서, 시인이 鄞縣(浙江省 鄞縣) 縣令으로 부임한 후, 지난 가을부터 시작된 가뭄으로 인한 기근을 피해 이주하는 河北 지역 농민들의 비참한 생활상을 그려 냄과

하북의 백성들

황하 북쪽의 백성들
변경에서 사느라 언제나 고생이다.
집집마다 자식 길러 농사와 길쌈 가르치면
관가로 실어다가 오랑캐를 섬긴다.
올해는 크게 가물어 천리 사방 타들어 가건만
관청에선 여전히 황하에 사역 나오라고 재촉한다.
늙은이 젊은이 서로 부여잡고 남쪽으로 내려오니
남쪽 사람들은 풍년이 들어도 먹을 것이 없다.
슬픔과 근심으로 대낮인데도 천지는 깜깜해지고
길 옆을 지나던 나 역시 핏기가 없어진다.
그대들은 정관의 태평성대에 태어나지 못했구나
그 때는 쌀 한 말에 서너 푼이었고 전쟁도 없었는데!

아울러 조정이 대내적으로는 백성들에게 과중한 세금을 부과하고 대외적으로는 夷狄을 섬기는 부패한 정치를 공격하였다.

二邊(이변): 遼와 西夏에 근접해 있는 변경 지역. 夷狄(이적): 오랑캐. 여기서는 遼와 西夏를 가리킨다. 河役(하역): 黃河의 治水를 위한 노역. 路傍過者(노방과자): 길 옆을 지나는 사람. 시인 자신을 가리킨다. 無顏色(무안색): 근심에 가득 차서 얼굴에 핏기가 없는 것을 말한다. 貞觀(정관): 唐 太宗 李世民의 年號(627~649). 태평성대의 명성이 있어서 역사에서 '貞觀之治'로 일컫는다. 兵戎(병융): 무기. 여기서는 이것으로 전쟁을 지칭하였다.

强起

寒堂耿不寐
轆轆聞車聲
不知誰家兒
先我霜上行
歎息夜未央
呼燈置前楹
推枕强欲起
問知星正明
昧旦聖所勉
齊詩有鷄鳴
嗟予以竊食
更覺負平生

[해설] 이 시는 왕안석이 불우했던 시절, 어느 날 밤중에 쓰여진 작품인 듯하다. 당시 시인은 仁宗 황제 말년에 겪은 정치적 침체와 부진으로 말미암아 이미 상당히 의기소침해졌고, 게다가 부인과 아들이 모두 병이 들어 그 병간호 때문에 잠을 설치거나 아예 잠을 못 자는 경우가 많았다. 그러던 중 어느 날 밤 갑자기 바깥 거리 쪽에서 들려 오는 수레 소리를 들었다. 뉘 집 젊은이인지 몰라도, 뜻밖에 시인보다 훨씬 일찍 집을 나서 벌써 서리 내린 길을 달려가고 있는 것이다. 날이 아직 밝지도 않았는데 그처럼 고생을 해야 하니 실로 가슴 뭉클한 탄식이 나온다. 그래서•시인은 하인을 불러 등불을 가져다 기둥 앞의 책상에 갖다 두게 한다. 그리고 난 뒤 베개를 밀치고 억지로 혼자 일어나 보려 한다. 그러나 시간을 물어보고서야 비로소 별들이 아직도 하늘에서 반짝거리고 있음을 알게 된다. 사실, 고대의 성현들은 항상 날이 새기 전에 일어나 하루의 일을 시작해야 한다고 자신을 채찍질했다. 그래서 《詩經 · 齊風》에 아침 일찍

억지로 일어나서

차가운 방에서 근심에 잠 못 이뤄 하는데
덜컹덜컹 수레 소리가 들려 온다.
뉘 집 자식인지 몰라도
나보다 먼저 서리 밟으며 가는구나.
아직 밤인데 싫어 한숨 쉬다가
기둥 앞에 등불을 밝혀 두라 하였다.
베개를 밀치고 억지로 일어나려다
물어보니 아직 별빛이 한창이란다.
캄캄한 아침을 맞으려고 성현들은 힘썼고
〈齊詩〉엔 〈鷄鳴〉이란 시도 있었다.
하지만 난 이미 끼니나 훔쳐 먹고 사는 신세
평생의 꿈을 저버리고 있음을 다시 깨닫게 된다.

일어나 열심히 일하는 습관을 칭찬하는 〈鷄鳴〉이란 시가 있는 게 아니겠는가? 그러나 이러한 미덕을 그대로 실천할 수 있는 사람은 결코 많지 않다. 그저 이른 아침이 되자마자 밖에서 일을 하는 젊은이 몇몇만이 있을 뿐이다. 그러면 시인 자신은 어떠한가? 그저 봉급에 의지하여 살면서 한 가지 일도 제대로 한 것이 없다. 가슴에 손을 얹고 반성해 보면, 도둑질을 한 거나 다름없으니 정말로 슬퍼하고 한탄해야 할 일이다. 지난날 나라를 위하고 백성을 위하려는 그 웅대한 의지는 지금 어디에 있는가? 생각하면 할수록 평생토록 지녀 온 자신의 정치적 이상을 저버린 듯 느껴져 헛되이 서글픔만 더할 뿐이다.

轆轆(녹록): 덜컹덜컹. 수레바퀴가 굴러가는 소리이다. 未央(미앙): '未盡'과 같다. 밤이 아직 한창이라는 말이다. 昧旦(매단): 어둑새벽. 새벽이 오기 직전의 어두운 때를 가리킨다. 齊詩(제시): 《詩經 · 齊風》을 가리킨다.

葛溪驛

缺月昏昏漏未央
一燈明滅照秋牀
病身最覺風露早
歸夢不知山水長
坐感歲時歌慷慨
起看天地色凄凉
鳴蟬更亂行人耳
正抱疏桐葉半黃

[해설] 이 시는 皇祐 2년(1050), 왕안석이 知鄞縣(浙江省 寧波市)의 임기를 마치고 杭州를 유람하고자 하여 臨川에서 錢塘(지금의 浙江省 杭州)으로 가는 도중에 지은 것이다. 葛溪驛은 지금의 江西省 弋陽縣에서 서쪽으로 2里 떨어진 곳에 있다. 시인은 항주로 가는 길목에 있는 갈계역의 객사에서 하룻밤을 묵으며 가을날 여행길에 오른 시인의 정서와 향수를 표현하였다. 이 시는 시간을 실마리로 삼고 있어서, 깊은 밤 깨어난 때로부터 새벽녘 여행길에 오르는 때까지 감정이 한 층 더 다가든다.

淸代 사람 紀昀은 이 시를 말하여, "노련하고 강건하며 그윽하고 온화하여 意境이 유달리 평범하지 않다. 3·4구는 섬세하고 뒤의 4구는 神力이 완전히 갖추어져 넉넉하다"(老健深穩, 意境殊自不凡. 三四細膩, 後四句神力圓足)라

갈계역

이지러진 달 어둑하고 물시계 소리 그칠 줄 모르는데
등불 하나 깜박거리며 가을 침상을 비춘다.
병든 몸이라 찬바람과 이슬을 가장 먼저 느끼지만
꿈 속의 고향길이라 산 높고 물 깊은 줄도 몰랐다.
침상에 앉아 저무는 한 해에 서글픈 심정 노래하고
일어나 하늘과 땅을 바라보니 쓸쓸하기만 하다.
매미는 행인의 귀를 어지럽히며 울고 있지만
누래진 잎새조차 얼마 안 남은 오동을 끌어안고 있다.

하였다.(高步瀛의 《唐宋詩擧要》에 인용되어 있다.) 清代 詩論家 賀裳은 《載酒園詩話》에서 "왕안석의 시를 읽어 보면, 항상 사람으로 하여금 언어의 밖에서 파고들어야 그 절묘한 경지를 만나 볼 수 있게 한다. 실로 저절로 興할 수 있고 觀할 수 있으니, 다만 古人에게 부끄럽지 않을 따름이다"(讀臨川詩, 常令人尋繹於語言之外, 當其絶詣, 實自可興可觀, 不惟於古人無愧而已)라 하였다. 〈葛溪驛〉이 바로 이처럼 언어의 밖에서 파고들게 하는 좋은 시 중의 하나이다.

未央(미앙): '未盡'과 같다. 날이 새려면 아직도 한참 남았다는 말이다. 歲時(세시): 時節. 여기서는 가을을 가리킨다. 行人(행인): 시인 자신을 가리킨다.

明妃曲二首(其一)

明妃初出漢宮時
淚濕春風鬢脚垂
低徊顧影無顔色
尙得君王不自持
歸來却怪丹青手
入眼平生未曾有
意態由來畵不成
當時枉殺毛延壽
一去心知更不歸
可憐著盡漢宮衣
寄聲欲問塞南事

[해설] 이 시는 왕안석이 39세 되던 嘉祐 4년(1059)에 쓴 작품으로서 발표하자마자 梅堯臣·歐陽修·劉敞·司馬光 등 당대의 명사들이 和作을 내놓을 만큼 큰 반향을 일으켰으며, 왕안석의 詩選集에 빠짐없이 등장하는 시이다. 역대로 王昭君을 노래한 수많은 시들은 대부분 왕소군이 불행한 삶을 살았을 것이라고 일방적으로 가정하고서 漢宮을 못 잊어 몸부림치는 왕소군의 자태와 미인을 잘못하여 胡族에게 시집보낸 것을 애석해하는 중국 남성들의 심정을 그려내고 있다. 그러나 왕안석은 왕소군의 애절한 처지에 깊이 동정하면서도 조금 다른 관점에서 "意態由來畵不成, 當時枉殺毛延壽"라고 하여 당시 사람들의 관념을 가볍게 뛰어넘어 비판의 화살을 황제에게 돌리는 한편 여인의 입장에 서서 "好在氈城莫相憶"·"人生失意無南北" 등의 위로의 말을 하고 있다. 이러한 표현은 당시 사내부들의 인식범위를 벗어난 새로운 것이어서 그 가치가

王昭君 노래

명비가 처음 한나라 궁궐을 떠날 적에
눈물은 봄바람을 적시고 귀밑머리 늘어졌다.
머뭇거리며 제 그림자 돌아보곤 안색 창백해지고
여전히 황제의 마음을 가눌 수 없게 하였다.
돌아와 도리어 화가의 솜씨를 나무라며 하는 말
"평생토록 일찍이 본 적 없는 미인이었네."
마음과 자태는 본래 그려 낼 수 없는 법
당시에 억울하게 모연수만 죽였다.
한번 떠나면 다시는 돌아오지 못할 줄 알면서도
가엾게도 한궁에서 가져간 옷만 입었다.
소식 띄워 남쪽의 일 물으려 해도

크다.

明妃(명비): 王昭君. 漢 元帝 때의 궁녀였는데, 漢의 朝廷에 의해 선발되어 흉노의 單于에게 시집가서 끝내 漢으로 돌아오지 못했다고 전해진다. **淚濕春風**(누습춘풍): 눈물이 봄바람을 적시다. 즉 흘러내린 눈물의 양이 많다는 말이다. **不自持**(부자지): 스스로를 통제할 수 없다. 元帝가 왕소군을 처음 본 순간 그녀의 미모에 압도되어 마음을 가눌 수 없었다는 말이다. **丹青手**(단청수): 화가. 화공. **著盡漢宮衣**(착진한궁의): 漢宮에서 입던 옷만을 입다. 여기서는 이것을 왕소군이 漢의 복장만을 고집했다는 뜻으로 받아들였는데, 일설에는 한궁에서 입고 간 옷을 다 해질 때까지 입었다는 뜻으로 보기도 한다. **塞南**(새남): 요새의 남쪽. 흉노와 한나라 국경지대의 남쪽이라는 말로서 漢宮을 가리킨다.

只有年年鴻雁飛
家人萬里傳消息
好在氈城莫相憶
君不見咫尺長門閉阿嬌
人生失意無南北

氈城(전성): 모직물로 만든 궁성이라는 말로서 흉노의 거주지를 가리킨다. 阿嬌(아교): 漢 陳嬰의 손녀이며, 武帝의 사촌누이이다. 일찍이 무제가 어렸을 때 阿嬌를 몹시 좋아

해마다 기러기만 무심히 날아간다.
집안 사람 만리 밖에서 소식 전해 왔는데
집 생각 말고 흉노의 궁성에서 잘 살라고 한다.
지척의 장문궁에 유폐된 아교의 일을 모르는가?
인생의 실의에는 남과 북이 따로 없구나.

하여 아내로 맞아 황금 궁전에서 살게 하고 싶다고 하였다. 훗날 아교는 황후가 되기는 했지만 얼마 후 총애를 잃어 長門宮에 유폐되었다.

示長安君

少年離別意非輕
老去相逢亦愴情
草草杯盤共笑語
昏昏燈火話平生
自憐湖海三年隔
又作塵沙萬里行
欲問後期何日是
寄書應見雁南征

[해설] 長安君은 왕안석의 큰누이로 이름은 文淑이다. 工部侍郞 張奎의 아내로 長安縣君에 봉해졌다. 왕안석과 이 여동생은 서로 우애가 매우 두터웠다고 한다. 이 시는 대략 宋 仁宗 嘉祐 5년(1060/ 40세), 왕안석이 사신이 되어 遼로 가게 되었을 때 출발에 즈음하여 오빠를 전송하는 여동생에게 지어 준 것이다. 왕안석은 이 시에서 평이한 詩語 속에 여동생에 대한 깊은 정감을 담아 내

장안군에게

젊어서 헤어진 후 그리운 마음 가볍지 않아
늙어서 상봉해도 가슴 아리는 것은 마찬가지.
조촐한 술상 차리고 함께 웃으며
침침한 등불 아래 지난날을 이야기한다.
삼 년 세월 멀리 떨어져 있은 것도 서러운데
다시 만리 사막 길을 가야 하는 이 신세.
훗날 다시 만날 날은 언제이려나?
기러기 남쪽으로 날아갈 때 편지 보내마.

고 있다. 오빠가 여동생에게 준 것이기 때문에 "示"라고 하였다.

草草(초초): 거칠고 간략하다. 조촐하다. **平生**(평생): 평소. 일생. 여기서는 지나온 세월을 가리킨다. '欲問' 두 구절은 자신이 遼에 사신으로 나간 후에는 소식을 전하는 것조차 어려울 테니 너구나 다시 만나는 것은 언제가 될지 알 수 없다는 말이다.

夜直

金爐香盡漏聲殘
剪剪輕風陣陣寒
春色惱人眠不得
月移花影上欄干

[해설] 왕안석은 治平 4年(1067) 9월 翰林學士가 되었는데 아직 부임하지는 않고 江寧에 있다가(知江寧府로 재직했었다), 熙寧 元年(1608) 4월 조서를 받고 서울에 와서 한림학사로 부임하여 일하기 시작하였다. 이 시를 쓴 것은 초봄 당직할 때이므로, 부임한 이듬해인 熙寧 2년(1069)일 것이다. 그 때는 宋 神宗이 왕안석을 參知政事로 임명하고 왕안석의 의견을 받아들여 新法을 실행하기로 결정한 때였다. 이 무렵 神宗과 왕안석 사이에 新法을 시행하는 것에 대한 논의가 있었다고 보는 것이 자연스럽다. 이 작품은 경물 묘사 위주로 구성되어 있지만, 그 속에는 新法을 시행하기 직전의 왕안석의 심정이 은근하게 드러나고 있다. 왕안석은 '惱人'이라는 詩語를 통하여 신법을 시행하는 걱정과 설레임 및 초조감을 드러내고 있다.

밤 근무를 하다가

향로의 향은 다 타고 물시계 소리 잦아드는데
싸늘한 봄바람에 으스스 한기가 든다.
봄빛이 사람 애태워 잠 못 이루는데
달빛이 꽃 그림자를 난간 위로 옮긴다.

金爐(금로): 구리 향로를 가리킨다. 당시 궁중의 전각에는 모두 구리 향로가 있었다. 剪剪(전전): 싸늘한 미풍을 형용하는 말이다. 韓偓 〈夜深〉시: "싸늘한 봄바람에 오싹 추위 느끼는데, 하얀 살구꽃잎 흩날리는 속에 붉은 복사꽃 맺혔다."(惻惻輕寒剪剪風, 杏花飛雪小桃紅.) 惱人(뇌인): 사람을 애태우다. 羅隱 〈春日葉秀才曲江〉시: "봄빛이 사람을 애태워도 막을 길 없고, 이별의 슬픔은 학질처럼 피할 길 없다."(春色惱人遮不得, 別愁如瘧避還來.) '月移' 구절은 姚合의 시 "달빛이 꽃 그림자를 옮겨 그윽한 섬돌에 가로놓이고, 바람이 소나무 소리를 들어서 반공에 올렸다"(月移花影橫幽砌, 風揭松聲上半天)(詩題不明. 현존하는 姚合의 시에는 이 두 구절이 보이지 않는다)에서 나왔다.(《王荊文公詩集》 李壁注引)

泊船瓜洲

京口瓜洲一水間
鍾山只隔數重山
春風又綠江南岸
明月何時照我還

[해설] 이 시는 왕안석이 두 번째로 재상에 임명되어 詔書를 받들고 서울로 가던 熙寧 8年(1075) 2월에 지어진 것으로서, 秦淮河를 출발하여 大運河의 시발지인 瓜洲에 도달한 후 하룻밤을 묵으면서 瓜洲의 對岸에 있는 京口를 바라보며 몇 겹 산 너머에 있을 鍾山(南京市 紫金山)을 그리워한 작품이다. 경치를 아름답게 그리고 情을 깊게 묘사한 왕안석 만년의 탁월한 예술적 조예를 드러내 주는 작품이다. 3句에서의 '春風'은 사실 '천자의 은혜'를 가리킨다. 宋 神宗은 조서를 내려 왕안석을 다시 宰相에 등용하여 新法을 추진시켜 나갈 결심을 표명하였다. 이에 대하여 시인은 기쁨을 느끼고 따스한 봄바람에 의지하여 정치상의 한랭기류를 몰아내고 變法을 창출해 낼 수 있기를 희망하였다. 이러한 심정은 '綠'자를 통하여 표현되고 있는데 매우 함축적이다. 아울러 이 '綠'자는 시인의 모순된 내심을 암시하고 있기도 하다. 즉 '綠'자는 왕안석이 재상의 임무를 부여받아 벼슬살이를 하러 서울로 가는 도중이면서도, 빨리 벼슬을 버리고 집으로 돌아가려는 바람, 전원생활에 대한 그리움을 내포하고 있기도 하다. 즉 작품 속에는 여로에 오른 후 金陵을 차마 두고 떠나지 못하는 심정이 담겨

과주에 배를 대고

京口와 瓜洲는 長江 물 하나 사이
鍾山도 그저 몇 겹 산 너머에 있겠지.
봄바람에 강남의 강 언덕은 다시 푸르러지건만
밝은 달은 언제나 귀향하는 나를 비추어 줄까?

있다. 여기에서 왕안석은 '綠'자를 사용하여 淮南小山의 〈招隱士〉에서 비롯된 '春草'의 이미지를 담아 金陵으로 회귀하려는 강렬한 욕망을 부각시켰다. 周振甫는 '綠'자를 詩眼으로 보고서 '綠'은 선명한 색채감과 연상작용으로 시적 감동을 증가시키고 있다고 평가하였다.

京口(경구): 지금의 江蘇省 鎭江市. 長江을 사이에 두고 瓜洲와 남북으로 마주보고 있다. 鍾山(종산): 지금의 江蘇省 南京市의 紫金山을 가리키는데, 일명 蔣山이라고도 한다. 왕안석은 어려서 부친을 따라 江寧에 거주하여 부모의 묘가 모두 江寧에 있다. 여기서 鍾山은 바로 江寧을 가리킨다. '春風' 구절은 李白의 시 〈의춘원에서 황제의 명을 받들어 〈어느덧 버들빛 푸른 용지에서 꾀꼬리 지저귀는 소리를 들으며〉시를 짓다(侍從宜春苑奉詔賦龍池柳色初靑聽新鶯百囀歌)〉시: "봄바람에 벌써 영주의 풀빛이 푸르러졌고, 궁중의 자전과 홍루가 봄빛 속에 아름답다"(東風已綠瀛洲草, 紫殿紅樓覺春好)를 변화시킨 것이다. 還(환): 歸鄕을 가리킨다.

酬沖卿月晦夜有感

夜雲不見天
況乃星與月
蕭蕭暗塵定
坎坎寒更發
樓歌客尚飮
酩酊不畏雪
巷哭復有人
隣風送幽咽
紛然各所遇
悲喜孰優劣
君方感莊周

[해설] 이 시는 왕안석이 처가 쪽 친척인 吳充(字 沖卿)의 〈그믐날 밤 느낀 바가 있어(月晦夜有感)〉라는 시에 화답하여 지은 것이다. 여기에서 시인은 변경의 해질 녘 분위기를 묘사하고 또 자신의 생활을 이야기하고 있다. 곧 눈이 올 듯한 차가운 저녁, 하늘엔 검은 구름이 가득 끼어 별이나 달은 전혀 찾아볼 수 없다. 둥둥 울리는 북소리가 마침 겨울밤의 시각을 알려 주고 있는 참이다. 밖에는 이미 사람의 그림자조차 없이 조용하기만 하다. 그러나 저 쪽 酒樓에는 아직도 술을 마시며 즐기고 있는 사람이 있다. 그는 흠뻑 취해 소리 높여 노래를 부르며 눈이 내리는 것 따위는 마음에 두지 않는다. 그와 같은 시각, 인근의 골목 안에서 아마도 어느 집에서 사람이 죽었는지 깊이 흐느껴 우는 곡성이 들려 온다. 이 세상의 인간들은 분명히 각자 나름대로의 운명을 가지고 있다. 당신은 당신의 시 속에서, 이제 비로소 장자 철학에 동감을 느껴 슬픔과 즐기

吳充의 〈그믐날 밤 느낀 바가 있어서〉시에 화답하여

어두운 밤 구름에 하늘도 보이지 않으니
하물며 별과 달이 보이랴!
인적마저 끊어진 정적 속에서
겨울의 밤 시간을 알리는 북소리 울린다.
술집의 노랫소리, 손님들은 여전히 술을 마시며
흠뻑 취해 눈이 와도 아랑곳 않는다.
골목의 통곡소리, 또 누구인지
이웃의 깊은 흐느낌이 바람에 실려 온다.
제각기 만나는 운명도 갖가지이건만
그 슬픔과 기쁨에 무슨 우열이 있을까?
그대는 비로소 장주를 이해하고

움을 떨쳐 버리고, 그 사이에 우열을 두지 않게 되었다고 말했다. 그건 마치 바람을 타고 물결을 가르듯 원대한 뜻과 기백으로 모든 인생의 구속을 벗어 던지는 것과 같다. 관청에서 집으로 돌아오면 술로 소일하며 거문고 줄을 가다듬어 타니 그 얼마나 유유자적 자유로운가? 그러나 당신은 알 것이다. 그 날 저녁 나는 오히려 아무 일도 하지 못하고, 그저 깜박이는 희미한 등불을 마주한 채, 혼자 쓸쓸히 앉아 이런저런 허튼 생각에 한밤중까지 깨어 있었음을.

蕭蕭(소소): 쓸쓸하고 고요한 모양. 暗塵定(암진정): 쌓여 있는 먼지가 가라앉았다. 즉, 인적이 끊겼다는 말이다. 坎坎(감감): 북소리를 형용하는 의성어. 둥둥. 寒更(한경): 추운 밤의 시각. 또는 추운 밤. 酩酊(명정): 크게 취한 모양. 대취한 모양. 幽咽(유열): 낮은 소리로 울다. 흐느끼다. 紛然(분연): 제각기 다른 모양.

浩蕩擺羈絏
歸來亦置酒
玉指調絃撥
獨我坐無爲
青燈對明滅

浩蕩(호탕): 광대무변한 모양. 구속 없이 자유로운 모양. 羈絏(기설): 굴레와 고삐. 전하자유롭게 세상의 구속을 벗어 버리려 하는군.
돌아와 또 술상을 차려 두고
옥 같은 손가락으로 거문고 줄을 튕기겠지.
난 그저 하는 일 없이 앉아
깜박이는 희미한 등불만 마주보고 있을 뿐.

여 '구속'의 뜻으로 쓰인다. 靑燈(청등): 불꽃이 희미하여 푸르스름하게 보이는 등불..

書湖陰先生壁二首(其一)

茅簷長掃靜無苔
花木成畦手自栽
一水護田將綠繞
兩山排闥送青來

[해설] 湖陰先生은 楊德逢의 호이다. 그는 王安石이 金陵(지금의 江蘇省 南京) 紫金山 모퉁이에 살 때의 이웃인데, 몸소 농사를 지으며 사는 隱士였다. 왕안석은 金陵에 있을 때 호음선생과 자주 왕래하였었다. 이 시는 호음선생의 집 벽에 쓴 것으로, 호음선생의 성품과 함께 초여름 전원의 경치가 매우 생생하게 전달되고 있다. 특히 3구와 4구의 '護田'과 '排闥'은 모두《漢書》에서 따온 말이지만 독자들이 그 내력을 모르더라도 뜻을 이해하고 묘사의 생동성을 감상하는 데 아무런 지장을 주지 않고 있어서 중국 고대 수사학의 '用事'에 대한 최고의 요구에 부합된다고 하겠다.

호음선생 댁 벽에 쓰다

떠 지붕 처마 밑 늘 쓸어 이끼 한 점 없고
꽃나무 구획 지은 듯 손수 심어 놓았다.
냇물 한 줄기 밭을 감싸 초록빛 둘러 나가고
양쪽 산들은 대문 밀치고 푸른빛 보내 온다.

'茅簷' 두 구절은 호음선생의 청결과 질서를 좋아하는 성품을 표현한 것이다. 일반적으로 隱士의 집에는 사람의 왕래가 없어서 처마 밑 길에 이끼가 자라는 것이 보통이다.

護田(호전): 밭을 감싸다. 《漢書 · 西域傳上》: "돈황에서부터 서쪽으로 염택에 이르기까지 왕왕 정자를 세웠는데, 윤대와 거리에는 모두 田卒 수백 명이 있고, 使者校尉를 두어 거느리고 보호하게 함으로써 외국으로 사신 가는 사람들에게 식량을 공급하였다."(自敦煌西至鹽澤, 往往起亭, 而輪臺 · 渠犁皆有田卒數百人, 置使者校尉領護, 以給使外國者.) 顔師古 注: "경작을 관리하고 보호하는 일이다."(統領保護營田之事也.) **排闥**(배달): 대문을 밀치다. 《漢書 · 樊噲傳》: "번쾌가 이에 대문을 밀치고 다짜고짜 들어갔다."(噲乃排闥直入.)

桃源行

望夷宮中鹿爲馬
秦人半死長城下
避世不獨商山翁
亦有桃源種桃者
此來種桃經幾春
採花食實枝爲薪
兒孫生長與世隔
雖有父子無君臣
漁郎漾舟迷遠近

[해설] 왕안석의 이 시는 기본적으로 陶淵明의 〈桃花源記〉와 5언시인 〈桃花源詩〉를 재구성한 것으로서, 唐宋 이래로 王維의 〈桃源行〉· 韓愈의 〈桃源圖〉와 함께 가장 널리 전송되었다. 시의 내용은 크게 네 단락으로 나뉜다. 首句에서 제4구까지의 첫째 단락에서는 秦의 학정 때문에 생긴 桃花源 故事의 발생 연유를 서술하였고, 제5구에서 제8구까지의 둘째 단락에서는 桃花源의 자급자족과 이상적인 사회의 모습을 그렸으며, 제9구에서 제12구까지의 셋째 단락에서는 어부가 도화원에 들어가게 된 경로 및 그들이 세상의 변천에 대해 터뜨린 감회를 서술하였고, 제13구 이하 末句까지의 마지막 단락에서는 도화원 사람들의 입을 빌어 세상의 험난함을 탄식하였다.

왕안석은 이 시에서 짧고도 정채 있는 故事의 설명 다음에 바로 議論으로 연결시켜 王維·韓愈의 작품과 차별되고 있으며, "雖有父子無君臣"에서 이상 사회의 모습을 서술하거나 "天下紛紛經幾秦"의 한탄을 터뜨린 부분은 前人들이 표현하지 않은 새로운 意境이 추가된 구절이다.

桃花源 노래

망이궁 안에서는 사슴을 말이라고 하였고
장성 아래에선 진나라 백성들 반이나 죽었다.
세상을 피한 자는 商山四皓만이 아니었고
도화원에서 복숭아 가꾸는 자들도 있었다.
그 후 복숭아 가꾸며 봄을 몇 번이나 보냈던가?
꽃잎 따고 열매 먹으며 가지는 땔감이 되었다.
세상과 격리되어 자손들 나서 자라니
부자관계는 있지만 군신관계는 없었다.
어부가 배에 몸을 맡겨 길을 잃었을 때

望夷宮(망이궁): 秦帝國의 궁궐 이름. 秦 二世 때 丞相 趙高는 조정에서의 자신의 위세를 시험해 보기 위해 일부러 사슴을 가리켜 말이라고 하고는(指鹿爲馬) 자신의 말이 틀렸다고 한 저항세력들을 모두 제거하였다. 후에 二世皇帝도 결국 망이궁에서 조고에 의해 살해되고 말았다. 이 구절은 '指鹿爲馬' 故事를 통해 秦帝國 정치의 암흑상을 표현한 것이다. '秦人' 구절은 秦帝國이 외적을 막기 위해 長城을 축조하였는데, 과중한 노역 때문에 수많은 백성들이 고통을 당하고 죽었다는 말이다. 商山翁(상산옹): 商山四皓를 가리킨다. 秦나라 말에 夏黃公·綺里季·東園公·甪里先生의 네 노인은 난을 피해 商山에 은거했는데, 이들을 합칭하여 商山四皓라고 한다. 桃源種桃者(도원종도자): 桃花源에서 복숭아를 가꾸는 사람. 陶淵明의 〈桃花源記〉를 참고할 것. 漾舟(양주): 배를 물결에 맡기다. 배에 몸을 맡기다. '世上' 구절은 세월이 많이 흘러 후대의 사람들은 옛날에 秦나라가 있었다는 사실을 모르게 되었다는 말이다. 桃花源에 살던 사람이라 외부와 완전히 단절되어 〈桃花源記〉에서 말한 것처럼 "魏·晋은 물론 漢이 있었는 줄도 몰랐음"을 말한 것이다. '聞道' 구절은 長安은 예로부터 정치의 중심지여서 통치자들의 쟁탈의 대상이었기 때문에 전쟁이 그칠 날이 없다는 말이다.

花間相見驚相問
世上那知古有秦
山中豈料今爲晉
聞道長安吹戰塵
春風回首一霑巾
重華一去寧復得
天下紛紛經幾秦

重華(중화): 舜 임금의 이름. '天下' 구절은 중국 역사상 수많은 朝代가 바뀌어 가며 이어

꽃 사이에서 마주치고는 서로 놀라 물었다.
바깥 사람이 옛날에 秦나라 있었음을 어찌 알랴?
산 속 사람은 지금이 晉나라임을 상상이나 했으랴?
장안의 전쟁 소식을 전해 듣고는
봄바람 속에 고개 돌려 바라보며 수건을 적셨다.
舜임금 가신 후 어찌 다시 태평성대 얻을 수 있었으랴?
천하는 어지러이 몇 번이나 秦나라를 거쳐 왔던가!

져 내려왔지만 결국 모두가 秦朝와 같은 난세의 연속이었다는 말이다.

春盡

春盡行人未到家
春風應怪在天涯
夜來過嶺忽聞雨
今日滿溪俱是花
前樹未回疑路斷
後山纔轉便雲遮
野間絶少塵埃汙
惟有清泉漾白沙

[해설] 鄭獬는 王安石과 함께 조정에 있으면서 政見은 서로 달랐지만 시풍은 유사한 점이 많아 律詩는 唐人의 풍모를 지녔는데, 이 시가 그런 예에 속한다. 이 시에 묘사된 것은 봄이 다 갈 무렵 고향으로 돌아가는 나그네가 여행길에서 보고 느낀 것이다.

봄은 다 가는데

봄은 다 가는데 행인은 집에 가지 못했으니
봄바람은 하늘 끝에 있는 사람을 나무라리.
밤중에 고개를 넘는데 갑자기 들리는 빗소리
오늘은 계곡 가득히 모두 꽃이로다.
눈앞의 나무 보이지 않아 길이 끊겼는가 했더니
이제는 뒤쪽의 산이 구름에 가려 보이지 않는다.
들판을 걷노라니 먼지 한 점 없이 깨끗하고
오로지 맑은 샘만 하얀 모래에 출렁인다.

怪(괴): 비난하다. 나무라다. '前樹' 구절은 나그네가 산길을 올라갈 때의 광경을, '後山' 구절은 나그네가 산길을 내려올 때의 광경을 각각 묘사한 것이다.

滯客

五月不雨至六月
河流一尺青泥渾
舟人擊鼓挽舟去
牛頭刺地挽不行
我舟繫岸已七日
疑與綠樹同生根
忽驚黑雲湧西北
風號萬竅秋濤奔
截斷雨脚不到地
半夜霹靂空殺人
須臾雲破見星斗
老農歎息如銜冤
高田已槁下田瘦
我爲滯客何足言

[해설] 시인은 이 시에서 오랫동안 가뭄이 든 지역의 상황을 서술하고 그 덕분에 강물이 줄어 발이 묶인 자신의 처지와 농민의 고통을 대비시키며 농민에 대한 애정을 표시하였다. 시인은 오랜 가뭄 끝에 비가 오려다가 만 과정을 세 단계로 나누어 명쾌하게 그려 내었다.

'舟人'구: 六朝詩에 배가 떠날 때 북을 치는 풍습이 언급되어 있다. 陰鏗 〈江津送劉光祿不及〉: "북소리가 들리자마자 끊어진다."(鼓聲隨聽絶.) 唐·宋 때에도 아직 이런 풍습이 보존되어 있었다. 杜甫 〈十二月一日〉: "북치고 배를 출발시키는 사람은 어느 지방 젊은

발이 묶인 나그네

5월의 가뭄이 6월까지 이어져
강물이라야 한 자 남짓한 흙탕물.
사공은 북을 치며 배를 움직이려 하지만
소가 아무리 용을 써도 배는 꼼짝 않는다.
내 배를 물가에 묶어 둔 지 벌써 이레
푸른 나무처럼 뿌리가 돋아날 것만 같다.
갑자기 북서쪽에서 검은 구름 솟아났는데
바람이 윙윙거리며 가을 물결처럼 달려와
빗줄기를 끊어버려 땅에 이르지 못하게 하니
한밤중 천둥소리에 공연히 가슴만 졸였다.
순식간에 구름 걷히고 별빛이 보이니
농부는 한을 품은 듯이 한숨만 쉰다.
고지 밭은 이미 말랐고 저지는 앙상하니
발이 묶인 나 정도야 무슨 말을 하리요!

이인가?"(打鼓發船何郡郎?) 李郢 〈畫鼓〉: "두 막대기를 한번 휘두르니 떠 가는 배의 닻줄이 풀린다."(兩杖一揮行纜解.) 刺地(척지): 소가 배의 닻줄을 끌다. 원래 상앗대질을 하여 배를 끄는 것을 '刺船' 또는 "撑船"이라고 하는데, 여기서는 이것으로 소가 배의 닻줄을 끌려고 용을 쓰는 모습을 형용하였다. 고대에는 흔히 소 같은 가축으로 배를 끌었다. '疑與' 구절은 강에 물이 없기 때문에 배가 강바닥에 척 달라붙어서 오랫동안 꼼짝도 하지 않고 있음을 형용한 것이다. 風號萬竅(풍호만규): 바람이 만 개의 구멍에서 소리를 지르다. 즉 바람이 거세어 그 소리가 매우 큼을 말한 것이다. '截斷' 두 구절은 천둥소리만 요란할 뿐 빗방울은 보이지 않아 공연히 가슴만 졸였다는 말이다.

【劉攽 유반

雨後池上

一雨池塘水面平
淡磨明鏡照檐楹
東風忽起垂楊舞
更作荷心萬點聲

[해설] 비가 한바탕 지나간 뒤의 맑고 아름다운 연못의 정경을 그린 것이다.

비 온 뒤의 연못

비 한바탕 지나간 뒤 잔잔해진 연못 수면
깨끗이 닦은 명경 위에 처마와 기둥 비쳐 있다.
동풍이 홀연 불어 수양버들 춤을 추자
그 바람에 연꽃 위에
물방울이 후두두 만 점이나 떨어진다.

淡磨(담마): 맑게 갈아서 윤을 내다. 옛날에는 거울이 청동으로 만들어졌기 때문에 갈아서 윤을 내었다. 荷心(하심): 연꽃의 중심.

新晴

青苔滿地初晴後
綠樹無人晝夢餘
唯有南風舊相識
偸開門戶又翻書

[해설] 오랫동안 지속되던 비가 그친 어느 여름날의 정경을 그린 것이다.

青苔滿地(청태만지): 비가 오랫동안 지속되었음을 암시한다. 晝夢(주몽): 낮에 꾸는 꿈.

비가 그치니

하늘에 막 햇살 나고 땅에 이끼 가득한데
낮잠에서 깨어나니 인적 없는 집안에
나무가 녹음을 드리우고 섰는데
남풍만이 옛날부터 서로 아는 사이인 양
살그머니 문을 열고 또 책장을 넘긴다.

舊相識(구상식): *晏殊*의 〈*浣溪沙*〉 詞에 "어찌 해 볼 도리 없이 꽃은 떨어지는데, 서로 알고 지냈던 듯 제비가 돌아온다"(無可奈何花落去, 似曾相識燕歸來)라는 구절이 있다. **偸開**(투개): 몰래 열나.

假山

鯨牙鯤鬣相摩捽
巨靈戲撮天凹突
舊山風老狂雲根
重湖凍脫秋波骨
我來謂怪非得眞
醉揭碧海瞰蛟窟
不然禹鼎魑魅形
神顚鬼脇相撑突

[해설] 이 시는 仁宗 皇祐年間(1049～1054)에 쓰여진 것이다. 宋人 夏均父는《墨莊漫錄》에서 "이 시는 기험하며, 전인을 답습하지 않았다"(此詩奇險, 不踏襲前人)라고 하였지만, 기실 王令의 古詩는 中唐 韓·孟詩派의 영향을 깊이 받았다. 시인은 이 시에서 假山의 奇險한 형상에 대한 묘사를 통해 자신의 정신 면모와 특이한 성격을 드러내었다. 첫 두 구절은 어느 정도 시인의 뜻이 천하에 있다는 것과 세속과 어울리는 것을 부끄러워하는 생활태도를 반영하였고, 3～4구는 시인의 늠름하여 風霜을 두려워하지 않는 성격 특징을 표현하였으며, 후반부에서는 시인의 "揭天心, 探月窟"의 높은 기개

인조 돌산

고래 이빨과 곤이 지느러미가 맞붙어 싸우는 듯
巨靈이 장난삼아 하늘 밖의 崇山을 우그려놓은 모습.
태고적 산이 오랜 풍화에 구름 뿌리 같은 怪石이 된 것인가?
重湖의 봉우리가 얼어붙어 가을 물결 속에 뼈대만 남은 것
　인가?
내가 괴이하다고만 한다면 참모습을 형용한 것이 아니니
酒仙이 취해 푸른 바다를 들어올려 교룡의 굴을 보는 듯하다.
그렇지 않다면 禹임금의 솥에 새겨진 도깨비 형상들이
버티고 서서 이마와 어깨를 서로 부딪는 모습이다.

와 포부를 담아 놓았다.

鯤鬣(곤렵): 곤이의 지느러미. '鬣'은 말갈기 또는 수염의 뜻인데, 여기서는 이것으로 지느러미를 나타내었다. 巨靈(거령): 중국의 신화 전설에 나오는 河神으로 華山을 쪼개 갈랐다고 한다. 舊山(구산): 옛 산. 여기서는 태고 적에 형성된 산을 가리킨다. '重湖' 구절은 假山이 원래 重湖 안에 있는 봉우리였는데, 추위에 얼어붙어 표면에 있던 숲은 모두 없어지고 앙상한 뼈대만 남은 것 같은 형상을 하고 있다는 말이다. 禹鼎(우정): 우 임금의 솥. 우 임금이 九鼎을 주조할 때 솥 위에 갖가지 귀신의 형상을 새겨 넣었다고 한다.

暑旱苦熱

清風無力屠得熱
落日着翅飛上山
人固已懼江海竭
天豈不惜河漢乾
崑崙之高有積雪
蓬萊之遠常遺寒
不能手提天下往
何忍身去游其間

[해설] 王令은 濟世의 큰 뜻을 품고 처지는 비록 빈곤했지만 항상 백성들을 도탄에서 구하겠다는 생각을 지니고 있었다. 이 시는 극심한 더위로 인해 지어졌지만 작품에 표현된 것은 천하 백성들의 고통이다. 아무리 淸凉한 곳이 있다고 하더라도 천하 백성들과 함께 갈 수 없다면 자신도 가지 않겠다는 흉금과 포부는 그가 받아들여 빌양시킨 儒家思想의 발로이다.

여름 가뭄의 고통스런 더위

맑은 바람도 더위를 도살할 힘이 없고
지는 해는 날개 달고 산 위로 오르는 듯하다.
사람들 이미 강과 바다가 고갈될까 두려워하니
하늘인들 어찌 은하수 마를까봐 걱정하지 않으랴?
곤륜산 높아서 쌓인 눈 있고
봉래섬 멀어서 서늘한 기운 있을 테지만
세상 사람들과 손 붙잡고 함께 갈 수 없다면
어찌 차마 나 혼자 그 곳으로 갈 수 있으랴!

着翅(착시): 날개를 달다. 이 구절은 해가 지려고 하지 않는다는 뜻이다. 河漢(하한): 은하수. 崑崙(곤륜): 곤륜산. 중국 서쪽 지방 최대의 산맥으로 만년설이 덮여 있다. 蓬萊(봉래): 동쪽 바다에 있다는 전설 속의 仙島.

感憤

二十男兒面似冰
出門嘘氣玉蜺橫
未甘身世成虛老
待見天心却太平
狂去詩渾誇俗句
醉餘歌有過人聲
燕然未勒胡雛在
不信吾無萬古名

[해설] 이 시는 가슴에 품은 생각을 직접 서술하는 방식으로 시인 내심의 큰 포부와 강렬한 報國에의 의지를 표명하였다. 일반적으로 이러한 계통의 시는 함축적인 표현을 하기가 쉽지 않은데 이 시는 심후한 애국에의 격정과 정신적 분발을 담고 있으면서 기세가 크고 곧아 '沈着痛快'한 풍격을 지닌 작품이라고 하겠다.

울분을 느끼며

스무 살 남아가 얼굴은 얼음같이 창백한데
문을 나서서 기운을 토하니 옥 무지개 걸린다.
이 내 신세 헛되이 늙은 몸 되고 싶지 않고
天心이 나라를 태평성대로 되돌리는 것을 보겠다.
흥이 나 시를 쓰면 그야말로 세상에 뽐낼 구절
취해서 노래 부르면 그 소리 남보다 뛰어나다.
燕然山에 아직 공훈 새기지 못했지만 오랑캐 그대로 있으니
내가 만고의 명성 남기지 못하리라고 믿지 않는다.

'出門' 구절은 시인의 기상이 해를 꿰뚫는 흰 무지개처럼 기백이 있고 늠름하다는 말이다. '待見' 구절은 시인이 영명한 군주를 만나 태평성대의 회복에 기여하겠다는 포부를 담고 있다. '却'은 '返回'(되돌리다)의 뜻이다. 狂去(광거): 흥이 나다. '去'는 '來'와 같다. 渾(혼): '直'(그야말로)과 같다. 燕然(연연): 燕然山. 지금 蒙古人民共和國의 杭愛山이다. 《後漢書·竇憲傳》의 기록에 의하면 竇憲이 일찍이 北單于를 쫓아내고 燕然山에 올라 비석에 공훈을 새기고 돌아왔다고 한다.

讀老杜詩集

氣呑風雅妙無倫
碌碌當年不見珍
自是古賢因發憤
非關詩道可窮人
鑣鑱物象三千首
照耀乾坤四百春
寂寞有名身後事
惟餘孤冢耒江濱

[해설] 王令은 大詩人 杜甫를 대단히 존경하였다. 시인은 이 시에서 두보의 시를 높이 평가했을 뿐만 아니라 시인의 슬픈 운명을 진심으로 동정하였다. 수 천 년에 걸친 중국의 詩壇에서 대부분의 위대한 시인들이 살아 생전에 뜻을 펼 수가 없었는데 두보가 바로 그 중의 한 사람이다. 왕령은 두보에 대한 존경과 동정을 통해 자신의 불우한 처지를 기탁했기 때문에 표현이 이토록 절실할 수 있었을 것이다.

氣呑風雅(기탄풍아): 元稹이 〈杜工部墓系銘〉에서 두보시를 칭하여 "위로는 風雅에 접근하였고, 아래로는 沈佺期와 宋之問을 겸비했으며, 언어는 蘇武와 李陵을 빼앗았고, 기세는 曹植과 劉楨을 삼켰다"(上薄風雅, 下該沈宋, 言奪蘇李, 氣呑曹劉)라고 하였다. 司馬遷〈報任安書〉: "시 삼백 편은 대개 모두가 성현들이 발분하여 지은 것이다."(詩三百篇,

杜甫詩集을 읽고서

기세는 風雅를 삼키고 정교하기가 짝할 이 없건만
별 것 아니라고 당시엔 대접받지 못하였다.
본래 옛 현인들은 울분을 토로하여 저술하였고
詩道가 사람을 곤궁케 한다는 것과는 상관 없었다.
이 세상의 현상을 표현한 것이 삼천 수
사백 년 동안 하늘과 땅을 환히 비추었다.
명성을 얻은 건 죽어서 적막해진 뒤의 일
오직 외로운 무덤만 耒江 가에 남아 있구나.

大抵皆聖賢發憤之所爲作也.) 歐陽修〈梅聖兪詩集序〉: "시가 사람을 곤궁하게 만들 수 있는 것이 아니고, 대개 곤궁해진 후에 훌륭해진다."(非詩之能窮人, 殆窮者而後工也.) **鑴鑱**(휴참): 표현하다. 그려 내다. '雕刻'과 같다. **三千首**(삼천수): 현존하는 두보시는 1,400여 수이다. 삼천 수라고 한 것은 과장하여 대략적으로 말한 것이다. **四百春**(사백춘): 두보가 성년이 된 唐 玄宗 開元 18년(730)부터 왕령이 활동하던 宋 仁宗 嘉祐 4년(1059)까지의 기간을 대략적으로 말한 것이다. 두보 〈夢李白〉(其二): "천년 만년 후세에 남을 이름이지만, 그건 죽어서 적막해진 뒤의 일."(千秋萬歲名, 寂寞身後事.) 두보는 代宗 大曆 5년(770) 耒陽에 이르러 배 안에서 죽었기 때문에 耒江 가에 묻혀 있다가 43년 후에야(憲宗 元和 8년) 그의 손자 杜嗣業이 지금의 河南省 偃師 북서쪽에 있는 首陽山 아래에 안장하였다. 왕령이 이 시를 썼을 때에 두보의 시신은 이미 耒江 가에 묻혀 있지 않았으므로 이렇게 표현한 것이다.

餓者行

雨雪不止泥路迂
馬倒伏地人下扶
居者不出行者止
午市不合人空衢
道中獨行乃誰子
餓者負席緣門呼
高門食飮豈無棄
願從犬馬求其餘
耳聞門開身就拜
拜伏不起呵群奴
喉乾無聲哭無淚
引杖去此他何如
路旁少年無所語
歸視紙上還長吁

[해설] 이것은 王令이 백성의 고난을 폭로한 七言古詩이다. 시인은 이 시에서 자신이 직접 목도한 餓者 乞食의 장면을 예술적으로 형상화하여 굶주리는 백성에 대한 깊은 동정을 표현하였다.

굶주린 자의 노래

비와 눈 그치지 않고 진창길 멀기만 한데
말은 땅에 쓰러져 사람이 내려서 부축한다.
집에 있는 사람 나가지 못하고 나간 사람 발이 묶여
한낮인데도 저잣거리엔 사람이 보이지 않는다.
그런데도 혼자 길 걸어가는 이 누구인가?
굶주린 자 거적 두르고 대문에 와서 구걸한다.
고급 저택인데 어찌 버리는 음식이 없겠는가?
개와 말 따라 남는 음식이라도 구해 먹고 싶다.
대문 열리는 소리에 얼른 몸을 굽혀 절하고
땅에 엎드려 일어나지 않으니 하인들이 쫓아낸다.
목이 메말라 소리는 나오지 않고 눈물조차 말라붙었는데
지팡이 끌고 다른 집으로 가 봐야 무슨 소용 있을까?
길 옆에서 바라보던 소년은 할 말이 없어서
돌아와 종이에 적은 시를 쳐다보며 또한 길게 탄식한다.

負席(부석): 거적을 두르다. 呵群奴(가군노): 정상적인 어순은 "群奴呵"인데, 押韻을 위해 어순을 바꾸었다. 少年(소년): 시인 자신을 가리킨다. '歸視' 구절은 시인이 거처로 돌아와 자신이 목격한 비참한 상황을 종이 위에 시로 적고 있자니 자신도 모르게 한숨이 나온다는 말이다.

張舜民 장순민

打麥

打麥打麥
彭彭魄魄
聲在山南應山北
四月太陽出東北
纔離海嶠麥尙青
轉到天心麥已熟
鶡旦催人夜不眠
竹鷄叫雨雲如墨
大婦腰鐮出
小婦具筐逐
上壟先捋青
下壟已成束
田家以苦乃爲樂
敢憚頭枯面焦黑
貴人薦廟已嘗新
酒醴雍容會所親
曲終厭飫勞童僕

[해설] 이 시는 보리를 수확하는 계절을 배경으로 농민들의 고난에 찬 생활과 그것을 착취하여 부유한 생활을 영위하는 지배층의 생활모습을 그린 것인데, 대비가 선명하고 民歌의 풍격을 지니고 있어서 소박하면서도 절실한 맛을 느끼게 해 준다.

彭彭魄魄(펑펑백백): 보리를 다직하는 소리를 형용하는 의성이. 海嶠(해교): 바다에

보리 타작

보리를 타작하고 타작하느라
쿵쿵거리고 탁탁거리니
산 남쪽의 소리가 산 북쪽에서 메아리친다.
사월의 태양이 북동쪽에서 떠올라
막 바다의 산을 떠났을 땐 아직 푸르렀는데
하늘 중앙을 돌아서니 보리는 이미 익었다.
갈단새가 재촉하여 밤에도 잠 못 이루고
대숲의 닭이 비를 부르니 구름이 먹 같다.
큰며느리는 허리에 낫을 차고 나가고
작은며느리는 광주리를 들고 따라간다.
보리밭에 들어가 먼저 푸른 것을 따서
보리밭에서 나오니 이미 묶음이 되었다.
농부들은 노고를 오히려 즐거움으로 삼아
머리 마르고 얼굴 검게 탐을 꺼리지 않는다.
귀인들은 제사지내며 이미 햇곡식을 맛보고
좋은 술을 마련하여 편안히 친구를 만난다.
가무가 끝나 배부르면 하인들에게 나누어 주니

있는 산. 여기서는 해가 뜨는 곳을 가리킨다. '纔離' 두 구절은 보리가 익는 속도가 매우 빠름을 형용한 것이다. 鶡旦(갈단): 야간에 울기 시작하여 날이 샐 때까지 운다고 하는 새. 敢憚(감탄): 감히 꺼리지 않는다. '敢'은 '不敢'과 같다. 貴人(귀인): 관리와 지주들을 가리킨다. 薦廟(천묘): 조상에 제사지내다. 雍容(옹용): 편안하고 온화한 얼굴을 하다. 曲(곡): 宴會 때의 노래와 춤을 가리킨다. 厭飫(염어): 실컷 먹고 마시다. 물리도록 먹다. 勞(로): 위로하다. 상을 내리다.

豈信田家未入脣
盡將精好輸公賦
次把升斗求市人
麥秋正急又秧禾
豊歲自少凶歲多
田家辛苦可奈何
將此打麥詞
兼作插禾歌

未入脣(미입순): 아직 입술에 들어가지 않다. 즉 아직 맛도 보지 못했다는 뜻이다. 公賦(공부): 관가에 세금으로 내는 곡식. 공출미. 升斗(승두): 세금으로 내고 남은 얼마 되지 않는 수량의 보리를 가리킨다. 市人(시인): 商人. 麥秋(맥추): 보리 수확. '秋'는 농작물

농부들은 아직 맛도 보지 못한 것을 어찌 믿으랴.
좋은 보리는 모두 관가에 세금으로 보내고
다음에는 얼마 남지 않은 것을 상인에게 판다.
보리 수확이 급할 때 또 벼를 심어야 하는데
풍년은 본래 드물고 흉년은 많으니
농부들의 고달픔을 어찌해야 하나.
이 보리 타작 노래를
동시에 모심기 노래로 삼아야겠다.

이 익어 수확하는 것을 뜻한다. 兼作(겸작): 동시에 ……로 삼다. 插禾歌(삽화가): 모심기 노래. '插秧歌'와 같다.

江上看山

船上看山如走馬
倏忽過去數百群
前山槎牙忽變態
後嶺雜沓如驚奔
仰看微徑斜繚繞
上有行人高縹緲
舟中擧手欲與言
孤帆南去如飛鳥

[해설] 소식은 22세 때인 仁宗 嘉祐 2년(1057) 정월 동생 蘇轍과 함께 禮部試에 급제했는데 이 해 4월에 모친 程氏가 별세하여 고향인 眉山으로 돌아갔다가 가우 4년(1059) 10월에 다시 동생과 함께 아버지를 모시고 서울인 開封으로 향했다. 이 시는 이 때 배 위에서 본 長江 상류의 풍경을 그린 것

강 위에서 산을 보니

배 위에서 산을 보니 달려가는 말이어라
수백 마리 떼를 지어 휙 하고 지나간다.
앞산은 들쑥날쑥 순간 순간 다른 자태
뒷산은 혼비백산 깜짝 놀라 도망간다.
오솔길을 쳐다보니 비슷이 산을 감았는데
그 길 위에 행인이 까마득히 걸어간다.
배 안에서 손을 들어 말 한 마디 건네려니
외로운 배 남쪽으로 새처럼 날아간다.

이다.

倏忽(숙홀): 빨리. 갑자기. 槎牙(사아): 울퉁불퉁한 모양. 雜沓(잡답): 복잡하고 어수선하다. 縹緲(표묘): 높고 아득한 모양.

和子由澠池懷舊

人生到處知何似
應似飛鴻踏雪泥
泥上偶然留指爪
鴻飛那復計東西
老僧已死成新塔
壞壁無由見舊題
往日崎嶇還記否
路長人困蹇驢嘶

[해설] 소식은 開封府試에 참여하기 위하여 동생 소철과 함께 아버지 소순을 따라 개봉으로 가던 가우 원년(1056) 澠池(지금의 하남성 면지)에 있는 어느 절에서 묵은 적이 있었다. 그로부터 5년 뒤인 가우 6년 겨울에 소식은 鳳翔府簽判으로 부임하기 위하여 면지를 거쳐 섬서성으로 들어가고 있었다. 이 때 동생 소철이 〈면지의 일을 생각하며 자첨 형에게 보낸다〉라는 시를 부쳐 보냈는데 이것은 동생이 보낸 이 시에 화답하여 지은 시이다.

자유의 〈면지회구〉에 화답하여

정처 없는 우리 인생 무엇 같을까?
기러기가 눈밭 위를 배회하는 것 같으리.
진흙 위에 어쩌다가 발자국을 남기지만
날아가 버린 뒤엔 간 곳을 어찌 알리?
늙은 중은 이미 죽어 사리탑이 새로 서고
낡은 벽은 허물어져 글씨가 간데없네.
기구했던 지난날을 아직 기억하는지?
길이 멀어 사람은 지칠 대로 지치고
나귀는 절뚝대며 울어댔었지.

子由(자유): 동생 소철의 字. 그의 시의 정식 제목은 〈면지의 일을 생각하며 자첨 형에게 보낸다(懷澠池寄子瞻兄)〉이다. 老僧(노승)~: 가우 원년(1056) 개봉으로 갈 때 奉閑和尙의 절에 묵었었는데 지금은 그가 입적하여 그의 사리를 봉안한 부도만 새로이 서 있음을 뜻한다. 壞壁(괴벽)~: 그 때 그들이 시를 써 두었던 절의 벽이 허물어져서 글씨가 더 이상 알아볼 수 없게 되었음을 말한다. 路長(노장)~: 소식 자신의 주석에 의하면 면지의 서쪽에 있는 二陵에 이르러 그들을 태우고 가던 말이 죽어 버려 거기서 면지까지는 나귀를 타고 갔다고 한다.

雨中遊天竺靈感觀音院

蠶欲老
麥半黃
前山後山雨浪浪
農夫輟耒女廢筐
白衣仙人在高堂

[해설] 熙寧 5년(1072) 초여름에 항주 천축사에서 지은 것이다. 그 해에는 심한 장마로 보리농사와 누에치기에 지장이 많아 농민들의 걱정이 태산 같았는데도 고대광실에서 호의호식하는 위정자들은 아랑곳하지 않았다. 이를 본 소식이 영감관음원의 불상을 빌려 그들의 작태를 풍자한 것이다.

천축사의 영감관음원

누에는 늙어 가고
보리는 반쯤 익었는데
앞산에도 뒷산에도 주룩주룩 비가 온다.
농부는 쟁기를 던져 버리고
아낙네는 광주리를 팽개쳤는데
불당에는 관음이 흰 옷을 차려 입고
자애로운 표정으로 점잖게 앉아 있다.

天竺(천축): 天竺寺. 절강성 항주의 천축산에 있는 절. 白衣(백의)~: 불당 안에 세워진 하얀 불상이 장마에도 불구하고 변함없이 온화한 표정을 짓고 있는 것을 보면서 소식은 고대광실에서 농사를 걱정할 필요 없이 편안하게 지내는 관료들을 떠올렸던 것이다.

六月二十七日望湖樓醉書五絶(其一)

黑雲翻墨未遮山
白雨跳珠亂入船
卷地風來忽吹散
望湖樓下水如天

[해설] 희녕 5년(1072) 항주 서호 가에 있는 망호루 아래에서 뱃놀이를 하다가 술이 거나하게 취한 채 그 주변의 아름다운 풍경을 묘사한 5수 가운데 하나로, 여름절에 갑자기 소나기가 퍼붓다가 언제 그랬느냐는 듯 금방 날이 개는, 그

망호루에서 술 마시며

먹 쏟은 듯 검은 구름 산을 채 덮기 전에
하얀 진주 구슬이 배로 뛰어들더니
바람이 땅을 쓸며 갑작스레 몰아치니
망호루 밑 호수가 하늘과 같네.

래서 더욱 감칠맛이 나는 서호의 경치를 그린 것이다.

望湖樓(망호루): 항주 西湖 가에 있는 누각.

吳中田婦歎

今年粳稻熟苦遲
庶見霜風來幾時
霜風來時雨如瀉
杷頭出菌鎌生衣
眼枯淚盡雨不盡
忍見黃穗臥青泥
茅苫一月隴上宿
天晴穫稻隨車歸
汗流肩赬載入市
價賤乞與如糠粞
賣牛納稅拆屋炊
慮淺不及明年饑
官今要錢不要米

[해설] 희녕 5년(1072) 12월 湖州에서 지은 것으로 한 농촌 여인의 입을 빌려 수재를 당한 데다 가혹한 세금까지 가중되어 도탄에 빠진 강남 지방 농민들의 참혹한 생활상을 그린 것이다. 당시에는 青苗法과 免役法의 폐해가 극도로 심하여 관리들이 하루 종일 돌아다니며 쌀은 받지 않고 현금만 받았는데 흉년이 들어 팔 곡식이 없어도 사정을 봐 주지 않아서 집집마다 땅과 집과 소를 팔려고 나섰으며 더구나 돈이 귀해진 탓으로 농민들은 쌀 두 섬을 팔아야 겨우 한 심어치의 세금을 납부할 수 있는 형편이었다. 이 시는 당시의 이러한 상황을

오중 지방 어느 농촌 아낙의 탄식

올해는 벼가 어찌 이다지도 늦되는지
조만간에 서릿바람 불 것만 같았지요.
서릿바람 불 때에 비가 쏟아져
고무래는 곰팡이 슬고 낫은 녹이 슬었지요.
눈물샘은 말랐건만 비는 아직 아니 말라
벼이삭이 논바닥에 누운 꼴을 보았지요.
논두둑에 거적 치고 한 달 동안 지내다가
날이 개자 벼를 베어 수레에 싣고 돌아왔지요.
땀 흘리며 멍든 어깨로 시장에 지고 가니
값이 너무 형편없어 싸라기처럼 줘 버렸지요.
소 팔아 세금 내고 집을 뜯어 밥 지으며
내년에 굶을 일은 생각할 수 없었지요.
관아에선 요즈음 쌀은 안 받고 돈만 받아

적나라하게 파헤친 풍자시이다.

吳中(오중): 지명. 지금의 浙江省 湖州. 粳稻(갱도): 메벼. 庶見(서견)~: 며칠만 있으면 곧 서릿바람이 불 것 같다. 벼가 익을 수 있는 시간이 곧 없어짐을 뜻한다. 茅苫(모점): 띠로 만든 거적. 肩赬(견정): 지게의 끈에 눌려서 어깨가 빨갛게 멍들다. 乞與(기여): 주다. 官今要錢(관금요전)~: 新法을 시행한 이래로 관아에서 세금을 현금으로만 받았기 때문에 돈이 귀해져서 백성들은 세금을 납부하기 위해 헐값에 쌀을 팔아야 했다.

西北萬里招羌兒
龔黃滿朝人更苦
不如却作河伯婦

西北萬里(서북만리)~: 송 神宗은 많은 비용을 들여서 서북쪽에 있는 羌族을 위무했다. **龔黃**(공황): 龔遂와 黃覇. 공수는 한나라 宣帝 때 渤海太守였고 황패는 선제 때 揚州刺史와 丞相을 지낸 사람으로 두 사람 모두 유능하고 훌륭한 관리로 꼽힌다. 여기서는 당시의 관리를 비꼬는 말로 쓰였다. **不如却作**(불여각작)~: 戰國時代 때 魏나라의 鄴 지방에

서북쪽 만리 밖의 오랑캐를 달랬지요.
공수 황패 가득해도 백성들은 더 괴로워
차라리 하백의 아내가 되고 싶었지요.

수해가 자주 들었는데 무당과 결탁한 토호들이 황하의 신인 河伯을 장가보내 주어야 수해를 막을 수 있다면서 매년 젊은 여자 한 사람씩을 강 속에 던져 넣는 이른바 河伯娶婦의 행사를 치르고 이 일을 계기로 많은 돈을 갈취했다. 하백의 처가 되고 싶다는 것은 차라리 투신자살하는 편이 더 낫겠냐는 뜻이냐.

法惠寺橫翠閣

朝見吳山橫
暮見吳山縱
吳山故多態
轉折爲君容
幽人起朱閣
空洞更無物
惟有千步岡
東西作簾額
春來故國歸無期
人言秋悲春更悲
已泛平湖思濯錦
更看橫翠憶峨眉
雕欄能得幾時好

[해설] 희녕 6년(1073) 정월 항주의 법혜사 안에 있는 횡취각에서 지은 시이다. 이 누각에서 내려다보면 가로로 뻗어 있는 오산의 푸른 모습이 한눈에 들어오기 때문에 횡취각이라고 불렀다. 횡취각에서 길게 뻗어 있는 오산을 바라보며 소식은 자신도 모르게 고향에 있는 아미산을 떠올리고는 잠시 고향 생각에 빠져 보기도 하고 천고에 변함없을 산과 인생을 대비시켜 인생의 덧없음을 느껴 보기도 했다.

法惠寺(법혜사): 항주에 있던 절. 橫翠閣(횡취각): 법혜사 안에 있던 누각. 吳山(오산): 항주 서호의 동남쪽에 있는 산. 춘추시대 오나라의 남쪽 경계였기 때문에 오산이라고 불

법혜사 횡취각

아침에는 오산이 가로로 누웠더니
저녁 되니 오산이 세로로 섰구나.
오산은 예로부터 변화무쌍한 자태
그대 위해 이리 저리 모양새를 내누나.
은군자가 이 곳에다 붉은 누각 세웠지만
누각 안은 텅텅 비어 아무것도 없구나.
오로지 천 보짜리 산 하나 있어
동창과 서창에 발이 되어 드리웠네.
봄은 찾아왔건만 기약 없는 귀향길
남들은 가을철이 슬프다지만
나에게는 봄철이 더욱 슬픈 것 같네.
호수에 배 띄울 땐 탁금강이 그립더니
푸른 산을 바라보니 아미산이 생각나네.
아름다운 이 난간도 오래 가진 못 할 터

되었으며, 이 산 위에 伍子胥의 사당이 있기 때문에 胥山이라고도 불렀다. 지금은 城隍山이라고 부른다. **朝見**(조견)~**吳山縱**(오산종): 아침에는 오산의 가로로 길게 뻗은 모습이 선명하게 보이고 저녁이 되어 주위가 어두워지면 가로로 길게 뻗은 모습은 잘 보이지 않고 우뚝하게 위로 솟은 모습만 보이는 것을 말한다. **幽人**(유인): 은거하는 사람. 횡취각을 세운 스님을 가리킨다. **千步岡**(천보강): 길이가 천 보 정도 되는 산. 오산을 가리킨다. **平湖**(평호): 평평한 호수. 西湖十景의 하나로 平湖秋月이 있다. **濯錦**(탁금): 濯錦江. 사천성 成都에 있는 강. 일명 岷江. 峨眉山과 더불어 소식의 고향에 있는 산천이다. **橫翠**(횡취): 가로로 누운 푸른 산. 오산을 가리킨다. **峨眉**(아미): 峨眉山. 사천성 峨眉縣 서남쪽에 있는 산.

不獨憑欄人易老
百年興廢更堪哀
懸知草莽化池臺
遊人尋我舊遊處
但覓吳山橫處來

懸知(현지): 짐작하다. 예측하다. '草莽化池臺'는 역설의 효과와 압운의 필요에 의하여 난간에 기댄 나만 늙어 가진 않으리라.
백 년 간의 흥망을 생각하자니
울적한 내 마음 더욱 슬퍼라.
쑥대밭엔 아마도 누각이 서고
누각은 변하여 쑥대밭이 되리라.
먼 훗날 유람객이 내 놀던 곳 찾으려면
가로누운 오산을 찾아오면 되리라.

'池臺化草莽'을 도치시킨 것이다.

飮湖上初晴後雨二首(其二)

水光瀲灩晴方好
山色空濛雨亦奇
若把西湖比西子
淡粧濃抹總相宜

[해설] "위로는 천당이 있고 아래로는 蘇州와 杭州가 있다(上有天堂, 下有蘇杭)"는 속담이 있을 정도로 항주는 소주와 더불어 중국에서 으뜸가는 아름다운 고장이다. 소식은 일생 동안 두 차례 항주에 머문 적이 있다. 첫 번째는 杭州通判으로 재직한 희녕 4년(1071)부터 희녕 7년(1074)까지이고 두 번째는 杭州知州로 재직한 元祐 4년(1089년)부터 원우 7년(1091)까지이다. 항주에는 서호라는 아름다운 호수가 있는데 소식은 항주지주로 재직중 서호를 준설하여 그 퇴적물로 제방을 쌓았다. 蘇堤라고 불리는 이 제방은 특히 봄철의 새벽 경치가 아름다워 蘇堤春曉는 서호십경의 하나이다. 이 시는 항주통판으로 재직

비 내리는 서호

물빛이 반짝반짝 맑을 때가 좋더니
산색이 어둑어둑 비가 와도 멋지네.
서호는 월서시
엷은 화장 짙은 분 아무래도 어울리네.

중이던 희녕 6년 서호에서 술을 마시다가 비 내리는 서호의 모습을 보고 지은 것이다.

瀲灩(염염): 물결이 반짝반짝 빛나는 모양. 空濛(공몽): 비가 내려 어둠침침한 모양. 若把西湖(약파서호)~: 만약 서호를 서시에 비유한다면. 西子(서자): 越西施. 춘추시대 월나라의 미인. 월왕 句踐은 會稽山 전투에서 패배한 수치를 씻기 위하여 와신상담하던 끝에 서시를 오왕 夫差에게 바쳐 그를 유혹함으로써 마침내 설욕했다. 濃抹(농말): 진하게 바르다.

於潛僧綠筠軒

可使食無肉
不可使居無竹
無肉令人瘦
無竹使人俗
人瘦尙可肥
士俗不可醫
旁人笑此言
似高還似癡
若對此君仍大嚼
世間那有揚州鶴

[해설] 소식은 군자의 고아함을 지닌 대나무를 무척이나 좋아하여 시로 읊어 내기도 하고 그림으로 그려 내기도 했다. 惠覺 스님이 사는 절강성 어잠의 寂照寺에는 綠筠軒이라는 건물이 있으니 그 주위에 대나무가 많아 이렇게 명명한 것이다. 이 시는 소식이 희녕 6년(1073) 어잠에 갔다가 녹균헌을 보고 그 감회를 읊은 것이다.

於潛(어잠): 지명. 절강성 臨安縣 서쪽에 있는 縣. 若對此君(약대차군)~: 대나무를 좋아

어잠 스님의 녹균헌

식사에 고기는 없어도 되나
집안에 대나무는 없을 수 없지.
고기가 없으면 살이 빠지고
대나무가 없으면 저속해지지.
살이야 빠져도 다시 찔 수 있지만
저속해지고 나면 고칠 수 없지.
남들은 이 말 듣고 비웃을 테지
고상한 듯하지만 어리석다고.
이 군자를 앞에 두고 우적우적 씹는다면
이리 좋은 양주학이 있을 리 없지.

하면서 동시에 육식도 즐기는 것, 즉 고결하게 살면서 동시에 호화롭게 사는 것을 말한다. 揚州鶴(양주학): 여러 사람이 각자 자신의 희망을 얘기하고 있었다. 첫번째 사람은 揚州刺史가 되고 싶다고 했다. 두 번째 사람은 돈을 많이 벌고 싶다고 했다. 세 번째 사람은 학을 타고 하늘로 올라가고 싶다고 했다. 다 듣고 난 마지막 사람이 자기는 허리에 돈 십만 꿰미를 차고 학을 타고 양주의 하늘로 올라가고 싶다고 했다. 여기서 양주학은 동시에 얻기 힘든 여러 가지를 동시에 얻게 해 주는 존재를 뜻한다.

有美堂暴雨

遊人脚底一聲雷
滿座頑雲撥不開
天外黑風吹海立
浙東飛雨過江來
十分瀲灩金樽凸
千杖敲鏗羯鼓催
喚起謫仙泉灑面
倒傾鮫室瀉瓊瑰

[해설] 희녕 6년(1073) 가을 항주의 吳山에 있는 유미당에서 폭우가 내리는 광경을 묘사한 것이다.

有美堂(유미당): 항주 오산의 최고봉에 있던 당. 頑雲(완운): 흩어질 기미를 보이지 않는 짙은 구름. 浙東(절동): 옛날에는 절강성 일대가 절동과 절서의 둘로 나누어져 있었다. 錢塘江을 중심으로 그 동쪽인 會稽郡을 절동, 그 서쪽인 吳郡을 절서라 했다. 오산의 유미당은 절서지방에 위치했다. 十分瀲灩(십분염염)~: 강물이 불어서 강에 가득 찼음을 말한다. 瀲灩(염염): 물이 가득 찬 모양. 千杖(천장): 천 개의 장대. 수많은 빗줄기를 가

유미당의 폭우

유람객 발 밑에서 우르르 쾅쾅
자리 메운 먹구름이 흩어질 줄 모른다.
하늘 밖의 폭풍은 바닷물을 세우고
절동의 빗줄기는 전당강을 건너온다.
강물은 넘실넘실 가득 따른 술잔인 듯
빗줄기는 수둑수둑 난타하는 갈고인 듯.
이태백을 깨우느라 샘물을 끼얹는가?
교인의 집이 넘어져 진주가 쏟아졌는가?

리킨다. 羯鼓(갈고): 당나라 때 서역에서 들어온 악기. 나무 막대기 같은 것으로 급하게 두들겨서 연주한다. 喚起謫仙(환기적선)~: 당나라 현종이 이백을 불러서 시를 지으라고 했는데 이 때 이백은 술에 취해 잠을 자고 있었으므로 샘물을 끼얹어서 깨워 가지고 시를 짓게 했다는 일화가 있다. 폭우가 쏟아지는 모양을 보면서 소식의 상상력이 여기에 미친 것이다. 鮫室(교실): 남해의 바다 속에 산다고 하는 전설적인 사람인 鮫人의 집. 교인이 눈물을 흘리면 그것이 진주로 변한다고 한다. 폭우가 내리는 모양을 진주가 쏟아지는 모양에 비유한 것이다.

八月十五日看潮五絶

其二

萬人鼓譟懾吳儂
猶是浮江老阿童
欲識潮頭高幾許
越山渾在浪花中

其三

江邊身世兩悠悠
久與滄波共白頭
造物亦知人易老
故敎江水向西流

[해설] 항주에 있는 錢塘江은 파도가 거세기로 유명하다. 그리하여 매년 음력 8월 15일에서 18일 사이에 파도타기를 한다. 물에 익숙한 건장한 사나이 수백 명이 머리카락을 늘어뜨리고 몸에 문신을 한 채 손에 붉은색 깃발을 들고 파도를 타는데 고래등 같은 파도를 타고도 깃발에 물이 묻지 않아야 한다고 한다. 이 시는 희녕 6년(1073) 중추절에 전당강의 파도를 본 감회를 노래한 것이다.

吳儂(오농): 吳人. 吳 방언에서는 자신을 '我儂', 타인을 '他儂'·'渠儂' 등으로 부르기 때

팔월 보름날의 파도타기 구경

제2수

만 사람이 북을 치며 함성을 질러
오나라 사람을 위협하는 것 같고
늙은 왕준이 배를 끌고 오는 것 같네.
파도가 얼마나 높은지 궁금한가?
월산이 온통 눈보라에 싸였다네.

제3수

강가에 선 이 몸은 세상과 동떨어져
오래 오래 창파와 함께 머리가 세고 싶네.
사람이 쉬 늙는 줄 조물주도 아는지
일부러 강물이 서쪽으로도 흐르게 하네.

문에 오 지방 사람을 가리켜 '吳儂'이라고 한다. 阿童(아동): 王濬. 晋나라의 장수로 어릴 적 이름이 阿童이다. 진나라가 촉나라를 평정한 뒤에 益州刺史가 된 왕준은 戰艦을 만들어 수군을 훈련시킨 다음 강을 따라 동쪽으로 내려가 오나라를 멸망시켰다. 이 두 구절은 파도 소리가 웅장함을 형용한 것이다. 越山(월산): 越州에 있는 龕山. 전당강이 이 곳에서 크게 용솟음친다. 故敎江水(고교강수)~: 일부러 강물이 서쪽으로 흐르게 하다. 중국의 강들이 대부분 그렇듯이 전당강은 본래 동쪽으로 흐르지만 바다에서 밀물이 올라오면 서쪽으로 역류하기도 한다. 강이 역류하여 서쪽으로 흐른다는 것은 비유적으로 사람이 다시 젊어짐을 의미한다.

百步洪二首(其一)

長洪斗落生跳波
輕舟南下如投梭
水師絶叫鳧雁起
亂石一線爭磋磨
有如兎走鷹隼落
駿馬下注千丈坡
斷弦離柱箭脫手
飛電過隙珠翻荷
四山眩轉風掠耳
但見流沫生千渦
嶮中得樂雖一快
何異水伯誇秋河
我生乘化日夜逝
坐覺一念逾新羅

[해설] 元豐 원년(1078) 승려 친구인 參寥와 함께 徐州 銅山縣에 있는 백보홍이라는 폭포에 놀러 갔다가 백보홍의 웅장한 경관을 보고 지은 것이다. 앞부분에서는 博喩의 기법으로 폭포의 웅장한 모습을 묘사했고 뒷부분에서는 자신의 불교적 인생관을 서술했다.

百步洪(백보홍): 徐州 銅山縣에 있는 폭포. 길이가 백여 보에 달하기 때문에 백보홍이라고 하며 일명 서주홍이라고도 한다. 물이 쏟아지는 속도가 매우 빨라서 물이 바위에 부딪치는 소리가 몇 리 밖에까지 들린다. 投梭(투사): 북을 던지다. 북은 베를 짤 때 날줄 사이를 왔다갔다하며 씨줄을 넣어 주는 기구로 모양이 배와 비슷하다. 水師(수사): 뱃사공. 磋磨(차마): 갈다. 柱(주): 雁柱. 기러기발. 거문고나 가야금 따위와 같은 현악기

백보홍

긴 물줄기 별안간 떨어져 물방울을 튀기는데
조각배는 던져진 북처럼 남으로 내려간다.
뱃사공의 고함에
물오리와 기러기가 깜짝 놀라 달아나고
한 줄로 삐죽삐죽 늘어선 바윗돌은
누가 더 뾰족한가 내기를 한다.
토끼가 뛰어가자 송골매가 덮치듯
천 길의 내리막에 준마가 달려가듯
끊어진 거문고줄이 안주를 벗어나듯
팽팽한 시위에서 화살이 날아가듯
조그만 문틈으로 번개가 지나가듯
매끄러운 연잎에 구슬이 굴러가듯
물은 그렇게 흘러내린다.
산들은 빙글빙글 현기증을 일으키고
바람은 상쾌하게 두 귀를 스치는데

의 줄을 고르는 기구. 단단한 나무를 기러기의 발 모양으로 만들어서 현의 밑을 괴고 이것을 아래 위로 움직여서 현의 소리를 고른다. 水伯(수백): 河伯. 황하의 신 河伯은 가을에 물이 불어 넓디 넓은 황하를 보고 자기가 천하의 으뜸이라고 여겼는데 나중에 끝없이 넓은 바다를 보고는 부끄러움을 이기지 못하고 바다의 신 海若을 향해 탄복했다고 한다. 坐覺(좌각): 문득 깨닫다. 新羅(신라): 우리 나라 삼국시대의 신라. 《傳燈錄》에 "한 스님이 金鱗寶資大師에게 '金剛이라는 화살은 어떠합니까?' 하고 물으니 대사가 '신라까지 간다'라고 대답했다"는 기록이 있다. '신라까지 간다'는 말은 원래는 불법이 신라에까지 전해졌음을 뜻한 것으로 보이지만 비유적으로 생각이 멀리까지 미침을 나타낸다. 여기서는 백보홍의 물이 빠르지만 생각은 그것보다도 더 빠름을 뜻한다.

紛紛爭奪醉夢裏
豈信荊棘埋銅駝
覺來俯仰失千劫
回視此水殊委蛇
君看岸邊蒼石上
古來篙眼如蜂窩
但應此心無所住
造物雖駛如吾何
回船上馬各歸去
多言譊譊師所呵

荊棘埋銅駝(형극매동타): 晋나라 때 索靖이라는 사람은 미래의 일을 잘 예측했는데 천하에 변란이 있음을 알게 되면 낙양의 궁전 문 밖에 서 있는 구리로 만든 낙타를 가리키며 "네가 가시덤불에 묻히겠구나"라고 했다. 그 뒤로 "낙타가 가시덤불에 묻힌다"는 말은 세상이 크게 변한다는 뜻으로 쓰였다. 委蛇(위타): 물이 구불구불 느리게 흐르는 모양. 원래의 음은 '위이'지만 여기서는 압운 때문에 '위타'로 읽어야 한다. '委佗'와 같다. 篙眼(고안): 상앗대 자국. 배를 강심으로 밀어넣기 위하여 상앗대로 언덕 위의 비위를 짚

몇 개인지 알 수 없는 소용돌이 속에서
동글동글 물거품이 천 개 만 개 떠오른다.
험준한 산 속에서 즐거움을 만나니
한 번은 유쾌하게 즐길 만하나
하백이 가을철에 황하를 보고
자부심을 가진 것과 어찌 다르랴?
인생은 자연의 조화를 타고
밤낮 없이 쉬지 않고 흘러가는 것
불현듯 생각이 신라까지 가는구나.
취중에도 꿈 속에도 아등바등하는 이야
어찌 믿으리 구리 낙타가
가시덤불 속에 묻힐 수도 있다는 걸.
깨어 보니 순식간에 천 겁이 지나가고
돌아보니 이 물이 몹시도 느리구나.
언덕 위의 거무튀튀한 저 바위를 보게나
긴 세월의 상앗대 자국이 벌집 같구나.
다만 마음 속에 집착하는 것만 없다면
조물주가 날래다 한들 나를 어쩌랴.
배를 돌려 말을 타고 제 갈 길로 가자꾸나
시끌벅적 자꾸 떠들면 스님이 야단칠라.

음으로 인하여 바위 위에 생긴 자국. 但應此心(단응차심)~如吾何(여오하): 자신의 생각이 집착을 끊고 초탈하게 되면 자연계의 변화가 아무리 빨라도 상관없다는 뜻이다. '住'는 불교 용어로 '집착하다'라는 뜻. 駛(사): 변화가 빠르다. 回船上馬(회선상마): 배를 돌려 내려와서 다시 말을 타다. 譊譊(요뇨): 소리 높여 떠드는 모양. 師所呵(사소가): 參寥 스님이 꾸짖을 일.

東坡八首

其一

廢壘無人顧
頹垣滿蓬蒿
誰能捐筋力
歲晚不償勞
獨有孤旅人
天窮無所逃
端來拾瓦礫
歲旱土不膏
崎嶇草棘中
欲刮一寸毛
喟然釋耒歎
我廩何時高

[해설] 소식은 황주에 유배된 후 궁핍한 나날을 보냈다. 이를 본 馬夢得이라는 친구가 관아에 부탁하여 옛날에 군대가 주둔하던 묵은 땅 수십 마지기를 얻어 주어 몸소 개간하여 농사 지을 수 있게 해 주었다. 이 땅은 오랫동안 버려 두어서 가시덤불이 우거진 자갈밭이 되어 있었고 게다가 날씨마저 몹시 가물어 개간하기가 너무나 힘이 들었으므로 소식은 쟁기를 놓고 탄식하곤 했다. 元豐 4년(1081)의 일이었다. 소식은 이 땅을 개간한 후 '황주성 동쪽에 있는 언덕'이라는 의미에서 東坡라는 이름을 붙이고 자신을 東坡居士라고 불렀다. 동

동파

제1수

거들떠보는 이 없는 황폐한 보루터
쑥대가 가득 돋은 무너진 담장
그 누가 쓸데없이 근력만 소모하고
세밑에 일한 보람 거두려고 아니 할까?
오로시 외로운 나그네만이
궁지에 몰려서 더 갈 곳이 없으매
마침내 달려와서 기와와 돌을 치우는데
날씨가 가물어서 흙마저 돌덩이네.
가시덤불 풀숲에서 갖은 고생 다 하는 건
난쟁이 곡식이나마 거두고자 함이네.
휴우 하고 쟁기 놓고 탄식하나니
내 창고는 언제나 그득히 찰까?

파라는 그의 호는 여기서 비롯된 것이다.

東坡(동파): 黃州城 동쪽에 있는 언덕으로 소식이 손수 개간한 농지. 廢壘(폐루): 황폐한 보루터. 옛날에 군대가 주둔하던 곳으로 당시 그 곳 사람들 사이에 吳나라 장수 周瑜가 曹操의 군사를 무찌른 곳이라고 전해지고 있었다. 端(단): 마침내. 결국. 一寸毛(일촌모): 한 치 길이의 털. 제대로 자라지 못한 키 작은 곡식을 가리킨다. 喟然(위연): 탄식하는 모양.

其二

荒田雖浪莽
高庳各有適
下隰種秔稌
東原蒔棗栗
江南有蜀士
桑果已許乞
好竹不難栽
但恐鞭橫逸
仍須卜佳處
規以安我室
家僮燒枯草
走報暗井出
一飽未敢期
瓢飮已可必

浪莽(낭망): 무질서하고 거리낌이 없는 모양. 高庳(고비): 고저. 높은 곳과 낮은 곳. 秔稌(갱도): 메벼와 찰벼. 蜀士(촉사): 長江 건너편의 武昌에 촉에서 온 王文甫라는 사람이 있었는데 소식과 왕래가 잦았다. 鞭(편): 땅 위로 뻗어 있는 대나무의 뿌리. 瓢飮(표음): 한 바가지의 물. "훌륭하도다 顔回여! 한 그릇의 밥을 먹고 한 바가지의 물을 마시면

제2수

황폐한 밭 울퉁불퉁 제멋대로 생겼지만
높은 곳과 낮은 곳이 나름대로 쓰이리.
낮고 습한 곳에는 메벼와 찰벼를 심고
동쪽의 둔덕에는 밤 대추를 모종하리.
장강 남쪽에 촉에서 온 사람이 있어
뽕나무 씨앗을 빌려 주기로 허락했네.
멋진 대를 심는 거야 어려울 게 없지만
대뿌리가 아무 데나 뻗어 갈까 두렵네.
그리고 점을 쳐서 명당을 골라
계획대로 집도 한 채 마련해야 되겠네.
아이놈이 마른 풀을 불태우다가
샘물이 나온다고 달려와서 얘기하니
배 불리 먹는 것은 기약할 수 없어도
물 하나는 마음껏 마시게 됐네.

서 초라한 마을에 사는 것을 사람들은 고민스러워하는데 안회는 그렇게 살면서도 변함 없이 즐겁게 지내니 훌륭하도다 안회여!"(賢哉回也! 一簞食, 一瓢飮, 在陋巷, 人不堪其憂, 回也不改其樂. 賢哉回也!)(《논어 · 옹야편》)라고 한 공자의 말을 인용한 것으로 安貧樂道하려는 사신의 의지를 표명한 것이다.

紅梅三首(其一)

怕愁貪睡獨開遲
自恐冰容不入時
故作小紅桃杏色
尙餘孤瘦雪霜姿
寒心未肯隨春態
酒暈無端上玉肌
詩老不知梅格在
更看綠葉與靑枝

[해설] 원풍 5년 봄, 다른 매화가 다 지고 난 다음 뒤늦게 피어난 홍매의 아름다우면서도 고고한 자태와 그 속에 깃든 고매한 품격을 찬양한 것이다.

紅梅(홍매): 매화에는 黃梅·白梅·홍매 등이 있는데 음력 선달에 핀다고 하여 臘梅라는 별명을 가진 황매가 가장 먼저 피고 그 다음에 백매가 피며 홍매가 가장 늦게 핀다. 홍매는 붉은색의 꽃이 투명해 보일 정도로 영롱하다. 怕愁貪睡(파수탐수)~: 근심을 두려워하고 잠자기를 탐하여 홀로 늦게 피다. 홍매가 다른 매화에 비해 늦게 피었음을 말한다. 冰容(빙용): 백매는 꽃잎이 하얗기 때문에 얼음처럼 차게 느껴진다. 尙餘(상여)~: 홍매

홍매

걱정하기 싫어하고 잠 자기만 좋아하여
혼자 늦게 피어서는 수줍어하며
얼음 같은 얼굴은 시절에 안 맞을세라
복숭아꽃 살구꽃의 불그레한 그 빛깔을
일부러 얼굴에다 띠어 보지만
눈서리 같은 앙상한 자태가 아직도 남았구나.
쌀쌀한 마음 아직은
덩달아 봄 자태를 따르려 하지 않으련만
술이라도 마셨는가
무단히 옥 살결에 취기가 올랐구나.
시를 짓는 늙은이는
매화에 품격이 있다는 걸 모르고
어찌하여 푸른 잎과 가지만 보았는가?

는 흰색 바탕에 붉은색이 가미되어 있어 백매처럼 차갑게 느껴지지는 않지만 그래도 어딘가에 매화로서의 고고한 품격이 깃들어 있음이 느껴진다는 뜻이다. 孤瘦(고수): 고고하고 수척하다. 酒暈(주훈): 술이 올라 불그레해진 기운. 更(갱): 어찌하여. 이 구절은 소식 자신이 "석만경의 〈홍매〉 시에 '복숭아꽃으로 보자니 푸른 잎이 없고, 살구꽃과 다르나니 푸른 가지가 있다네'라고 했다"(石曼卿〈紅梅〉詩云: '認桃無綠葉, 辨杏有青枝')라는 주석을 달아 놓았다. 이는 石延年(994~1041)의 시가, 홍매가 복숭아꽃이나 살구꽃과 비슷하지만 외형상 푸른 잎과 푸른 가지가 있고 없음의 차이가 있음을 지적했을 뿐 홍매의 내면에 존재하는 고매한 품격은 그려 내지 못했음을 비판한 것이다.

洗兒戲作

人皆養子望聰明
我被聰明誤一生
惟願孩兒愚且魯
無災無難到公卿

[해설] 원풍 6년(1083) 애첩 朝雲이 낳은 넷째 아들 遯의 세아회 때 지은 것이다. 제목에서 장난삼아 지었다고 했지만 사실은 정치적 희생물로서 황주에 귀양가 있는 자신의 심리적 갈등이 잘 나타나 있는 작품이다.

세아회 날 장난삼아

남들은 다 자식이 총명하길 바라지만
나는 총명으로 일생을 망쳤으니
다만 아이가 어리석고 미련하여
재난 없이 공경에 이르기만 바란다.

洗兒(세아): 洗兒會. 아이가 태어난 지 사흘째 되는 날 아이의 몸을 씻어 주고 잔치를 벌여 축복해 주는 의식.

題西林壁

橫看成嶺側成峰
遠近高低各不同
不識廬山眞面目
只緣身在此山中

[해설] 원풍 7년(1084) 3월 소식은 유배지를 黃州에서 汝州로 옮기게 되었다. 여주로 옮겨 가는 도중 그는 강서성 九江縣과 星子縣 사이에 있는 廬山을 구경했다. 이 시는 원풍 7년 4월 여산을 두루 돌아본 뒤에 그 소감을 읊어 여산에 있는 서림사의 벽에 써 놓은 것이다. 여산 안에서 보면 보는 각도에 따라 각각 다르게 보일 뿐 여산의 전체적인 모습을 알 수 없다는 개인적 경험을 통하여 하나의 보편적 이치를 추출해 낸 칠리시의 대표작이다. '廬山眞面目'이라

여산진면목

가로로 보면 산줄기 옆으로 보면 봉우리
멀리서 가까이서 높은 데서 낮은 데서
보는 곳에 따라서 각기 다른 그 모습
여산의 진면목을 알 수 없는 건
이 몸이 이 산 속에 있는 탓이리.

는 성어는 바로 이 시에서 비롯되었다.

西林(서림): 서림사. 강서성의 廬山 기슭에 있는 절로 晋나라 太元(376~396) 연간에 慧永이 세웠으며 宋나라 太平興國(976~983) 연간에 乾明寺로 이름을 바꾸었다. 지금도 건물의 일부가 남아 있다.

惠崇春江晩景二首(其一)

竹外桃花三兩枝
春江水暖鴨先知
蔞蒿滿地蘆芽短
正是河豚欲上時

[해설] 원풍 8년(1085) 開封에서 승려 화가인 惠崇(?~1013)의 〈春江晩景〉이라는 그림을 보고 지은 題畫詩이다. 혜숭의 그림은 없어졌지만 이 시를 통하여

혜숭의 〈춘강만경〉을 보고

복사꽃 두어 가지 대발 너머 피어 있고
강물이 따스한 줄은 오리가 먼저 아네.
쑥은 지천이요 갈대싹은 뾰족뾰족
바야흐로 복어가 올라올 시절이네.

어렴풋이 그 면모를 짐작할 수 있다.

惠崇(혜숭): 북송 때의 승려 화가. 黃庭堅의 〈題鄭防畵夾〉 참조. 蔞蒿(누호): 물쑥.

書鄢陵王主簿所畫折枝二首(其一)

論畫以形似
見與兒童隣
賦詩必此詩
定非知詩人
詩畫本一律
天工與清新
邊鸞雀寫生
趙昌花傳神
何如此兩幅
疎淡含精匀
誰言一點紅
解寄無邊春

[해설] 소식은 시·문장·서예·그림 등 모든 예술분야에 다 뛰어난 사람이었는데 각 분야에 대한 그의 요구는 일관성이 있었다. 즉, 겉모양이 그럴듯하기보다는 속에 작자의 영혼이 담겨 있어야 훌륭한 작품이 된다는 것이었다. 이 시는 유배령이 해제되고 다시 조정에 소환되어 한림학사를 맡고 있을 때인 元祐 2년(1087)에 지은 것으로 王主簿의 그림을 칭송하는 가운데 자신의 예술관을 내비치고 있다.

언릉 왕주부의 절지화를 보고

그럴듯한 겉모양만으로 그림을 논한다면
그림 보는 안목이 아이나 다름없다.
시는 꼭 이래야 한다고 고집한다면
틀림없이 시를 잘 모르는 사람이다.
시는 본래 그림과 한가지 이치
자연스럽고 정신한 것이 무엇보다 중요하다.
변란의 참새는 생기를 묘사했고
조창의 화훼는 영혼을 깃들였다.
그러면 왕주부의 이 두 폭은 어떠한가?
시원하고 담담하며 정교하고 고르다.
누군가의 말처럼 붉은 꽃 한 송이가
끝없는 봄기운을 몰고 올 것만 같다.

鄢陵(언릉): 하남성에 있는 현. 王主簿(왕주부): 花鳥圖를 잘 그린 화가로 이름과 생평은 알려져 있지 않다. 主簿는 관직 이름이다. 折枝(절지): 折枝畵. 화훼의 전체를 그리지 않고 가지 부분만 그린 그림. 形似(형사): 겉모양이 서로 닮음. 賦詩必此詩(부시필차시): 시를 지음에 있어서 神似의 중요성을 모르고 形似만 중시하여 사물이나 사실의 외형 묘사에 치중함을 뜻한다. 邊鸞(변란): 당나라 때의 화가. 趙昌(조창): 송나라 때의 화가. 解寄(해기): 부쳐 올 줄 알다.

荔支歎

十里一置飛塵灰
五里一堠兵火催
顚阬仆谷相枕藉
知是荔支龍眼來
飛車跨山鶻橫海
風枝露葉如新採
宮中美人一破顏
驚塵濺血流千載
永元荔支來交州

[해설] 정적들에게 쫓겨 멀리 중국 대륙의 최남단인 惠州까지 귀양가 있던 紹聖 2년(1095) 여름에 지은 것이다. 한나라와 당나라 때 관리들이 임금의 은총을 사기 위해 여지를 바치는 바람에 백성들의 질고가 극도로 심했던 역사적 사실을 지적하고 뒤이어 임금의 은총을 사기 위해 차잎과 모란을 진상하는 당시의 풍조를 질책했다.

荔支(여지): 열대 과일로 마치 눈동자처럼 생긴 과육은 수분이 많고 달착지근한 맛이 난다. 모양과 맛이 모두 龍眼과 비슷하다. 置(치): 驛站. 역말을 갈아타는 곳. 堠(후): 돈대. 里程을 표시하거나 敵情을 살피기 위하여 흙을 쌓아올려서 만든 조금 높직한 흙 구조물. 당나라 때는 5리마다 하나씩 홑돈대를 쌓고 10리마다 하나씩 쌍돈대를 쌓아 이정을 표시했다. 이 두 구절은 여지와 龍眼을 싱싱한 상태로 수송하기 위하여 말이 마치 전쟁의 불길처럼 먼지를 일으키며 빠른 속도로 달려감을 말한다. 顚阬仆谷(전갱부곡)~: 소식 사신의 주석에 의하면 한나라 永元(89~104) 연간에는 광서 지방의 交州에서 여지와 용

여지의 탄식

십 리마다 하나씩 있는 역참에 먼지 날고
오 리마다 하나씩 있는 돈대에 병화 났네.
구덩이와 골짜기에 쓰러진 시체가
서로를 베개삼아 누워 있는 꼴을 보면
여지와 용안이 오는 줄을 알았다네.
송골매가 바다를 가로지르듯
수레가 산을 넘어 날 듯이 달린 덕에
바람 맞은 가지와 이슬 맺힌 이파리가
이제 방금 나무에서 따 온 것만 같았다네.
궁중 미인 크게 한 번 웃게 하기 위하여
먼지 속에 뿌린 피가 천 년 동안 흘렀다네.
영원 시절 여지는 교주에서 실어 왔고

안을 진상했는데 남부지방은 기후가 무덥고 길가에 무서운 벌레와 맹수가 우글거려 목숨을 잃은 사람이 많았다고 한다. **龍眼**(용안): 중국 남부지방 원산의 열대과일로 복건성과 광동성에서 많이 나며 모양과 맛이 모두 荔支와 비슷하다. 반투명의 과육이 마치 눈동자 같기 때문에 龍眼이라고 부른다. **宮中美人**(궁중미인)~: 宮中美人은 楊貴妃를 가리킨다. 《신당서 · 양귀비전》에 "양귀비는 여지를 좋아하여 반드시 생생한 상태로 보내기를 바라므로 말을 몰아 번갈아 가며 전송했는데 수천 리를 달려도 맛이 변하기 전에 이미 서울에 도착했다"(妃嗜荔支, 必欲生致之, 乃置騎傳送, 走數千里, 味未變, 已至京師)라고 했다. 杜牧(803~852)의 〈화청궁을 지나며(過華淸宮絶句)〉에 "말이 먼지를 일으키면 양귀비가 웃나니, 여지가 온 것임을 아는 사람 없었다네"(一騎紅塵妃子笑, 無人知是荔支來)라는 구절이 있다. **驚塵**(경진): 말이 달리는 바람에 회오리치듯 일어나는 먼지. **永元**(영원): 東漢 和帝의 연호(89~104). 이 때는 交州(지금의 광동 · 광서 및 越南 북부 일대)에서 여지를 수송했다.

天寶歲貢取之涪
至今欲食林甫肉
無人擧觴酹伯游
我願天公憐赤子
莫生尤物爲瘡痏
雨順風調百穀登
民不饑寒爲上瑞
君不見
武夷溪邊粟粒芽
前丁後蔡相籠加
爭新買寵各出意
今年鬪品充官茶
吾君所乏豈此物
致養口體何陋耶
洛陽相君忠孝家
可憐亦進姚黃花

天寶(천보): 당나라 현종의 연호(742~755). 이 때는 涪州(지금의 사천성 涪陵)에서 여지를 수송했다. **林甫**(임보): 당나라 현종 때의 간악한 재상 李林甫(?~752). 현종에게 여지를 잘 진상하여 총애를 받았다. **伯游**(백유): 唐羌의 字. 東漢 때 사람으로 和帝에게 여지를 헌상하는 일의 문제점을 상소하여 마침내 이를 폐지케 했다. 이 구절은 조정에 唐羌을 추앙할 만한 소신 있는 충신이 없음을 개탄한 것이다. **瘡痏**(창유): 상처. **武夷**(무이): 복건성 崇安縣에 있는 산으로 차의 명산지이다. **粟粒芽**(속립아): 이른 봄 차잎이 곡식 알갱이만큼 작을 때 따서 만든 차로 武夷茶 중에서도 가장 고급스러운 것이다. **前丁後蔡**(전정후채): 이전의 丁謂와 나중의 蔡襄. **丁謂**(960~1033): 송나라 眞宗 때 재상으로 晉國公에 봉해졌으며 맨 처음 무이의 속립아를 진상했다. **蔡襄**(1012~1067): 송나라 仁宗 때의 유명한 서예가로 소식·黃庭堅(1045~1105)·米芾(1051~1107)과 더불어 북송사천보 시절 공물은 부주에서 가져 왔네.
지금 사람들 이임보를 뜯어먹으려 하건만
잔 들어 당강에게 술 권할 이 없구나.
바라노니 하늘이여 어린 백성 어여삐 여겨
특산물을 만들어 고통받게 하지 마오.
비바람 순조로와 온갖 곡식 풍성하여
등 따시고 배 부르면 그것이 최고라오.
그대는 보지 못했는가
무이산 계곡 가의 속립아 자들
정위와 채양이 서로 묶어 실어 감을?
서로 다퉈 새 방법으로 총애 얻길 꾀하나니
품평회에 출품한 품질 좋은 고급 차를
올해의 관용 차로 충당하려 한다네.
임금님이 부족한 게 어찌 이런 물건이랴?
육신이나 돌본다면 얼마나 비루하랴?
낙양의 재상은 충효의 집안인데
가련하게 그도 역시 황모란을 바쳤다네.

대가로 불린다. 그는 차잎을 뭉쳐서 덩어리로 만들고 그 위에 용과 봉황의 무늬를 찍은 최고급의 차인 龍鳳茶를 진상했다. 籠加(농가): 포장하여 싣다. 鬪品(투품): 송나라 때는 차의 품질을 평가하는 경시대회가 있었는데 여기에 출품된 고급 차를 鬪茶 또는 투품이라 했다. 官茶(관차): 관청에서 쓰는 차. 致養(치양): 봉양하다. 洛陽相君(낙양상군): 낙양의 재상. 송나라 초기 사람 錢惟演(?~1033)을 가리킨다. 그의 집안은 원래 五代十國 가운데 吳越의 왕 錢鏐의 후손이었는데 부친 錢俶이 땅을 바치고 송나라에 투항했기 때문에 송나라 태종이 "충효로써 사직을 보전했다"고 칭송한 바 있다. 姚黃花(요황화): 河陽 姚氏의 집에서 재배되어 낙양으로 들어가 널리 퍼진 황모란. 전유연은 洛陽留守로 있을 때 이것을 궁중에 바친 적이 있었다.

食荔支二首(其二)

羅浮山下四時春
盧橘楊梅次第新
日啖荔支三百顆
不辭長作嶺南人

[해설] "혜주태수의 동당은 옛날 재상 진문혜공의 위패를 모신 곳이다. 그 아래에 공이 손수 심은 여지나무 한 그루가 있는데 고을 사람들이 장군수라고 부른다. 올해는 여지가 아주 잘 여물어 먹고 남을 지경이라 아전들에게까지 나눠 주었다. 너무 높아서 손이 닿지 않는 것은 원숭이가 따 먹게 놓아두었다"(惠州太守東堂, 祠故相陳文惠公. 堂下有公手植荔支一株, 郡人謂之將軍樹. 今歲大熟, 賞啖之餘, 下逮吏卒. 其高不可致者, 縱猿取之)라는 서문에 잘 나타나 있는 바와 같이 이 시는 소성 3년(1096) 혜주지주의 동당에서 여지를 먹는 즐

여지를 먹는 재미

나부산 아래는 사철 내내 다 봄이라
비파와 양매가 차례로 새 맛이네.
날마다 여지를 삼백 개씩 먹으니
길이길이 영남 사람 되는 것도 괜찮겠네.

거움을 노래한 것이다.

羅浮山(나부산): 광동성 博羅縣에 있는 산으로 惠州에서 가깝다. 盧橘(노귤): 즉 枇杷. 장미과의 상록교목인 비파나무의 열매. 여름과일로 식용 또는 양조용으로 쓰인다. 楊梅(양매): 소귀나무의 열매. 여름에 열리는 구형의 자주색 과일. 嶺南(영남): 五嶺 이남의 지역인 지금의 광동성과 광서성 일대.

逍遙堂會宿二首(其一)

逍遙堂後千尋木
長送中宵風雨聲
誤喜對床尋舊約
不知漂泊在彭城

[해설] 이 시의 서문에 나타나 있는 바와 같이 熙寧 10년(1077) 형제가 헤어진 지 7년 만에 다시 만나 100여 일을 함께 지내던 때 彭城(지금의 강소성 徐州)에 있는 소요당에서 함께 누워 자면서 일찌감치 은퇴하여 오순도순 함께 살자던 옛날 약속을 상기하여 지은 것이다.

逍遙堂(소요당): 徐州(지금의 강소성 徐州)의 관청 안에 있던 건물. 中宵(중소): 밤중. 誤喜(오희): 사실을 잘못 알고 기뻐하다. 은퇴하고 고향으로 돌아가서 함께 지내

소요당에서 함께 자며

소요당 뒤편의 천 길짜리 나무들이
한밤중의 풍우 소리 오래도록 보내오매
침상을 마주하고 함께 자자던
옛날 약속 지킨 줄로 착각하고 기뻐했네
아직도 팽성 땅을 떠도는 줄 모르고.

는 것이 아니기 때문에 진정한 약속의 이행이 못 된다는 자조의 의미와 함께 금방 다시 헤어져야 한다는 비탄의 의미를 내포하고 있다. 對床尋舊約(대상심구약): 침상을 마주하고 함께 자기로 한 옛날의 약속을 이행하다. 당나라 시인 韋應物의 시 〈전진과 원상에게(示全眞元常)〉에 "어찌 알리오 비바람 치는 밤에, 또 이렇게 마주 보고 잘 수 있을지"(安知風雨夜, 復此對床眠)라는 구절이 있다. 소철 자신이 쓴 이 시의 서문에 의하면 이들 형제는 젊을 때 이 구절에 감동하여 벼슬에 연연하지 말고 일찌감치 은퇴하여 함께 한적한 생활을 누리기로 약속했다고 한다. 彭城(팽성): 즉 徐州.

中秋夜八絶(其一)

長空開積雨
清夜流明月
看盡上樓人
油然就西沒

[해설] 추석날 밤에 가족들이 마당에 모여 앉아 달을 구경하면서 늦게까지 정담을 나누다가 한 사람 한 사람씩 방으로 들어가는 정경을 묘사한 것으로 그 달이 지기까지 잠을 이루지 못한 자신의 착잡한 심경이 드러나 있다.

한가위의 보름달

아득히 먼 하늘에 궂은 비가 그치고
마알간 밤하늘에 흘러가는 보름달
방으로 드는 사람들을 끝까지 지켜본 뒤
살그머니 서쪽으로 내려앉는다.

長空(장공): 넓어서 아득한 하늘. 積雨(적우): 장마. 看盡(간진)~: 마당에서 보름달을 구경하다가 밤이 깊어 감에 따라 잠을 자기 위해 하나 둘씩 방으로 들어가는 사람을 최후의 한 사람까지 다 본다는 뜻이다. 油然(유연): 표시가 나지 않을 정도로 조금씩 조금씩 전전히 움직이는 모양. 就西(취서): 서쪽으로 나아가다.

勞坑入前城

刀坑石如刀
勞坑人馬勞
窈窕篁竹陰
是常主逋逃
白狐跳梁去
豪猪森怒嗥
雲黃覺日瘦
木落知風饕
輕軒息源口
飯羹煮溪毛
山農驚長吏
出拜家騷騷
借問淡食民
祖孫甘餔糟
賴官得鹽喫
正苦無錢刀

[해설] 원풍 5년(1082) 4월 太和縣令으로 있을 때 친히 萬歲山 · 早禾渡 · 觀山 · 勞坑 · 刀坑 등의 궁벽한 지역을 시찰하고 나서 지은 10여 수 가운데 한 수이다. 王安石의 신법은 각 지방의 식염을 모두 관아를 통해서 일정량씩 할당하여 판매하도록 했는데 이 시는 이 제도가 야기한 문제점을 지적한 것으로 황정견 시 가운데 보기 드문 사회시이다.

勞坑(노갱): 지명. 刀坑(도갱): 지명. 窈窕(요조): 깊숙하고 그윽한 모양. 篁竹(황죽): 대나무 숲. 主逋逃(주포도): 달아나는 사람에게 주인 노릇을 하다. 白狐(백호): 늙어서 털

노갱을 통해 전성으로 들어가니

도갱에는 바위가 칼처럼 뾰족하고
노갱에는 인마가 다 함께 고생이네.
대숲은 그윽하게 그늘을 드리우고
언제나 도망자를 따뜻하게 맞아 주네.
백여우는 펄쩍펄쩍 저만치 뛰어가고
호저는 으르렁으르렁 삼킬 듯이 화를 내네.
구름이 누르니 햇살이 엷은 줄 알겠고
나뭇잎이 떨어지니 바람이 심한 줄 알겠네.
계곡 어귀에서 수레 멈추고 바라보니
밥과 국 대용으로 수초를 삶고 있네.
산 속의 농부가 현령을 보고 깜짝 놀라
뛰어나와 절하느라 온 집안이 허둥대네.
싱겁게 먹는 이들에게 무엇 때문에
할아버지나 손자나 지게미를 마다 않고
맛있게 먹는지를 물어 봤더니
관리의 힘을 빌려야 소금을 얻어먹는데
돈이 없어 참으로 괴롭다 하네.

이 희어진 여우. 백여우. 跳梁(도량): 펄쩍펄쩍 뛰다. 豪猪(호저): 호저. 호저과에 속하는 동물로 남유럽 · 북아프리카 등지의 삼림이나 초원에 사는데, 몸에는 부드러운 털과 뻣뻣한 털, 가시털 등이 빽빽이 나며 위험이 닥치면 몸을 동그랗게 움츠린다. 森怒嘷(삼노호): 매우 성이 나서 으르렁거리다. 雲黃(운황)~: 이 두 구절은 사악한 벼슬아치가 임금의 판단을 흐리게 하고 백성을 수탈함을 비유한 것이다. 風饕(풍도): 바람이 사납다. 輕軒(경헌): 현령인 자신이 탄 수레를 가리킨다. 源口(원구): 계곡의 어귀. 溪毛(계모): 계곡의 水草. 長吏(장리): 縣令. 騷騷(소소): 서두르는 모양. 錢刀(전도): 칼 모양으로 생긴 돈.

登快閣

癡兒了卻公家事
快閣東西倚晚晴
落木千山天遠大
澄江一道月分明
朱弦已爲佳人絶
青眼聊因美酒橫
萬里歸船弄長笛
此心吾與白鷗盟

[해설] 38세 때인 元豊 5년(1082) 吉州 太和縣(지금의 강서성 泰和)의 현령으로 있으면서 공무를 마치고 澄江(지금의 贛江) 가에 있는 快閣에 올라 비가 갓 지나간 뒤의 주변 풍경을 그린 것이다. 황정견이 이 시를 지은 이후 이 시에 창화한 시가 수백 편에 달하는바 이로 인하여 快閣이 유명해지게 되었다.

快閣(쾌각): 吉州 太和縣(지금의 강서성 泰和)의 澄江(지금의 贛江) 가에 있던 누각. **癡兒**(치아): 어리석은 사람. 공무란 쉽게 끝낼 수가 없는 것이므로 공무만 알아서 그것을 끝내려는 사람은 큰 그릇이 아니라 오히려 어리석은 사람이라는 《晋書·傅咸傳》의 말을 인용하여 시인 자신을 지칭한 것이다. **了卻**(요각): 마치다. **公家**(공가): 공적인 기관. 관

쾌각에 올라

미련한 사람이 공무를 다 끝내고
해 저물 무렵에 쾌각에 올라
갠 날씨에 여기저기 난간에 기대본다.
산마다 나뭇잎 져 하늘이 더욱 멀고
징강 한 줄기에 달빛이 훤하다.
알아주는 벗이 없어 거문고는 줄을 끊고
좋은 술이나 있으면 눈길을 준다.
만리 길 귀향선 타고 장적 불며 돌아가
이 마음 갈매기에게 맹세하련다.

공서. **落木**(낙목): 잎이 떨어진 나무. **澄江**(징강): 즉 贛江(감강). 贛江의 지류라는 설도 있다. **朱弦**(주현): 붉은색의 거문고 현. **佳人**(가인): 자신의 마음을 잘 알아주는 친구. 知音. 이 구절은 伯牙가 거문고를 타면 鍾子期가 가장 잘 이해했는데 종자기가 죽자 백아는 거문고의 줄을 끊고 다시는 타지 않았다는 고사를 인용한 것이다. **靑眼**(청안): 기쁜 마음으로 대하는 눈초리. 阮籍은 범속한 사람이 찾아갔을 때는 그를 백안시하다가 嵇康이 술과 거문고를 가지고 찾아가자 아주 기뻐하며 청안시했는데 이 구절은 이 고사를 인용한 것이다. **白鷗**(백구): 갈매기. 갈매기는 교활하지 않기 때문에 친구가 될 만하다고 믿어졌다.

寄黃幾復

我居北海君南海
寄雁傳書謝不能
桃李春風一杯酒
江湖夜雨十年燈
持家但有四立壁
治國不蘄三折肱
想得讀書頭已白
隔溪猿哭瘴溪藤

[해설] 원풍 8년(1085) 德州 德平鎭(지금의 산동성 德平縣)에서 監德州德平鎭이라는 말단 관리를 지내고 있을 때 절친한 고향 친구로 멀리 廣州 四會縣의 현령으로 가 있던 黃介를 그리며 그의 인품과 능력을 찬양하고 아울러 은연중에 회재불우한 자신의 신세감개를 기탁한 것이다.

黃幾復(황기복): 황정견의 고향 친구로 이름이 介인데 당시 廣州 四會縣(지금의 광동성 四會)의 현령이었다. 北海(북해): 황정견은 원풍 6년(1083)부터 德州 德平鎭에서 관직생활을 하고 있었으니 그 곳은 바로 지금의 산동성 德平縣으로 황해 부근이었다. 南海(남해): 黃介가 있던 곳은 지금의 광동성 四會縣으로 남지나해 부근이었다. 寄雁傳書(기안

황기복에게

나는 북해 그대는 남해 떨어져 살아
기러기에게 부탁하여 편지를 부치려도
그럴 수가 없다고 사절을 하네.
복숭아꽃 자두꽃에 봄바람이 살랑 불면
마주 앉아 정답게 한 잔 술을 나눴는데
강호를 떠돌다가 밤비 소리 들으며
외로운 등불 아래 십 년 세월 보냈네.
너무나 청렴하여 집안 살림 꾸림에
사방에 선 벽밖에 가진 게 없고
너무나 유능하여 나라를 다스림에
팔이 세 번 부러지길 바랄 필요 없는 그대.
허옇게 센 머리로 책을 읽고 있노라면
장기 어린 개울 건너 등나무에서
원숭이가 구슬프게 울고 있겠네.

전서)~: 옛날 사람들은 기러기가 소식을 전해 준다고 믿었는데 기러기는 지금의 호남성에 있는 衡山까지만 갔다가 되돌아온다고 생각했다. 그래서 衡山七十二峰 가운데 回雁峰이라는 봉우리가 있다. 四會縣은 이보다 더 남쪽에 있다. 桃李春風(도리춘풍)~: 이 두 구절은 서울에서 함께 지내던 옛날과 헤어져서 떠돌아 다니는 지금을 대비시킨 것이다. 持家(지가): 집안을 다스리다. 이 구절은 황개의 청렴결백한 인품을 찬양한 것이다. 三折肱(삼절굉): 여러 번의 쓰라린 경험을 겪다. "자신의 팔을 세 번 부러뜨려 보아야 훌륭한 의사가 될 수 있다"(三折肱, 成良醫)는 속담이 있다. 이 구절은 황개의 타고난 능력을 찬양한 것이다. 想得(상득): 짐작하다. 헤아리다. 瘴(장): 瘴氣. 더운 지방의 산천에서 생기는 나쁜 기운. 풍토병의 원인이 된다.

戲呈孔毅父

管城子無食肉相
孔方兄有絶交書
文書功用不經世
何異絲窠綴露珠
校書著作頻詔除
猶能上車問何如
忽憶僧床同野飯
夢隨秋雁到東湖

[해설] 붓을 놀려 글이나 쓸 뿐 요직에 등용되어 뜻을 펼쳐 보지 못하는 가난하고 힘없는 자신의 신세를 自嘲하여 이를 해학적으로 표현한 것이다.

孔毅父(공의보): 新喩(지금의 강서성 新餘) 사람으로 황정견의 친구인 孔平仲의 字. **管城子**(관성자): 붓을 가리킨다. 韓愈의 《毛穎傳》에 秦 황제가 붓을 의인화한 毛穎을 管城子에 봉하여 管城을 다스리게 했다는 얘기가 있다. **食肉相**(식육상): 《후한서 · 班超傳》에 관상쟁이가 반초에게 "제비의 턱에 호랑이의 목을 가졌으니 날아다니면서 고기를 먹겠는바 이는 만리 밖을 다스릴 제후의 상이오"라고 했다. **孔方兄**(공방형): 동전을 가리킨다. 魯褒의 〈錢神論〉에 "돈의 형체는 천지의 형상을 하고 있으니 안에는 네모난 구멍이 있고 바깥은 둥글다. ……그것을 형님처럼 친애하는데 字를 孔方이라고 한다"라고 했다.(《晋書 · 隱逸傳》 참조) **文書**(문서): 글과 책. 曹丕의 《典論 · 論文》에 "문장은 나라를 다스리는 큰 사업이다"(文章經國之大業)라고 했고, 應璩의 〈百一詩〉에 "문장은 나라를

공의보에게 장난으로

관성자는 고기 먹을 관상이 없고
공방 형은 절교하자 편지를 보내 왔네.
글과 책의 효용이 세상을 못 다스리니
거미줄이 이슬이나 받는 것과 뭐 다르랴?
교서랑에 제수했다 저작랑에 제수했다
자주 자주 조서 내려 벼슬자리 주시니
그래도 수레 타고 안부는 물을 수 있네.
절간의 침상에 함께 자면서
시골 밥 먹던 일이 갑자기 생각나서
가을 되어 돌아가는 기러기 따라
동호로 날아가는 꿈을 꾼다네.

다스리지 않는다"(文章不經國)라고 했다. **功用**(공용): 효능. 효용. **經世**(경세): 세상을 다스리다. **絲窠**(사과): 거미줄. **校書著作**(교서저작): 校書郎과 著作郎. 둘 다 秘書省에 속하는 관직으로 각각 서적의 교감과 국사의 편찬을 담당하는, 지위가 낮고 발언권이 약한 한직이었다. 황정견은 원풍 8년(1085)에 교서랑이 되었고 원우 2년(1087)에 著作佐郎이 되었다. **問何如**(문하여): "요즘 어떠시오?" 하고 안부를 묻다. 이 구절은 梁나라의 전성기에 대부분의 귀족 자제들이 능력이나 학식이 없어서 비서랑이나 저작랑 등의 한직을 맡아 수레를 타고 다니면서 서로 안부나 물었다는 《顔氏家訓·勉學》의 기록을 인용한 것으로 자신이 重用되지 못함에 대한 불만을 역설적으로 표현한 것이다. **野飯**(야반): 야외에서 먹는 素饌. 이 구절은 옛날에 공평중과 함께 강서 지방에 있을 때 절에서 소박한 음식을 먹으면서도 다정하게 지내던 옛날 일을 추억한 것이다. **東湖**(동호): 지금의 강서성 南昌에 있는 호수.

題竹石牧牛

野次小崢嶸
幽篁相倚綠
阿童三尺箠
御此老觳觫
石吾甚愛之
勿遣牛礪角
牛礪角尚可
牛鬪殘我竹

[해설] 원우 3년(1088)에 황정견은 蘇軾·李公麟(1049~1106)과 함께 서울에 있으면서 두 사람이 그린 그림에 題畵詩를 쓰곤 했는데 이 시는 당시에 쓴 20여 수의 제화시 가운데 가장 뛰어난 작품으로 꼽힌다. 이 시의 서문은 이 그림이 먼저 소식이 대나무와 괴석을 그린 뒤에 이공린이 소를 탄 목동을 그려 넣은 것임을 밝히고 있다. 시·서·회에 두루 능했던 소식과 송대 제일의 회가로

죽석목우도

들판에는 조그만 괴석이 박혀 있고
그윽한 대나무 무더기에는
푸른 대나무가 서로 기대 서 있다.
목동은 석 자짜리 채찍을 들고
이 늙은 겁쟁이를 의기양양 몰고 간다.
내가 그 바위를 무척 좋아하나니
소가 그 바위에 뿔을 갈게 하지 마라.
소가 뿔을 가는 것은 그래도 괜찮지만
소가 서로 싸워서 대를 부러뜨릴라.

꼽히는 이공린이 합작으로 그린 그림에 황정견이 제화시를 쓴 것이니 삼대명가가 합작한 매우 진귀한 작품인데 안타깝게도 지금은 전하지 않는다.

野次(야차): 들판. 崢嶸(쟁영): 가파른 모양. 뾰족하게 생긴 怪石을 가리킨다. 阿童(아동): 목동. 觳觫(곡속): 무서워서 빌빌 떠는 모양. 소를 가리킨다.

病起荊江亭卽事十首

其一

翰墨場中老伏波
菩提坊裏病維摩
近人積水無鷗鷺
時有歸牛浮鼻過

[해설] 6년 동안 黔州(지금의 사천성 彭水)·戎州(지금의 사천성 宜賓) 등지에서 폄적생활을 한 후 建中靖國 원년(1101)에 비로소 사면되어 서울로 돌아가는 도중이던 이 해 가을 江陵에서 어명을 기다리고 있을 때 지은 것이다. 20여 일에 걸쳐 죽을 뻔한 고비를 여러 차례 넘길 정도로 심한 병을 앓고 난 직후였다. 제1수는 늙고 병든 데다 친구조차 없는 고독한 신세이지만 아직까지 나라를 위해 일할 수 있다는 자신의 의지를 표명한 것이고, 다음의 제8수는 가난에 찌든 친구 陳師道(1053~1102)와 1년 전에 폄적지에서 돌아오는 도중에 세상을 떠나 버린 친구 秦觀(1049~1100)을 추억한 것이다.

荊江亭(형강정): 江陵(지금의 호북성 江陵)에 있던 정자. **卽事**(즉사): 눈앞의 사물에 감

병석에서 일어나 형강정에 올라

제1수

문단의 늙은 복파장군이요
절간의 병든 유마거사라네.
근래에 누군가가 물을 가두어
못을 하나 만들었건만 갈매기 백로는 아니 오고
이따금 집으로 돌아가는 소들만이
코를 빠끔 내놓은 채 못을 건너네.

정이 촉발되어 즉흥적으로 짓다. **翰墨場**(한묵장): 문단. **伏波**(복파): 후한 光武帝 때의 馬援은 수군을 통솔하는 伏波將軍에 임명되었는데 80세가 넘어서도 반란군을 토벌하는 등 노익장을 과시했다. 이 구절은 자신이 비록 늙었지만 아직 우국충정이 넘침을 뜻한다. **菩提坊**(보리방): 절. **維摩**(유마): 維摩詰·維摩居士라고도 한다. 석가여래의 제자로 불도를 닦아 보살이 되었는데 그는 병이 났다는 이유로 집에서 수도했다. 역시 자신을 가리킨다. **積水**(적수): 물을 가두어 못을 만들다. **歸牛浮鼻過**(귀우부비과): 산야에서 풀을 뜯다가 저녁이 되어 집으로 돌아가는 소가 코만 물 위에 내놓고 헤엄쳐서 물을 건너다. 당나라 陳詠의 "언덕 저편의 물소는 코를 내놓고 건너오고, 개울 가의 물새는 머리를 끄덕이며 다닌다"(隔岸水牛浮鼻渡, 傍溪沙鳥點頭行)(孫光憲, 《北夢瑣言》 권7)를 點鐵成金한 것이다.

其八

閉門覓句陳無己
對客揮毫秦少游
正字不知溫飽未
西風吹淚古藤州

無己(무기): 진사도의 字. 苦吟詩人으로 유명한 진사도는 멋진 구절이나 시상이 떠오르면 얼른 집으로 돌아가 이불을 뒤집어쓰고 며칠 동안 곰곰이 생각하여 시를 완성했다고 한다. 少游(소유): 진관의 자. 그는 재주가 뛰어나 시상이 떠오르면 일사천리로 써 내려

제8수

문을 닫고 시를 찾던 진무기 선생
손님에게 휘호하던 진소유 선생
비서성정자이신 진무기 선생
등 따시고 배 부른 게 어떤지를 모르시오?
서풍아 내 눈물을 옛 등주로 보내다오.

갔다고 한다. 正字(정자): 진사도는 元符 3년(1100) 秘書省正字라는 미관말직에 임명되었다. 未(미): '否'와 같다. 藤州(등주): 진관은 원부 3년(1100) 마지막 폄적지인 雷州(지금의 광동성 뇌주)에서 돌아오는 도중 藤州(지금의 광서성 藤縣)에서 세상을 떠났다.

蟻蝶圖

蝴蝶雙飛得意
偶然畢命網羅
群蟻爭收墜翼
策勛歸去南柯

[해설] 崇寧 원년(1102) 봄에 병풍에 그려진 그림을 보고 지은 것이다. 유능한 인재가 아무런 죄도 없이 정적의 모함으로 제거당하고 무능한 사람이 참다운 공도 없이 표면적인 업적으로 상을 받는 당시의 부조리한 사회상을 풍자한 것이다.

개미와 나비

나비 한 쌍이 의기양양 날다가
우연히 그물에 걸려 숨을 거두네.
떨어진 날개를 개미 떼가 다투어 물고
공훈을 기록하러 남쪽 가지로 돌아가네.

網羅(망라): 그물. 자신의 잘못과 무관하게 타인에 의하여 만들어진 함정을 가리킨다. **群蟻**(군의)~: 노력도 하지 않고 공을 세움을 뜻한다. **策勛**(책훈): 簡策에 공훈을 기록하다. **南柯**(남가): 남쪽 가지 아래에 있는 개미집. 李公佐의 전기소설《南柯太守傳》을 빌려 이 세상의 부귀영화가 무상하고 부질없는 것임을 암시한 것이다.

雨中登岳陽樓望君山二首

其一

投荒萬死鬢毛斑
生入瞿塘灩澦關
未到江南先一笑
岳陽樓上對君山

其二

滿川風雨獨憑欄
綰結湘娥十二鬟
可惜不當湖水面
銀山堆裏看青山

[해설] 戎州(지금의 사천성 宜賓)에서 사면령을 받고 서울로 돌아가는 도중이던 숭녕 원년(1102) 봄 洞庭湖를 지날 때 악양루에 올라 동정산을 바라본 감회를 노래한 것이다.

岳陽樓(악양루): 악양성 西門에 있는 城樓로 洞庭湖에 임해 있다. 당나라 개원(713~741) 연간에 지었다. 君山(군산): 동정호 안에 있는 작은 섬. 洞庭山 또는 湘山이라고도 한다. 投荒(투황): 황량한 변방으로 유배를 보내다. 瞿塘(구당): 瞿塘峽. 巫峽·西陵峽과 함께 長江三峽으로 꼽히는 험악한 협곡으로 삼협 가운데 가장 상류에 있다. 灩澦關(염여관):

비 내리는 동정산

제1수

황무지에 던져져 죽을 고비 만 번 겪고
검은 살쩍 변하여 반백이 다 된 채로
살아서 구당협의 염여퇴로 들어섰네.
강남에 가기 전에 미리 한 번 웃음지으며
악양루에 올라서 동정산을 바라보네.

제2수

시내에 자욱이 비바람이 치는데
나 홀로 누각의 난간에 기대 보니
상아가 머리를 열두 갈래로 쪽졌구나.
반짝이는 호수의 수면 위로 내려가
은빛의 새하얀 산 무더기 속에서
청산을 바라볼 수 없는 것이 애석하구나.

灩澦堆를 가리킨다. 灩澦堆는 구당협 입구의 강 속에 있는 커다란 바위로 겨울에는 물 위로 높이 솟아 나오고 여름에는 물에 잠겨 지나가는 배가 자주 부딪친다. **綰結**(관결): 쪽찌다. **湘娥**(상아): 堯임금의 두 딸이요 舜임금의 두 왕비인 娥皇과 女英의 넋. 순임금이 蒼梧에서 죽자 이들은 湘水 즉 湘江에 빠져서 湘水의 신이 되었는데 세상에서 이들을 湘君 · 湘妃 · 湘娥 · 湘夫人 · 湘靈 등으로 불렀다. **銀山**(은산): 동정호의 파도를 가리킨다. 이 구절은 劉禹錫의 시 〈동정호를 바라보며(望洞庭)〉의 "저 멀리 동정호의 산수 경색 바라보니, 새하얀 은쟁반에 푸른 소라 하나 있네"(遙望洞庭山水色, 白銀盤裏一青螺)를 변형한 것이다.

跋子瞻和陶詩

子瞻謫嶺南
時宰欲殺之
飽喫惠州飯
細和淵明詩
彭澤千載人
東坡百世士
出處雖不同
風味乃相似

[해설] 숭녕 원년(1102) 8월 소식의 화도시를 읽고 跋文의 형식으로 쓴 시이다. 소식은 1년 전인 건중정국 원년(1101) 7월에 세상을 떠났다.

跋(발): 남의 책이나 글을 읽고 그 뒤에 짤막하게 자신의 소감을 적은 글. 여기서는 동사로 쓰였다. **子瞻**(자첨): 蘇軾의 字. **和陶詩**(화도시): 陶淵明의 시에 和韻하여 지은 시. 소식은 57세 때 처음으로 도연명의 〈飮酒詩〉 20수에 화운하기 시작했고 惠州에 폄적되어 있을 때 도연명의 모든 시에 화운하기로 결심하여 세상을 떠나기 1년 전까지 124수의 화도시를 지었다. **嶺南**(영남): 광동성의 북쪽 경계인 五嶺의 남쪽. 여기서는 惠州(지금의

소식의 화도시를 읽고

자첨이 영남으로 폄적된 것은
당시의 재상이 죽이려고 그런 건데
그는 외려 혜주 밥을 배불리 먹고
도연명의 시마다 세세하게 화운했네.
도팽택은 천년토록 길이 남을 사람이요
소동파는 백대에 길이 남을 인사라네.
출사하고 은거한 차이는 있었지만
풍미로 말하자면 둘이 서로 닮았다네.

광동성 惠州)를 가리킨다. **時宰**(시재): 당시의 재상 章惇. 그는 소식을 최악의 폄적지인 혜주까지 폄적했는데 소식이 거기서도 초연하게 지내는 것을 못마땅하게 여겨 급기야 중국문화권 바깥이라고 할 수 있는 儋州(지금의 해남성 儋州市 中和鎭)로 폄적하고 말았다. **惠州**(혜주): 지금의 광동성 혜주. **彭澤**(팽택): 도연명은 彭澤縣令을 지낸 적이 있기 때문에 후인들이 그를 陶彭澤이라고 불렀다. **東坡**(동파): 소식의 호. **出處**(출처): 出仕함과 은거함. **風味**(풍미)~: 소식은 관직에 머물러 있으면서 정신적으로 隱逸의 효과를 얻는 中隱思想을 견지했다.

鄂州南樓書事四首(其一)

四顧山光接水光
憑欄十里芰荷香
清風明月無人管
倂作南樓一味涼

[해설] 숭녕 2년(1103) 6월 鄂州에 있는 南樓에 올라 일망무제로 시원하게 펼쳐진 주변의 밤 풍경을 보고 지은 것이다.

악주 남루에 올라 보니

사방으로 둘러보니 산과 강이 붙었는데
난간에 기대 서니 십 리 밖에서
마름꽃과 연꽃이 향기를 풍겨 오네.
청풍과 명월은 주관자도 없건만
둘이 함께 남루의 사방이 하나같은
청량한 분위기를 만들어 주네.

鄂州(악주): 지금의 호북성 武昌. **書事**(서사): 사실을 기록하다. **一味涼**(일미량): 어느 곳이나 온통 하나같이 淸凉함.

【秦觀 진관

泗州東城晚望

渺渺孤城白水環
舳艫人語夕霏間
林梢一抹青如畫
應是淮流轉處山

[해설] 이 시는 시인이 元豊 元年(1078)에 泗州城(淮河 가에 있음) 교외의 경치를 묘사한 것이다. 성 밖에는 맑은 물이 돌아 흐르고 성 아래에는 두런두런 이야기 나누는 배 위의 사람들, 그리고 석양 아래 나뭇가지 위로 드러나 있는 청산—이것은 淮河 하류 아름다운 水鄉의 저녁 경치를 그린 한 폭

저물녘 사주의 동성에서 바라보며

아득히 흘러오는 맑은 물 孤城을 두르고
배 위의 사람들 황혼 속에 이야기 나눈다.
숲 속 가지 끝에 그림을 그린 듯 푸른 점 하나
회수가 굽이쳐 흐르는 곳의 청산이리라.

의 그림이라고 할 수 있다.

舳艫(축로): 배의 후미와 뱃머리. 즉 배를 지칭한다. 夕霏(석비): 저녁 무렵의 안개기운.
淮流(회류): 淮河를 가리킨다.

田居四首(其一)

鷄號四隣起
結束赴中原
戒婦預爲黍
呼兒隨掩門
犁鋤帶晨景
道路更笑喧
宿潦濯芒屨
野芳簪髻根
霽色披宿靄
春空正鮮繁
辛夷茂横阜
錦雉嬌空園
少壯已雲趨
伶俜尚鴟蹲

[해설] 이 시는 시인이 벼슬길에 나서기 전인 元豊(1078～1085) 初年에 지어졌을 것이다. 모두 4수로 이루어진 〈田居〉시에서 묘사하고 있는 것은 바로 北宋 말기(11세기 후반) 자기 고향의 사계절 풍경이다. 그 첫번째인 이 시는 봄날 아침에 농부가 닭 우는 소리를 듣고 일어나 호미를 메고 들판으로 나가 일하며 사는 모습을 서술하고 아울러 주변의 풍광을 묘사하였는데, 청신하고 소박하게 봄날 농촌의 모습을 충실하게 반영하였다.

結束(결속): 옷을 입다. '裝束'과 같은 뜻이다. 中原(중원): 밭 가운데. 黍(서): 기장 밥. 여기서는 점심 도시락의 밥과 찬을 가리킨다. 농부는 아침 일찍 집을 나서면서 아내에게

전원에 거처하며

닭 울자 사방 이웃들 잠에서 깨어나
주섬주섬 옷을 입고 밭으로 달려간다.
아내에겐 미리 점심 준비하라 이르고
아이를 불러서 문단속을 시킨다.
쟁기 호미 짊어지고 새벽길 나서니
길에는 다시 떠들썩한 웃음소리.
밤새 고인 빗물에 짚신을 씻고
들꽃 꺾어 비녀 삼아 머리에 꽂는다.
맑게 개인 기운이 어스름을 열고 나오니
봄 하늘은 마침 싱그럽기 그지없다.
목련은 눈앞의 언덕 위로 지천이고
울긋불긋 꿩들은 텅 빈 뜰에서 교태를 떤다.
건장한 청년들 벌써 구름처럼 달려갔는데,
쓸쓸한 노인들은 올빼미 마냥 쪼그려 앉아 있다.

점심 도시락을 준비하라 이르고, 또 아이에게는 엄마 아빠가 나갈 때 따라 나와 문을 잠그고 집안에서 얌전히 집을 잘 보아야 한다고 일러둔다. 犁鋤帶晨景(이서대신경): 쟁기와 호미가 새벽빛을 띠다. 농부가 쟁기와 호미를 짊어지고 새벽길을 나서니 그 농구에 새벽빛이 반짝이는 모습을 형용한 것이다. 이하 네 구절은 陶淵明의 〈歸園田居〉 중 "새벽에 일어나 황폐한 땅을 갈다, 달빛 데리고 호미 지고 돌아온다"(晨興理荒穢, 帶月荷鋤歸) 및 "길은 좁고 풀들은 길게 자라, 저녁 이슬이 내 옷을 적신다"(道狹草木長, 夕露霑我衣)와 유사한 상상력을 보여 주고 있다. 宿潦(숙료): 밤새 내린 비가 길바닥에 괸 물. 窅靄(요애): 어두운 모양. 여기서는 새벽의 어스름을 형용하였다. 辛夷(신이): 목련. 伶俜(영빙): 외롭고 쓸쓸한 모양.

蟹黃經雨潤
野馬從風奔
村落次第聚
隔塍致寒暄
眷言月占好
努力競晨昏

蟹黃(해황): 방게 체내의 卵巢와 消化腺. 빛깔이 노라므로 이렇게 칭한다. 이것으로 방게를 지칭하기도 한다. **野馬**(야마): 아지랑이. 《莊子 · 逍遙遊》: "아지랑이와 먼지는 생물이 서로 입김으로 내뿜는 것이다."(野馬也, 塵埃也, 生物之以息相吹也.) 成玄英 疏: "봄에

노오란 방게는 비 지난 뒤 윤기 흐르고
아지랑이는 바람을 쫓아 치달린다.
마을의 집들 줄지어 모여 있어서
발두둑 사이로 인사가 오고간다.
돌아보며 말한다, 달빛이 좋을 때니
아침저녁으로 열심히 노력하자고.

멀리 물가 숲을 바라보면 햇빛 속의 수증기가 일어나 움직이는 것이 마치 말이 달리는 것 같다. 그래서 野馬라고 한다."(靑春之時, 陽氣發動, 遙望藪澤之中, 猶如奔馬, 故謂之野馬也.) 寒暄(한훤): 따뜻하게 지내는지 안부를 묻다.

秋日三首(其一)

霜落邗溝積水清
寒星無數傍船明
菰蒲深處疑無地
忽有人家笑語聲

[해설] 이 시는 시인이 神宗 元豊年間(1078~1085)에 高郵에서 지은 것으로, 깊은 가을 밤 水鄕의 정경을 묘사하였다. 시인은 몇 안 되는 글자를 운용하여 맑고 신명한 運河船居圖 한 폭을 그려 내었다고 하겠다. 짜임새 있는 구성을

가을날

한구에 서리 내려 고인 물 맑고
무수한 차가운 별빛이 배 곁에서 밝다.
줄과 부들 깊숙하여 땅이 없는가 했더니
홀연히 인가의 웃음소리 들려 온다.

통하여 水鄕의 평화로운 모습까지 함께 전달하는 데 성공하였다.

邗溝(한구): 지금의 江蘇省 揚州에서 高郵를 지나 淮安까지 이어지는 運河이다.

次韻太守向公登樓眺望二首(其一)

茫茫汝水抱城根
野色偸春入燒痕
千點湘妃枝上淚
一聲杜宇水邊魂
遙憐鴻隙陂穿路
尙想元和賊負恩
紛堞女牆都已盡
恍如陶侃夢天門

[해설] 이 시는 진관이 蔡州 敎授로 있던 元祐 初年(1086) 봄에 당시 汝南의 知事였던 向宗回(字 子發)를 따라 누대에 올랐다가 그의 〈登樓眺望〉시에 次韻하여 지은 것이다. 시인은 여기서 汝水와 관련하여 漢代의 유명한 水利事業이었던 鴻隙陂 治水의 성공과 실패 및 唐代 節度使의 반란 등 역사적 사실을 회상하며 보잘것없는 縣吏에서 출발하여 위기에서 나라를 구하고 都督八州諸軍事에 올랐던 晉의 장군 陶侃처럼 자신도 국가를 보위하는 큰 인물이 되고 싶다는 포부를 밝히고 있다.

汝水(여수): 河南省을 흘러 淮水로 들어가는 하천으로, 蔡州城 북쪽을 활 모양으로 굽어 흐른다. 偸春(투춘): 봄을 훔치다. 봄빛을 훔쳐 먼저 파랗게 싹을 틔웠다는 말이다. 湘妃(상비): 湘水(湖南省을 北流하여 洞庭湖로 흘러 들어감)의 女神. 張華의 《博物志》에 의하면 舜 임금의 妃 娥皇과 女英은 순 임금의 죽음을 슬퍼한 나머지 湘水에 몸을 던져 水神이 되었는데, 그 때 湘妃가 흘린 눈물이 대나무에 떨어져 얼룩무늬가 생겼다고 한다. 杜

태수 상공의 〈登樓眺望〉시에 차운하여

아련히 여수는 성 밑을 돌아 흐르고
들 빛은 봄을 훔쳐 풀 태운 자리에 든다.
가지 위엔 천 점 상비의 눈물
물가에선 소쩍소쩍 소쩍새 소리.
아득히 홍극피로 뚫린 길에 연민이 일고
성은을 등진 원화의 도적들이 생각난다.
흰 성가퀴와 낮은 담 모두 없어졌으나
황홀히 도간처럼 천문에 들 꿈을 꾼다.

宇(두우): 옛날 蜀 望帝의 이름. 晉 常璩의 《華陽國志》에 의하면 蜀王 望帝는 신하의 처와 淫行을 하고 부끄러운 마음에 도망을 갔다가 자살하여 소쩍새가 되었는데, 望鄉의 그리움 때문에 피를 토하며 울었다고 한다. **鴻隙陂**(홍극피): 못 이름으로 故址는 河南省 汝南縣의 남동쪽에 있으며, 汝水에 걸쳐 있다. 《漢書 · 翟方進傳》에 의하면 漢 成帝 때 못물이 넘쳐 피해가 크자 적방진이 상주하여 이 못을 없앴다고 한다. **元和賊**(원화적): 唐 憲宗 元和年間(806~820)에 淮西節度使 吳元濟가 蔡州를 근거로 하여 반란을 일으킨 것을 가리킨다. 憲宗은 李愬에게 토벌토록 했는데, 그는 눈내린 밤에 입성하여 오원제를 붙잡아 長安에서 참수하였다.(《新唐書 · 李愬傳》을 참고할 것) **夢天門**(몽천문): 天門에 들 꿈을 꾸다. 《晉書 · 陶侃傳》: "꿈 속에서 여덟 개의 날개가 돋아 날아서 하늘로 올라갔는데, 아홉 겹의 天門이 보여 그 중 여덟 개의 문을 통과했지만 마지막 한 문을 통과하지 못했다. 그런데 문지기가 지팡이로 후려쳐 땅에 떨어지는 통에 왼쪽 날개가 부러지고 말았다."(夢生八翼, 飛而上天, 見天門九重, 已登其八, 唯一門不得入. 閽者以杖擊之, 因墜地, 折其左翼.)

春日五首(其二)

一夕輕雷落萬絲
霽光浮瓦碧參差
有情芍藥含春淚
無力薔薇臥曉枝

[해설] 이 시는 시인이 哲宗 元祐年間(1086~1093)에 汴京에서 지은 것으로, 간밤의 비를 말끔히 벗고 아침햇살을 맞이한 봄 정원의 모습을 묘사하였다. 시인은 의인화 수법으로 봄의 화초에게 연약하고 다정다감한 성격을 부여하여 작약과 장미가 간밤의 천둥소리와 가는 비에도 못 견뎌 하는 것으로 표현하였다. 이와 같은 유약미를 그려 낸 섬세한 표현기교 때문에 敖陶孫은 "봄날 처녀가 긷는 듯하여 끝내 완약함에 빠졌다"고 하였고, 元好問은 '女郎詩'라고

봄날

저녁에 가볍게 천둥치고 만 가닥 비가 내리더니
날 개이자 햇빛이 푸른 기와에 영롱하다.
다감한 작약은 봄의 눈물방울을 머금고
연약한 장미는 새벽 가지에 누워 있다.

품평했을 것이다.

落萬絲(낙만사): 만 가닥 실이 떨어지다. 즉 가는 비가 내리는 것을 가리킨다. '霽光' 구절에서 '浮'자는 해가 밝은 물체 위에 비칠 때의 반사를 묘사한 것이다. 李商隱 〈戲贈張書記〉시의 "못의 빛이 달을 받지 않는다"(池光不受月)의 '不受'가 '浮'자에 대한 좋은 풀이일 것이다. **春淚**(춘루): 봄의 눈물. 여기서는 아직 마르지 않은 빗방울을 가리킨다.

淸燕堂

雀聲嘖嘖燕飛飛
在得殘紅一兩枝
睡思乍來還乍去
日長披卷下簾時

[해설] 26세 때인 熙寧 10년(1077)에 지은 시로 봄철의 권태로움을 그린 것이다.

청연당에서

참새 소리 짹짹 나고 제비도 훨훨 날고
지다 남은 붉은 꽃도 두어 가지 매달렸다.
졸음이 마구 퍼붓더니 다시 번쩍 잠이 깨어
기나 긴 이 봄날에 발을 치고 책을 편다.

淸燕堂(청연당): 자신이 거처하던 집이었을 것으로 보인다. 嘖嘖(책책): 새가 우는 소리. 飛飛(비비): 날다. 在得(재득): 남아 있다.

宿芥塘佛祠

青青穬麥欲抽芒
浩蕩東風晚更狂
微徑斷橋尋古寺
短籬高樹隔橫塘
開門未掃楊花雨
待晚先燒柏子香
底許暫忘行役倦
故人題字滿長廊

[해설] 39세 때인 원우 5년(1090) 歷陽(지금의 안휘성 和縣)의 하급 武官으로서 공무출장을 나갔다가 인적이 드문 어느 산사를 찾아가 하룻밤을 묵게 되었을 때 산사 주위의 아름다운 봄풍경과 산사의 벽에 쓰여진 그리운 친구들의 필적을 보고 지은 것이다.

개당사에서 묵노라니

푸릇푸릇 보리에서 까끄라기 피려 할 제
질펀한 봄바람이 저녁 들어 더 세차다.
좁은 길 끊긴 다리로 옛 절을 찾아가니
나지막한 울타리 옆엔 키다리 나무
그리고 그 건너엔 긴 연못이 비껴 있다.
문을 열고 들어서니 비인 양 몰아치는
버들꽃이 수북이 마당을 덮었는데
스님은 저녁 맞아 향불부터 피운다.
이렇게 잠시 동안 여독을 푸노라니
친구들이 쓴 글씨가 긴 회랑을 꽉 메웠다.

佛祠(불사): 절. 穬麥(광맥): 보리. 浩蕩(호탕): 물이 질펀한 모양. 柏子香(백자향): 측백나무로 만든 향. 底許(저허): 이렇게. '如許'·'如此'와 같다. 行役倦(행역권): 여기저기 돌아다니느라 생긴 피로. 旅毒. 故人(고인)~: 시인은 自注에서 절의 벽에 친구들이 써 놓은 글자가 있음을 보았다고 밝혀 놓았다.

別三子

夫婦死同穴
父子貧賤離
天下寧有此
昔聞今見之
母前三子後
熟視不得追
嗟乎胡不仁
使我至于斯
有女初束髮
已知生離悲
枕我不肯起
畏我從此辭
大兒學語言

[해설] 진사도는 생계를 유지하기 힘들 정도로 가난에 찌들었다. 그리하여 32세 때인 元豊 7년(1084)에는 마침내 아내와 세 자녀가 임지로 부임해 가는 장인을 따라 蜀으로 가게 되었다. 그러나 자신은 노모를 봉양할 사람이 없어서 彭城(지금의 강소성 徐州)에 머물러야 했다. 이 시는 이 생이별의 아픔을 노래한 것이다.

三子(삼자): 딸 하나와 아들 둘을 합쳐 부른 것이다. '子'는 자녀의 통칭. **夫婦死同穴**

아들딸과 이별하고

부부가 죽으면 한 구덩이에 들어가고
부자가 빈천하면 생이별을 한다지만
천하에 어떻게 이런 일이 있는가?
말로만 들었더니 지금 직접 보는구나.
어미는 앞서고 세 자식은 따르는데
밀거니 바라볼 뿐 따라갈 수 없구나.
아아 하늘이 어찌 어질지 않으랴만
나를 이 지경에 빠지게 하였구나.
딸아이는 이제 막 머리를 묶었는데
생이별이 슬픈 줄을 이미 알아서
내 무릎을 베고 누워 일어나려 아니하며
나하고 이제부터 하직임을 겁내었네.
큰아들은 이제 막 말 배우기 시작하여

(부부사동혈): 《詩經 · 王風 · 大車》에 "살아서는 다른 집에 살지라도, 죽어서는 한 구덩이에 묻히리라"(穀則異室, 死則同穴)라는 구절이 있다. 父子貧賤離(부자빈천리): 《晋書 · 殷浩傳》에 "부유하고 고귀하면 타인과도 화합하고, 가난하고 천박하면 친척과도 이별한다"(富貴他人合, 貧賤親戚離)라고 했다. 熟視(숙시): 눈여겨 자세히 보다. 束髮(속발): 머리를 묶다. 같은 시기에 지은 〈아내를 보내며(送內)〉에 "당신과 부부의 인연을 맺은 뒤로, 오 년에 세 번은 이별을 하는구려"(與子爲夫婦, 五年三別離)라고 했으므로 딸의 나이가 다섯 살쯤 되었을 것이나. 머리를 묶어 비녀를 꽂는 나이인 15세일 수는 없다.

拜揖未勝衣
喚爺我欲去
此語那可思
小兒襁褓間
抱負有母慈
汝哭猶在耳
我懷人得知

未勝衣(미승의): 덩치에 비해 옷이 너무 커서 몸을 자유롭게 움직이지 못함을 말한다.

절하고 읍할 때 옷을 이기지 못하는데
아비를 불러서 "저 이제 떠납니다."
이 말을 어떻게 생각할 수 있으랴?
작은아들은 아직까지 강보에 싸여 있어
자애로운 어미가 안았다 업었다 하였네.
너의 울음소리 아직 귀에 쟁쟁한데
이러한 내 마음을 남이 알 수 있으랴?

襁褓(강보): 포대기.

九日寄秦覯

疾風回雨水明霞
沙步叢祠欲暮鴉
九日淸樽欺白髮
十年爲客負黃花
登高懷遠心如在
向老逢辰意有加
淮海少年天下士
可能無地落烏紗

[해설] 관직을 얻지 못한 채 떠돌이 생활을 하던 진사도는 원우 2년(1087) 蘇軾 등의 추천으로 徐州敎授에 임명되었다. 서주는 바로 그의 고향이었다. 이 시는 서주교수로 부임하기 위해 고향으로 가는 도중에 중양절을 만나 아직도 서울에 머물며 고생하고 있는 절친한 친구 秦覯를 생각하며 지은 것이다.

九日(구일): 음력 9월 9일 즉 중양절. 秦覯(진구): 秦觀의 동생. 沙步(사보): 강가에 흙을 쌓아 올려 배를 맬 수 있게 한 곳. 나루. 叢祠(총사): 숲 속의 사당. 欺白髮(기백발): 기력이 쇠퇴해져서 술을 이기지 못함을 말한다. 欺(기): 압도하다. 깔보다. 負黃花(부황화): 중양절날 국화꽃을 가까이하지 못했음을 말한다. 登高(등고): 옛날에는 중양절이 되면

중양절날 진구에게

질풍이 불어 와 빗발을 되돌리니
강물 위에 훤하게 저녁놀이 비치고
나루터에 가까운 숲 속의 사당에는
해질녘의 까마귀가 둥지를 찾고 있네.
중양절의 맑은 술이 백발을 얕보나니
객지생활 십 년 동안 국화를 잊고 살았네.
높은 곳에 올라와 먼 곳을 생각하니
내 마음은 아직도 그대 곁에 있는 듯
늘그막에 명절을 만나니 그리움이 배가되네.
회해의 소년은 천하의 명사거늘
오사모 떨어뜨릴 곳이 어찌 없으랴?

붉은 주머니에 茱萸를 넣고 높은 산에 올라가 재앙을 떨쳐 버리는 풍습이 있었다. **逢辰**(봉신): 좋은 날 즉 중양절을 만나다. **淮海**(회해): 《書經 · 禹貢》에 "회수와 바다 사이가 양주이다"(淮海惟揚州)라고 했다. 淮海는 회수와 바다의 사이에 있는 땅이라는 뜻으로 진구의 고향인 高郵 지방을 가리킨다. **可**(가): 어찌. 豈와 같다. **落烏紗**(낙오사): 오사모를 떨어뜨리다. 東晉 때 大將軍 桓溫의 參軍이었던 孟嘉는 중양절날 환온을 따라 龍山으로 가서 잔치를 벌였는데 하도 노는 데 열중하여 바람에 모자가 날아가는 것도 몰랐다. 환온이 孫盛에게 시켜 글을 지어서 놀려 주자 맹가도 글을 지어서 멋지게 응수했다.(《晋書 · 孟嘉傳》 참조)

示三子

去遠卽相忘
歸近不可忍
兒女已在眼
眉目略不省
喜極不得語
淚盡方一哂
了知不是夢
忽忽心未穩

[해설] 3년 전인 원풍 7년(1084) 진사도는 가난으로 인하여 처자를 모두 처가에 보냈는데 이제 徐州敎授로 부임하게 됨으로써 다시 이들을 불러 오게 되었다. 이 시는 원우 2년(1087) 처자와 재회한 직후에 지은 것이다.

아들딸에게

멀리 떠나 있을 때는 서로 잊고 지냈건만
돌아올 날 가까와지니 참을 수가 없었네.
아들딸이 벌써 내 눈앞에 있건만
생김새를 조금도 알아보지 못하겠네.
기쁨에 겨워서 말문을 못 열다가
눈물이 마르고 나서야 비로소 한 번 웃었네.
이것이 꿈 아닌 줄 잘도 알건만
뒤숭숭한 마음이 평온해질 줄 모르네.

眉目(미목): 눈썹과 눈. 얼굴 모양. 略不省(약불성): 전혀 못 알아보다. 了知(요지): 알다.
忽忽(홀홀): 마음이 산란한 모양.

雪後黃樓寄負山居士

林廬煙不起
城郭歲將窮
雲日明松雪
溪山進晩風
人行圖畵裏
鳥度醉吟中
不盡山陰興
天留憶戴公

[해설] 서주교수로 부임한 이듬해인 원우 3년(1088) 서주성 동문의 황루에 올라 가서 친구 張仲連을 생각하며 지은 것이다.

黃樓(황루): 원풍 원년(1078) 소식이 서주지주로 있을 때 서주성 동문에 세운 누각. **負山居士**(부산거사): 진사도의 친구 張仲連의 호. **圖畵**(도화): 황루에서 바라보이는 그림같이 아름다운 산수를 가리킨다. **山陰興**(산음흥): 王羲之의 아들 王徽之가 山陰(지금의 절강성 紹興)에 살 때 밤에 눈이 내리다가 개자 갑자기 剡溪(절강성 嵊縣의 남쪽에 있음)에 있는 친구 戴逵가 그리워져서 밤새도록 배를 저어 그의 집 문 앞까지 갔다가 戴逵를 만

눈이 갠 뒤 황루에서 부산거사에게 부친다

숲 속의 오두막엔 연기가 나지 않고
성곽에는 또 한 해가 저물려 한다.
구름 위의 햇살로 소나무 위의 눈이 빛나고
계곡 옆의 산으로 저녁 바람이 불어든다.
그림 속 저만치에 사람 하나 걸어가고
취하여 읊조릴 제 새 한 마리 지나간다.
산음의 흥취가 끝나지 않으리니
두고두고 대공을 생각하련다.

나지 않고 그냥 돌아왔다. 사람들이 그 까닭을 묻자 흥이 나면 가고 흥이 식으면 돌아 오는 것이지 친구를 만나고 안 만나고는 중요한 것이 아니라고 했다.(《世說新語》 참조) 이 두 구절은 서주는 산음보다 날씨가 추워서 눈이 금방 녹지 않고 한동안 남아 있을 것임을 뜻한다. 天留憶戴公(천류억대공): 하늘이 눈을 녹여 없애지 않고 오래 남아 있게 하여 자신으로 하여금 두고두고 친구 張仲連을 생각하게 함을 뜻한다. 소식의 〈장산인을 찾아갔다가 '山'과 '中'의 두 韻字를 얻다(訪張山人得山中字二首)〉 제2수에 "만 그루의 나무가 운룡산을 에워싼 건, 하늘이 대공에게 남겨준 것이네"(萬木鎖雲龍, 天留與戴公)라는 구절이 있다.

田家

雞鳴人當行
犬鳴人當歸
秋來公事急
出處不待時
昨夜三尺雨
竈下已生泥
人言田家樂
爾苦人得知

[해설] 농민들의 고통스러운 생활상을 그린 것이다.

雞鳴(계명)·犬鳴(견명): 닭은 새벽에 울고 개는 밤중에 짖는다. 이 두 구절은 닭도 울기

농가

닭이 울면 나가야 하고
개가 짖으면 돌아와야 하거늘
가을철이 되면서 부역이 바빠져서
시도 때도 없이 부역을 나가누나.
어제는 또 가을비가 석 자나 내려
무덕 바닥이 벌써 진흙탕이 되었구나.
사람들은 농촌이 즐겁다지만
이러한 고생을 사람들이 알겠나?

전에 이미 일 하러 나가고 개가 짖어도 돌아오지 못한다는 뜻을 내포하고 있다. 公事(공사): 관공서가 백성에게 의무적으로 요구하는 강제 노동. 賦役. 出處(출처): 부역을 나감과 부역을 나가지 않고 집에 있음. 爾苦(이고): 이와 같은 고통.

泛淮

冬暖仍初日
潮回更下風
鳥飛雲水裏
人語櫓聲中
平野容回顧
無山會有終
倚檣聊自逸
吟嘯不須工

[해설] 원우 6년(1091) 서주교수에서 潁州(지금의 안휘성 阜陽)教授로 옮겨가는 배 안에서 지은 것이다. 초연한 듯한 태도의 이면에 현실에 대한 불만과 미래에 대한 불안이 숨겨져 있다.

회수에 배 띄우고

겨울 날씨 따뜻하고 아침 해도 비치고
조수가 돌아가고 바람도 내리 분다.
구름 낀 강물 위에 새는 날아다니고
삐걱이는 노 소리 속에 사람들은 얘기한다.
평야가 고향 땅을 돌아보게 놔 두지만
산 없는 평야가 언젠가는 끝나리.
돛대에 기대어 그럭저럭 혼자 즐기나니
읊조리고 휘파람 붊이 서투른들 어떠리?

潮回(조회): 강이 바다로 들어가기 얼마 전의 지점에서, 밀물을 맞아 강으로 밀려 올라왔던 바닷물이 다시 빠져 되돌아간다는 뜻으로 배의 운항이 순조롭다는 말이다. 無山(무산): 산이 없는 상태. 정치적인 의미를 함축하고 있다. 聊(요): 아쉬운 대로 그럭저럭. 이번 여행이 만족스럽지 못한 것임을 암시한다.

後湖晚坐

水淨偏明眼
城荒可當山
青林無限意
白鳥有餘閒
身致江湖上
名成伯季間
目隨歸雁盡
坐待暮鴉還

[해설] 潁州教授를 그만두고 돌아와 한직인 秘書省正字로 있을 때인 紹聖(1094~1097) 초에 마을 뒤의 호수에서 하루 종일 사색에 빠져 있던 자신의 모습을 그린 것으로 보인다.

偏(편): 가장. 매우. **當山**(당산): 산으로 간주하다. 자신이 비록 벼슬을 버리고 산속으로

저녁에 후호에서

호수 물은 맑아서 너무나 눈 부시고
성곽은 황폐하여 산으로 칠 만하다.
푸른 숲은 끝없이 정취를 자아내고
하얀 새는 한가로이 날아다닌다.
이 몸은 이렇게 강호에 와 있지만
명성은 이루어져 육군자에 낀다네.
돌아가는 기러기를 끝까지 보고 나서
저녁 까마귀 돌아오길 앉아서 또 기다린다.

들어가 은일생활을 하지는 못하지만 성곽이 황폐한 이 곳을 산촌으로 여기고 정신적인 은일생활을 누릴 만하다는 뜻이다. **伯季間**(백계간): 맏이와 막내의 사이. 진사도(1053~1102)는 소식의 문하생으로 黃庭堅(1045~1105)·秦觀(1049~1100)·晁補之(1053~1110)·張耒(1054~1114)·李廌(1059~1109) 등과 더불어 蘇門六君子로 불리는데 나이가 중간이었다. **坐待**(좌대)~: 기러기가 다 날아간 뒤에도 자신은 떠나지 않음을 뜻한다.

登快哉亭

城與清江曲
泉流亂石間
夕陽初隱地
暮靄已依山
度鳥欲何向
奔雲亦自閒
登臨興不盡
稚子故須還

[해설] 元符 원년(1098) 고향 서주에 있는 쾌재정에 올라가서 본 경치를 그린 것이다.

쾌재정에 올라

푸르른 강을 따라 성곽이 굽이지고
어지러운 돌 사이로 물이 흐른다.
지평선 저 너머로 석양이 숨자마자
산 머리에 어느 사이 저녁놀이 벌겋다.
날아가는 저 새는 어디로 가는 걸까?
달려가는 구름도 저 혼자 한가롭다.
높은 데서 굽어보니 감흥은 끝없지만
아이들이 기다리니 그만 돌아 갈까보다.

快哉亭(쾌재정): 서주성 동남쪽에 있는 정자. 度鳥(도조): 저 멀리로 날아가는 새. 興不盡(흥부진): 감흥이 식지 않아서 계속 감상하고 싶다는 뜻. 稚子(치자)~: 어린아이가 집에서 기다리기 때문에 돌아가야 한다는 뜻.

絶句四首(其四)

書當快意讀易盡
客有可人期不來
世事相違每如此
好懷百歲幾回開

[해설] 원부 2년(1099) 서주에서 궁핍하게 지낼 때 지은 것으로 진사도의 대표적인 說理詩이다.

세상사

책이란 마음을 흐뭇하게 해야 하나
그런 책은 읽기 좋아 금방 다 보아 버리고
손님 중엔 좋은 사람도 있기는 하나
그런 사람은 많지 않아 기다려도 안 온다네.
세상사 언제나 이처럼 어긋나니
백 년에 몇 번이나 가슴 활짝 열리려나?

快意(쾌의): 마음을 유쾌하게 하다. 讀易盡(독이진): 독서의 즐거움이 쉽게 끝나 버려서 아쉽다는 뜻이다. 可人(가인): 마음에 드는 훌륭한 사람. 百歲(백세): 한평생.

春懷示隣里

斷墻着雨蝸成字
老屋無僧燕作家
剩欲出門追語笑
卻嫌歸鬢着塵沙
風翻蛛網開三面
雷動蜂窠趁兩衙
屢失南隣春事約
只今容有未開花

[해설] 원부 3년(1100) 봄 벼슬에서 물러나 고향에서 곤궁하게 지낼 때 봄을 맞아 싱숭생숭해진 자신의 심경을 그린 것이다. 이면에 정치적 입장에 대한 심리적 갈등과 정치적 희망에 대한 미련이 깃들여져 있다.

蝸成字(와성자): 달팽이의 자국이 마치 글자를 써 놓은 것 같음을 말한다. 老屋無僧(노옥무승): 진사도가 당시 실제로 빈 절에 우거했을 수도 있고, 자신의 집을 행각승이 잠시 깃들어 사는 황폐한 절에 비유한 것, 즉 자신의 생활을 행각승의 생활에 비유한 것일 수

춘심

무너진 담에 빗물이 묻어 달팽이가 글씨 쓰고
낡은 집에 중은 없고 제비가 집을 짓네.
밖에 나가 사람들과 담소할 생각 간절하나
돌아올 때 머리카락에 먼지 앉을까 걱정이네.
거미줄에 바람이 불어 삼면이 다 터지고
벌십에 뇌성이 일며 서둘러 조회에 가네.
함께 밖에 나가서 봄놀이를 하자는
이웃과의 약속을 몇 번이나 어겼으니
아직도 안 핀 꽃이 있을까 모르겠네.

도 있다. 剩欲(잉욕): 몹시 바라다. 風翻蛛網(풍번주망): 바람이 불어서 거미줄을 뒤집다. 雷動(뇌동): 벌이 나는 소리를 가리킨다. 衙(아): 관리가 아침저녁으로 조정에 모이는 일. 朝會. 宋 陸佃의 《埤雅·釋蟲》에 의하면 벌은 하루에 두 번씩 여왕벌을 에워싸고 한데 모이는 행위를 한다고 한다. 南隣(남린): 당시 자주 왕래했던 이웃 사람 寇十一을 가리킨다. 只今(지금): 지금. 이제. 容(용): 혹시. 이 구절은 봄이 아직 완전히 가 버린 것이 아니기를 바라는 심정을 나타낸 것이다.

感春十三首(其一)

春郊草木明
秀色如可攬
雨餘塵埃少
信馬不知遠
黃亂高柳輕
綠鋪新麥短
南山逼人來
漲洛清漫漫
人家寒食近
桃李暖將綻
年豊婦子樂
日出牛羊散
携酒莫辭貧
東風花欲爛

[해설] 壽安(지금의 하남성 宜陽縣 경내에 있었음)縣尉로 재임중이던 젊은 시절에, 봄을 맞아 만물이 생기를 되찾은 농촌의 평화롭고 여유 있는 모습을 찬양한 것이다.

춘흥

봄을 맞은 들판에 초목이 산뜻하여
빼어난 그 빛깔이 손에 잡힐 듯.
비 온 뒤라 먼지 없는 시골의 들판 길을
말 가는 대로 오다 보니 먼 줄을 모르겠다.
노란색 어지럽게 버들 가지 하늘거리고
파란색 질펀하게 보리싹은 쌀박한데
남산은 나를 향해 가까이 다가오고
불어난 낙수에는 맑은 물이 넘실댄다.
인가에는 한식이 가까와지자
날씨가 따뜻하여 복사꽃 자두꽃이
이제 곧 봉오리가 터지려 한다.
풍년이 들겠다며 처자는 신이 나고
해가 뜨자 소와 양은 산기슭에 흩어진다.
집안이 가난하다 빠지지 말고
손에 손에 술을 들고 봄을 맞이하시라
동풍에 온갖 꽃이 흐드러지려 한단다.

信馬(신마): 말에게 맡기다. 洛(낙): 洛水. 漫漫(만만): 끝없이 넓은 모양. 婦子(부자): 妻子. 牛羊散(우양산): 소와 양이 여기저기 흩어져서 풀을 뜯는 것을 말한다.

勞歌

暑天三月元無雨
雲頭不合惟飛土
深堂無人午睡餘
欲動身先汗如雨
忽憐長街負重民
筋骸長彀十石弩
半衲遮背是生涯
以力受金飽兒女
人家牛馬繫高木
惟恐牛軀犯炎酷
天工作民良久艱
誰知不如牛馬福

[해설] 장뢰는 가난한 집안 출신이고 출사한 뒤에도 주로 낮은 관직을 맡았기 때문에 하층 민중들의 애환을 누구보다 잘 알고 있었고 따라서 그들의 생활에 관심을 많이 기울였다. 이 시는 한여름에 낮잠을 자고 난 뒤 문득 자기가 편안하게 잠을 잔 그 순간에도 힘든 일에 시달리며 고통스럽게 살아가고 있었을 노동자들이 생각나서 그들의 비참한 생활상을 묘사하고 그들에 대한 동정심을 노래한 것이다.

노동자의 노래

더운 날 석 달 동안 아예 비가 아니 내려
구름은 안 모이고 먼지만 흩날리네.
사람 없는 대청에서 낮잠 한숨 자고 나니
움직이기 전에 먼저 비 오듯이 땀이 나네.
불현듯 생각나네 불쌍한 사람들
한길에서 무거운 짐을 지는 그네들은
불거진 힘줄과 우악스런 뼈대가
언제나 큰 쇠뇌를 당기는 것 같나니
반쯤 기운 등거리가 인생의 전부
힘으로 돈을 벌어 아들딸을 먹이는데
남들은 소와 말을 큰 나무에 매어 놓고
더위라도 먹을까 그것만이 걱정이네.
전지전능하신 하느님의 솜씨로
사람을 지었는데 이리 오래 고생이니
그 누가 알리오
그네 팔자 우마보다 더욱 박복한 줄을?

暑天(서천): 무더운 날씨. 雲頭(운두): 구름. 筋骸(근해)~: 한 번에 열 개의 돌을 쏠 수 있는 큰 쇠뇌를 당기는 것처럼 힘줄이 불거지고 뼈대가 우악스럽다는 뜻이다. 十石弩(십석노): 열 개의 돌을 한꺼번에 쏠 수 있는 커다란 쇠뇌. 遮背(차배): 등만 덮을 만하게 걸쳐 입는 옷. 등거리. 이 구절은 더덕더덕 기운 등거리를 입고 무거운 짐이나 지면서 평생을 보낸다는 뜻이다. 人家(인가): 사람. 남. 돈 있는 사람을 가리킨다. 天工(천공): 하느님의 빼어난 솜씨.

海州道中二首(其二)

秋野蒼蒼秋日黃
黃蒿滿田蒼耳長
草蟲咿咿鳴復咽
一秋雨多水滿轍
渡頭鳴舂村徑斜
悠悠小蝶飛豆花
逃屋無人草滿家
累累秋蔓懸寒瓜

[해설] 潤州(지금의 강소성 鎭江)知州로 재임중이던 紹聖(1094~1097) 초의 작품으로 보인다. 농민들이 살 만한 곳을 찾아 떠나 버린 해주 부근 농촌의 황폐해진 모습을 엿볼 수 있다.

海州(해주): 지금의 강소성 東海縣. **蒼蒼**(창창): 초목이 파릇파릇한 모양. **蒼耳**(창이):

해주로 가는 길에

가을 들판은 푸르스럼 가을 해는 누르스럼
누런 쑥은 밭을 메우고 도꼬마리는 길쭉한데
풀벌레는 찍찍 하며 울다 쉬기를 반복하고
가을 내내 비가 내려 바퀴자국에 물이 흥건하다.
물레방아 도는 나루엔 시골길이 비껴 있고
나비는 유유하게 콩꽃 위로 날아다닌다.
빈 집에 사람은 없고 잡초만 가득한데
얽히고 설킨 덤불에 오이가 매달려 있다.

도꼬마리. 咿伊(이이): 벌레가 우는 소리. 轍(철): 수레가 지나 다녀 움푹해진 곳. 渡頭(도두): 나루터. 鳴舂(명용): 삐걱삐걱 소리를 내며 돌아가는 물레방아. 逃屋(도옥): 생활고를 못 이겨 주인이 도망가고 없는 빈집. 累累(누누): 첩첩이 쌓인 모양. 寒瓜(한과): 오이는 원래 더운 여름에 나는 것이기 때문에 서늘한 가을에 맺힌 오이를 이렇게 부른 것이다.

秋日登海州乘槎亭

海上西風八月凉
乘槎亭外水茫茫
人家日暖樵漁樂
山路秋晴松栢香
隔水飛來鴻陣闊
趁潮歸去櫓聲忙
蓬萊方丈知何處
煙浪參差在夕陽

[해설] 해주에 있는 승사정에 올라 가서 주위의 아름다운 경치를 읊은 것이다.

가을에 해주의 승사정에 올라

바다에 서풍 불어 팔월이 서늘한데
승사정 저 너머로 바닷물이 망망하다.
사람들은 날 따뜻해 나무하고 고기잡기에 신이 나고
가을 산길은 날씨가 맑아 송백이 향긋하다.
바다 저쪽에서 날아오는 기러기는
수효가 많아서 행렬이 넓고
조수에 때맞추어 돌아가는 고깃배는
갈길이 멀어서 노소리가 바쁘다.
봉래산 방장산은 어디쯤일까?
안개 낀 물결이 석양 아래 눈부시다.

海州(해주): 앞의 시 〈海州道中〉 주 참조. **人家**(인가): 사람. **蓬萊方丈**(봉래방장): 봉래산과 방장산. 둘 다 渤海에 있으며 신선이 산다는 三神山의 하나이다. **參差**(참치): 산란한 모양.

初見嵩山

年來鞍馬困塵埃
賴有青山豁我懷
日暮北風吹雨去
數峰清瘦出雲來

[해설] 오악의 하나로 풍경이 아름답기로 유명한 嵩山을 처음 본 감회를 노래한 것이다.

숭산을 처음 보고

몇 년 동안 말을 타고 먼지 속에 시달려도
청산이 있는 덕분에 가슴을 열 수 있었네.
황혼녘에 북풍이 비를 몰고 가 버리자
맑고 여윈 봉우리들이 구름을 뚫고 나오네.

嵩山(숭산): 하남성 登封縣 북쪽에 있는 산. 五嶽 중의 中嶽. 鞍馬(안마): 말에 안장을 얹어서 타다.

夜坐

庭戶無人秋月明
夜霜欲落氣先清
梧桐眞不甘衰謝
數葉迎風尙有聲

[해설] 가을 밤의 정취를 노래한 것이다. 평생을 곤궁하게 지냈고 만년에 벼슬에서 물러난 뒤로는 더욱 생활이 어려웠지만 가난하다고 불평하지 않고 의연하게 산 그의 불요불굴의 정신을 반영하고 있다.

밤에 앉아 있노라니

인적 없는 뜨락에 가을 달이 휘영청
밤 서리가 내리려고 공기가 먼저 맑다.
오동잎은 참으로 떨어지기 싫은지
몇 잎이 바람 맞아 아직도 소리낸다.

庭戶(정호): 집안. 뜨락. 衰謝(쇠사): 시들어 떨어지다.

禾熟三首(其一)

百里西風禾黍香
鳴泉落竇穀登場
老牛粗了耕耘債
齧草坡頭臥夕陽

[해설] 풍년을 맞이한 농촌의 넉넉하고 평화로운 정경을 그린 것이다.

禾黍(화서): 벼와 기장. 곡식의 총칭. 落竇(낙두): 도랑에 떨이지다. '竇'는 '瀆'과 같

벼 익는 시절

백 리에 서풍 불어 곡식 내음 향긋한데
샘물은 졸졸 도랑에 떨어지고
타작할 곡식은 마당으로 올라온다.
늙은 소는 제 할 일을 대충 마치고
풀을 씹으며 언덕에서 석양 아래 누웠다.

다. 登場(등장): 타작마당에 오르다. 耕耘債(경운채): 먹이를 제공해 준 주인을 위하여 밭갈이를 비롯한 각종의 농사를 도와야 하는 의무.

霽夜

寂歷簾櫳深夜明
搖迴淸夢戍墻鈴
狂風送雨已何處
淡月籠雲猶未醒
早有秋聲隨墮葉
獨將涼意伴流螢
明朝準擬南軒望
洗出廬山萬丈靑

[해설] 비가 갠 뒤의 산뜻하고 상쾌한 밤 풍경을 그린 것이다.

寂歷(적력): 적막하다. 簾櫳(염롱): 발을 친 창문. 戍墻鈴(수장령): 성을 지키는 병사가

맑게 갠 밤

발 쳐진 적막한 창이 깊은 밤에 빛나네.
경비병의 방울소리에 단꿈을 깬 거라네.
광풍이 쫓아 버려 비는 간데없는데
구름에 싸인 으스름달은 아직 잠이 덜 깼네.
아까는 나뭇잎 지고 가을 소리 들리더니
지금은 홀로 서늘한 느낌으로 새똥벌레와 짝하네.
내일 아침 남쪽 창에서 멀리 바라보면
일만 길에 달하는 여산의 푸르름을
이번 비가 말끔하게 씻어냈겠네.

흔드는 방울. 涼意(양의): 서늘한 느낌. 流螢(유형): 날아다니는 개똥벌레. 準擬(준의): ……하려고 하다. 廬山(여산): 강서성 九江에 있는 산.

夜泊寧陵

汴水日馳三百里
扁舟東下更開帆
旦辭杞國風微北
夜泊寧陵月正南
老樹挾霜鳴窣窣
寒花垂露落毿毿
茫然不悟身何處
水色天光共蔚藍

[해설] 하남성 杞縣에서 汴水를 따라 영릉까지 내려가서 거기에 배를 대고 하루 밤 묵기까지의 과정과 그 때의 감회를 그린 것이다.

寧陵(영릉): 지금의 하남성에 있는 현. 汴水(변수): 하남성의 開封과 杞縣을 지나 寧

영릉에서 밤을 나며

변수에서 하루에 삼백 리를 달렸나니
일엽편주 동하하며 돛까지 펼쳤네.
아침에 기나라의 옛 땅을 떠날 때는
바람이 북쪽에서 살랑살랑 불더니
저녁에 영릉에 배를 댈 때는
달님이 남쪽에서 내려다보네.
고목은 서리를 인 채 와수수 소리 내고
찬 꽃은 이슬을 뚝뚝 떨구네.
여기가 어디인지 얼떨떨한데
수면과 하늘이 모두 다 쪽빛이네.

陵 동남쪽에서 淮河로 들어가는 강. 지금은 대부분 파묻혀 버렸다. 杞國(기국): 周 武王이 禹임금의 후손에게 세워 준 나라. 지금의 하남성 杞縣 일대. 窣窣(솔솔): 바람이 부는 소리. 毵毵(삼삼): 가늘고 긴 것이 축 늘어진 모양. 茫然(망연): 어리둥절한 모양. 蔚藍(울람): 짙은 쪽빛.

和李上舍冬日書事

北風吹日晝多陰
日暮擁階黃葉深
倦鵲繞枝翻凍影
飛鴻摩月墮孤音
推愁不去如相覓
與老無期稍見侵
顧藉微官少年事
病來那復一分心

[해설] 친구 李彭의 〈겨울날(冬日書事)〉에 화답하여 겨울밤의 감회를 노래한 것이다.

이상사의 〈겨울날〉에 화답하여

북풍이 부는 날은 해가 자주 가리는 날
해거름 드니 계단을 끼고 누런 잎이 수북하네.
지친 까치는 가지를 돌며 언 몸을 뒤척이고
기러기는 달을 만지며 외로운 소리를 떨구네.
근심은 밀어내도 날 찾는 듯 떠나지 않고
늙음은 약속도 없건만 살금살금 내게로 오네.
미관말직 좋아한 건 젊었을 때 일일 따름
늙고 병든 지금은 거들떠도 안 본다네.

李上舍(이상사): 上舍는 上舍生의 약칭으로 李彭을 가리킨다. 북송 희녕 4년(1071) 太學을 세 등급으로 나누어 外舍·內舍·上舍의 순서대로 수업케 했다. **書事**(서사): 사실을 기록하다. **見侵**(견침): 나에게 침입하다. '侵我'와 같다. **顧藉**(고자): 애지중지하다.

唐庚 당경

春日郊外

城中未省有春光
城外楡槐已半黃
山好更宜餘積雪
水生看欲倒垂楊
鶯邊日暖如人語
草際風來作藥香
疑此江頭有佳句
爲君尋取却茫茫

[해설] 이 작품은 唐庚의 대표적인 律詩로, 세련된 언어와 능숙한 對句를 구사하면서 봄날 교외의 경치를 산뜻하게 묘사하였다.

未省(미성): 아직 모르다. 미처 알지 못하다. '水生' 구절은 봄이 되어 강물이 불어남에 따라 수면 위에 수양버들의 그림자가 점점 분명히 드러난다는 말이다. '鶯邊' 구절을 산문식 어순으로 바꾸면 "日邊鶯暖語如人"이 될 것이다. '疑此' 두 구절은 눈앞

봄날 교외에서

성안에 봄빛 있는 줄 미처 몰랐는데
성밖의 느릅과 느티나무는 어느덧 노랗게 물이 올라온다.
쌓인 눈 아직 남아 산 모습 더욱 좋고
강물이 불어 수면에 수양버들이 거꾸로 잠겨 있다.
꾀꼬리가 따뜻한 햇볕 아래 지저귀는 소리 사람 같고
풀잎에 바람 스치니 약초 향기 풍겨온다.
이 강 언저리에 멋진 시구가 숨어 있을 텐데
막상 그대 위해 찾으려 하니 망망하기만 하다.

에 펼쳐진 봄 경치가 모두 시의 소재가 될 정도로 아름다워서 마음 속에 홀연히 깨닫는 것이 있지만 막상 시를 지으려고 하니 잘 되지 않는다는 말이다. 蘇軾 〈和陶田園雜興〉: "봄 강에 아름다운 시구가 있는데도, 나는 취하여 아득한 곳으로 떨어진다."(春江有佳句, 我醉墮渺茫.) 陳與義 〈對酒〉: "새로운 시가 눈에 가득한데도 지어 낼 수가 없다."(新詩滿眼不能裁.) 〈春日〉: "홀연히 좋은 시가 눈 아래 생겨났지만, 구법을 정리하다 보니 이미 찾기 어려워졌다."(忽有好詩生眼底, 按排句法已難尋.)

張求

張求一老兵
着帽如破斗
賣卜益昌市
性命寄杯酒
騎馬好事人
金錢投瓮牖
一語不假借
意自有臧否
鷄肋乃安拳
未省怕嗔毆
坐此益寒酸
餓理將入口

[해설] 이 고체시는 신분은 비록 미천하고 가난하지만 강직하고 고귀한 성품을 지닌 한 노병의 형상을 생동적으로 그려 내었다. 당경은 첫 구절을 제목으로 삼는 新樂府를 본따서 노병의 이름인 張求를 시의 제목으로 하여 그가 신악부의 정신을 이어받아 이 시를 썼음을 암시하였고, 詩語가 통속적인 것도 신악부에 가깝다.

破斗(파두): 깨어진 한 말 들이의 용기. **益昌**(익창): 宋의 縣 이름. 옛 관청소재지는 지금의 四川省 廣元市 남서쪽에 있는 昭化鎭이다. **性命**(성명): 생명. 생명을 한잔 술에 기탁했다는 말은 술을 생명처럼 아낀다는 말이다. **瓮牖**(옹유): 깨진 항아리의 입구를 창문으로 삼는다는 뜻으로 가난한 집을 가리킨다. 이 구절은 그 역시 근근히 먹고사는 형편이

장구

장구라는 이름의 한 노병
모자를 썼는데 깨어진 됫박 같다.
익창시에서 접쟁이로 살아가는데
한 잔 술을 생명처럼 아낀다.
말타기를 좋아하는 호사가여서
금전을 깨진 항아리 창에 던져 넣는다.
한 마디 말에도 거짓이 없고
좋고 나쁨을 있는 그대로 전달한다.
빈약한 가슴이지만 차라리 주먹을 받아들이고
손님이 화내고 때리는 것을 겁낼 줄 모른다.
그 때문에 더욱 가난해져서
굶주림의 주름선이 입가에까지 이어졌다.

지만 가난한 집 돕기를 좋아한다는 말이다. 臧否(장비): 선악. 좋고 나쁨. 이 두 구절은 張求가 솔직한 사람이어서 점치러 온 고객에게 좋고 나쁨을 거짓 없이 있는 그대로 전달한다는 말이다. 鷄肋(계륵): 닭갈비. 여기서는 계륵 같이 빈약한 張求의 가슴을 가리킨다. 安(안): 받아들이다. '承受'와 같다. 嗔毆(진구): 화내고 때리다. 이상의 두 구절은 張求가 차라리 욕을 먹고 매를 맞을지언정 점치러 온 손님에게 거짓말하기를 거부한다는 말이다. 坐(좌): … 때문에. '因'과 같다. 寒酸(한산): 체면을 차릴 수 없을 정도로 가난함을 형용하는 말이다. 餓理(아리): 굶주림의 주름선. 고대의 미신에 의하면 사람의 얼굴에 입 언저리까지 이어진 주름선을 '餓紋'이라고 하는데 이것이 입가에까지 닿으면 굶어 죽는다고 한다.

未死且張項
那暇顧炙手
士節久凋喪
舐痔甛不嘔
求豈知道者
議論無所茍
吾寧從之遊
聊以激衰朽

東漢의 洛陽令 董宣은 법을 확고하게 집행하다가 光武帝의 누나에게 미움을 샀다. 光武帝가 그에게 누나를 찾아가 머리를 조아려 사죄하라고 했지만 그는 끝내 머리를 굽히지 않았다. 光武帝도 어쩔 수가 없어서 목이 뻣뻣한 이 현령에게 나가라고 할 수밖에 없었다.(叱强項令出)(《後漢書 · 董宣傳》) 이에 후인들은 '强項'으로 강직한 사람을 비유하게 되었다.

죽기 전에는 또한 목을 뻣뻣이 세웠으니
세도가를 돌아볼 틈이 어디 있었으랴?
선비의 절조는 상실된 지 오래 되어
치질을 핥으면서도 달게 여겨 뱉을 줄 모른다.
장구가 어찌 도를 아는 사람이리요만
그의 의론에는 구차한 데가 없다.
나는 차라리 그를 따라 어울려
그 힘으로 썩어빠진 기풍을 물리치리라.

炙手(자수): 손을 불에 쬐다. 손을 불에 쬐면 따뜻하게 되므로 세력이 왕성함을 뜻하기도 한다. 凋喪(조상): 시들어 없어지다. 상실되다. 舐痔(지치): 치질을 핥다. 秦王이 치질이 생겨서 명을 내려 치질을 핥아 주면 수레 다섯 대를 주겠다고 하자 의외로 이를 핥은 사람이 있었다.(《莊子 · 列御寇》) 후에는 이것으로 조그만 이익을 위해 염치를 내팽개치고 세도가에게 아부하는 사람을 풍자하였다. 衰朽(쇠후): 썩어빠진 기풍. 비열한 기풍.

卽事二首

其一

燕子將雛語夏深
綠槐庭院不多陰
西窗一雨無人見
展盡芭蕉數尺心

其二

雙鷺能忙翻白雪
平疇許遠漲清波
鈎簾百頃風煙上
臥看青雲載雨過

[해설] 이 시는 시인이 깊어 가는 여름 경치를 바라보고 즉흥적으로 읊은 시로서, 蘇軾과 마찬가지로 민첩하게 사물의 형상을 포착하여 대자연의 아름다움과 인정을 그려 내었다.

不多陰(부다음): 아직 녹음이 완진히 짙지는 않다는 말로서, 녹음이 짙어 간다는 뜻

즉흥시

제1수

제비가 새끼 데리고 지저귀는 깊어 가는 여름
정원의 느티나무도 녹음이 짙어 간다.
서쪽 창가 비 내린 후에 아무도 보지 않는다
파초가 여러 자 길이의 잎을 다 펼쳤는데도.

제2수

쌍쌍의 백로는 백설을 휘날리듯 그렇게 바쁘고
평평한 전답은 물결 넘실대듯 그렇게 아득하다.
주렴 걷어올리니 바람과 안개 낀 광활한 시야
누워서 바라보니 구름이 비를 싣고 지나간다.

이다. '西窗' 두 구절을 산문식으로 재배열하면 "一雨, 西窗芭蕉展盡數尺心, 無人見"이 될 것이다. **能**(능): 그와 같이. 그렇게. '如此'·'那麽'와 같다. 이 구절은 백로가 날개를 펄럭이며 이리저리 나는 것이 마치 흰 눈이 휘날리는 것 같다는 말이다. **許**(허): 그와 같이. 그렇게. '如此'·'那麽'와 같다.

己酉亂後寄常州使君姪

草草官軍渡
悠悠虜騎旋
方嘗勾踐膽
已補女媧天
諸將爭陰拱
蒼生忍倒懸
乾坤滿群盜
何日是歸年

[해설] 己酉는 宋 高宗 建炎 3年(1129)을 가리킨다. 그 해 金나라 군대가 長江을 건너 11월에 建康을 점령하고 12월에 常州를 공격하였으나 岳飛에게 격퇴당하였다. 그러나 金軍은 공세를 늦추지 않고 계속 밀어붙여 高宗이 바다로 피신하는 지경에까지 이르렀다. 그 당시 조정에 몸을 담고 있던 시인이 杜甫體를 본받아 憂國傷時의 심정을 적은 것이다.

草草(초초): 황급한 모양. 허둥지둥하는 모양. 旋(선): '還'과 같다. 여기서는 金軍의 퇴각을 가리킨다. 嘗勾踐膽(상구천담): 구천처럼 쓸개를 맛보다. 越王 勾踐은 臥薪嘗膽하며 원수를 갚을 뜻을 세워 마침내 吳나라를 멸망시킬 수 있었다.(《史記·勾踐世家》) 이 구절은 적에 항거하여 치욕을 씻겠다는 신념과 행동이 있으니 국가 멸망의 운명을 돌이키고 실지를 회복할 수 있다는 뜻이다. 補女媧天(보여왜천): 옛날에 여왜씨는 하늘의 남동쪽이 터진 것을 보고 돌을 달구어 하늘을 기웠다고 한다.(《淮南子·南冥篇》) 이 구절

기유년의 난리 후 상주태수 조카에게

허둥지둥 관군은 강을 건너 도주하였으니
유유히 남하한 오랑캐는 언제 퇴각하려나?
이제 구천처럼 쓸개 맛을 보았고
이미 여왜처럼 터진 하늘을 기웠다.
장수들이 다투어 형세를 관망할 뿐이니
백성들은 거꾸로 매달린 데서 풀려날 길이 없다.
하늘과 땅에 도적들이 가득 차 있으니
언제나 고향으로 돌아갈 수 있을까?

은 송 왕조가 남동쪽에서 남송 정부를 수립했다는 뜻이다. 陰拱(음공): 수수방관하며 성패를 좌시하다. 남몰래 형세를 관망하다. 《漢書 · 鯨布傳》: "지금 만인의 무리를 거느리고 있는데도 아무도 淮河를 건너지 않고 몰래 팔짱을 끼고서 누가 이길 것인지를 관망하고 있으니, 나라를 남에게 맡긴 자들은 본래 이렇습니까?"(今撫萬人之衆, 無一人渡淮者, 陰拱而觀其孰勝, 夫托國于人者固若是乎?) 倒懸(도현): 거꾸로 매달리다. 《孟子 · 公孫丑下》: "백성들이 기뻐하는 것이 거꾸로 매달린 상태에서 풀려난 것과 같다."(民之悅之, 猶解倒懸也.) '何日' 구절은 제2구와 호응하여 적들이 언제 퇴각할지 모르는 이상 유랑민의 귀향도 언제 이루어질지 알 수 없다는 말이다. 李白 〈奔亡道中〉(其一): "만겹 관문의 요새가 끊어졌으니, 언제나 돌아갈 수 있을까?"(萬重關塞斷, 何日是歸年.) 杜甫 〈絶句二首〉(其二): "금년 봄도 보는 사이에 또 지나가니, 언제나 돌아갈 수 있을까?"(今春看又過, 何日是歸年.)

春日

一春略無十日晴
處處浮雲將雨行
野田春水碧於鏡
人影渡傍鷗不驚
桃花嫣然出籬笑
似開未開最有情
茅茨煙暝客衣濕
破夢午鷄啼一聲

[해설] 이 시는 시인이 봄날에 나들이하여 보고 느낀 것을 순차적으로 묘사한 것이다. 젊은 시절에 지어진 이 시는 전편에 걸쳐 拗句를 구사하여 黃庭堅의 기법을 본받은 면이 있지만 江西派 시와는 달리 淸麗한 정취를 지니고 있다. 이 작품은 당시 널리 애송되어 이 시의 첫구를 詩題로 삼은 사람도 있었다고

봄날

봄 내내 열흘도 만나기 어려운 맑게 갠 날
곳곳에 뜬구름이 비를 몰고 가 버린다.
들판의 봄물은 거울보다 푸르고
나루에 사람이 다가와도 갈매기 놀라지 않는다.
복사꽃은 아리땁게 울타리 밖으로 미소짓는데
피어날 듯 말 듯한 것이 담뿍 성을 담고 있다.
띠풀 집 안개 자욱하여 나그네 옷 젖었는데
어디선가 낮닭 우는 소리가 꿈을 깨운다.

한다.(楊冠卿《客亭類稿》卷11 참고)

'人影' 구절은 나루의 사람들에게 속된 마음이 없다는 것을 갈매기도 알았음인지 가까이 나가가도 놀라지 않는나는 말이다. 嫣然(언연): 어여쁘게 미소짓는 모양. 아리따운 모양.

送胡邦衡之新州貶所二首(其一)

囊封初上九重關
是日清都虎豹閑
百辟動容觀奏牘
幾人回首愧朝班
名高北斗星辰上
身墮南州瘴海間
不待他年公議出
漢廷行召賈生還

[해설] 邦衡은 남송 초기 저명한 主戰派 정치가였던 胡銓의 字이고, 新州는 지금의 廣東省 新興縣이다. 紹興 8年(1138)에 胡銓이 秦檜에 맞서서 그를 탄핵하는 상소를 한 결과 4년 후 新州로 좌천되자 왕정규는 결연한 의지로 이 시를 지어 그에 대한 지지의 뜻을 밝혔다.

囊封(낭봉): 고대에 신하가 황제에게 올렸던 비밀 奏章. 누설되는 것을 방지하기 위해 자루에 넣고 봉했으므로 그렇게 불렀다. 清都(청도): 고대 신화에서 옥황상제가 거주하는 곳. 清都에는 모두 9개의 문이 있는데, 호랑이와 표범이 이 곳을 지킨다고 한다. 여기서 清都는 황궁을, 虎豹는 간신들을 가리킨다. 閑(한): 기두다. 이 두 구절

신주로 좌천되어 가는 胡銓을 전송하며

비밀 상주문이 구중궁궐에 당도하니
그날따라 황궁을 지키던 호랑이와 표범이 갇혔다.
백관들은 상주문을 보고는 안색이 변했지만
그 중에 머리 돌려 부끄러워한 이가 몇이나 될까?
명성은 높아서 북두성 위에 있지만
몸은 남쪽 신주의 상기 어린 바닷가로 떨어졌다.
훗날 공정한 의론이 나오길 기다릴 것도 없이
한의 조정에서 賈誼를 불렀듯이 다시 부르리.

은 胡銓이 秦檜를 탄핵하는 글을 올리자 간신들이 두려워서 마치 淸都의 문을 지키던 호랑이와 표범이 갇히기나 한 것처럼 胡銓의 상소문을 막지 못했다는 말이다. **百辟**(백벽): 百官. **動容**(동용): 안색이 변하다. **奏牘**(주독): 奏章. **朝班**(조반): 조정에서 신하들이 서열에 따라 늘어선 行列. **南州**(남주): 新州를 가리킨다. 新州가 廣東에 있으므로 그렇게 말하였다. **瘴海**(장해): 瘴氣(남쪽의 습하고 더운 땅에서 생기는 독기) 어린 바닷가. **公議**(공의): 공정한 의론. **賈生**(가생): 賈誼. 가의는 漢 王室의 안정을 위해 直言의 글을 올렸다가 대신들의 미움을 사서 長沙王太傅로 좌천되었다. 그러나 얼마 후 漢 文帝가 그를 다시 불러들였다.

二月二日出郊

日頭欲出未出時
霧失江城雨脚微
天忽作晴山捲幔
雲猶含態石披衣
煙村南北黃鸝語
麥壟高低紫燕飛
誰似田家知此樂
呼兒吹笛跨牛歸

[해설] 이 시는 시인이 교외로 나가 바라본 경치를 그려 낸 것인데, 섬세하고 풍부한 묘사력이 돋보인다.

霧失(무실): 안개에 가려 모습이 사라지다. 秦觀 〈踏莎行〉詞: "안개로 누대는 사라지고, 달빛 희미하여 나루 보이지 않아, 桃源을 바라보아도 찾을 길이 없다."(霧失樓臺, 月迷

2월 2일 교외로 나와서

태양이 머리를 내밀 듯 말 듯 할 때
비 같은 안개에 강과 성이 모습을 잃었다.
하늘이 갑자기 개자 산은 장막을 걷고
구름은 교태를 부리며 바위에 옷을 입혔다.
안개 낀 마을 남북에서 꾀꼬리 지저귀고
보리밭에서는 위아래로 제비 날아다닌다.
누가 농부들처럼 이 즐거움을 알려나?
아이 불러 소를 타고 피리 불며 돌아간다.

津渡, 桃源望斷無尋處.) **山捲幔**(산권만): 산이 장막을 걷어올리다. 淸 潘耒 〈江行雜詠〉: "구름이 지나가니 산이 휘장을 걷어올리고 나오는 것 같다."(過雲山似褰帷出.) **石披衣**(석피의): 바위가 옷을 걸치다. 包賀: "안개는 산의 두건이다."(霧爲山巾子.)(《北夢瑣言》 卷7) 蘇軾 〈新城道中〉: "고개 위에는 개인 구름이 솜 모자를 걸치고 있다."(嶺上晴雲披絮帽.) 아이 불러 소를 타고 피리 불며 돌아가는 사람은 앞 구절의 농부들이다.

烏江

生當作人傑
死亦爲鬼雄
至今思項羽
不肯過江東

[해설] 靖康之變으로 송나라가 강북지방을 빼앗기고 강남지방으로 쫓겨났을 때 高宗을 비롯한 많은 집권자들이 일신의 안일만 추구하며 잃어버린 강산을 수복하는 데 뜻을 두지 않자 뜻 있는 애국지사들이 분통을 터뜨렸다. 이 시는 이청조가 고종을 항우와 대비시킴으로써 비겁하고 안일한 그의 작태에 경종을 울린 것이다.

烏江(오강): 지금의 안휘성 和縣에 있는 강. 초나라와 한나라가 싸울 때 項羽가 패배

오강

살아서는 마땅히 인걸이 돼야 하고
죽어서도 귀신 중의 영웅이 돼야 하리.
사람들은 오늘날도 항우를 생각하나니
그는 끝내 강동으로 건너가려 않았다지.

하여 자살한 곳이다. 項羽(항우): 秦나라 말 농민 봉기군의 영수로 진나라가 망한 뒤 스스로 西楚霸王에 올랐다. 나중에 劉邦과 천하를 다투다가 垓下에서 한나라 군사에게 포위되었으나 혼자 포위망을 뚫고 도망하여 烏江에 이르렀을 때 烏江亭長이 얼른 강을 건너라고 재촉하자 자기 수하에 있던 江東의 자제 8천 명이 모두 전사한 터라 강동의 어르신네들을 뵐 면목이 없다면서 마침내 칼을 뽑아 자신의 목을 찔러 자살했다. 江東(강동): 長江 하류 지역. 일반적으로 장강 남쪽에 있는 안휘성 蕪湖에서 강소성 南京에 이르는 지역을 가리킨다.

春殘

春殘何事苦思鄉
病裏梳頭恨髮長
梁燕語多終日在
薔薇風細一簾香

[해설] 늦은 봄, 남편과도 사별하고 고향마저 갈 수 없는 상태에서 혼자 병마와 싸워야 하는 자신의 외롭고 쓸쓸한 신세를 읊은 것이다.

늦봄

봄빛이 저무는데 무엇 때문에
이토록 고향이 그리워지나?
아픈 몸을 일으켜 머리 빗으니
머리카락 길어서 한스럽구나.
들보 위의 제비는 지지배배 지지배배
무슨 할 말 저리 많아 종일 앉아 조잘대나?
장미꽃에 산들산들 봄바람 불어
온 발에 향내가 가득하구나.

春殘(춘잔): 봄이 저물다. 苦(고): 극도로. 심히. 一簾(일렴): 한 발 가득.

兵亂後雜詩五首

其一

晩逢戎馬際
處處聚兵時
後死翻爲累
偸生未有期
積憂全少睡
經劫抱長飢
欲逐范仔輩
同盟起義師

[해설] 欽宗 靖康 원년(1126) 정월 금나라 군사가 북송의 도성 汴京(지금의 하북성 開封)을 침공하기 시작하여 이 해 윤11월에 마침내 함락시키고 이듬해 봄에 휘종과 흠종을 포로로 끌고 갔다. 여본중은 전란이 끝난 뒤에 변경으로 돌아가 망가지고 황폐해진 도성의 모습을 보고 이 연작시를 지었다. 이 시들은 《東萊先生集》에는 수록되어 있지 않고 方回의 《瀛奎律髓》 卷32 〈忠憤類〉에 5수가 수록되어 전하는데 방회의 말에 의하면 원래는 29수로 이루어져 있었다고 한다. 이 시들은 전란으로 파괴된 도성의 참담한 모습, 그 속에서 겨우 목숨만 부지하고 있는 백성들의 생활상, 무능과 사리사욕으로 이러한 현실을 초래한 위정자들에 대한 분노 등을 그림으로써

전란을 겪고 나서

제1수

늘그막에 전시를 만났네.
곳곳에 군사가 우글거리는 때를 만났네.
죽지 않고 남은 것이 외려 내게 누가 되네.
구차한 삶이라 기약도 없네.
근심이 쌓여서 잠을 전혀 잘 수 없네.
겁탈을 당한 뒤에 오래 주린 배를 안네.
나도야 범자의 무리를 따라
의병을 일으키기로 동맹을 맺고 싶네.

각각 다른 측면에서 당시의 역사적 사실을 반영하고 있다.

兵亂(병란): 금나라가 북송의 도성 汴京을 함락시키고 두 황제를 포로로 끌고 간 靖康之變을 가리킨다. 晩逢(만봉): 당시 그의 나이는 사십대 중반이었다. 後死(후사): 전란 중에 죽지 않고 살아 남음을 뜻한다. 翻(번): 도리어. 오히려. '反'과 같다. 累(누): 남의 잘못으로 말미암아 입는 괴로움이나 손해. 偷生(투생): 마땅히 죽어야 할 때 죽지 않고 욕된 삶을 꾀하다. 范仔(범자): 하북 지방의 평민으로 의병을 일으켜 항금투쟁에 종사했던 사람. 여본중 자신의 주에 "근래에 하북 지방의 평민 범자가 의병을 일으켰다는 말을 들었다"(近聞河北布衣范仔起義師)라고 했다.

其四

萬事多飜覆
蕭蘭不辨眞
汝爲誤國賊
我作破家人
求飽羹無糝
澆愁爵有塵
往來梁上燕
相顧却情親

其五

蝸舍嗟蕪沒
孤城亂定初
籬根留敝屨
屋角得殘書
雲路慙高鳥
淵潛羨巨魚
客來缺佳致
親爲摘山蔬

蕭蘭(소란): 쑥과 난초. 屈原의 〈離騷〉에 “난초와 어수리가 변하여 향기를 잃고, 전혜가 변하여 띠풀이 되었네. 어찌하여 옛날에는 향기롭던 화초가, 지금은 바로 이 쑥이 되었나?”(蘭芷變而不芳兮, 荃蕙化而爲茅. 何昔日之芳草兮, 今直爲此蕭艾也)라고 한 데서 비롯된 말로 각각 악인과 호인을 비유하는 말로 쓰인다. 여기서는 蔡京·童貫 등의 간신과 李綱·宗澤 등의 충신을 가리킨다. 汝(여): 蔡京·童貫 등 나라를 망친 당시의 간신배들

제4수

이 세상 모든 일 뒤집힐 때가 많은 법
쑥과 난의 진위를 가리지 못하였네.
너희는 나라 망친 도적들이요
이 몸은 집안 망친 불쌍한 인간
배를 불리자니 국에 건더기 없고
근심을 떨치자니 잔에 먼지 앉았네.
날아 갔다 날아 오는 들보 위의 제비들
서로 돌아보는 모습 사람보다 다정하네.

제5수

달팽이 집들이 잡초에 묻혀 있는
외로운 성곽에 전란이 갓 끝난 때
울타리 아래에는 해진 짚신이 뒹굴고
초가집 모퉁이엔 찢어진 책이 흩어졌네.
구름 속에 높이 나는 새에게 부끄럽고
연못 속에 깊이 숨은 큰 고기가 부럽네.
손님이 찾아와도 대접할 것이 없어
몸소 산에 올라가서 산나물을 캐 온다네.

을 가리킨다. 糝(삼): 쌀의 낟알. 澆愁(요수): 술을 마심으로써 근심을 잊다. 이 구절은 마실 술이 없음을 뜻한다. 蝸舍(와사): 달팽이 집. 초라한 집을 가리킨다. 蕪沒(무몰): 잡초가 무성하여 뒤덮다. 敝屨(폐구): 해진 신. 雲路(운로): 새가 날아다니는 구름 속의 길. 淵潛(연잠): 물 속에 깊숙이 숨다. 佳致(가치): 멋진 情致. 좋은 음식으로 멋지게 접대하는 일을 가리킨다.

春日卽事二首(其二)

病起多情白日遲
强來庭下探花期
雪消池館初春後
人倚闌干欲暮時
亂蝶狂蜂俱有意
兎葵燕麥自無知
池邊垂柳腰支活
折盡長條爲寄誰

[해설] 오랫동안 병상에 누워 있다가 막 일어나 한창 예민해진 감수성으로 대면한 초봄의 경색과 그에 따른 자신의 외로움을 그린 것이다.

卽事(즉사): 눈앞의 사물에 감정이 촉발되어 즉흥적으로 짓다. 白日遲(백일지): 봄이 되어 해가 길어졌음을 뜻한다. 探花期(탐화기): 꽃이 피는 시기를 살피다. 꽃이 얼마나 피었으며 앞으로 어떤 꽃이 더 필 것인지 등의 상황을 알아본다는 뜻이다. 池館(지관): 연못가에 세워진 객사. 有意(유의): 무언가를 하려는 의향이 있다. 兎葵燕麥(토규연맥):

봄날

병상에서 일어나니 다정한 해 꾸물꾸물
억지로 마당으로 와 꽃 필 시기를 알아본다.
초봄 들어 눈이 녹은 연못가의 객사에서
해 저무는 저녁 나절에 난간에 기대 선다.
어지러운 벌 나비는 모두 뜻이 있는데
토규와 귀리는 여전히 무심하다.
연못가의 수양버들은 허리가 간들간들
그 긴 가지 다 꺾은들 누구에게 보낼꼬?

토규와 귀리. 흔히 유명무실한 것의 비유로 쓰인다. 自(자): 본래부터. 변함없이 여전히. 無知(무지): 지각이 없다. 腰支(요지): 허리. '腰肢'와 같다. 折盡(절진)~: 옛날에 중국에는 길 떠나는 사람에게 버들가지를 꺾어 줌으로써 이별을 아쉬워하는 자신의 감정을 전달하는 풍습이 있었다. '柳'와 '留'의 발음이 비슷한 데서 비롯된 것이다. 여기서는 본래의 의미를 약간 변형한 것으로 주변에 자기 마음을 받아 줄 친애하는 사람이 없음을 뜻한다.

柳州開元寺夏雨

風雨瀟瀟似晚秋
鴉歸門掩伴僧幽
雲深不見千巖秀
水漲初聞萬壑流
鐘喚夢回空悵望
人傳書至竟沈浮
面如田字非吾相
莫羨班超封列侯

[해설] 남송 초기에 온갖 고초를 다 겪은 여본중은 북방을 떠나 남방으로 가서 광동 · 광서 · 호남 등지를 유랑했다. 이 시는 이 무렵의 어느 여름날 柳州에 있는 개원사에서 지은 것이다. 미어지는 향수와 곤궁으로 점철된 유랑생활에의 염증이 잘 드러나 있다.

柳州(유주): 지금의 廣西省에 있는 고을. 悵望(창망): 슬픔을 안고 바라다. 人傳(인전)~: 다른 사람이 전할 편지가 끝내 물에 버려지는 지경에 이르다. 殷洪喬가 豫章太守가 되어 부임하러 할 때 어떤 京都 사람이 편지 100여 통을 주면서 전해 달라고 부탁했는데

유주 개원사의 여름비

비바람이 우수수 늦가을만 같은데
까마귀도 돌아간 적막한 절간에서
문을 닫고 고즈넉이 스님을 벗삼는다.
구름이 깊어 일천 바위의 멋진 자태 안 보이고
물이 불어 일만 계곡의 물 소리가 들려 온다.
종소리에 꿈이 깨어
부질없이 서글프게 소식을 기다리는데
인편에 보낸 편지가 버려지고 말았나 보다.
네모 반듯한 얼굴은 나의 상이 아니니
제후에 봉해진 반초를 부러워하지는 않는다.

그는 "뜰 놈은 절로 뜨고 가라앉을 놈은 절로 가라앉으리라. 은홍교가 남의 편지나 전해주는 우체부가 될 수는 없지"라고 하면서 편지를 몽땅 물 속에 던져 버렸다.(《世說新語 · 任誕》 참조) **面如田字**(면여전자): 옛날 중국 사람들은 田字처럼 네모 반듯한 얼굴을 부귀한 상이라고 여겼다. 《南齊書 · 李安民傳》에 의하면 齊나라의 유명한 장수였던 이안민은 얼굴이 田字처럼 네모 반듯하여 제후에 봉해질 상이었다고 한다. **班超**(반초): 후한 때의 유명한 장수. 그는 제비 턱과 호랑이 목을 가져 관상쟁이가 제후에 봉해질 상이라고 했는데 나중에 과연 붓을 버리고 종군하여 서역정벌에서 공을 세움으로써 定遠侯에 봉해졌다.(《後漢書 · 班超傳》 참조) **列侯**(열후): 지위의 고하에 따라 차례로 늘어선 제후.

連州陽山歸路

稍離煙瘴近湘潭
疾病衰頹已不堪
兒女不知來避地
强言風物勝江南

[해설] 전란을 피하여 廣東의 陽山으로 갔다가 다시 湖南의 湘潭으로 돌아가는 도중에 지은 것이다.

연주 양산에서 되돌아가는 길에

풍토병 약간 벗어나니 상담이 가까운데
질병으로 쇠퇴해져 이미 몸을 못 가누겠네.
아이들은 이것이 피란인 줄 모르고
경치가 강남보다 더 좋다고 소리치네.

連州(연주): 지금의 광동성 連縣 일대. 陽山(양산): 連州의 屬縣으로 지금의 광동성 陽山縣. 煙瘴(연장): 열대지방인 남방의 풍토병. 瘴氣. 湘潭(상담): 지금의 호남성에 있는 고을. 避地(피지): 전란을 피하여 타향으로 가서 살다. 피란하다. 風物(풍물): 풍경. 경치.

夢

夢入長安道
萋萋盡春草
覺來春已去
一片池塘好

[해설] 적의 수중에 빠져 있는 옛 서울 汴京(지금의 하남성 開封)으로 돌아가고 싶은 간절한 심정을 읊은 것이다.

꿈

꿈 속에 장안 길로 들어갔더니
봄 풀이 더부룩이 잔뜩 자라 있었네.
깨어 보니 봄은 이미 간 곳이 없고
한 조각 연못만 아름답게 펼쳐졌네.

長安(장안): 송나라의 서울 汴京을 가리킨다. 萋萋(처처): 잎이 무성한 모양. 春已去(춘이거): 희망이 사라졌음을 뜻한다.

三衢道中

梅子黃時日日晴
小溪泛盡却山行
綠陰不減來時路
添得黃鸝四五聲

[해설] 이 시는 시인이 衢州의 길을 가던 도중에 풍물을 보고 느낀 신선한 감각을 묘사한 일종의 기행시이다. 三衢는 衢州(행정중심지는 지금의 浙江省 衢縣이다)인데, 경내에 三衢山이 있어서 이 이름을 얻게 되었다. 시절이 매실이 익어 가는 초여름의 장마기간인데도 불구하고 며칠 날이 개어 길 가는 사람의 가뿐한 마음과 올 때와 갈 때의 계절의 변화를 꾀꼬리 울음소

우주의 길목에서

매실 노랗게 익어 가는 장마철에 날마다 날이 개어
작은 시내 배 타고 오르다 다시 산길로 접어들었다.
싱그런 녹음은 올 때와 다름이 없는데
꾀꼬리 울음소리 들리는 것이 새롭구나.

리를 통해 표현하는 섬세한 감각이 돋보이는 작품이다.

梅子黃時(매자황시): 매실이 노랗게 익어 가는 음력 5월 무렵을 가리킨다. 泛盡(범진): 배를 타고 시내를 갈 수 있는 데까지 가다. 却(각): 다시. '再'와 같다. 不減(불감): …보다 못하지 않다. …보다 적지 않다. 添得(첨득): 없던 것이 새로 첨가되다.

蘇秀道中自七月二十五日夜大雨三日, 秋苗以蘇, 喜而有作

一夕驕陽轉作霖
夢回凉冷潤衣襟
不愁屋漏牀牀濕
且喜溪流岸岸深
千里稻花應秀色
五更桐葉最佳音
無田似我猶欣舞
何況田間望歲心

[해설] 이 시는 高宗 紹興年間(1131~1162)에 시인이 浙西提點刑獄으로 있을 때 蘇州에서 秀州(지금의 浙江省 嘉興市)로 가던 도중에 지었을 것이다. 시인은 오랜 가뭄 끝에 내리는 단비를 보고 그 기쁨을 시로 엮어 내었는데, 농민의 기쁨을 헤아리는 그의 마음을 통해 관리와 농민들 사이의 거리가 신분적으로나 감각적으로나 한결 가까워졌음을 알 수 있다.

驕陽(교양): 교만하리만큼 기승을 부리는 더위. **夢回**(몽회): 꿈에서 깨어나다. 잠에서 깨어나다. '夢醒'과 같다. '不愁' 두 구절은 杜甫 〈茅屋爲秋風所破歌〉: "침상마다 비가 새어

소주에서 수주로 가던 도중 7월 25일 밤부터 사흘 동안 큰비가 내려 가을 곡식이 소생하였으므로 기뻐서 짓는다

그토록 무덥더니 밤사이에 비가 내렸던지
서늘하여 잠을 깨고 보니 옷깃이 촉촉하다.
비가 새서 침상이 젖는 건 근심거리도 안 되니
골짜기마다 시냇물이 불었으니 기쁘지 않은가!
이로써 천리에 걸쳐 벼가 되살아났을 것이니
밤새 오동잎에 떨어지는 빗방울소리가 너무 좋구나.
농사짓지 않는 나도 이렇게 기뻐 춤바람이 나는데
일 년 내내 풍년만 바라는 농부들이야 오죽하랴!

마른 곳이 없다"(牀牀屋漏無乾處)와 〈春日江村〉: "봄물이 흘러 골짜기마다 깊다"(春流岸岸深)에서 나왔다. **秀色**(수색): 아름다운 안색. 여기서는 단비를 맞고 소생한 벼의 모습을 형용하였다. 이 구절은 唐 殷堯藩 〈喜雨〉시 첫번째 구절과 똑같다. **五更桐葉**(오경동엽): 밤새 오동잎에 떨어지는 빗방울소리. 이것은 중국 구시에서 통상 사람을 수심에 잠기게 하는 이미지로 등장하는데, 증기는 이것을 '가장 듣기 좋은 소리'라고 하여 비를 반기는 마음상태를 감동적으로 표현하였다. '五更'은 밤 시간을 표현하는데, 이를 통해 시인이 잠에서 일단 깨어난 후에는 다시 잠을 이루지 못했음을 알 수 있다. **望歲心**(망세심): 풍년이 들기만을 바라는 농부들의 마음.

壬戌歲除作明朝六十歲矣

禪榻蕭然丈室空
薰銷火冷閉門中
光陰大似燭見跋
問學秖如船逆風
一歲臨分驚老大
五更相守笑兒童
休言四十明朝過
看取霜髯六十翁

[해설] 이 시는 시인이 60세가 되기 전날 밤, 즉 高宗 紹興 12年(1142) 섣달 그믐날 자신의 처지와 지나온 인생에 대한 감개를 쓴 것이다. 이 때 시인은 秦檜에 의해 배척을 받아 은둔 상태에 들어가 있었는데, 그 당시의 심정을 담담하면서도 호소력 있게 잘 표현하였다.

禪榻(선탑): 좌선할 때 사용하는 의자. 蕭然(소연): 쥐죽은 듯이 고요한 모양. 丈室(장실): 사방 1丈(열 자)의 작은 방. 薰(훈): 향초의 일종으로 뿌리 부분을 건조시켜 향으로 사용한다. '閉門中'은 시인이 은둔 상태에 있음을 암시하였다. 燭見跋(촉현발): 촛불이 다 타서 밑을 받치고 있는 촛대가 드러나다. 이 표현은《禮記·曲禮上》의 "촛불이 다 타서 그 밑을 받치고 있는 촛대가 드러나지 않게 하다"(燭不見跋)에서 따온 것이다. 問學(문학): 학문. 학문의 추구. 船逆風(선역풍): 역풍을 맞고 있는 배. 이 말은 당시 시인의

임술년 섣달 그믐날에, 내일 아침이면 60세로다

참선하는 의자 고요하고 좁은 방 텅 비었는데
닫힌 문 안에서 훈향 꺼지고 화롯불 식었다.
세월이 크게 흘러 촛불이 다 타 들어간 듯한데
학문은 다만 역풍을 맞은 배와 같다.
한 해가 바뀌려 하니 노인이 되었음에 놀라고
함께 뜬눈으로 밤을 시새는 아이들 비웃는다.
내일 아침이면 사십 세가 가 버린다고 말하지 마오
바라보니 서릿빛 수염의 육십 먹은 늙은이로다.

암울한 처지를 암시한 것이다. 老大(노대): '老年'과 같다. 賀知章 〈고향에 돌아와서(回鄉偶書)〉: "젊어서 집을 떠나 늙어서야 돌아오니, 사투리는 변함 없으나 살쩍이 다 빠졌다."(少小離家老大回, 鄉音無改鬢毛衰.) 五更(오경): 황혼 무렵부터 다음 날 새벽까지의 시간(대략 오후 7시경부터 다음 날 오전 5시경까지). 여기서는 이것으로 밤을 지칭하였다. 守(수): '守歲'(음력 섣달 그믐날에 밤을 새면서 새해를 맞다)의 뜻이다. 옛날에는 섣달 그믐날 밤에 가족이 모여 앉아 함께 밤을 새면서 새해를 맞는 습관이 있었다. 休言(휴언): 말하지 말라. '勿言'과 같다. "四十明朝過"는 杜甫 〈두위의 집에서 제야를 보내며(杜位宅守歲)〉: "사십의 인생이 내일 아침이면 가 버리니, 떠오르던 태양이 어느덧 황혼을 향해 기운다"(四十明朝過, 飛騰暮景斜)에서 따온 것이다. 看取(간취): '看'과 같다. '取'는 조사로서 뜻이 없다.

襄邑道中

飛花兩岸照船紅
百里楡堤半日風
臥看滿天雲不動
不知雲與我俱東

[해설] 진여의는 政和 3년(1113) 上舍甲科에 급제하여 3년 동안 開德府 敎授를 맡았다. 이 시는 임기 만료 후인 정화 7년 晩春에 襄邑을 지나 東京으로 들어갈 때 지은 것이다. 수도로 들어가는 한 젊은이의 정치적 포부와 기대에 찬 모습이 뱃길의 빠름과 구름을 통해 경쾌하고도 한가롭게 잘 드러나 있다. 백묘 수법을 사용하여 경관의 묘시가 생동감 있고 자연스럽다.

양읍 가는 길에

양편 언덕에서 휘날리는 꽃잎 배를 붉게 비추고
백 리 느릅나무 둑길이 순풍에 반나절 걸렸다.
누워 바라보니 하늘 가득 구름은 움직이지 않더니
구름과 나 함께 동쪽으로 가는 것을 몰랐구나.

襄邑이란 지금의 河南 睢縣이다. 당시에는 汴河가 東京(開封)으로 통해 있었다.

楡堤(유제): 느릅나무 둑. 배가 순풍을 타고 반나절에 백 리를 달리는데 둑을 따라 모두 느릅나무가 있다는 말이다.

中牟道中二首

其一

雨意欲成還未成
歸雲却作伴人行
依然壞郭中牟縣
千尺浮屠管送迎

其二

楊柳招人不待媒
蜻蜓近馬忽相猜
如何得與涼風約
不共塵沙一併來

[해설] 宣和 4년(1122) 여름 진여의는 모친의 3년상을 마치고 7월 太子博士로 임용되어 入京한다. 이 때 中牟(지금의 河南省에 있음)를 지나가며 이 시를 지었다. 승진하여 다시 관직 길에 오르는 여로 중의 상쾌하고 흥분된 감정을 의인법을 적용하여 유머스럽게 표현하였다.

중모 가는 길에

제1수

비 올 조짐 보이더니만 아직 내리지 않고
돌아가는 구름은 오히려 날 길 동무해 간다.
예나 다름없는 허물어진 성곽의 중모현
높다란 寶塔만이 가는 사람 보내고 오는 사람 맞이한다.

제2수

수양버들은 중매서길 기다리지 않고 나에게 손짓하고
잠자리는 말에게 다가왔다가는 불현듯 의심나 날아오른다.
어찌하면 시원한 바람의 약속 얻어 내어서
흙먼지 일으키지 않고 불게 할 수 있을까.

진여의는 〈至陳留〉에서도 또한 "안개 가에 우뚝 솟은 탑, 손짓한들 어찌 돌아올 수 있겠는가"(烟際亭亭塔, 招人可得回)라고 하였다. 浮屠는 寶塔이다. 蘇軾의 〈南鄉子〉詞에 "어찌하면 임평산 위의 탑과 같이 우뚝 솟아, 서쪽에서 오는 손 맞이하고 떠나가는 손 전송할까?"(誰似臨平山上塔, 亭亭, 迎客西來送客行)라고 한 것을 참조할 것.

相(상): 살피보다. 《詩詞曲語辭匯釋》: "視也(察視)."

清明

卷地風拋市井聲
病夫危坐了清明
一簾晩日看收盡
楊柳微風百媚生

[해설] 이 시는 宣和 5년(1123)에 지은 것이다. 宣和 4년(1122)에 진여의는 知州 葛勝仲의 추천으로 그의 〈墨梅〉詩가 徽宗에게 칭찬을 받게 되었고, 이 때는 아직 좌천되기 이전이다. 당시 진여의의 명성은 이미 드높았으니 이 시는 실제로 실의한 모습이 아닌 일종의 假象으로 보여진다. 전체적으로 억양이 있고 음조가 맑으며 백묘 수법으로 내심의 감정을 펼쳐, 전반적인 풍격이 청신하다. 潘德輿는《養一齋詩話》에서 "당인의 감정표현 및 기백과 좁쌀만큼의 차이도 없다"(與唐人聲情氣息不隔累黍)라고 하였다.

청명

땅을 휩쓸며 바람은 거리의 떠들썩한 소리 던지는데
병든 몸 단정히 앉아 청명을 다 보낸다.
한 자락 발에 석양 다하도록 바라보자니
수양버들 미풍에 온갖 아리따운 자태 생겨난다.

卷地(권지): 땅을 휩쓸다. 韓愈 〈雙調〉 "봄바람이 땅을 휩쓸어 오른다."(春風卷地起.) 市井聲(시정성): 저잣거리의 떠들썩한 소리. 이 구절은 黃庭堅 〈張處士仁亭詩〉: "저잣거리의 떠들썩한 소리 낮잠을 깨우고"(市聲鼛午枕)와 陳師道 〈春夜〉: "바람은 저녁 저잣거리 떠들썩한 소리의 방향을 바꾼다"(風回晩市聲)에서 취하여 썼다. 百媚生(백미생): 온갖 아리따움이 생겨나다. 이 구절은 白居易 〈長恨歌〉의 "눈 흘기며 살짝 웃으니 온갖 아리따움 생겨난다"(回眸一笑百媚生)에서 취했다.

登岳陽樓二首(其一)

洞庭之東江水西
簾旌不動夕陽遲
登臨吳蜀橫分地
徙倚湖山欲暮時
萬里來遊還望遠
三年多難更憑危
白頭弔古風霜裏
老木蒼波無限悲

[해설] 靖康 원년(1126) 정월 金兵이 쳐들어오자 陳留 酒監으로 있던 진여의는 남쪽으로 피란길에 오른다. 이 시는 고종 建炎 2년(1128) 가을 즉 靖康의 變 3년 후에 지어진 작품으로, 시인이 악양루에 오른 감회를 읊은 시이다. 元 方回는《瀛奎律髓》권1에서 "전부가 비장격렬하다. ……가깝게는 황정견에 가깝고 멀리는 두보에 다다른다"(皆悲壯激烈 ……近逼山谷, 遠詣老杜)라고 평했다. 공간적으로 광활함을 상징하는 天地·江山과 시간적으로 쓸쓸한 시점인 秋·暮를 복합적으로 활용하여 意境이 깊고 기상이 드넓으며 悲壯함을 지녀 杜詩의 格調를 띠고 있다. 두보의 〈登高〉 頸聯 "만리 밖 슬픈 가을 한결같은 나그네 몸이요, 한 평생 병 앓는 몸 혼자 臺에 오른다"(萬里悲秋常作客, 百年多病獨登臺)의 의경과 유사하다.

악양루에 올라

동정호의 동쪽 양자강의 서쪽
뉘엿뉘엿 지는 석양 아래 바람 한 점 없다.
굽어보니 吳와 蜀이 땅을 나누었던 곳이고
지금껏 거쳐 왔던 山河엔 황혼이 깃든다.
만리 떠돌아온 곳 다시 멀리 바라보고
다난했넌 삼 넌을 뒤로 하고 다시 난간에 기댄다.
백발의 몸으로 서릿바람에 옛 일을 생각하니
고목과 푸른 물결이 무한한 슬픔을 일으킨다.

岳陽樓는 湖南 岳陽에 있으며 唐 이래 명승지로 꼽힌다.

簾旌(염정): 발 끝에 엮어 놓은 천. 이것이 움직이지 않는다는 것은 바람이 전혀 불지 않는다는 말이다. 《삼국지》 권47 〈孫權傳〉에는 建安 7년(202)에 吳와 蜀이 荊州를 쟁탈할 때 오나라 장군 魯肅이 병사 만 명을 이끌고 巴丘(지금의 湖南 岳陽)에 주둔했다(魯肅以萬人屯巴丘)고 되어 있다. 杜甫 〈登岳陽樓〉: "오와 초 동남으로 갈려 있고, 하늘과 땅이 밤낮으로 떠 있다."(吳楚東南拆, 乾坤日夜浮.) 吳와 楚는 춘추시대의 나라 이름으로 오나라는 동정호의 동쪽인 강서성과 강소성 일대이고 초나라는 동정호의 남쪽인 호남성과 북쪽인 호북성 일대를 차지했었다. 이 시는 建炎 2년(1128) 가을에 지은 시로 진여의는 靖康 원년(1126) 봄부터 피란하기 시작하였으므로 삼 년이라고 하였다. 弔古(조고): 옛날의 일을 회상하며 슬퍼하다.

雨中對酒庭下海棠經雨不謝

巴陵二月客添衣
草草杯觴恨醉遲
燕子不禁連夜雨
海棠猶待老夫詩
天翻地覆傷春色
齒豁頭童祝聖時
白竹籬前湖海闊
茫茫身世兩堪悲

[해설] 建炎 2년(1128) 가을 진여의는 巴陵(지금의 湖南省 岳陽)에 도착하여 수개월 지난 후 화재를 만나 王接의 후원에 있는 君子亭을 빌려 거처하게 되었다. 이 시는 建炎 3년 2월 시인이 군자정에 거처할 때 지은 것이다. 巴陵 仲春의 변덕스런 날씨 아래 시인의 초췌하고 무력한 모습이 感世憂時의 마음상태를 짙게 자아내 주고 있다.

草草(초초): 허둥내는 모양. 허겁지겁하는 모양. **傷春色**(상춘색): 봄빛을 가슴아파하다.

비 오는 가운데 술 마주했는데, 뜰 아래 해당화가 비를 맞고도 지지 않아서

파릉에 이월이 왔는데도 나그네는 옷 껴입고
허겁지겁 술잔 들이키며 더디 취함을 탓한다.
밤새도록 내리는 비는 제비도 견딜 수 없건만
해당화는 오히려 늙은이가 시 읊기를 기다린다.
천지 뒤집히어 봄빛 마저 가슴아파
이 빠지고 머리 빠진 몸 그저 태평성대를 기원한다.
흰 대나무 울타리 앞 세상은 광활한데
의지할 데 없는 이 몸과 세상이 서로 슬픔을 삭인다.

이것은 두보 〈傷春〉(其一): “온 천지 비록 戰亂 가득하나, 봄빛은 나날이 절로 짙어진다”(天下兵雖滿, 春光日自濃)나 〈春望〉: “國都는 파괴되었어도 산과 강은 그대로 있고, 성에는 봄이 되어 초목이 무성하다”(國破山河在, 城春草木深)의 뜻이다. **齒豁頭童**(치활두동): 이가 빠지고 머리가 벗겨지다. **白竹籬**(백죽리): 대 울타리가 햇빛을 받아 하얗게 반사되는 것을 말한다. **茫茫**(망망): 넓고 아득한 모양. 여기서는 이것으로 광활한 세상 앞에서 의지할 데 없는 모습을 형용하였다.

春寒

二月巴陵日日風
春寒未了怯園公
海棠不惜臙脂色
獨立濛濛細雨中

[해설] 이 시는 高宗 建炎 3년(1129) 2월에 쓴 시이다. 이 당시 金兵은 青州 徐州를 함락하고 楚州를 침공하여 강북을 석권할 기세였다. 이 때 고종은 揚州에서 鎭江으로 도피했다가 다시 杭州로 돌아왔다. 진여의는 건염 2년(1128) 가을 岳陽에 도착하여 몇 달을 머문 뒤 건염 3년 정월에 화재를 겪게 되어 郡守 王接(字는 粹翁으로 哲宗 때 樞密直學士였던 王岩叟의 아들이다)의 後園인 君子亭에 잠시 거처했다. 이 시는 그 때 쓴 것으로, 봄추위 속에 가랑비를 맞으며 홀로 서 있는 해당화의 고고한 모습을 그려 냄으로써 자신을 투영시켰다.

巴陵은 湖南의 岳陽이다. 1129년 정월 진여의가 岳州에 머물 때 큰 화재가 발생하여 郡

봄추위

이월의 파릉엔 날마다 바람 불고
봄추위 가시지 않아 園公을 움츠러들게 한다.
해당화는 연지 빛 아깝지도 않은지
부슬부슬 내리는 가랑비 속에 홀로 서 있다.

守 王接의 후원인 君子亭을 빌려 잠시 기거했다. 그리하여 스스로 園公이라 일컬었다.
濛濛(몽몽): 비가 부슬부슬 내리는 모양. 진여의의 〈수옹을 모시고 군자정 아래에서 술을 들며(陪粹翁擧酒君子亭下)〉에는 "저물녘에 부슬부슬 비가 내려 해당화를 적신다"(暮雨霏霏濕海棠)라고 하였다. 그러나 두보 〈곡강에서 비를 대하고(曲江對雨)〉의 이른바 "숲 꽃이 비에 젖어 연지가 축축하다"(林花著雨胭脂濕)라고 한 것은 이 시의 의경을 뛰어넘을 수 없다. 宋祁의 〈錦纏道〉詞에 "해당화가 비를 맞고 나니 연지가 환히 비친다"(海棠經雨胭脂透)라고 하였고 王雱의 〈倦尋芳〉詞에 "해당화가 비에 젖어 연지가 환히 비친다"(海棠著雨胭脂透)라고 한 것도, 다만 두보의 시구에 鍊字를 한 것일 따름으로 진여의의 이 시 같은 풍치는 없다.(錢鍾書《宋詩選注》注)

傷春

廟堂無策可平戎
坐使甘泉照夕烽
初怪上都聞戰馬
豈知窮海看飛龍
孤臣霜髮三千丈
每歲烟花一萬重
稍喜長沙向延閣
疲兵敢犯犬羊鋒

[해설] 이 시는 高宗 建炎 4년(1130) 봄 邵陽(지금의 湖南省에 속함)에서 지은 시이다. 胡穉의 《簡齋先生年譜》에 의하면 진여의는 건염 4년 봄 소양에 도착하여 紫陽山에 머물렀다. 건염 3년 11월 金兵이 대거 장강을 건너 建康(지금의 江蘇省 南京)을 공격하여 함락시켰고 12월에 臨安(지금의 杭州)으로 쳐들어가자 고종은 明州(지금의 浙江省 寧波)로 피란해 배를 타고 바다로 나갔다. 건염 4년 정월 金兵이 明州를 격파하고 水軍으로 고종을 추격하자 고종은 바다로 도망해 溫州(浙江省에 속함)에 다다랐다. 진여의는 이 소식을 듣고 분개하고 염려하는 마음으로 이 시를 지은 것이다. 두보 시의 웅혼한 기세와 격조를 보여 주고 있다.

'坐使'구는 변경에서 위급함을 알리는 봉화의 신호가 황제의 궁전을 모두 붉게 비춘다는 말이다. 《史記》〈匈奴列傳〉에 漢 文帝 때에 "변경의 봉화가 감천까지 이어졌다"(邊烽火通於甘泉)라고 하였는데, 漢나라 황제의 行宮이 陝西 涼化 甘泉山에 있었다. 坐는 '正', '適', '遂', '因'의 뜻이다.(《詩詞曲語辭匯釋》)

上都(상도): 상도란 首都를 말한다. 窮海(궁해): 멀리 떨어져 있는 바다. 飛龍(비룡): 하

봄날에 가슴아파서

조정에 오랑캐 평정할 만한 계책 없으니
마침내 봉화가 甘泉宮을 비추게 하였다.
당초 수도에 전마 소리 듣고 이상히 여겼지
어찌 그 먼 바다에 비룡 보일 줄 알았으리.
외로운 신하는 서릿빛 머리가 삼천 길 되고
해마다 안개에 젖은 꽃은 일만 겹이다.
자못 기쁘구나 長沙의 상자인이
지친 병사들로 金나라 병사를 공격한다니!

늘을 나는 용. 여기서는 南宋의 高宗皇帝를 가리킨다. 이백의 〈秋浦歌〉(其十五)에서 "하얗게 센 머리는 3천 길인데, 시름 때문에 이처럼 길어졌다"(白髮三千丈, 緣愁似個長)라고 하였고, 두보의 〈傷春〉(其一)에서는 "관문이 있는 요새는 3천 리이고, 안개에 젖은 꽃은 1만 겹이다"(關塞三千里, 烟花一萬重)라고 하였는데 진여의는 옛 사람의 명구 2구절을 합쳐 1연으로 만들었다. 向延閣(상연각): 向子諲을 가리킨다. 그의 자는 伯共이며 李綱의 동지로 秦檜가 和親을 구하는 것에 반대하였다. 建炎 3年(1129) 金兵이 潭州(지금의 湖南省 長沙)를 침공하자 潭州知州였던 向子諲은 군민을 이끌고 대적하였다. 金兵이 8일 동안 성을 포위하여 성이 함락되자 병사를 이끌고 시가전을 벌여 南楚門을 뚫고 도망했다. 후에 남은 군사를 모아 계속 抗金 활동을 했다. 그는 원래 直秘閣學士이었기 때문에 진여의는 漢代 史官의 延閣을 빌어 그의 칭호로 삼았다. 진여의가 岳陽에 있을 때 지은 〈以玉剛卯爲向伯共生朝〉·〈再別伯共〉등은 모두 그가 張巡을 본받아 국가를 잘 보위할 것을 격려한 것이다. 稍(초): '頗' 또는 '深'의 뜻이다.(《詩詞曲語辭匯釋》) 稍喜 2句는 杜甫 〈諸將〉(其三): "자못 기쁘구나 변방을 지키는 왕상국이, 갑옷 벗어 놓고 봄 농사에 힘쓴다니"(稍喜臨邊王相國, 肯銷金甲事春農)의 구성과 동일하다. 犬羊(견양): 外敵을 멸시하여 부르는 말이다. 여기서는 金을 가리킨다.

牡丹

一自胡塵入漢關
十年伊洛路漫漫
青墩溪畔龍鍾客
獨立東風看牡丹

[해설] 이 시는 紹興 6년(1136) 봄 진여의가 죽기 두 해 전에 지은 것이다. 이때 진여의는 병으로 관직에서 물러나 顯謨閣直學士 提擧江州太平觀을 제수받고 浙江 桐鄉縣 북쪽 青墩(혹은 青鎭이라고도 함)의 壽聖院 塔 아래에 살고 있었다. 시인은 모란을 읊은 이 詠物詩에서 고향을 그리는 마음과 傷時優國의 情을 잘 담아 내었다. 葛勝仲이 《陳去非詩集·序》에서 진여의의 晩年의 시에 대하여 평했던 "영물을 읊은 것이 더욱 정묘하다"(賦詠尤工)는 예로 볼 수 있다.

伊洛(이락): 河南의 伊水와 洛水이다. 伊水는 洛水의 지류이고 洛水는 黃河의 지류이다. 伊洛은 여기서 시인의 고향 洛陽을 가리키며 국토 상실의 통한을 기탁하였다. 靖康 2년

모란

오랑캐가 먼지 일으키며 국경을 넘어온 이래
십 년이 지났건만 伊河와 洛河의 길 아득하다.
靑墩溪 가의 실의에 빠진 초라한 나그네
봄바람에 홀로 서서 모란을 바라본다.

(1126)에 金나라 사람들이 변경을 파괴한 후 이 때까지 꼭 10년이 지났다. 墩溪(청돈계): 浙江省 桐鄉의 북쪽에 있는 하천 이름이다. 龍鍾(용종): 실의에 빠져 초라하다. 洛陽은 북송의 西京이자 또한 진여의의 고향으로 모란꽃이 유명하다. 구양수의 〈洛陽牡丹記〉·〈洛陽牡丹圖〉 외에 邵雍과 李格非 등의 시에서 낙양의 모란이 천하 제일임을 말하였다. 이 시에 담겨진 뜻은 南宋의 詩와 詞에 자주 보인다. 예를 들면 陸游의 《劍南詩稿》 卷82 〈산원의 모란을 감상하다 느낌이 있어서(賞山園牡丹有感)〉시도 역시 모란꽃을 보고 洛陽·鄜畤 등의 지방을 그리워하고 또 "周·漢의 옛 서울이 어찌 멀기만 하겠는가? 어떻게 하면 말을 달려 오랑캐들을 쫓아낼 것인가"(周漢故都亦豈遠? 安得尺箠驅群胡)라고 하였다. 劉克莊의 《後村大全集》 권187 〈六州歌頭〉와 권187 〈木蘭花慢〉·〈昭君怨〉 등 모란을 읊은 사의 뜻도 내락 이와 같다.

雨晴

天缺西南江面清
纖雲不動小灘橫
墻頭語鵲衣猶濕
樓外殘雷氣未平
盡取微凉供穩睡
急搜奇句報新晴
今宵絶勝無人共
臥看星河盡意明

[해설] 이 시는 무더운 여름날 한바탕의 雷雨가 시인에게 가져다 준 상쾌함을 표현한 것인데, 변화가 일어나는 순간의 포착을 통해 미묘하고 변화 많은 대자연의 모습을 잘 묘사해 내었다. 시인은 비 갠 후의 하늘과 사물의 변화된 정경을 시각과 청각을 통해 예민하게 포착하였고, 공간의 변화로부터 시간의 추이에 따른 변화과정을 섬세하게 그려 내었다.

'纖雲' 구절은 하늘의 한 조각 작은 구름이 강 수면의 작은 모래톱과 같이 보인다는 말이다. 纖雲이란 輕雲이다. 진여의는 〈晩步〉시에서 또한 "머문 구름 참으로 사랑스럽고, 겹겹이 포개짐이 모래톱 같다"(停雲甚可愛, 重疊如沙汀)라고 하였다. 黃庭堅은 《山谷內集》 권6 〈눈을 읊어 광평공에 화답함(詠雪和廣平公)〉에서 "하늘과 맞닿은 봄눈은 밝기가 씻은 듯하여, 홀연 강이 맑아 물 속으로 모래가 보임을 떠올린다"(連空春雪明如洗, 忽憶江

비가 개어

하늘은 남서쪽이 떨어져 나가 수면처럼 맑고
가벼운 구름 꼼짝 않아 작은 모래톱이 가로놓인 듯하다.
담장 위 지저귀는 까치 날개 아직 젖어 있고
누각 밖 그쳐 가는 우레 기세 가라앉지 않았다.
약간의 서늘함 모두 다 거두어 편안한 잠 대 주니
새로운 시구 서둘러 구해 방금 갠 날에 보답을 한다.
오늘밤의 빼어난 정경 함께 할 이 없으니
누워서 마음껏 빛을 발하는 은하수를 바라본다.

淸水見沙)라고 하였고, 任淵은 "모래로 눈을 비유하였다"(沙以喩雪)라고 주를 달았다. 수법이 서로 같다.

穩睡(온수): 편안한 잠. 杜甫의 〈7월 3일 정오 이후로 열기가 좀 식었는데 저녁이 되면서 약간 더 서늘해져 편안히 잤더니 시가 떠올랐다(七月三日亭午已後較熱退, 晚加小涼, 穩睡有詩)〉의 詩題에서 시어를 취했다. **報**(보): 보답하다. 갚다. 저버리지 않다. 杜甫 〈강가에서 홀로 걸으며 꽃을 찾다(江畔獨步尋花)〉: "봄빛에 보답할 곳이 있음을 안다"(報答春光知有處)의 報字이다. 진여의의 〈淸明〉에 "다만 시구를 가지고 세월에 보답한다"(只將詩句答年華)라고 하였고, 范成大의 〈8월 20일 한림원에서 당직을 섰는데 비가 내린 후 갑자기 서늘해져서(八月二十日 寓直玉堂 雨後頓涼)〉에 "북쪽 창 아래에서 시를 짓고 붓을 놀리니 장차 이 노릇으로 서늘함에 보답한다"(題詩弄筆北窓下, 將此工夫報答涼)(《石湖詩集》 권11)라고 한 것을 참소할 만하다.

汴京紀事二十首(其一)

帝城王氣雜妖氛
胡虜何知屢易君
猶有太平遺老在
時時灑淚向南雲

[해설] 〈汴京紀事〉는 靖康之變 이후 북송의 도성 汴京에서 보고 느낀 바를 읊은 20수의 칠언절구로 여기에는 자신의 우국충정과 당시의 역사적 현실이 잘 나타나 있다.

汴京(변경): 북송의 도성. 지금의 하남성 開封. 帝城(제성)~: 북송의 도성이던 변경

변경에서

왕기와 요기가 뒤섞인 황성
임금 자주 바꾸는 것 오랑캐는 상관 않네.
태평시절 유민들이 아직도 남아
때때로 눈물 뿌리며 남쪽 하늘 바라보네.

에 금나라가 세운 괴뢰정부가 서 있음을 가리킨다. 胡虜(호로)~: 금나라가 변경을 함락시키고 徽宗과 欽宗을 포로로 잡아간 뒤 張邦昌을 楚帝로 세우거나 劉豫를 齊帝로 세우는 등 여러 차례 괴뢰정부를 세운 사실을 풍자한 것이다. 太平遺老(태평유로): 북송의 태평시절 때부터 살던 늙은 유민들을 가리킨다.

江上

江上潮來浪薄天
隔江寒樹晩生烟
北風三日無人渡
寂寞沙頭一簇船

[해설] 겨울철 지녁 나절의 적막한 강촌 풍경을 그린 것이다.

강촌 풍경

강 위엔 밀물이 닥쳐 파도가 하늘에 닿고
강 건너 차가운 나무엔 저녁 안개 피어난다.
삼 일 동안 북풍 불어 건너는 이 없으매
적막한 모래밭에 떼를 지어 배가 섰다.

薄(박): 가까이 나아가다. '迫'과 같다. 沙頭(사두): 모래밭의 가장자리. 簇(족): 무리. 떼.

策杖

策杖農家去
蕭條絶四隣
空田依壟峻
斷藁布窠匀
地薄惟供稅
年豊尚苦貧
平生飽官粟
愧爾力耕人

[해설] 고향에서 은거하던 만년에 느긋하게 산책을 즐기기 위하여 농촌 마을로 나갔다가 가난에 찌든 농민들의 참담한 생활상을 보고 안타까운 심정을 노래한 것이다.

지팡이 짚고 나섰더니

지팡이를 짚고 농가로 가니
쓸쓸하게도 이웃 간에 왕래가 끊겼구나.
썰렁한 빈 밭에서 높은 언덕에 바짝 붙여
자른 짚을 움막에 골고루 까는구나.
땅이 척박하여 세금이나 겨우 낼 뿐
풍년이 들어도 여전히 힘든 생활
평생 동안 배부르게 관록을 먹었으니
힘 들여 밭을 가는 그대들에게 부끄럽구나.

蕭條(소조): 쓸쓸한 모양. 四隣(사린): 사방의 이웃. 空田(공전): 농작물이 없는 밭.

夜讀兵書

孤燈耿霜夕
窮山讀兵書
平生萬里心
執戈王前驅
戰死士所有
恥復守妻孥
成功亦邂逅
逆料政自疏
陂澤號飢鴻
歲月欺貧儒
歎息鏡中面
安得長膚腴

[해설] 육유는 남송 고종 紹興 23년(1153)의 과거에 응시했다가 강경하게 중원회복을 주장함은 물론 그의 이름이 主和派의 재상 秦檜의 손자보다 위에 있다는 이유로 부당하게 낙방한 이후 고향인 山陰에서 칩거하고 있었다. 이 시는 그가 32세 되던 해인 소흥 26년(1156) 가을 고향에 칩거하면서 지은 것으로 최초의 애국시로 꼽히는 작품이다. 淮河 이북의 땅을 모두 금나라에 빼앗기고도 그것을 되찾을 생각은 하지 않고 일신의 평안만 추구하며 안일하게 지내려는 주화파 때문에 중원 땅을 회복하려는 자신의 꿈을 펼쳐 보지 못한 채 한 해 한 해 하릴없이 세월만 보내야 하는 안타까

밤에 병서를 읽다가

서리 내리는 저녁에 외로운 등불 빛나는데
깊숙한 산 속에서 병서를 읽노라.
평생토록 간직할 만리강산 수복의 꿈
창을 들고 임금님 앞에서 말 달리고 싶어라.
사나이는 싸우다가 죽을 수도 있는 법
더 이상 처자나 지킴은 치욕스런 일이리라.
공업을 이루는 건 이 또한 우연
성공을 예측하면 자신을 소홀히 하리라.
못에서는 배 고픈 기러기 울고
세월은 이 가난한 선비를 농락한다.
거울 속의 얼굴을 보며 탄식하나니
어찌하면 길이길이 피부가 윤이 날까?

운 심정을 노래했다.

窮山(궁산): 궁벽한 산. 깊은 산. 萬里心(만리심): 금나라에 빼앗긴 萬里江山을 수복하려는 마음. 妻孥(처노): 妻子. 邂逅(해후): 우연히 만나다. 우연히 그렇게 되다. 逆料(역료): 예측하다. 政(정): 곧. 바로. '正'과 같다. 陂澤(피택): 못. 欺(기): 속이다. 농락하다. 이 구절은 主和派의 방해로 보국의 뜻을 이루지 못한 채 세월만 감을 뜻한다. 膚腴(부유): 피부가 기름지다. 젊음을 뜻한다.

遊山西村

莫笑農家臘酒渾
豊年留客足鷄豚
山重水複疑無路
柳暗花明又一村
簫鼓追隨春社近
衣冠簡樸古風存
從今若許閑乘月
拄杖無時夜叩門

[해설] 乾道 2년(1166) 육유는 張浚의 북벌에 찬성했다는 이유로 隆興通判의 직에서 파면되어 고향으로 돌아갔다. 이 시는 그 다음 해(1167) 봄에 이웃 마을로 놀러 갔다가 거기서 본 山西村의 아름다운 산수를 그리고 그 곳의 순박한 인정과 예스러운 풍속을 노래한 것이다. 특히 제3·4구는 인구에 회자하는 명구이다.

산서촌을 유람하고

"농가의 납주가 텁텁하다 웃지 마오
올해는 풍년이라 손님을 붙잡아도
닭고기 돼지고기 풍족해서 괜찮다오."
산 첩첩 물 겹겹 길이 없는가 싶더니
버들이 짙고 꽃이 환한 동네가 또 하나 나왔네.
춘사가 가까워져 퉁소 불고 북 치는데
소박한 의관에 고풍이 남아 있네.
지금부터 한가로이 밤마을 다녀도 된다면
지팡이 짚고 무시로 와서 밤이라도 문을 두드리고 싶네.

山西村(산서촌): 육유의 고향에 있는 마을의 이름. 臘酒(납주): 납월 즉 음력 12월에 빚어 두었다가 이듬해 봄에 마시는 술. 追隨(추수): 뒤따르다. 春社(춘사): 입춘 이후의 다섯 번째 戊日에 토지신에게 풍년을 기원하는 제사. 乘月(승월): 달빛을 이용하여 밤나들이를 하다 拄杖(주장): 지팡이.

聞雨

慷慨心猶壯
蹉跎鬢已秋
百年殊鼎鼎
萬事只悠悠
不悟魚千里
終歸貉一丘
夜闌聞急雨
起坐涕交流

[해설] 건도 4년(1168) 고향인 山陰에서 칩거할 때 너무나 견고한 현실의 벽 때문에 중원 수복의 꿈을 이루지 못한 채 한 살 한 살 나이만 먹어감에 따른 자신의 심리적 갈등을 노래한 것이다.

蹉跎(차타): 발이 물건에 걸려 넘어지다. 뜻을 이루지 못한 채 세월만 보내다. 鬢已秋(빈이추): 살쩍이 벌써 가을 서리를 맞은 것처럼 하얘지다. 鼎鼎(정정): 세월이 빨리 흐르는 모양. 魚千里(어천리): 물고기의 천 리. 연못을 뱅뱅 돌며 하루 종일 헤엄친 물고기가 천 리나 왔다고 생각하지만 사실은 제자리임을 뜻한다. 춘추시대의 范蠡는 자신의 연못에

빗소리를 들으며

강개한 이 마음은 아직도 비장한데
뜻을 못 이룬 채 살짝에 이미 가을이 왔네.
우리 인생 백 년은 너무 짧디 짧은데
오만 가지 세상사는 끝이 날 줄 모르네.
물고기의 천 리임을 모르고 날뛰어 봐야
결국은 한 구릉의 오소리일 뿐일 텐데.
밤이 이슥하여 소낙비 소리 들려 오매
일어나 앉으니 눈물이 쏟아지네.

돌을 쌓아 아홉 개의 섬을 만들어 그 사이를 맴돌며 헤엄치게 함으로써 물고기가 살찌게 했다. 終歸貉一丘(종귀학일구): 결국은 一丘之貉 즉 한 구릉의 오소리로 귀착되다. 현명한 사람과 어리석은 사람의 구별도 없고 고귀한 사람과 빈천한 사람의 구별도 없이 궁극적으로는 모두 죽음이라는 하나의 운명을 맞게 된다는 뜻이다. 《漢書 · 楊惲傳》에 "옛날과 지금이 한 구릉에 있는 오소리와 같다"(古與今如一丘之貉)라고 했고 注에 "한 구릉의 오소리란 같은 부류라는 말이다"(一丘之貉, 言其同類也)라고 했다. 夜闌(야란): 밤이 이슥해지다. 交流(교류): 두 줄기가 나란히 흐르다.

黃州

局促常悲類楚囚
遷流還歎學齊優
江聲不盡英雄恨
天意無私草木秋
萬里羈愁添白髮
一帆寒日過黃州
君看赤壁終陳迹
生子何須似仲謀

[해설] 건도 6년(1170년) 四川에 있는 夔州의 通判으로 부임하러 가는 길에 黃州를 지나면서 지은 것으로, 적을 쳐부수고 중원 땅을 수복하고 싶은 자신의 뜻은 펴지 못한 채 관직에 얽매여 마음에도 없는 곳을 이리저리 떠돌아다녀야 하는 자신의 신세를 한탄한 시이다.

黃州(황주): 지금의 호북성 黃州. 長江 연안의 도시로 武漢보다 조금 더 하류에 있다. 局促(국촉): 몸을 움츠리는 모양. 楚囚(초수): 초나라의 포로. 《左傳 · 成公九年》에 "진나라 제후가 군수품 창고를 시찰하다가 종의를 보고 '남방의 모자를 쓰고 묶여 있는 자는 누구인가?'라고 묻자 담당자가 '정인이 바친 초나라의 포로입니다'라고 했다"(晋侯觀于軍府, 見鍾儀, 問之曰: '南冠而縶者, 誰也?' 有司對曰: '鄭人所獻楚囚也')라는 일화가 있다. 그 뒤로 楚囚는 궁지에 처한 사람을 뜻하는 말로 쓰이는데 여기서는 관직에 얽매인 시인 자신을 가리킨다. 遷流(천류): 이리저리 흘러다니다. 齊優(제우): 제나라의 배우. 孔子가 魯나라에서 大司寇를 맡고 있을 때 제나라가 여자 배우 80명을 노나라에 보내어 노니

황주

움츠러들며 언제나 초나라 죄수 같음을 슬퍼하고
굴러다니며 또한 제나라 배우 같음을 한탄하네.
강물 소리는 영웅의 한을 다 풀어 주지 못하는데
천심에는 사심이 없어 초목에 가을이 왔네.
만리 밖의 나그네 설움 백발을 더하는데
꽃 하나가 잔 날씨에 황주를 지나가네.
그대 보게나 적벽의 지난 자취
손권과 같은 아들을 낳을 필요가 없다네.

라 임금이 하루 종일 그들의 공연을 보느라고 정치를 소홀히 하자 공자가 마침내 관직을 그만두고 떠났다.(《史記·孔子世家》 참조) 여기서 齊優는 관직에 얽매인 탓에 마음에 없는 일도 하지 않으면 안 되는 시인 자신을 가리킨다. **赤壁**(적벽): 황주의 長江 가에 있는 절벽. 蘇軾이 〈赤壁賦〉와 〈念奴嬌·赤壁懷古〉 詞를 지음으로써 유명해진 곳이다. 이 곳은 원래 赤鼻磯라는 곳으로 赤壁大戰의 현장이 아니지만 소식도 적벽대전의 현장으로 간주하고 〈염노교·적벽회고〉 사를 지었고 육유도 적벽대전의 현장으로 간주하고 이 시를 지었다. 적벽대전의 현장인 赤壁은 武漢에서 상류로 좀더 올라간 호북성 赤壁市에 있다. **陳迹**(진적): 옛날의 발자취. **仲謀**(중모): 孫權의 字. 적벽대전이 일어나기 전에 孫權은 魯肅·周瑜와 함께 굳건하게 曹操에 대항했는데 조조는 나중에 오나라 군사의 늠름한 기상을 보고 탄식하여 말하기를 "아들을 낳으려면 마땅히 손권과 같아야 하리"(生子當如孫仲謀)라고 했다. 마지막 두 구절은 손권 같은 영웅도 언젠가는 자취를 감추고 만다는 허무주의적인 표현이지만 이는 육유의 본심이라기보다 오히려 自嘲的이고 반어적인 표현이라고 할 수 있다.

劍門道中遇微雨

衣上征塵雜酒痕
遠遊無處不消魂
此身合是詩人未
細雨騎驢入劍門

[해설] 四川宣撫使 王炎의 부름을 받아 최전방인 南鄭에서 항상 전투복을 입고 중원 수복을 꿈꾸며 王炎 및 그 막부의 장군들과 함께 북벌 준비를 추진하고 있던 육유는 건도 8년(1172) 王炎이 돌연 臨安으로 소환되고 막부가 해체되는 바람에 북벌의 꿈을 접고 임지를 成都로 옮겨야 했다. 이 시는 이 해 겨울 성도로 들어가기 위해 劍門關을 지나면서 만감이 교차하는 그의 심경을 토로한 것이다. 위험한 전방에서 안전한 후방으로 들어가면서 오히려 못마땅해 하는 그의 마음가짐을 통하여, 조국의 운명이 위급존망지추에 처해 있는데도 시

검문관을 지나는 길에 가랑비를 맞으며

옷 위에는 먼지와 술자국이 뒤범벅
멀리 돌아다님에 가슴 안 미어진 곳 없었네.
이 몸은 시인이나 되어야 하는 걸까?
가랑비 속에 나귀를 타고 검문으로 들어가네.

나 쓰고 앉아 있는 시인이기를 거부하는 그의 태도를 통하여, 그의 불타는 애국심을 엿볼 수 있다.

劍門(검문): 劍門關. 蜀으로 들어가는 관문으로 劍州(지금의 사천성 劍閣)의 大劍山과 小劍山 사이에 있는데 산세가 하도 험악하여 30리나 되는 棧道가 있다. 消魂(소혼): 기쁘거나 슬퍼서 정신이 아득해지다. 合(합): 마땅히 ……해야 하다. 未(미): '否'와 같다.

金錯刀行

黃金錯刀白玉裝
夜穿窗扉出光芒
丈夫五十功未立
提刀獨立顧八荒
京華結交盡奇士
意氣相期共生死
千年史策恥無名
一片丹心報天子
爾來從軍天漢濱
南山曉雪玉嶙峋
嗚呼楚雖三戶能亡秦
豈有堂堂中國空無人

[해설] 49세 때인 건도 9년(1173) 嘉州(지금의 사천성 樂山)에서 지은 것이다. 적을 무찌르고 중원 땅을 수복하고 싶어하는 열망이 넘쳐흐른다.

金錯刀(금착도): 황금을 도금한 칼. 窗扉(창비): 창문. 光芒(광망): 광선. 빛. 八荒(팔황): 팔방의 끝. 京華結交(경화결교): 서울에서 교분을 맺다. 隆興 원년(1163)에 孝宗이 즉위하자 張浚을 기용하여 북벌을 계획했다. 육유도 효종의 부름을 받아 進士出身을 하사받고 북벌계획에 동참했는데 이 때 장준 등의 많은 抗金志士들과 교분을 맺었다. 史策(사

금착도행

황금 입혀 만든 칼 백옥으로 꾸몄는데
밤중에 창을 뚫고 밝은 빛이 새나온다.
대장부 쉰 살에 아직 공을 못 세워
칼을 들고 혼자 서서 팔방을 둘러본다.
서울에서 사귄 사람 모두가 기특한 이
함께 살고 함께 죽자 의기 있게 약속했지.
천 년 동안 전해질 역사 기록에
이름이 없음을 부끄럽게 여기나니
일편단심 천자께 보답해야지.
근래에 은하 가에서 종군했나니
종남산이 새벽 눈 맞아 옥산으로 변했었지.
아아 초나라는 비록 세 집뿐이라도
강력한 진나라를 무찌를 수 있었거늘
당당한 중국에 사람이 없을 턱이 없지.

책): 역사를 기록한 簡策이라는 뜻으로 역사 기록을 가리킨다. 爾來(이래): 근래. 요사이. 天漢濱(천한빈): 은하수의 가. 머나먼 변방 지역을 가리킨다. 南山(남산): 終南山. 섬서성 남부에 있는 산. 嶙峋(인순): 산이 첩첩이 쌓여 깊은 모양. 楚雖三戶(초수삼호)~: 초나라 懷王이 진나라에 속아서 진나라에 들어갔다가 억류되어 거기서 죽자 초나라 사람들이 매우 분개했는데 그 때 초나라 민요에 "초나라가 비록 세 집뿐이라 해도 진나라를 멸망시키는 것은 틀림없이 초나라일 것이다"(楚雖三戶, 亡秦必楚)라는 구절이 있었다.

長歌行

人生不作安期生
醉入東海騎長鯨
猶當出作李西平
手梟逆賊清舊京
金印煌煌未入手
白髮種種來無情
成都古寺臥秋晚
落日偏傍僧窗明
豈其馬上破賊手
哦詩長作寒螿鳴
興來買盡市橋酒
大車磊落堆長瓶

[해설] 淳熙 원년(1174) 50세 때 蜀州通判에서 이임하여 성도에 있는 安福院이라는 절에 머물 때 지은 것이다. 원수를 갚지 못한 데 대한 통탄스러운 마음이 구구절절이 배어 있다. 호방한 기상과 변화로운 구성이 잘 어우러진 작품으로 육유의 칠언고시 가운데 대표적인 작품으로 꼽힘은 물론 육유시 전체의 압권으로 꼽히기도 한다.

長歌行(장가행): 古樂府의 곡명. 安期生(안기생): 秦나라 때 瑯琊(지금의 산동성 諸城縣 동남쪽)에 살았다는 신선. 바닷가에서 약을 팔고 있었는데 당시 사람들이 모두 千歲公이라고 불렀다. 秦 始皇帝가 동해에 놀러 갔다가 삼 일 동안 그와 이야기를 나눈 뒤 많은 금과 비단을 주었으나 모두 버리고 신발 한 켤레와 편지 한 장을 남겨서 말하기를 수십

장가행

사람의 한평생 안기생이 되어서
취한 채 동해로 가서 큰 고래를 못 탄다면
차라리 세상에 나가 이서평이 되어서
손으로 역적을 죽이고 옛 서울을 맑혀야 하리.
빛나는 황금 도장 아직 얻지 못했는데
흰 머리가 뾰족뾰족 무심하게 찾아왔네.
성도의 늦가을에 옛 절에 누웠으니
석양이 때마침 승방의 창으로 비쳐 드네.
어떻게 말 위에서 적을 무찌른 손으로
시나 읊어 언제나 쓰르라미 소리 내리오?
흥이 나면 시장 다릿목의 술을 몽땅 다 사 버려
큰 수레에 수북이 긴 병이 쌓여 있고

년 뒤에 蓬萊山 밑으로 자기를 찾으러 오라고 했다. 시황제가 사자를 보내어 바다로 나가 그를 찾게 했으나 매번 도중에 풍파를 만나 그냥 돌아오곤 했다.(《列仙傳》 참조) 李西平(이서평): 당나라 장수로 西平郡王에 봉해진 李晟. 德宗 建中 3년(782) 涇原節度使 朱泚가 반란을 일으켜 奉天(지금의 섬서성 乾縣)으로 피란한 덕종을 포위하고 스스로 稱帝하여 국호를 大秦이라고 했는데 이성이 이를 평정하여 안정을 되찾았다. 金印(금인)~: 아직 공을 이루지 못했음을 뜻한다. 金印(금인): 황금으로 만든 귀인의 도장. 煌煌(황황): 반짝반짝 빛나는 모양. 種種(종종): 머리가 짧은 모양. 成都古寺(성도고사): 당시 그가 묵고 있던 성도의 安福院. 秋晩(추만): 늦은 가을. 偏(편): 마침. 뜻밖에. 傍(방): 다가가다. 가까이 가다. 豈其(기기): 어찌 ……할 수 있는가? 哦詩(아시): 시를 읊다. 寒螿(한장): 쓰르라미. 磊落(뇌락): 많이 쌓인 모양.

哀絲豪竹助劇飮
如鉅野受黃河傾
平時一滴不入口
意氣頓使千人驚
國仇未報壯士老
匣中寶劍夜有聲
何當凱還宴將士
三更雪壓飛狐城

哀絲豪竹(애사호죽): 구슬픈 현악기 소리와 호방한 관악기 소리. 劇飮(극음): 暴飮. 과음. 鉅野(거야): 옛날에 있었던 큰 못의 이름. 지금의 산동성 거야현 동북쪽에 있었다. 한나라 元光(134~129 B.C.) 연간에 瓠子口(지금의 허북성 濮陽縣에 있었음)에서 황하가 범

구슬픈 악기와 호방한 악기가 폭음을 조장하여
거야못이 쏟아져 드는 황하 물을 맞는 듯하네.
평상시에는 한 방울도 입에 넣지 않다가
의기가 동하면 갑자기 천 사람을 놀라게 하네.
나라의 원수 못 갚은 채 장사가 늙어 가매
상자 속의 보검이 밤만 되면 우나니
어느 때에나 이기고 돌아가 장병들에게 잔치 베풀꼬
삼경에 눈에 덮인 비호성에서?

람하여 이 못으로 넘쳐 들어갔다. 匣(갑): 조그만 상자. 何當(하당): 언제. 飛狐城(비호성): 飛狐口를 가리킨다. 비호구는 지금의 하북성 淶源縣 북쪽에 있던, 하북평원과 북방의 변경지역을 연결하는 요충지.

春殘

石鏡山前送落暉
春殘回首倍依依
時平壯士無功老
鄉遠征人有夢歸
苜蓿苗侵官道合
蕪菁花入麥畦稀
倦遊自笑摧頹甚
誰記飛鷹醉打圍

[해설] 순희 3년(1176) 늦은 봄에 成都府路安撫司參議官이라는 한직에 있으면서 봄이 저물어 가는 광경을 보고 중원 수복의 꿈을 이루지 못한 채 하릴없이 늙어 가는 자신의 신세를 한탄한 것이다.

石鏡山(석경산): 지금의 절강성 臨安에 있는 산. 落暉(낙휘): 落日. 석양. 依依(의의): 사

봄이 저무네

석경산 앞에서 석양을 보내던 일
봄 저물어 돌아보니 그리움이 배가되네.
시절이 좋아 장사는 공도 없이 늙어 가고
고향이 멀어 나그네는 꿈 속에 돌아가네.
거여목 싹은 한길을 침범해 뒤엉겨 있고
순무 꽃은 보리밭으로 들어가 듬성듬성 보이네.
놀기에 지쳐 노쇠가 심함을 스스로 비웃나니
누가 기억하리오 나는 매를 데리고
취한 채 에워싸고 사냥하던 옛날 일을?

모하는 모양. 時平(시평): 隆興 2년(1164)의 융흥화의 이후로 금나라와의 사이에 별로 큰 전쟁 없이 소강상태를 지속했음을 가리키는 냉소적 표현이다. 苜蓿(목숙): 거여목. 길가에 자라는 콩과의 식물. 대개 풋거름이나 사료로 쓰인다. 官道(관도): 정부에서 만들고 관리하는 큰 길. 蕪菁(무청): 순무. 무의 일종으로 뿌리가 크고 봄에 노란 꽃이 피는 채소. 摧頹(최퇴): 무너지다. 쇠잔하다. 打圍(타위): 에워싸고 짐승을 잡다. 사냥하다.

關山月

和戎詔下十五年
將軍不戰空臨邊
朱門沈沈按歌舞
廏馬肥死弓斷弦
戍樓刁斗催落月
三十從軍今白髮
笛裏誰知壯士心
沙頭空照征人骨
中原干戈古亦聞
豈有逆胡傳子孫
遺民忍死望恢復
幾處今宵垂淚痕

[해설] 순희 4년(1177) 성도에서 지은 것이다. 융희 2년(1164)에 맺어진 굴욕적인 융홍화의에 만족한 채 일신의 평안만 추구하며 무사안일하게 지내는 고관대작들의 매국적인 행태에 대한 불만과 적의 침략 아래 눈물로 세월을 보내고 있을 중원 인민에 대한 동정이 담겨 있다.

關山月(관산월): 漢代 樂府의 곡조 이름. 和戎(화융)~: 효종 융흥 2년(1164)에 융홍화의

관산월

오랑캐와 화친하라는 조서가 내려온 지 열다섯 해
장군은 싸움도 못한 채 공연히 변방만 지키고 있네.
붉은 대문의 깊숙한 집에선 노래하고 춤추고
마구간의 말은 죽도록 살 찌고 활시위는 끊어졌네.
수루의 조두가 달 지기를 재촉하나니
서른 살에 종군하여 지금은 백발이 되었네.
피리에 담긴 장사의 마음을 그 누가 알리?
모래밭에 헛되이 병사의 해골이 달빛을 받네.
중원의 전쟁 얘기 옛날에도 들었나니
어찌 반역의 오랑캐들이 자손에게 전한 적 있었으리?
유민들은 죽을 고통을 참고 중원회복을 바라면서
오늘 밤 몇 군데서 눈물 자국 이룰까?

가 맺어졌음을 가리킨다. 朱門(주문): 붉은 칠을 한 귀인의 문. 沈沈(침침): 깊숙한 모양. 按歌舞(안가무): 곡조에 맞추어 노래하고 춤추다. 肥死(비사): 극도로 살이 찌다. '死'는 동사 뒤에 붙어서 정도가 극심함을 나타낸다. 刁斗(조두): 구리로 만든 솥 비슷한 기구. 군대에서 낮에는 음식을 만들고 밤에는 시간을 알리는 데 사용했다. 沙頭(사두): 모래밭의 가장자리. 逆胡(역호): 반역의 오랑캐.

初發夷陵

雷動江邊鼓吹雄
百灘過盡失途窮
山平水遠蒼茫外
地辟天開指顧中
俊鶻橫飛遙掠岸
大魚騰出欲凌空
今朝喜處君知否
三丈黃旗舞便風

[해설] 순희 5년(1178) 육유는 8년 간에 걸친 섬서지방과 사천지방에서의 관직생활을 끝내고 항주에 있는 조정으로 들어갔다. 이 시는 그 해 5월 삼협을 벗어난 곳에 있는 이릉을 떠나면서 지은 것으로 이릉 지방의 툭 트인 지형을 보고 자신의 장래를 낙관한 것이다.

夷陵(이릉): 지금의 호북성 宜昌. 瞿塘峽·巫峽·西陵峽의 삼협 가운데 가장 하류에 있는 西陵峽을 벗어난 곳에 있는 도시로 여기서부터 장강 주변에는 평지가 펼쳐진다. 鼓吹(고취): 북을 치고 피리를 불다. 옛날에는 배가 험난하기 짝이 없는 삼협을 지날 때 뱃사공이 북을 쳐서 사악한 기운을 물리치고 안전운행을 도모했다. 失途窮(실도궁): 삼협

이릉을 막 떠나며

웅장한 북과 피리 우레처럼 강을 흔들고
수많은 여울 다 지나고 물길이 끊어져 막다른 듯했네.
까마득한 저 너머로 산은 낮고 강은 머니
순식간에 땅이 열리고 하늘이 툭 트였네.
커다란 송골매는 하늘을 가로질러
저 멀리서 강늑블 스치며 아스라이 날아가고
물고기는 뛰어나와 하늘 높이 오르려 하네.
오늘 아침의 기쁜 일을 그대는 아시는가
서른 자짜리 노란 기가 순풍에 춤을 추는 거라네.

에는 강이 험악한 산악을 따라 심하게 굴절하기 때문에 멀리서 보면 마치 물길이 끊어진 것처럼 보이는 경우가 더러 있다. 蒼茫(창망): 넓고 멀어서 어슴프레하고 아득한 모양. 指顧(지고): 손가락으로 한 번 가리키고 눈으로 한 번 돌아보는 짧은 시간. 俊鶻(준골): 커다란 송골매. 喜處(희처): 기쁜 점. 삼협을 벗어난 자신의 배가 앞으로는 순풍을 맞아 순탄하게 운항할 것이라는 사실과 자신이 조정으로 들어가 황제 앞에서 자신의 抗金意志를 펼치게 될 것이라는 기대를 아울러 가리킨다. 黃旗(황기): 천자의 군대가 다는 기. 직접적으로는 자신의 배에 달린 기를 가리키면서 동시에 천자의 군대가 다는 기라는 상징적인 의미를 지닌다. 당시 육유는 황제가 자신에게 항금투쟁의 군대를 지휘하게 해 줄 것으로 믿었다. 便風(편풍): 순풍.

六月十四日宿東林寺

看盡江湖千萬峰
不嫌雲夢芥吾胸
戲招西塞山前月
來聽東林寺裏鐘
遠客豈知今再到
老僧能記昔相逢
虛窓熟睡誰驚覺
野碓無人夜自舂

[해설] 순희 5년(1178) 항주로 돌아가는 길에 강서성 九江의 廬山 기슭에 있는 동림사에서 지은 것이다. 그는 8년 전인 건도 6년(1170) 蜀으로 들어갈 때에도 이 곳을 지나다가 동림사에 묵은 적이 있었다. 이번에 조정으로 들어가는 것을 그는 매우 긍정적으로 생각하고 있었던 만큼 이 시에도 상당히 흐뭇하고 낙관적인 분위기가 흐르고 있다.

東林寺(동림사): 강서성 九江의 廬山 기슭에 있는 절. 不嫌(불혐)~: 운몽택이 비록 크다고 해도 가슴에 걸릴까 봐 신경 쓰지 않는다는 뜻으로 세속에서 일어나는 웬만한 일에는 신경을 쓰지 않음을 암시한다. 雲夢(운몽): 雲夢澤. 옛날에 있었다는 초나라의 큰 못. 司馬相如의 〈子虛賦〉에 "제가 듣기에 초나라에는 못이 일곱 개 있다고 하는데 저는 그 가운데 한 개를 보고 나머지는 아직 보지 못했습니다. 제가 본 것은 아주 작디 작은 것으로 이름을 운몽이라고 합니다. 운몽은 사방으로 구백 리인데 그 안에 산이 있습니다"(臣聞楚有七澤, 嘗見其一, 未睹其餘也. 臣之所見, 蓋特其小小者耳, 名曰雲夢. 雲夢者, 方九百

유월 열나흗날 동림사에서 자며

강과 호수 다 보고 오만 산을 다 봤으니
운몽택이 목에 걸릴까 신경 쓰지 않는다.
서새산 앞의 달을 장난삼아 불러다가
동림사의 종소리를 함께 듣는다.
멀리서 온 나그네 오늘 이 곳에
다시 오게 될 줄을 어찌 알았으랴만
옛날에 우리 서로 만난 적이 있음을
노승은 아직까지 기억하고 있도다.
창을 열고 자노라니 깨울 사람 없는데
물방아가 밤중에 혼자 방아 찧는다.

里, 其中有山焉)라고 했다. 芥(개): 조그만 물건이 걸리다. '蔕芥'와 같다. 사마상여의 〈자허부〉에 "또 제나라는 동쪽으로는 대해에 임하고 남쪽에는 琅邪臺가 있습니다. …… 운몽택과 같은 것은 여덟 개나 아홉 개를 삼켜도 가슴에 걸린 적이 없습니다"(且齊東渚鉅海, 南有琅邪……. 呑若雲夢者八九, 於其胸中, 曾不蔕芥)라고 했다. 西塞山(서새산): 九江보나 상류인 지금의 호북성 大冶縣 동쪽의 長江 가에 있는 산. 이것은 張志和의 〈漁家子〉(西塞山前白鷺飛)의 배경인 절강성 吳興縣 서남쪽에 있는 西塞山과는 다르다. 그의 《入蜀記》에서 "텅 빈 강이 만 경이나 펼쳐져 있고 달은 보랏빛 금쟁반처럼 물 속에서 솟아오르니 평생에 이와 같은 중추절은 없었다"(空江萬頃, 月如紫金盤, 自水中涌出, 平生無此中秋也)라고 한 바와 같이 육유는 촉으로 들어가던 8년 전의 중추절에 서새산 앞을 지나면서 아름다운 보름달에 마음을 빼앗긴 적이 있었다. 이 구절은 동림사에서 달을 보면서 그 때의 일을 회상한 것이다. 虛窓(허창): 창문을 활짝 열다. 驚覺(경각): 놀라서 깨게 하다. 野碓(야대): 야외에 있는 물방아.

五月十一日夜且半, 夢從大駕親征, 盡復漢唐故地, 見城邑人物繁麗, 云西涼府也. 喜甚, 馬上作長句, 未終篇而覺, 乃足成之

天寶胡兵陷兩京
北庭安西無漢營
五百年間置不問
聖主下詔初親征
熊羆百萬從鑾駕
故地不勞傳檄下
築城絶塞進新圖
排仗行宮宣大赦
岡巒極目漢山川
文書初用淳熙年

[해설] 순희 7년(1180) 56세 때 撫州(지금의 강서성 臨川)에서 꿈 속에 잃어버린 옛 땅을 수복하는 감격스러운 장면을 보고 지은 것이다.

且半(차반): 한밤중이 다 되어 가다. 長句(장구): 七言古詩의 별칭. 西涼府(서량부): 즉 涼州. 지금의 감숙성 武威 일대로 당나라 때 서북지방의 경제 중심지였는데 송나라 때는 西夏에 점령당해 있었다. 天寶(천보)~: 당나라 현종 천보 14년(755)에 安祿山이 난을 일으켜 서도 장안과 동도 낙양을 모두 함락시킨 사실을 가리킨다. 北庭安西(북정안서): 北庭都護府와 안서도호부. 둘 다 지금의 新疆省 孚遠縣에 있었다. 漢營(한영): 漢族의 진

5월 11일 한밤중이 다 돼 갈 무렵 꿈에 임금님의 수레가 친정하는 것을 따라가 한나라와 당나라 때의 옛 땅을 모두 수복하고 성읍의 사람과 문물이 번화한 것을 보았는데, 西涼府라고 했다. 하도 기뻐서 말 위에서 칠언고시를 짓는데 시가 아직 끝나기 전에 꿈을 깨었으므로 이에 이를 완성하다

천보 때에 오랑캐 군사가 양경을 함락한 후
북정과 안서에는 우리 진영이 없었네.
오백 년 간 버려 두고 묻지 않더니
성왕께서 조칙을 내려 처음으로 친정하시네.
용감한 무사 백만 명이 임금님 수레를 따르니
격문 내릴 필요도 없이 옛 땅이 함락됐네.
머나먼 변새에 성을 쌓고 새 지도를 바치니
행궁에서 의장을 벌리고 대사면을 베푸시네.
언덕과 산은 보이는 게 모두 우리 땅이고
문서에는 처음으로 순희라는 연호를 사용하네.

영. 五百年(오백년): 安史之亂이 일어난 해(755)로부터 지금(1180)까지의 425년을 가리킨다. 聖主(성주): 孝宗을 가리킨다. 熊羆(웅비): 곰과 말곰. 용감한 武士를 가리킨다. 鑾駕(난가): 천자가 타는 수레. 不勞傳檄(불로전격): 격문을 전하느라 애쓰지 않다. 下(하): 항복하다. 함락되다. 絶塞(절새): 아주 멀리 떨어진 변새 지방. 新圖(신도): 수복지구를 그려 넣은 새로운 지도. 排仗(배장): 儀仗을 벌리다. 行宮(행궁): 임금이 나들이할 때 머무는 별궁. 岡巒(강만): 언덕과 산. 極目(극목): 시야가 미치는 데까지 한껏 바라보다. 淳熙(순희): 남송 효종의 연호(1174~1189).

駕前六軍錯錦繡
秋風鼓角聲滿天
苜蓿峯前盡亭障
平安火在交河上
涼州女兒滿高樓
梳頭已學京都樣

六軍(육군): 천자가 보유하는 군대. 錯錦繡(착금수): 비단 천의 수에 오색이 뒤섞이다. 苜蓿峯(목숙봉): 분명하지는 않으나 감숙성과 신강성 사이에 있었을 것으로 보인다. 亭障(정장): 변방의 요새에 설치하여 사람의 출입을 통제하는 관문. 平安火(평안화): 평안을 알리는 봉화. 당나라 때는 30리마다 하나씩 봉화대를 설치하고 매일 초저녁에 봉화를

어가 앞의 육군에는 금수 깃발이 찬란하고
북 소리 나팔 소리 가을바람에 하늘을 메우네.
苜蓿峯 앞에는 온통 관문뿐이요
평화의 봉화는 交河 위에 오르네.
누각에 가득한 涼州의 아가씨들
머리 단장 벌써 서울풍을 배웠네.

올려 나라가 평안함을 알렸다. 交河(교하): 지금의 新疆省 吐魯番 서북쪽에 있는 현. 당나라 때 안서도호부를 설치했던 곳이다. 梳頭(소두): 머리를 단장하다. 京都様(경도양): 서울에서 유행하는 양식.

書憤

早歲那知世事艱
中原北望氣如山
樓船夜雪瓜洲渡
鐵馬秋風大散關
塞上長城空自許
鏡中衰鬢已先斑
出師一表眞名世
千載誰堪伯仲間

[해설] 이 시는 62세 되던 순희 13년(1186) 봄 고향인 山陰에서 한거할 때 패기 넘치던 젊은 시절을 회상하며 지은 것으로 그의 칠언율시 가운데 명작으로 꼽힌다.

書憤(서분): 분노를 기록하다. **那知**(나지): 어떻게 알겠는가? **樓船**(누선): 여러 층으로 이루어진 큰 배. 여기서는 대형 戰艦을 가리킨다. **瓜洲渡**(과주도): 지금의 강소성 揚州市 남쪽에 있는 나루로 당시 長江 북안의 중요한 군사거점이었다. 隆興 3년(1164) 육유는 長江을 사이에 두고 瓜洲와 마주 보고 있는 鎭江府에서 通判을 지냈기 때문에 자주 瓜洲

분개

세상 일 어려운 줄을 젊을 때는 알지 못해
북으로 중원을 볼 제 그 기개가 산 같았지.
누선을 타고 과주도에서 밤눈을 맞았었고
철마를 타고 대산관에서 추풍을 맞았었지.
변새의 장성이라 괜히 자부하였구나
거울 속의 노쇠한 살쩍이 벌써 반백이 되었거니.
〈出師表〉는 참으로 세상에 이름났으니
천 년 동안 그 누가 필적할 수 있었겠나?

를 왕래했는데 그 해 겨울 송나라와 금나라는 교전상태에 빠져 있었다. **鐵馬**(철마): 갑옷을 입은 戰馬. **大散關**(대산관): 지금의 섬서성 寶鷄市 서남쪽에 있던 관문. 당시 남송과 금나라가 경계를 이루는 곳이었다. 육유는 건도 8년(1172) 王炎의 막부에서 중원 수복을 위한 북벌계획을 세울 때 여러 차례 대산관에 나가 군사를 지휘한 적이 있었다. **自許**(자허): 자부하다. **出師一表**(출사일표): 〈出師表〉. 諸葛亮이 북쪽으로 魏나라를 치러 갈 때 촉 후주 劉禪에게 올린 글. **伯仲間**(백중간): 백중지간. 백중지세. 이 구절은 당시에 제갈량에 비견할 만큼 유능한 북벌주의자가 없음을 개탄한 것이다.

臨安春雨初霽

世味年來薄似紗
誰令騎馬客京華
小樓一夜聽春雨
深巷明朝賣杏花
矮紙斜行閑作草
晴窓細乳戲分茶
素衣莫起風塵歎
猶及淸明可到家

[해설] 5년 가량 고향에서 한거한 뒤 순희 13년(1186) 봄에 다시 嚴州(지금의 절강성 建德)知州로 기용되어 부임 인사차 황제를 배알하기 위하여 임안으로 들어가 西湖 가에 있는 객사에서 황제의 부름을 기다리며 지은 것이다.

臨安(임안): 남송의 서울 즉, 지금의 절강성 杭州. 京華(경화): 서울 즉, 臨安. 矮紙(왜

임안에 봄비 갓 개어

근년 들어 세상 재미가 깁처럼 얇은데
말 타고 서울 가서 객거하라는 이 누구인가?
작은 누각에 밤새도록 봄비 소리 들렸으니
깊은 골목에 아침 되면 살구꽃을 팔렷다.
키 작은 종이에 비스듬히 줄을 지어
한가로이 초서를 쓰기도 하고
햇살 비친 창가에서 작은 거품 띄우며
장난삼아 차맛을 보기도 한다.
흰 옷에 먼지 묻는다고 탄식할 필요 없다
그래도 청명절에는 집에 도착할 테니까.

지): 키가 작은 종이. 폭이 좁은 종이. 細乳(세유): 차를 탈 때 물 위로 떠오르는 하얀색의 작은 거품. 分茶(분차): 차를 품평하다. 차 숟가락으로 찻물을 퍼서 잔에 나누어 담아 음미하는 것을 말한다. 素衣(소의)~: 자신이 곧 고향으로 돌아갈 것임을 암시한다. 陸機의 〈고언선을 대신하여 그의 아내에게 바친다(爲顧彦先贈婦)〉에 "서울 낙양에는 먼지가 많아, 흰 옷이 검은 옷으로 변해 버렸네"(京洛多風塵, 素衣化爲緇)라는 구절이 있다.

秋夜將曉出籬門迎涼有感二首(其二)

三萬里河東入海
五千仞嶽上摩天
遺民淚盡胡塵裏
南望王師又一年

[해설] 紹熙 3년(1192) 가을 고향 산음에서 지은 것이다. 관직에서 물러나 고향에 은거하던 68세의 노령이었음에도 불구하고 새벽 산책 때 문득 북쪽에 두고 온 조국 산천과 동포를 떠올릴 만큼 그의 애국심은 식을 줄을 몰랐다.

籬門(이문): 담 대신에 풀이나 대나무 등을 엮어서 울타리를 친 집의 문. 迎涼(영량): 바

가을 밤이 새려 할 때 울타리 문을 나서서 바람을 쐬며

삼만 리 황하는 동으로 흘러 바다에 들고
오천 길 화산은 하늘을 어루만지련만
오랑캐의 먼지 속에
유민들은 눈물조차 말라 버린 채
국군을 기다리다 소원을 못 이룬 채
남쪽을 바라보며 또 한 해를 보내겠네.

람을 쐬다. 仞(인): 길. 한 길은 여덟 자이다. 嶽(악): 西嶽 華山을 가리킨다. 육유의 〈추운 밤의 노래(寒夜歌)〉에 "삼만 리의 황하는 동해로 들어가고, 오천 길의 화산은 하늘을 어루만진다"(三萬里之黃河入東海, 五千仞之太華摩蒼旻)라는 구절이 있다. 王師(왕사): 천자의 군대 즉, 국군. 又一年(우일년): 이런 식으로 여러 해가 헛되이 지났음을 암시한다.

十一月四日風雨大作二首(其二)

僵臥孤村不自哀
尙思爲國戍輪臺
夜闌臥聽風吹雨
鐵馬冰河入夢來

[해설] 소희 3년(1192) 겨울에 휘몰아치는 비바람 소리를 듣고, 전쟁터에서 갑옷을 입고 얼어붙은 강 위를 달려가는 전마를 연상하여 지은 것이다. 68세 된 노인에게 비바람 치는 소리가 말 달리는 소리로 들렸다는 사실이 그의 남다른 애국심을 짐작게 한다.

동짓달 초나흗날 비바람이 크게 일어

외딴 마을에 누워 있어도 스스로 슬퍼 않고
오히려 나라 위해 윤대 지킬 생각을 한다.
이슥한 밤에 드러누워 비바람 소리 듣노라니
언 강을 달리는 전마가 꿈 속으로 들어온다.

僵臥(강와): 자빠져 눕다. 輪臺(윤대): 옛날 지명. 지금의 신강성 輪臺縣 동남쪽에 있던 고을로 본래 輪臺國이라는 나라였는데 한나라 무제 때 중국에 복속되었다. 여기서는 먼 변새지방을 가리킨다. 夜闌(야란): 밤이 이슥해지다. 鐵馬(철마): 갑옷을 입은 戰馬. 冰河(빙하): 얼어붙은 강.

沈園二首

其一

城上斜陽畫角哀
沈園非復舊池臺
傷心橋下春波綠
曾是驚鴻照影來

其二

夢斷香消四十年
沈園柳老不吹綿
此身行作稽山土
猶弔遺蹤一泫然

[해설] 육유는 20세 때 외사촌 누이 唐琬과 결혼하여 금슬이 매우 좋았는데 어머니의 핍박으로 결혼한 지 약 3년 만에 이혼하여 각자 다른 사람과 재혼했다. 그러던 중 31세 때 沈園에서 우연스럽게 그녀를 다시 만나 그녀로부터 술과 음식을 따뜻하게 대접받고 자신의 쓰라린 마음을 담은 〈釵頭鳳〉 詞 1수를 지어 심원의 담벼락에 써 놓았고 당완도 그의 사에 화답하여 〈釵頭鳳〉 사 1수를 지었다. 그 뒤 당완이 울적한 마음을 달래지 못해 세상을 떠나자 육유는 그녀를 추념하는 시를 여러 수 지었다. 이 시는 그 가운데 가장 인구에 회자하는 것으로 慶元 5년(1199) 75세 때 심원에 들렀다가 지은 것이다.

심원

제1수

석양 비치는 성 위에서 구슬픈 나팔 소리
심원도 더 이상 옛날 모습 아니로다.
내 가슴을 저미는 다리 아래 푸른 물결
놀란 기러기 푸드덕 그림자 비쳐 온 곳이로다.

제2수

꿈 깨지고 향기 사라진 지 어언간 마흔 해
심원의 버들도 늙어 버들개지를 안 날린다.
이 몸도 머지 않아 회계산의 흙이 되련마는
아직도 발자취 찾아 한바탕 눈물을 흘린다.

沈園(심원): 절강성 紹興에 있는 정원. 沈氏園이라고도 한다. **畵角**(화각): 아름답게 채색한 뿔피리. 주로 군대에서 시간을 알리기 위해 불었다. **沈園非復**(심원비부)~: 심원의 경물이 많이 변했음을 뜻한다. 육유가 68세 때 지은 〈우적사 남쪽에 있는 심씨의 작은 정원(禹迹寺南有沈氏小園)〉의 서에 "40년 전에 벽에 짤막한 사를 한 수 써 놓았었는데 우연히 다시 와 보니 정원은 이미 세 번이나 주인이 바뀌어 그것을 읽노라니 마음이 울적했다"(四十年前嘗題小詞壁間, 偶復一到, 園已三易主, 讀之悵然)라고 했다. **非復**(비부): 더 이상 ……이 아니다. **池臺**(지대): 연못가의 누대. **曾是**(증시): 바로 ……이다. **驚鴻**(경홍): 唐琬을 가리킨다. **行**(행): 장차 ……이 되려고 하다. **稽山**(계산): 會稽山. 紹興의 동남쪽에 있는 산. **泫然**(현연): 눈물이 줄줄 흐르는 모양.

梅花絶句

闻道梅花坼曉風
雪堆遍滿四山中
何方可化身千億
一樹梅花一放翁

[해설] 78세 때인 嘉泰 2년(1202) 고향 산음에 한거하면서 지은 것이다. 육유는 "매화와 친구가 되고 싶건만, 그에게 안 어울릴까 자나 깨나 걱정이네. 지금부턴 세속의 익힌 음식을 먹지 않고, 물이나 마시면서 신선의 책을 읽으리라"(欲與梅爲友, 常憂不稱渠. 從今斷火食, 飮水讀仙書)(《劍南詩稾》〈梅花五首〉其三)라고 할 만큼 매화를 좋아했거니와 자기 몸이 매화나무의 수만큼 분열되어서 한 그루의 매화도 빼놓지 않고 감상하고 싶다는 기발한 표현이 매화

매화

매화는 새벽 바람에 핀다고 들었거니와
산마다 가득가득 하얀 눈이 쌓였네.
어찌하면 이 몸이 천 개 억 개로 나뉘어
매화나무 한 그루마다 내가 마주 서 있을꼬?

에 대한 그의 애호도를 짐작케 한다.

聞道(문도): ……라고 말하는 것을 듣다. 雪堆遍滿(설퇴편만)~: 매화가 사방의 산을 뒤덮은 것을 비유한 말. 遍滿(편만): 사방에 가득 차다. 何方(하방): 무슨 방법으로. 放翁(방옹): 육유의 호.

示兒

死去元知萬事空
但悲不見九州同
王師北定中原日
家祭毋忘告乃翁

[해설] 육유는 嘉定 2년(1209) 12월 29일에 세상을 떠났다. 이 시는 그가 죽기 전에 마지막으로 지은 絶筆詩요 여섯 명의 아들에게 남긴 유언이다.

아들들에게

죽고 나면 만사가 공허한 줄 알지만
구주가 하나 됨을 못 본 것이 슬퍼라.
국군이 북벌하여 중원을 평정할 제
제사 때 아비에게 잊지 말고 알려라.

元知(원지): 원래부터 알다. '原知'와 같다. 九州(구주): 고대에 중국을 아홉 개의 州로 나누었던 데서 연유하여 중국 전토를 가리키는 말. 王師(왕사): 천자의 군대 즉, 국군. 乃翁(내옹): 너희들의 아버지. 육유 자신을 가리킨다.

寒食郊行書事二首(其一)

野店垂楊步
荒祠苦竹叢
鷺窺蘆箔水
烏啄紙錢風
媪引濃粧女
兒扶爛醉翁
深村時節好
應爲去年豊

[해설] 중국 사람들은 한식날 조상의 산소를 찾아가 음식을 차려 놓고 종이돈을 태우며 제사를 지내는데 송나라 때의 풍습에 의하면 반드시 새로 맞아들인 며느리를 데리고 가서 조상께 인사를 시키게 되어 있었다. 이 시는 이러한 일련의 풍경을 한 발 물러난 위치에서 비교적 담담한 심정으로

한식날 교외에서

들판의 객점 옆에 버들 늘어진 나루터
황량한 사당 옆에 우거진 참대 숲
백로는 갈대발 친 물 속을 엿보고
까마귀는 팔랑이는 지전을 쪼아댄다.
할머니는 짙게 화장한 새 며느리 손을 끌고
아이는 곤드레 취한 할아비지 부축한다.
이 깊은 시골에 시절이 좋은 것은
틀림없이 작년에 풍년이 든 탓이렷다.

그린 한 폭의 아름다운 풍경화요 풍속화이다.

郊行(교행): 교외로 나가다. 書事(서사): 사실을 기록하다. 步(보): 나루터. 苦竹(고죽): 참대. 보통 대나무에 비해 마디가 길고 가지가 굵고 잎이 크며 죽순은 쓴 맛이 난다.

繅絲行

小麥青青大麥黃
原頭日出天色涼
婦姑相呼有忙事
舍後煮繭門前香
繅車嘈嘈似風雨
繭厚絲長無斷縷
今年那暇織絹着
明日西門賣絲去

[해설] 소흥 24년(1154) 과거를 보기 위하여 杭州로 가는 도중에 보리가 익어 가는 초여름의 농촌 풍경을 노래한 것이다. 언뜻 보기에는 평화로운 농촌 생활을 구가한 것 같지만 마지막 두 구절에 가난에 찌든 농민들의 생활상을 폭로하고 위정자들의 무능을 비판하려는 의지가 숨어 있음을 엿볼 수 있다

고치를 켜는 농민의 노래

밀은 푸릇푸릇 보리는 누르스름
들판 끝에 해 나오니 하늘 빛이 산뜻하다.
고부가 서로 불러대니 바쁜 일이 있는 듯
집 뒤에서 고치 삶는데 문 앞에서 향내 난다.
물레 소리 삐걱삐걱 비바람이 치는 듯
고치가 두꺼워 실이 길고 끊어지는 올이 없나.
금년에야 명주옷 짜 입을 겨를이 어디 있겠나?
내일이면 서문으로 실을 팔러 가야 할 걸.

繅絲(소사): 고치를 켜서 실을 뽑다. 繅車(소거): 고치에서 실을 켜는 물레. 嘈嘈(조조): 시끄러운 모양.

催租行

輸租得鈔官更催
踉蹡里正敲門來
手持文書雜嗔喜
我亦來營醉歸耳
牀頭慳囊大如拳
撲破正有三百錢
不堪與君成一醉
聊復償君草鞋費

[해설] 이 시 역시 소흥 24년(1154) 과거를 보기 위하여 杭州로 가는 도중에 지은 것이다. 실수인지 고의인지 세금을 냈는데도 불구하고 이장이 다시 와서 세금을 내라고 독촉하는 당시의 불합리한 稅政과 관리들의 부정부패를 고발한 작품이다. 어색해 하는 이장에게 뒷일을 두려워하여 저금통을 깨서라도 뇌물을 먹여야 하는 당시의 현실을 엿볼 수 있다.

세금 독촉의 노래

세금을 다 내고 증서도 받았는데
관아에서 다시금 세금을 재촉하여
어정어정 이장이 와서 대문을 두들기네.
한 손에 문서를 들고 희비가 엇갈리며 하는 말이
"나는 그저 술이나 한 잔 먹을까 하고 왔을 뿐이네."
침대말의 저금통 주먹만한데
깨어 보니 돈이 꼭 삼백 전이 들어 있네.
"어르신 모시고 취하기엔 돈이 너무 적으니
아쉬운 대로 짚신이나 사세요" 하네.

鈔(초): 戶鈔. 농민들이 세금을 납부하고 받는 영수증. 踉蹡(양장): 천천히 걷는 모양. 里正(이정): 里長. 文書(문서): 세금을 납부하고 받은 영수증. 嗔喜(진희): 성냄과 기뻐함. 亦(역)……耳(이): 다만……일 뿐이다. 營(영): 꾀하다. 도모하다. 慳囊(간낭): 저금통.

後催租行

老父田荒秋雨裏
舊時高岸今江水
傭耕猶自抱長飢
的知無力輸租米
自從鄉官新上來
黃紙放盡白紙催
賣衣得錢都納卻
病骨雖寒聊免縛
去年衣盡到家口
大女臨歧兩分首
今年次女已行媒
亦復驅將換升斗
室中更有第三女
明年不怕催租苦

[해설] 첫번째 관직인 徽州司戶參軍으로 재직중이던 서른 몇 살 때 지은 것으로 이전에 지은 〈催租行〉의 정신을 이은 것이기 때문에 〈後催租行〉이라고 했다. 황제의 조서와 지방 장관의 공문이 일치하지 않는 불합리한 현실 속에서 딸을 팔아 세금을 내야 하는 농민의 한 맺힌 삶을 그린 이 시는 몇 년 전에 지은 〈催租行〉에 비해 훨씬 더 핍진하고 훨씬 더 통렬하다. 마지막 두 구절에서 노골적이고 화끈한 白居易(772~846)의 풍자와는 달랐던 범성대의 냉소적 풍자의 일단을 볼 수 있다.

다시 쓰는 세금 독촉의 노래

가을비 속에 노농의 밭은 황폐해 가고
지난날의 높은 언덕 지금은 강물이 찼네.
품팔이 농부 오랫동안 밥조차 먹지 못했으니
세미 낼 힘 없는 줄을 잘도 알고 있건만
고을의 원님이 새로 부임하고부터
노란 종이는 탕감해 주고 흰 종이는 독촉하네.
옷을 팔아 돈 마련해 세금으로 다 낸 덕에
병든 몸이 춥기는 해도 구속은 면하였네.
작년에는 옷 다 팔고 식구에게 화가 미쳐
갈림길에 이르러 큰 딸과 헤어졌고
올해는 둘째 딸도 중매를 넣었으니
이것 역시 딸을 팔아 곡식 몇 되와 바꾼 것이네.
집안에 아직도 셋째 딸이 남았으니
내년에도 성화 같은 세금 독촉 걱정 없네.

老父(노부): 늙은 농부. 傭耕(용경): 다른 사람에게 품삯을 받고 농사를 지어 주다. 猶自(유자): 오히려. 抱長飢(포장기): 오랫동안 굶주린 배를 안다. 的知(적지): 확실하게 알다. 輸租米(수조미): 稅米를 실어 보내다. 租米는 세금으로 바치는 쌀 즉 세미. 黃紙(황지): 조정에서 내린 세금을 면제해 주라는 조칙으로 노란 종이에 썼다. 放盡(방진): 모두 면제하다. 白紙(백지): 지방의 관아에서 내린 세금 독촉장으로 흰 종이에 썼다. 納卻(납각): 다 내버리다. '卻'은 동사 뒤에 붙어서 동작의 완성을 나타낸다. '納完'·'納了'와 같다. 分首(분수): 헤어지다. 驅將(구장): (딸을) 몰아내다. '將'은 의미 없는 조사. 升斗(승두): 한 되나 한 말쯤 되는 소량의 곡식.

州橋

州橋南北是天街
父老年年等駕回
忍淚失聲詢使者
幾時眞有六軍來

[해설] 乾道 6년(1170) 祈請國信使로 임명되어 금나라에 들어갈 때 지은 것이다. 州橋는 송나라가 금나라에 쫓겨서 강남으로 옮겨 가기 전인 북송 시절의 서울 汴京에 놓여 있던 다리이니 옛날의 서울에서 옛날의 백성을 만난 애국 시인의 감회는 남달랐을 것이다. 이 시는 그 때의 감회를 읊은 것이다.

주교

주교의 남과 북은 옛날의 서울 거리
노인들 늘 기다리네 천자의 수레 돌아오기를.
눈물을 참으며 목이 메어 사자에게 묻는구나
언제나 정말로 육군이 오는지를.

州橋(주교): 북송의 서울 汴京(지금의 하남성 開封)을 지나는 汴河에 놓여 있던 다리. 天街(천가): 서울에 있는 길. 父老(부로): 노인. 어르신. 六軍(육군): 옛날 제도에 의하면 1군은 12,500명인데 천자는 6군을 보유했으므로 6군은 천자의 군대를 가리킨다.

會同館

萬里孤臣致命秋
此身何止一漚浮
提携漢節同生死
休問羝羊解乳不

[해설] 건도 7년(1171) 9월 9일에 금나라의 中都(지금의 北京)에 도착하여 회동관이라는 객관에 묵었는데 이튿날 금나라가 사신을 억류하려고 한다는 소문을 듣고 이 시를 지어 자신의 비장한 심경을 토로했다. 周必大의 〈資正殿學士贈銀青光祿大夫范公成大神道碑〉(《周益國文忠公集》 卷22)에 의하면 그는 금나라로 떠나기 전에 "저는 이미 후사도 세워 놓았고 집안 일도 적절히 조처하여 돌아오지 못할 것에 대비해 놓았으니 마음이 무척 편안합니다"(臣已立後, 仍區處家事, 爲不還計, 心甚安之)라고 하여 효종을 감동시킨 바 있거니와 이 시에는 숫양에게서 젖이 나는 요행도 바라지 않고 죽기를 작정하고 자신의 사명을 완수하겠다는 그의 각오가 잘 드러나 있다.

회동관

만리 밖의 외로운 신하 목숨 바칠 날이로다
이 몸이 어찌 한 개의 거품으로 그칠쏘냐?
한나라의 부절을 들고 생사를 함께 하리로다
숫양이 젖 나는지는 물어볼 것 없도다.

會同館(회동관): 금나라에 사신으로 나갔을 때 묵었던 여관. 범성대의 自注에 "연산의 객관이다"(燕山客館也)라고 했다. 致命(치명): 목숨을 바치다. 漚(구): 거품. 漢節(한절): 한나라의 符節. 한나라 때 蘇武(143 전후~60 B.C.)는 흉노에 사신으로 갔다가 그들에게 억류되어 배가 고프면 담요를 뜯어 먹고 목이 마르면 눈을 먹으면서 연명했지만 한나라의 부절을 움켜 쥔 채 끝내 뜻을 굽히지 않았다. 흉노가 그를 인적 없는 北海(지금의 바이칼호)로 보내어 숫양을 먹이게 하고는 숫양이 젖을 내면 돌아오는 것을 허락한다고 위협해도 그는 끝내 절개를 굽히지 않다가 나중에 한나라가 흉노와 화친을 맺음으로써 마침내 한나라로 돌아갔다.

夜坐有感

靜夜家家閉戶眠
滿城風雨驟寒天
號呼賣卜誰家子
想欠明朝糴米錢

[해설] 범성대는 淳熙 10년(1183) 고향 소주로 돌아가 石湖 부근의 시골에 은거했다. 이 시는 이 시기의 작품으로 사람들이 곤히 잠든 깊은 겨울 밤에 빗소리를 뚫고 귓전으로 날아드는 점쟁이의 절규를 듣고 지은 것이다. 副宰相이라는 높은 관직까지 지낸 사람의 생각이 여기에까지 미쳤으니 백성을 사랑하는

밤에 앉아 있노라니

고요한 밤 집집마다 문을 닫고 자는데
성 안 가득 비바람이 찬 하늘에 몰아친다.
점 치라고 외치는 이 누구네 아들일까?
내일 아침 쌀 살 돈이 모자라는 모양이다.

그의 마음이 어느 정도였는지를 짐작할 수 있다.

號呼(호호): 외치다. 賣卜(매복): 점을 팔다. 점을 쳐 주고 돈을 벌다. 糴米(적미): 쌀을 사다.

春日田園雜興十二絶(其二)

土膏欲動雨頻催
萬草千花一餉開
舍後荒畦猶綠秀
隣家鞭筍過牆來

[해설] 범성대는 고향에 은거중이던 순희 13년(1186) 石湖 주변에서 본 갖가지 전원풍경을 그린 〈四時田園雜興六十首〉를 지었다. 이것은 그 가운데 한 수로 봄을 맞아 생기를 회복하기 시작한 한적하고 평화로운 시골집의 뒷뜰 풍경을 그린 것이다. 농촌에서 흔히 볼 수 있는 예사로운 광경들이지만 시인의 손을 거침으로써 이도록 아름답고 정겨운 모습으로 바뀌었다.

춘일전원잡흥

땅에 기름기 돌려 할 제 봄비가 자주 내려
오만 가지 풀과 꽃이 순식간에 다 피었다.
집 뒤의 묵은 땅은 여전히 잡초에 덮였는데
이웃집 죽순이 담을 뚫고 넘어왔다.

土膏欲動(토고욕동): 흙의 기름기가 발동하려고 하다. 一餉(일향): 식사를 한 번 하는 시간 즉 한식경. 아주 짧은 시간을 뜻한다. 綠秀(녹수): 푸른 풀이 우거지다. 鞭筍(편순): 대의 뿌리.

晩春田園雜興十二絶(其三)

蝴蝶雙雙入菜花
日長無客到田家
雞飛過籬犬吠竇
知有行商來買茶

[해설] 늦은 봄은 농사가 한창 바쁜 계절이다. 남녀노소를 막론하고 모두 들로 나가 일을 하지 않으면 안 된다. 주인 없는 집에 손님이 찾아올 리도 없거니와 자기 일이 바빠서 남의 집을 방문할 여유도 없다. 다만 이따금 행상이 지나가는 소리에 깜짝 놀란 닭이 울타리 너머로 도망가고 갑자기 개가 짖어 정적을 깬다. 이 시는 이러한 일상적인 농촌풍경을 별로 감정을 개입시키지 않고

만춘전원잡흥

나비가 짝을 지어 채소 꽃으로 날아들 뿐
기나긴 날 시골집엔 찾아오는 손님 없다.
닭이 날아 울을 넘고 개가 울에서 짖어대니
행상이 차를 사러 다니나 보다.

담담하게 그린 한 폭의 풍경화이다.

菜花(채화): 채소의 꽃. 雞飛過籬(계비과리): 닭이 날아서 울타리를 넘어가다. 買茶(매차): 차잎을 사다.

夏日田園雜興十二絶(其七)

晝出耘田夜績麻
村莊兒女各當家
童孫未解供耕織
也傍桑陰學種瓜

[해설] 남녀의 구분도 없이 밤낮의 구분도 없이 하루 종일 일을 해야 하는 여름철의 전원생활을 할아버지 또는 할머니의 관점에서 관찰하여 묘사한 것이다.

하일전원잡흥

낮에는 김매기 밤에는 길쌈
시골집의 남자 여자 각자가 다 전문가
너무 어려 밭 못 갈고 베 못 짜는 아이도
뽕나무 그늘 옆에서 오이 심기 배운다.

耘田(운전): 밭을 매다. 績麻(적마): 길쌈하다. 兒女(아녀): 노인의 관점에서 본 아들과 딸. 결국 농촌의 일반 남자와 여자를 가리킨다. 當家(당가): 전문가. 童孫(동손): 노인의 관점에서 본 어린 손자. 결국 농촌의 일반 아동을 가리킨다. 耕織(경직): 밭 가는 일과 베 짜는 일.

秋日田園雜興十二絶(其九)

租船滿載候開倉
粒粒如珠白似霜
不惜兩鍾輸一斛
尙贏糠覈飽兒郎

[해설] 한 斛어치의 조세로 두 鍾을 내야 하는 농촌의 현실, 심하게 과장된 것은 사실이지만 세금 낼 돈이 모자라서 딸을 팔아먹지 않으면 안 되었던 당시의 상황을 감안할 때 결코 터무니없는 소리라고 치부해 버릴 수만도 없는 농촌의 현실을 고발한 시이다. 스스로 전원시라는 제목을 붙였지만 도연명의 전원시와는 성질이 전혀 다르다. 전원시와 사회시를 변증법적으로 통일한 범성

추일전원잡흥

세금 배가 가득 싣고 창고 열길 기다리는데
진주 같은 쌀알이 서리처럼 새하얗네.
두 종으로 한 곡어치 세를 아낌없이 내지만
겨 속의 싸라기 아직 남아 애들 배는 채울 수 있다네.

대 특유의 전원시라고 하겠다.

租船(조선): 조세로 받은 쌀을 실어 나르는 배. 粒粒(입립): 쌀의 낟알 하나 하나. 鍾(종): 6斛 4斗 즉 64斗에 해당하는 용량 단위. 斛(곡): 10斗에 해당하는 용량 단위. 贏(영): 남다. 糠覈(강흘): 겨 속에 들어 있는 싸라기. 兒郞(아랑): 어린 아이.

冬日田園雜興十二絶(其十)

黄紙蠲租白紙催
皂衣旁午下鄉來
長官頭腦冬烘甚
乞汝青錢買酒回

[해설] 〈催租行〉과 〈後催租行〉을 한 수의 절구로 압축해 놓은 듯한 느낌을 주는 작품으로 역시 전원시와 풍자시가 결합된 범성대 특유의 전원시이다.

동일전원잡흥

노란 종이가 감면하면 흰 종이가 재촉하여
검은 옷 입은 관리가 뻔질나게 시골로 온다.
"현령께서 무척이나 골치가 아프겠구려
동전을 드릴 테니 술이나 사 갖고 가시구려."

黃紙(황지)·白紙(백지): 〈後催租行〉 주 참조. 蠲(견): 덜다. 皂衣(조의): 벼슬아치가 입는 검은 색의 官服. 旁午(방오): 이리저리 왔다갔다 하다. 長官(장관): 縣令. 知縣. 冬烘(동홍): 흐리멍텅하다. 얼떨떨하다. 乞(기): 주다. 青錢(청전): 동전. 돈.

過百家渡四絶句

其二

園花落盡路花開
白白紅紅各自媒
莫問早行奇絶處
四方八面野香來

其四

一晴一雨路乾濕
半淡半濃山疊重
遠草平中見牛背
新秧疎處有人踪

[해설] 百家渡는 湖南省 零陵의 湘江에 있는 나루 이름이다. 이 시는 양만리가 隆興 元年(1163) 봄 零陵丞의 임기를 마치고 이임하기 전에 지은 것이다. 시인은 세밀한 관찰력으로 자연 경물을 묘사하는 한편 자연을 사랑하는 인간의 마음을 자연스럽게 그려 내었다. 淸 王夫之가 《薑齋詩話》(卷下)에서 "景語를 지을 줄 모르면서 어떻게 情語를 써 낼 수 있겠는가? 古人의

백가도를 지나며

제2수

정원의 꽃 다 지자 길가의 꽃 피어
백색은 백색으로 홍색은 홍색으로 제각기 뽐낸다.
묻지 마오 이른 아침 절경을 찾아가느냐고
사방 팔방에서 이미 들꽃 향기 풍겨 오지 않는가.

제4수

개었다가 비 온 길은 말랐다가 또 젖고
반은 옅고 반은 짙게 산은 중첩되었다.
멀리 평평한 풀밭에 소 잔등 보이고
새로 모 심은 곳에는 사람의 종적 있다.

絶唱句는 대부분 景語이다"(不能作景語, 又何能作情語耶? 古人絶唱句多景語)라고 한 말에 잘 부합되는 시라고 하겠다.

自媒(자매): 자신을 중매선다고 한 것은 스스로를 뽐낸다는 뜻이다. '自衒'과 같다.

憫農

稻雲不雨不多黄
蕎麥空花早着霜
已分忍飢度殘歲
更堪歲裏閏添長

[해설] 이 시는 隆興 2年(1164)에 지은 것이다. 그 해 윤11월 양만리는 부친상을 당해 집에 있었으므로 당시 고향의 상황을 쓴 것임을 알 수 있다. '不雨'와 '早霜'으로 말미암아 농민들의 작황이 크게 감소되었으니 농민의 생활은 필시 더욱 고통스러울 것이다. 비록 시인은 天災라고 표현하였지만, 조정의 정치가 혼탁하고 착취가 심한 것을 그 안에서 엿볼 수 있다.

가엾은 농민들

벼는 구름같이 펼쳐져 있건만 비가 오지 않아 누렇게 익은 것은 많지 않고
메밀은 알맹이 없이 꽃만 피었는데 일찍이 서리맞았다.
배고픔 참으며 연말을 넘겨야 한다는 것을 알고 있지만
올해는 윤달이 있어 세월 더욱 길어졌으니 어떻게 견뎌내나.

稻雲(도운): 벼가 구름처럼 펼쳐져 있다는 말이다. 空花(공화): 단지 꽃만 피고 알맹이는 맺지 않은 것을 말한다. 已分(이분): 헤아리다. 일찌감치 알다. 殘歲(잔세): 年末. 堪(감): '豈堪' 또는 '不堪'과 같다. 여기서 '閏'은 隆興 2년 윤11월을 가리킨다.

閒居初夏午睡起二絕句

其一

梅子留酸軟齒牙
芭蕉分綠與窗紗
日長睡起無情思
閒看兒童捉柳花

其二

松陰一架半弓苔
偶欲看書又懶開
戲掬清泉洒蕉葉
兒童誤認雨聲來

[해설] 이 시는 乾道 2년(1166)에 지은 것으로 그 때 楊萬里는 집에서 기거하고 있었다. 南宋의 羅大經은 《鶴林玉露》에서 말하기를 張浚이 이 시를 보고는 "양만리의 흉금이 세속을 초탈하였다"(廷秀胸襟透脫矣)라고 말했다고 하였다. 사실 그 때 張浚은 이미 세상을 떠난 지 2년이 지났으니 어떻게 그것을 볼 수 있었겠는가? 그러나 '透脫' 이 두 글자는 주의할 만하다. 張浚은 어떻게 '透脫'했는가를 분명하게 설명하지는 않았지만, 시에 근거해서 본다면 楊萬里가 사물을 관찰하는 데 뛰어날 뿐만 아니라 理學 및 禪學에 대한 예지와 초탈로써 세태를 靜觀하고, 세상과 더불어 다툼이 없는 눈과 마음으로 주위의 사물을 관찰한다는 것을 말한 것 같다. 양만리의 '活法'이 잘 드러난 시라고 하겠다.

한가히 기거하는 초여름에 낮잠 자고 일어나

제1수

매실에 신맛이 남아 있어 치아를 무르게 하고
파초는 초록을 나누어 깁 창문에 준다.
긴긴 낮 자고 일어나니 아무런 생각 없어
한가로이 아이들이 버들 꽃 잡는 것을 본다.

제2수

소나무 그늘에 반 궁 넓이의 이끼가 생겼고,
어쩌다 책을 보려 하다가도 마음이 내키지 않아
재미 삼아 샘물을 손에 떠서 파초 잎에 뿌려 주니
아이는 비가 와서 소리나는 줄로 오해한다.

軟齒牙(연치아): 치아를 무르게 하다. 치아가 감당하기 어려울 정도로 매실이 시다는 말이다. 이 두 구절의 '留'자와 '分'자는 모두 힘을 들이지 않은 듯하지만 정치한 표현을 만들어 냈다. 楊炎正 〈訴衷情〉詞: "이슬방울 점점이 둥근 서리로 바뀌며, 차가움을 나누어 깁 창에 준다."(露珠點點欲團霜, 分冷與紗窗.) 이 구절은 白居易 〈전날 〈別柳枝〉 절구를 지었고 꿈에서 이를 잇는 화답시를 얻었는데, 다시 장난삼아 답한다(前日別柳枝絶句, 夢得繼和, 又復戲答)〉: "누가 다시 아이들의 유희를 흉내내어, 봄바람을 뒤쫓아 버들 꽃을 잡겠는가?"(誰能更學孩童戲, 尋逐春風捉柳花)에서 나온 것이다. 어떤 사람은 이 시를 지적하여 "'梅子留酸', '芭蕉分綠'이 이미 초여름의 풍경인데, 어찌 버들 꽃이 있어 잡을 수 있을 것인가?"('梅子留酸', '芭蕉分綠'已是初夏風景, 安得復有柳花可捉乎)라고 말하였다.(王端履 《重論文齋筆錄》 卷9) 半弓(반궁): 1弓은 다섯 자이고, 240평방弓이 1畝이다. 看(간): 여기서는 平聲으로 읽는다.

插秧歌

田夫抛秧田婦接
小兒拔秧大兒插
笠是兜鍪簑是甲
雨從頭上濕到胛
喚渠朝餐歇半霎
低頭折腰只不答
秧根未牢蒔未匝
照管鵝兒與雛鴨

[해설] 淳熙 6年(1179) 정월에 楊萬里는 廣東常平提擧에 임명되었다. 늦은 봄에 常州를 떠나 고향으로 돌아왔는데, 이 시는 사월 초에 浙江省 衢州에서부터 江山에 이르는 도중에 쓴 것이다. 그는 농민들의 고통스러운 노동의 현장을 보고서 同情과 贊賞을 표시하였는데, 세밀한 관찰력을 바탕으로 농민들의 일하는 모습을 자연스럽게 그려 내었다.

모심기 노래

농부가 모를 던지면 아낙은 받고
작은 아이는 모를 뽑고 큰 아이는 심는다.
삿갓은 투구이고 도롱이는 갑옷이라지만
내리는 비에 머리부터 어깨까지 흠뻑 젖었다.
그 사람 불러 아침 먹으며 잠시 쉬라고 하지만
머리 숙이고 허리 굽힌 채 대답도 하지 않는다.
모 뿌리 굳지 않고 모내기는 아직 끝나지 않아
조심스럽게 거위와 오리 새끼 막는다.

兜鍪(두무): 투구. 이 구절은 삿갓을 쓰고 도롱이를 걸쳐서 비에 방비를 한 셈인데도 일하는 양이 많고 시간이 길어 온몸이 물에 젖었다는 말이다. 蒔未匝(시미잡): 모내기가 아직 끝나지 않다. '匝'은 '周'와 같다. 照管(조관): 조심스럽게 경계하다. 조심스럽게 막다.

桑茶坑道中八首

其二

田塍莫道細于椽
便是桑園與菜園
嶺脚置錐留結屋
盡驅柿栗上山巓

其七

晴明風日雨乾時
草滿花隄水滿溪
童子柳陰眠正着
一牛喫過柳陰西

[해설] 桑茶坑은 安徽省 涇縣에 있다. 이 시는 양만리가 紹熙 3年(1192) 봄에서 여름으로 넘어갈 무렵의 농촌의 풍경과 농민들의 생활모습을 묘사한 것이다. 첫째 수에서는 좁은 땅이나마 어떻게 해서든지 많은 수확을 거두어 보려고 애쓰는 가난한 농민들의 삶의 모습이, 둘째 수에서는 농촌의 한가로운 정경이 시인의 예리한 관찰력에 의해 자연스러우면서도 핍진하게 묘사되어 있다.

상다갱의 길 가운데서

제2수

밭두둑이 서까래보다 가느다랗다고 말하지 말라
이 곳이 바로 뽕밭과 채마밭이란다.
고개자락에 송곳 꽂을 만큼 초막 지을 땅을 남겨 두고
감나무와 밤나무를 모두 뽑아 산꼭대기로 올렸다.

제7수

활짝 개어 바람과 해가 있고 비는 그쳐서
풀은 꽃 방죽을 채우고 물은 시내에 넘실거린다.
아이는 버드나무 그늘에서 잠이 막 들었는데
소 한 마리 풀 뜯으며 버드나무 그늘 서쪽으로 지나간다.

置錐(치추): 송곳 꽂을 만큼의 아주 좁은 땅. 《漢書 · 食貨志》: "부자들의 전답은 남북으로 길 따라 이어져 있고, 가난한 사람들은 송곳 꽂을 땅도 없다."(富者田連阡陌, 貧者亡立錐之地.) '盡驅' 구절은 집 마당에 있어야 할 과실나무조차 산꼭대기로 옮겨 심을 수밖에 없는 가난한 농민들의 처절한 삶을 표현한 것이다.

道傍店

路傍野店兩三家
清曉無湯況有茶
道是渠儂不好事
青瓷瓶插紫薇花

[해설]　楊萬里는 관직 생활도 순조롭고 그 지위도 높았다. 하지만 그렇다고 해서 백성들에 대한 관심이 낮았던 것은 아니다. 이 시는 백성들에 대한 그의 애정을 보여 주는 작품이라고 할 수 있다. 새벽에 가게에 들어가니 아직 더운 물도 끓지 않아서, 주인이 일하기 싫어한다고 생각하였다. 그런데 푸른 사기 병에 꽂힌 백일홍을 보고 주인이 아름다움을 사랑하는 사람임을 알게 되고는

길 옆 가게

길 옆에 시골 가게 두세 채 있는데
새벽에 뜨거운 물 없으니 하물며 차가 있으랴?
그 사람 게으르기 짝이 없다고 말하려는데
푸른 사기 병에는 백일홍이 꽂혀 있었다.

그 주인을 애정 어린 시선으로 바라보며 주인에 대해 불평한 것을 미안해하는 시인의 모습이 잘 나타나 있다.

渠儂(거농): 제3인칭 대명사이다. '道'는 '說'과 같다. 紫薇花(자미화): 百日紅.

安樂坊牧童

前兒牽牛渡溪水
後兒騎牛回問事
一兒吹笛笠簪花
一牛載兒行引子
春溪嫩水清無滓
春洲細草碧無瑕
五牛遠去莫管他
隔溪便是群兒家
忽然頭上數點雨
三笠四蓑趕將去

[해설] 이것은 楊萬里가 자신의 관할구역을 순시하던 중에 寧國과 宣城에 이르러 포착한 장면인데, 詩라는 붓으로 한 폭의 '봄 시내와 들판의 목동'이라는 그림을 그려 낸 것이다. 시 가운데에 네 명의 목동과 다섯 마리의 소를 그렸는데, 순박하고 天眞하며 매우 생동적이어서 사람들의 사랑을 받는다.

안락방의 목동

앞의 아이가 소를 끌고 시냇물을 건너니
뒤의 아이는 소를 타고 돌아갈 일을 묻는다.
한 아이는 삿갓에 꽃을 꽂고 피리를 불고 있고
한 마리 소는 새끼 데리고 아이를 태우고 간다.
봄 시내의 갓 흐르는 물은 맑아서 앙금이 없고
봄 섬의 어린 풀은 푸르러 티가 없다.
소 다섯 마리 멀리 가도 그것을 상관하지 않는 것은
시내 건너가 바로 저 아이들의 집이기 때문이다.
갑자기 머리 위로 몇 방울의 비가 떨어지자
삿갓 셋과 도롱이 넷이 서둘러 집에 가려 한다.

回問事(회문사): 돌아갈 일을 묻다. '問回事'와 같다. 笠簪花(입잠화): 삿갓에 들꽃을 꽂다. 行引子(행인자): 소가 앞으로 가면서 새끼를 데리고 가다.

五月初二日苦熱

人言長江無六月
我言六月無長江
只今五月已如許
六月更來何可當
船倉周圍各五尺
且道此中底寬窄
上下東西與南北
一面是水五面日
日光煮水復成湯
此外何處能清涼
掀蓬更無風半點
揮扇只有汗如漿
吾曹避暑自無處
飛蠅投吾求避暑
吾不解飛且此住
飛蠅解飛不飛去

[해설] 이 시는 시인이 여름에 더위를 모르고 지낸다는 장강 변에 거처하고 있는데도 때 이르게 더위가 기승을 부리자 그 더위의 혹독함을 형용한 것이다. 더위를 피해 물을 찾았지만 더위를 피하지 못하고 파리까지 달라붙는 고통이 생생하게 묘사되어 있어 시인의 남다른 표현력을 엿보게 해 준다.

'人言' 구절은 장강 주변이 매우 시원하여 여름의 너위를 느끼지 못한다는 밀이다. 이런

5월 2일 고통스러운 더위에

사람들은 장강에 유월이 없다고 말하지만
나는 유월에는 장강도 없다고 말하련다.
지금 오월인데도 벌써 이와 같으니
더욱이 유월이 오면 어떻게 감당하리.
선실 주위는 각기 다섯 자이니
이 속에서 어찌 넓이를 말하겠는가?
상하와 동서 그리고 남북 중에서
한 면은 물이지만 다섯 면은 햇볕이다.
햇볕이 물을 끓여 다시 뜨거운 물이 되니
이 외에 어느 곳이 맑고 시원할 수 있을까?
선창을 열어도 바람은 반점도 없고
부채 휘두르나 다만 땀이 미음 같을 뿐이다.
우리들은 더위 피하려고 하나 장소가 없는데
파리는 나에게 와서 더위를 피하려고 한다.
나는 날지 못해서 여기에 머무는데
파리는 날 수 있으면서도 날아가지 않는다.

말은 북송 초기에 이미 있었다. 참고로 洪适의 〈漁家傲〉 詞를 보면 "유월의 장강에는 여름 기운이 없다"(六月長江無暑氣)라는 구절이 있다.

如許(여허): 이와 같다. '如此'와 같다. 底(저): '何'와 같다. 寬窄(관착): 넓음과 좁음. 넓이. 五面(오면): 사방과 하늘의 다섯 방향을 가리킨다. 解(해): '能'과 같다. 주로 詩에서 쓰인다.

醉吟

古人亡, 古人在
古人不在天應改
不留三句五句詩
安得千人萬人愛
今人只笑古人痴
古人笑君君不知
朝來暮去能幾許
葉落花開無盡時
人生須要印如斗
不道金槌控渠口
身前只解皺兩眉
身後還能更杯酒
李太白, 阮嗣宗
當年誰不笑兩翁
萬古賢愚俱白骨
兩翁天地一清風

[해설] 이 시는 양만리가 高官과 厚祿만을 추구하는 세태를 비판하면서 飮酒와 作詩의 미덕을 찬양한 것이다. 말미는 술을 좋아하고 시에 공을 들인 대표적인 인물인 阮籍과 李白을 예로 들어서 제목의 취지를 더욱 선명하게 돌출시켰다. 시인은 당시 常州를 맡고 있었는데, 당시의 관리들이 권력 쟁탈만을 일삼아서 國事를 돌볼 수 없다고 느끼고는 세상사에서 초탈하고자 하였다. 李白과 같은 세찬 기세가 일관되게 흐르도록 시를 썼지만 李白의 작품을 모방한 흔적은 보이지 않는다.

'古人亡' 구절은 고인은 비록 이미 죽어 없어졌지만, 그러나 어떤 사람의 명성은 아식도

취하여 읊음

고인은 없어졌지만, 고인은 남아 있으니
고인이 없다면 세상은 달라졌을 것이다.
三句 五句의 시를 남기지 않았더라면
어찌 수많은 사람의 사랑을 얻을 수 있으리?
지금 사람들은 고인의 어리석음을 비웃지만
고인이 그대를 비웃는지 그대는 알지 못한다.
아침이 오고 저녁이 감이 얼마일 수 있는가?
낙엽 지고 꽃이 핌은 다하는 때가 없는 것을!
인생은 커다란 金印을 차지해야 한다고 하지만
쇠망치로 그 입을 억지로 여는 것은 생각지 못한다.
살아 있을 때는 단지 두 눈썹 찌푸릴 줄 알지만
죽은 뒤에는 다시 술 한 잔 할 수 있겠는가?
李白과 阮籍 두 사람
당시에 누가 그 두 사람을 비웃지 않았으리?
만고의 賢人과 愚人 모두 백골이 되자
두 분은 천지의 한 줄기 맑은 바람이 되었다.

전해져 오고 있음을 말한 것이다.

幾許(기허): 얼마나 될까? '多少'와 같다. 印如斗(인여두): 한 말이나 되는 큰 金印. 곧 높은 관직과 지위를 가리킨다. 不道(부도): 생각하지 못하다. 金槌控渠口(금추공거구): 쇠망치로 그 입을 억지로 열다. 이것은《莊子 · 外物》에 나오는 이야기이다. 두 명의 儒者가 묘를 도둑질하는데, 大儒는 밖에서 망을 보고, 小儒는 묘에 들어가 도둑질을 했다. 小儒가 죽은 자의 입에 구슬이 물려 있는 것을 발견하자 大儒는 小儒에게 죽은 자의 입을 쇠망치로 깨서 열되 구슬이 깨지지 않도록 해야 한다고 당부하였다. 太白은 李白의 字이고, 嗣宗은 阮籍의 字이다. '萬古' 두 구절은 阮籍과 李白 두 사람 모두 飮酒와 詩로써 후세에 고고한 명성을 남겼다는 말이다.

湖天暮景

坐看西日落湖濱
不是山銜不是雲
寸寸低來忽全沒
分明入水只無痕

[해설] 하늘의 석양이 서서히 호수 아래로 져서 마침내 태양이 완전히 모습을 감출 때까지의 광경을 묘사하였는데, 호수를 의인화하여 석양을 시시히 삼

호수의 석양

호수 아래로 지는 해를 바라보고 있으니
해를 삼키는 건 산도 아니고 구름도 아니다.
조금씩 내려오더니 갑자기 사라졌는데
분명히 물로 들어갔건만 흔적조차 없다.

키는 존재로 부각시킴으로써 그의 이른바 活法이 잘 나타나 있다.

分宜逆旅逢同郡客子

在家兒女亦心輕
行路逢人總弟兄
未問後來相憶否
其如臨別不勝情

[해설] 楊萬里는 경학에 대해서 상당한 성취를 이룬 유학자였다. 비록 그의 시가 경쾌함이 장점이기는 하지만 때때로 비교적 장중한 주제를 갖고 있는 작품도 있다. 이 시는 사람은 모두 형제라는 博愛精神을 교묘하게 써 낸 작품이다. 그는 사람이 박애 정신을 가지고 있으면, 집을 떠날 때도 가족을 생각하는 감성이 석지 않게 경감할 것이라고 생각한다. 하지만 막상 길에서 同鄕의 사

분의의 여관에서 만난 同鄉의 나그네와 이별함에

집에 있는 아들딸에 대해서도 마음 가벼우니
여행길에서 만나는 사람은 모두 형제이다.
후에 서로 기억하게 될지 묻지도 않았는데,
이별에 임하여서는 그 정을 이길 수 없다.

람을 만났다가 그와 이별할 때 느끼는 그 애틋한 감정은 어떠한 방법으로도 막을 수 없음을 표현하여 사람 살아가는 정이 무엇인가를 생각하게 해 준다.

分宜(분의): 江西省 分宜縣을 가리킨다. 不勝情(불승정): 정을 이길 수 없다. 정을 감당할 수 없다. 여기서 '勝'은 平聲으로 읽는다.

淮民謠

東府買舟船
西府買器械
問儂欲何爲
團結山水寨
寨長過我廬
意氣甚雄粗
青衫兩承局
暮夜連勾呼
勾呼且未已
椎剝到雞豕
供應稍不如
向前受笞箠
驅東復驅西
棄却鋤與犂
無錢買刀劍

[해설] 이 시는 尤袤가 泰興의 知縣으로 있던 중에 지은 것이다. 이 시에 언급된 "山水寨"는 당시 淮南의 지방 방위를 위한 무장 자위대이다. 이런 무장 자위대는 金나라의 침략에 대처하는 데 어느 정도 효과가 있긴 했지만 이것이 백성들에게 주는 고통 또한 적지 않았다. 시인은 기근과 전쟁에 시달리는 백성들의 고통을 백성의 입장에서 핍진하게 묘사하여 시의 내용과 형식상 杜甫의 〈三吏〉·〈三別〉 및 白居易 新樂府의 영향을 받았음을 알 수 있다.

淮南 지방의 민요

동쪽의 州縣에서는 선박을 사고
서쪽의 州縣에서는 기계를 산다.
내게 묻는다: "왜 그런답니까?"
"산수채에 소집하여 부대를 편성한다네.
산수채 대장이 내 집에 들렀는데
태도가 몹시 오만하고 난폭하였네.
검은 옷을 입은 두 명의 관리가
저녁 내내 잇달아 호출하였네.
호출이 아직 끝나지도 않아서
집에 있는 닭과 돼지를 잡아야 했네.
대접이 조금이라도 마음에 들지 않으면
앞으로 나가 채찍 세례를 받아야 했네.
동쪽으로 내몰리고 서쪽으로 내몰리며
호미와 쟁기는 버려 두어야 했네.
칼과 검을 살 돈이 없어서

東府(동부): 동쪽의 州縣. 儂(농): 1인칭대명사. '我'의 뜻이다. 團結(단결): 소집하여 부대를 편성하다. 山水寨(산수채): 金나라의 침략에 대처하기 위해 편성한 지방 단위의 무장 자위대. 寨長(채장): 지방 자위대의 책임자. 山水寨의 대장을 가리킨다. 青衫(청삼): 하급 관리가 입는 검은색 관복을 가리킨다. 承局(승국): 하급 관리. '公差'와 같다. 勾呼(구호): 소환하다. 호출하다. 椎剝(추박): 도살하다. 잡다. 不如(불여): 마음에 들지 않다. '不如意'와 같다.

典盡渾家衣
去年江南荒
趁熟過江北
江北不可住
江南歸未得
父母生我時
教我學耕桑
不識官府嚴
安能事戎行
執槍不解刺
執弓不能射
團結我何爲
徒勞定無益
流離重流離
忍凍復忍飢
誰謂天地寬
一身無所依
淮南喪亂後
安集亦未久

渾家(혼가): 온 집안. 韓愈 〈寄盧仝〉: "온 집안이 놀라 두려워하고 달아나다 다리가 부러져 버렸다."(渾舍驚怕走折趾.) **趁熟**(진숙): 흉년이 들어서 다른 곳으로 먹을 것을 찾아가다. '逐熟'이라고도 한다. '江北' 두 구절은 강북은 전란으로 인해 정착해 살 수가 없고,

온 집안의 옷을 다 전당잡혀야 했네.
작년에는 강남 땅에 기근이 들어서
먹을 것을 찾아 강북으로 넘어갔네.
그러나 강북에선 거주할 수가 없고
강남으로는 돌아갈 수가 없다네.
부모님이 나를 낳으시고는
나에게 농사와 양잠을 가르치셔서
나는 관부의 규칙도 알지 못하니
어떻게 군대에 들어갈 수 있으리?
창을 잡아도 찌를 줄 모르고
활을 들어도 쏠 줄 모르는데
군대에 소집해도 내가 무엇을 하리?
헛된 수고만 했지 소용없는 일이네.
유랑하고 또 유랑하며
추위를 참고 배고픔을 참아야 하네.
누가 말했던가 천지가 넓다고
이 몸 하나 의탁할 곳이 없는데."
회남 지방에 병란이 있은 후
안정을 잃은 지 이미 오래 되어

강남은 흉년이 들어 돌아갈 수가 없다는 말이다. 耕桑(경상): 농사와 양잠. 戎行(융항): 군대. 徒勞(도로): 헛되이 수고하다. 이 두 구절은 소집만 하고 훈련이 없다면 군인으로 쓸모가 없다는 말이다. 喪亂(상란): '兵亂'의 뜻이다. 安集(안집): '安定'의 뜻이다.

死者積如麻
生者能幾口
荒村日西斜
破屋兩三家
撫摩力不給
將奈此擾何

積如麻(적여마): 엉클어진 삼처럼 쌓이다. 이 구절은 수많은 시체가 묻히지 못하고 아무

시체가 엉클어진 삼처럼 쌓였으니
살아남은 사람이 몇 명이나 될까?
황폐한 마을에 해는 서쪽으로 기울고
파괴된 가옥이 두 세 채 남아 있다.
구제하려고 해도 힘이 모자란데
이런 소요까지 겹쳤으니 어찌하나?

렇게나 버려져 있다는 말이다. 撫摩(무마): 안정시키다. 구제하다.

觀書有感二首(其一)

半畝方塘一鑒開
天光雲影共徘徊
問渠那得淸如許
爲有源頭活水來

[해설] 이 시는 주희의 철학사상을 나타낸 것이다. 그는 못에 끊임없이 活水가 흘러들어야 맑을 수 있다고 함으로써 사상도 끊임없이 사색하고 탐구함이 있어야 정체를 면하고 흉중에 정확하게 사물의 이치를 반영할 수 있음을 비유하였다. 추상적인 내용을 구체적인 것으로 비유해 낸 솜씨가 볼 만하다.

一鑒開(일감개): 거울보를 연 거울. 古人들은 銅鏡을 보자기로 싸 두었다가 사용할

책을 보다가 느낌이 일어서

반 이랑 네모난 못이 거울과 같아서
하늘과 구름이 그대로 잠겨 배회한다.
어떻게 그처럼 맑을 수 있느냐고 물으니
근원에서 끊임없이 활수가 나와서란다.

때 꺼내서 썼다. 이 구절은 하늘과 구름이 거울 같은 못에 그대로 비쳐서 움직이는 모습이 마치 사람이 배회하듯 한다는 말이다. 渠(거): 삼인칭 대명사(它). 여기서는 '方塘'을 가리킨다. 那得(나득): 어떻게 ……할 수 있는가? '怎麽會'와 같다. 如許(여허): 이처럼. 그처럼. '如此'와 같다. 源頭活水(원두활수): 근원에서 끊임없이 흘러나오는 活水. 《孟子·離婁下》: "근원에서 흘러나오는 샘물이 철철 흘러 밤낮을 그치지 아니하여 구덩이가 가득해진 뒤에 나아가 사해에 이르니, 학문에 근본이 있는 자는 이와 같다."(源泉混混, 不舍晝夜, 盈科而後進, 放乎四海. 有本者如是.)

水口行舟二首(其一)

昨夜扁舟雨一蓑
滿江風浪夜如何
今朝試卷孤篷看
依舊青山綠樹多

[해설] 水口는 鎭名으로, 지금의 江西省 武寧 남동쪽에 있다. 이 시는 주희가 배를 타고 수구로 가던 도중 밤에 비바람을 만나고 난 뒤의 심정을 쓴 것으로 철학자의 흉금과 풍도가 잘 나타나 있다. 마지막 구절에서 청산은 그대로인데 나무의 푸름이 더하였다는 말은 자연의 생명력에 대한 시인의 애호를 보여

배를 타고 수구로 가며

지난밤 조각배에 비 내려 도롱이 걸쳤는데
강을 뒤덮은 풍랑이 밤새 어떻게 되었을까?
오늘 아침 가만히 봉창을 열고 바라보니
청산은 그대로인데 나무의 푸름 더하였다.

준다.

蓑(사): 도롱이. '蓑衣'와 같다. 試卷(시권): 말아 올려 보다. 밖을 내다보려고 봉창을 가리고 있던 주렴을 말아 올린다는 말이다.

鵝湖寺和陸子壽

德義風流夙所欽
別離三載更關心
偶扶藜杖出寒谷
又枉籃輿度遠岑
舊學商量加邃密
新知培養轉深沉
却愁說到無言處
不信人間有古今

[해설] 鵝湖寺는 故址가 지금의 江西省 鉛山縣 鵝湖山에 있다. 陸九齡(字 子壽)은 陸九淵(字 子靜)의 형으로서, 둘 다 主觀唯心主義 哲學者이다. 淳熙 2年(1175) 주희는 육씨 형제와 아호사에서 철학 문제를 토론했는데, 피차 의견의 차이가 커서 일치된 결론을 얻을 수 없었다. 그때 육구령은 시 한 수를 지어 자신의 관점을 피력하였다. 삼 년 후 주희는 관직에 임명되어 崇安에서 江西 南康軍(관청소재지는 지금의 江西省 星子縣임)으로 가던 도중 아호사를 지나게 되었고, 육구령도 撫州에서 달려와 그와 만나게 되었다. 그 때 주희가 지난번의 육구령 시에 화답한 것이 이 시이다. 이 시에서 주희는 진리탐구에 대한 진지한 자세와 겸손한 마음가짐 및 관점이 다른 사람에 대한 존중의 뜻을 밝혔다.

아호사에서 육구령에게 화답하여

도덕수양과 풍도를 일찍부터 흠모했는데
이별한 지 삼 년에 그 마음 더욱 깊어진다.
우연히 청려장 짚고 쓸쓸한 계곡을 나섰더니
그대 또한 가마 타고 먼 길을 오셨구려.
지난 학문 의논함에 정밀하기 그지없었고
새로이 함양의 원리 알아 깊이를 더하셨다.
이야기가 무언의 경지에 이르니 차라리 슬퍼서
이 세상에 고금의 구별이 있음을 믿지 않는다오.

德義(덕의): 道德修養. 風流(풍류): 風度를 가리킨다. 藜杖(여장): 청려장. 명아주 대로 만든 지팡이. 寒谷(한곡): 쓸쓸한 계곡. 福建省 崇安縣 武夷山에 있는 자신의 거처를 가리킨다. 이 구절은 시인이 武夷山 거처를 떠나 鵝湖寺에 온 것을 가리킨다. 籃輿(남여): 대로 엮은 가마. 이 구절은 육구령도 撫州(지금의 江西省 撫州市)에서 鵝湖寺로 왔다는 말이다. 邃密(수밀): '精密'의 뜻이다. 轉(전): '加'와 같다. 却愁(각수): 기쁨이 북받쳐 올라 차라리 슬플 정도이다. 이 두 구절은 우리의 토론이 말이 필요 없는 지고의 경지에 이르렀을 때 우리의 정신이 고대의 훌륭한 학자들과 일맥상통하여 古人과 今人의 구별이 없어졌음을 느끼고 기쁨이 북받쳐 올라 차라리 슬플 정도여서, 나는 고금의 구별이 있다고 믿지 않게 되었다는 말이다.

樵夫

一擔乾柴古渡頭
盤纏一日頗優游
歸來磵底磨刀斧
又作全家明日謀

[해설] 나무꾼이 추위와 위험 속에 어렵사리 한 나무를 팔기 위해 나루를 건너는 광경을 보고, 작은 소득에도 만족하며 욕심 없이 살아가는 그의 소박한 심성과 그 날 그 날 벌어서 온 가족의 생계를 도모해야 하는 그의 빠듯한 일과를 상상하여 지은 것이나.

나무꾼

오래 된 나루터에 한 짐의 마른 나무
저 나무 팔아서 노자를 벌면
오늘도 하루가 무척 느긋하겠지.
돌아와 계곡에서 낫과 도끼 갈아서
온 식구의 내일 생계 도모하겠지.

盤纏(반전): 여비. 노자. 먼 길을 온 것에 대한 비용이라는 뜻으로 나무 판 돈을 가리킨다.
優游(우유): 한가로운 모양. 여유가 있어 느긋함을 뜻한다. 磵(간): 계곡. '澗'과 같다.

古梅二首(其一)

湘妃危立凍蛟脊
海月冷掛珊瑚枝
醜怪驚人能嫵媚
斷魂只有曉寒知

[해설] 매화나무 고목에 고아하면서도 외롭게 피어 있는 매화를 노래한 것이다.

늙은 매화나무

상비가 우뚝하게 언 교룡의 등에 서고
해월이 싸늘하게 산호 가지에 걸렸구나.
놀랍도록 추하고 괴상하던 모습이
이토록 아름답게 변모할 수 있다니
넋을 잃고 바라보는 이내 마음을
새벽녘의 추위만이 알아주누나.

湘妃(상비): 舜임금의 두 왕비인 娥皇과 女英이 죽어서 되었다는 湘水의 신. 海月(해월): 貝類의 일종으로 희고 투명한 껍데기가 동글납작하게 생겼다. 醜怪(추괴): 꽃이 아직 피지 않았을 때의 등걸의 보습을 가리킨다. 嫵媚(부미): 아름답다. 斷魂(단혼): 넋을 잃다.

登岳陽樓

不作蒼茫去
眞成浪蕩游
三年夜郎客
一柁洞庭秋
得句鷺飛處
看山天盡頭
猶嫌未奇絶
更上岳陽樓

[해설] 동정호에서 뱃놀이를 하다가 문득 좋은 시구가 떠올랐으나 그것이 썩 마음에 들지는 않아 보다 나은 시구를 얻기 위해 배에서 내려 다시 악양루에 오른 일련의 유람과정을 서술한 시이다.

岳陽樓(악양루): 악양성 西門에 있는 城樓로 洞庭湖에 임해 있다. 당나라 개원(713~741)

악양루에 올라

아득히 먼 곳으로 가지는 않았지만
참으로 마음대로 실컷 한 번 놀았네.
삼 년 동안 야랑의 나그네가 되었거니
한 척 배로 동정호의 가을을 구경했네.
백로가 나는 데서 시구를 얻고
하늘이 끝난 데서 산을 보았네.
그래도 시구가 절묘하지 않은 듯해
배를 두고 다시금 악양루에 올랐네.

연간에 지었다. 蒼茫(창망): 넓고 멀어서 아득한 모양. 浪蕩游(낭탕유): 하는 일 없이 여기저기 마음대로 돌아다니며 노는 유람. 夜郎(야랑): 지금의 호남성 沅陵縣 서쪽에 있던 옛날 縣. 柁(타): 키. 배의 고물에 장치하여 방향을 잡는 데 쓰는 제구. 여기서는 배를 가리킨다. 洞庭(동정): 호북성과 호남성 사이에 있는 큰 호수. 盡頭(진두): 끝나는 부분. 奇絶(기절): 비할 데 없이 기묘하다.

除夜自石湖歸苕溪十首

其一

細草穿沙雪半銷
吳宮煙冷水迢迢
梅花竹裏無人見
一夜吹香過石橋

其三

黃帽傳呼睡不成
投篙細細激流冰
分明舊泊江南岸
舟尾春風颭客燈

[해설] 강기는 범성대와 친밀하게 지냈는데 紹熙 2년(1191) 겨울 그는 석호로 범성대를 찾아갔다. 이것은 그 해 섣달 그믐날 석호로부터 호주에 있는 자기 집으로 돌아가는 배 안에서 보고 느낀 바를 그린 것이다.

石湖(석호): 지금의 강소성 吳縣 서남쪽에 위치한, 太湖와 붙어 있는 작은 호수로 范成大(號 石湖居士)가 만년에 은거했던 곳이다. 苕溪(초계): 절강성 天目山에서 발원하여 湖州를 거쳐 太湖로 흘러 들어가는 강. 가을에 苕花(갈대꽃)가 피어 강 양쪽 언덕을 하얗게 뒤덮고 그것이 떨어져서 수면을 뒤덮기 때문에 苕溪 또는 苕水라고 한

제야에 석호에서 초계로 돌아가며

제1수

가는 풀싹은 모래를 뚫고 눈은 반쯤 녹았는데
오궁에선 찬 연기 피고 강은 아득히 뻗어 있다.
대발 속에 핀 매화라 아무도 본 사람 없는데
밤새도록 그윽한 향이 돌다리를 넘어온다.

제3수

사공의 고함으로 잠 못 드는 밤
상앗대가 찰싹찰싹 얼음을 친다.
옛날에 강남에 배 댔던 일 선한데
고물에 살랑살랑 봄바람 불어
객실의 등불을 흔들어댄다.

다. 여기서는 당시 강기가 살고 있던 湖州를 가리킨다. 吳宮(오궁): 지금의 蘇州에 있는 춘추시대 오나라의 왕궁. 여기서는 오궁의 옛터인 蘇州를 가리킨다. 迢迢(초초): 아득히 먼 모양. 黃帽(황모): 黃頭郎 즉 뱃사공을 가리킨다. 五行相剋說에 "흙이 물을 이긴다"(土剋水)라고 했기 때문에 뱃사공들은 흙빛 즉 황색의 모자를 즐겨 썼다. 傳呼(전호): 소리쳐 부르다. 流冰(유빙): 반쯤 녹아서 물 위에 떠다니는 얼음. 分明(분명)~: 옛날에 강남지방을 많이 다녀보았기 때문에 어두운 밤일지라도 지금쯤 봄기운이 퍼져 가고 있을 것임을 잘 알 수 있다는 뜻이다. 颭(점): 흔들다.

過垂虹

自作新詞韻最嬌
小紅低唱我吹簫
曲終過盡松陵路
回首煙波十四橋

[해설] 소희 2년(1191) 섣달 그믐날 석호에 있는 범성대의 집을 떠나 기녀 小紅이를 데리고 호주에 있는 자기 집으로 가는 도중 배가 垂虹橋를 지날 때 지은 것이다.

垂虹(수홍): 垂虹橋. 지금의 강소성 吳江縣 동쪽 吳淞江에 놓여 있던 길이가 1km쯤 되

수홍교를 지나며

내가 지은 새 사가 운치가 가장 좋아
소홍이는 노래하고 이 몸은 퉁소 분다.
곡조가 끝나자 송릉 길을 다 지나고
돌아보니 다리 열넷이 안개 속에 아련하다.

고 橋洞이 72개나 되는 긴 다리로 북송 仁宗 때 건립되었다. 自作新詞(자작신사): 강기가 범성대의 요청으로 지은 自度曲인 〈暗香〉·〈疏影〉 등 2수의 사를 가리킨다. 이 구절은 강기가 자신이 지은 이 2수의 詠梅詞에 대하여 매우 만족스럽게 생각했음을 암시한다. 小紅(소홍): 기녀의 이름. 원래 범성대의 家妓였는데 강기의 自度曲인 〈暗香〉과 〈疏影〉을 잘 부르므로 강기에게 주었다. 松陵(송릉): 吳江縣의 별명.

平甫見招不欲往二首(其一)

老去無心聽管絃
病來杯酒不相便
人生難得秋前雨
乞我虛堂自在眠

[해설] 강기는 소희 4년(1193)부터 張鑑이 세상을 떠난 嘉泰 2년(1202)까지 10년 동안 그와 서로 절친하게 지냈다. 이 시는 강기가 張鑑에게 의탁하여 항주에서 지내던 때에 지은 것으로 장감이 그를 초청했지만 잔치 자리에서 술을 마시며 흥청대는 것보다는 혼자 드러누워 빗소리를 들으며 자재롭게 지내고 싶어서 그의 초청을 사절하기 위해 지은 것이다.

평보가 부르는데 마음이 없네

늙어 가매 풍악이 마음에 없고
병이 들매 한 잔 술이 부담스럽소.
가을이 되기 전에 한바탕 오는 비는
우리네 인생에 자주 얻기 어려우니
청컨대 빈 집에서 마음대로 뒹굴려오.

平甫(평보): 張鑑의 字. 장감은 南宋의 杭金名將 張俊의 손자요 저명 詞人 張炎의 증조부인 張鎡의 동생으로 강기의 친한 친구였다. 見招(견초): 나를 초대하다. '招我'와 같다. 管絃(관현): 악기의 연주를 가리킨다. 秋前雨(추전우): 남은 더위를 씻어 내고 가을 날씨를 재촉하는 상쾌한 비. 이것이 장감의 초청에 응하고 싶지 않은 진정한 이유이다. 乞(걸): 청컨대.

湖上寓居雜詠十四首

其一

荷葉披披一浦涼
青蘆奕奕夜吟商
平生最識江湖味
聽得秋聲憶故鄉

其九

苑墻曲曲柳冥冥
人靜山空見一燈
荷葉似雲香不斷
小船搖曳入西陵

[해설] 慶元 6년(1200) 항주 서호에서 은거의 정취를 노래한 것이다.

披披(피피): 흔들리는 모양. 奕奕(혁혁): 한가로운 모양. 商(상): 가을. 옛날 사람들은 五

호숫가에 사는 재미

제1수

연잎은 너울너울 온 개펄이 시원하고
갈대는 한들한들 밤이 되면 가을 노래
평생에 무엇보다 강호 맛을 잘 알아
가을 소리 들으니 고향 생각 절로 나네.

제9수

담장은 구불구불 버들은 어둑어둑
인적 없는 빈 산에 등불 하나 가물가물
구름 같은 연잎에선 끊임없이 향내 나고
작은 배는 뒤뚱뒤뚱 서령교로 들어간다.

音을 계절과 짝지었는데, 商音은 가을에 해당한다. 得(득): 동사 뒤에 붙어서 동작의 완성을 나타낸다. 苑墻(원장): 동산의 담장. 山(산): 항주 서호 안에 있는 孤山을 가리킨다. 西陵(서릉): 西泠橋. 서호의 서북쪽에 있는 다리로 孤山과 육지를 이어 준다.

昔遊詩十五首(其五)

我乘五板船
將入沌河口
大江風浪起
夜黑不見手
同行子周子
渠膽大如斗
長竿插蘆席
船作野馬走
不知何所詣
死生付之偶
忽聞入草聲
燈火亦稍有
杙船遂登岸
急買野家酒

[해설] 각지로 돌아다니며 고생과 遊覽을 겸하던 젊은 시절을 회상하여 지은 연작시 가운데 하나로 漢陽 부근에서 큰 풍랑을 만나 고생하다가 다행스럽게 살아난 과정을 그린 것이다.

그 옛날의 유랑 시절

조그만 배를 타고
이제 막 돈하구로 들어가려 할 즈음
장강에서 풍랑이 거세게 이는데
칠흑 같은 밤이라 내 손이 안 보였지.
동행이신 주선생은
기다란 간딩이가 툇박반 하여
기다란 장대에 갈대 자리 꽂으니
야생말이 되어서 배가 잘도 달렸지.
어디로 가는지는 알 수가 없고
생사를 우연에 맡기었었지.
갑자기 풀숲으로 드는 소리 들리고
깜박이는 등불도 조금 보였지.
말뚝에 배를 매고 언덕에 올라
시골 술을 얼른 사서 자축하였지.

五板船(오판선): 돛을 달지 않은 작은 배. 보통 단거리 여행에 사용한다. 沌河口(돈하구): 지금의 호북성 武漢市 漢陽 서남쪽에 있는, 沌水가 長江으로 들어가는 어귀. 보통 沌口라고 한다. 大江(대강): 長江. 子周子(자주자): 주선생. 蘆席(노석): 갈대를 엮어서 만든 자리. 杙(익): 말뚝에 매나.

【徐璣 서기

新涼

水滿田疇稻葉齊
日光穿樹曉煙低
黃鶯也愛新涼好
飛過青山影裏啼

[해설] 시원한 초가을 아침의 전원 풍경을 그린 것이다.

초가을

논에 가득 물이 차고 벼잎사귀 가지런한데
햇살은 나무를 뚫고 새벽 안개는 나직하다.
꾀꼬리도 시원한 초가을이 좋은지
청산 그늘 지나가며 꾀꼴꾀꼴 노래한다.

新涼(신량): 초가을의 서늘한 기운.

山居

柳竹藏花塢
茅茨接草池
開門驚燕子
汲水得魚兒
地僻春猶靜
人閒日更遲
山禽啼忽住
飛起又相隨

[해설] 산 속에서 지내는 담담한 즐거움을 노래한 것이다.

花塢(화오): 사방이 높직하고 가운데가 낮은 화단. 茅茨(모지): 띠풀로 인 초가집 지붕.

산 속에 사노라니

버드나무 대나무가 꽃밭을 가리고
띠로 인 지붕이 연못에 닿아 있네.
문을 열면 제비 새끼 깜짝 놀라고
물을 푸면 고기 새끼 담겨 있다네.
구석진 땅이라 봄 아직 고요하고
한가한 사람이라 해 더욱 긴데
산새가 갑자기 울음을 그치더니
한 마리가 날아가고 한 마리가 따라가네.

草池(초지): 주위에 풀이 우거진 못. 燕子(연자): 제비. 제비새끼. 魚兒(어아): 물고기. 물고기 새끼.

鄉村四月

綠遍山原白滿川
子規聲裏雨如煙
鄉村四月閑人少
纔了蠶桑又插田

[해설] 이것은 후인들에게 널리 전송되는 시이다. 시인은 간결하고 소박한 언어로 초여름의 농촌 풍경과 그 속에서 살아가는 농민들의 생활 모습을 그려 내었다.

사월의 시골 마을

산과 들 온통 푸르고 논은 물빛으로 하얀데
두견새 우는 속에 안개처럼 비가 내린다.
사월의 시골 마을엔 한가한 사람 드무니
누에치기 마치면 이내 또 모내기란다.

白滿川(백만천): 하얀 물빛이 논에 가득하다. 여기서 '川'은 들판의 논을 가리킨다. 모내기하기 전 논에 물이 가득 차 있는 모습을 형용한 것이다. 子規(자규): 두견새의 별명. 雨如煙(우여연): 비가 매우 세밀하게 내려 멀리서 바라보면 안개처럼 보인다는 말이다. 揷田(삽전): 모내기. '揷秧'과 같다.

野望

一天秋色冷晴灣
無數峰巒遠近間
閒上山來看野水
忽於水底見青山

[해설] 이것은 들판의 가을 풍경을 묘사한 寫景詩로서, 자연스럽고 간결한 언어를 사용하여 淸新하고 淡雅한 美感을 자아내 주고 있다.

들판 풍경

온 하늘에 가을빛 싸늘하고 포구의 날씨 맑은데
멀고 가깝게 산봉우리 수없이 솟아 있다.
한가히 산에 올라 들판의 물을 바라보니
홀연히 그 속에 푸른 산이 보인다.

峰巒(봉만): 산봉우리.

數日

數日秋風欺病夫
盡吹黃葉下庭蕪
林疏放得遙山出
又被雲遮一半無

[해설] 이 시는 가을의 정취를 쓴 것이다. 앞의 두 구절은 情 속에 景이 있는 것으로, 가을바람과 누런 잎은 병든 시인의 심정을 암시해 주고 있다. 뒤의 두 구절은 景 속에 情이 있는 것으로, 잎이 떨어져 앙상한 가지만 남은 나무 사이로 드러난 먼 산이 다시 구름에 가려 반쯤 보였다 말았다 한다

며칠

며칠의 가을바람이 병든 사람을 우롱하여
누런 잎새를 모두 황량한 뜰에 떨구었다.
숲이 휑하게 뚫려서 먼 산이 보이더니
다시 구름에 가려 반쯤 보였다 말았다 한다.

는 것은 외롭고 쓸쓸한 시인의 심정을 기탁한 것으로 볼 수 있다.

庭蕪(정무): 잡초가 우거져 황량한 뜰. 林疏放(임소방): 숲이 낙엽이 져서 휑하니 뚫린 모양.

約客

黃梅時節家家雨
青草池塘處處蛙
有約不來過夜半
閑敲棋子落燈花

[해설] 이 시는 찾아오겠다고 약속을 한 손님을 기다리는 사람의 심정을 묘사한 것이다. 집 밖의 빗소리 · 개구리 우는 소리와 방안의 정적이 강렬한 대조를 이루며 한밤중이 지나도록 손님을 기다리는 사람의 심정이 섬세하게 표현되어 있다.

家家雨(가가우): 집집마다 비가 내리다. 곳곳에 모두 비가 내린다는 말로서 내리는 비의

손님을 기다리며

매실이 익어 가는 시절이라 집집마다 비 내리고
푸른 풀 우거진 못에선 여기저기 개구리 소리
오지 않는 손님을 기다리다 한밤중이 지나서
한가히 바둑돌을 두드려 타 버린 심지를 떨군다.

양이 많다는 뜻이다. 棋子(기자): 바둑돌. 燈花(등화): 등불의 심지가 타서 재가 되어 꽃 모양으로 된 것. 불똥. 錢鍾書는《宋詩選注》에서 이 구절에 대해 "陳與義가 〈夜雨〉에서 '바둑판에서 속세의 이치를 살펴볼 수 있고, 불똥은 아마 좋은 시를 위하여 피어 있을 것이다'(碁局可觀浮世理, 燈花應爲好詩開)라고 한 것은 인위적으로 늘인 것처럼 보여 이것처럼 깨끗하고 완전하지는 않다"라고 하였다.

薛氏瓜廬

不作封侯念
悠然遠世紛
惟應種瓜事
猶被讀書分
野水多于地
春山半是雲
吾生嫌已老
學圃未如君

[해설] 薛氏는 薛師石을 가리킨다. 그는 永嘉人으로, 字가 景石인데, 永嘉四靈과 가깝게 지내면서 시를 주고받았다. 그는 벼슬길에 나아가지 않고 은거하여 會昌湖 서쪽에 집을 짓고 그 명칭을 '瓜廬'('瓜牛廬' 또는 '蝸牛廬'라고 하며, 달팽이 껍질처럼 생긴 작은 圓舍, 즉 누추한 거처를 뜻한다)라고 하였다. 이 시는 조사수가 설사석의 瓜廬를 읊은 것으로, 몇 가지 典故를 이용하긴 했지만 자연스럽고 적절한데다 구성이 치밀하여 江西派 末流와는 다른 면모를 보여 주고 있다.

封侯(봉후): 빛나는 功名을 가리킨다. **悠然**(유연): 초연한 모양. 이 구절은 陶淵明 〈飮酒〉(其五)의 意境을 암시하고 있다. **種瓜事**(종과사): 오이 심는 일. 《三輔黃圖 · 都城十二門》: "광릉 사람 소평은 진의 동릉후였는데, 진이 멸망하자 평민이 되어 청문 밖에 오이

薛師石의 瓜廬

공명을 이루겠다는 생각을 접어 두고
초연히 어지러운 세상을 멀리하였다.
오이 재배에 종사해야 하면서도
시간을 쪼개어 독서를 한다.
들판의 물은 땅보다 많고
봄 산은 반쯤 구름에 덮여 있나.
아쉽게도 내 인생 이미 늙고 말아
그대처럼 채소 농사를 배우지 못한다.

를 심었다. 그 오이가 맛이 좋아서 당시 사람들은 '동릉과'라고 일컬었다."(廣陵人邵平爲秦東陵侯, 秦破, 爲布衣, 種瓜靑門外, 瓜美, 故時人謂之'東陵瓜'.) 이상의 두 구절은 陶淵明 〈讀山海經〉(其一): "밭 갈고 씨 뿌리는 일 끝내고 나서, 여가를 틈타 독서를 한다"(旣耕亦已種, 時還讀我書)에서 따왔지만 독서에 대한 능동성이 좀더 강조되어 있다. '野水' 두 구절은 姚合 〈送宋愼言〉: "역마의 길은 대부분 물에 이어져 있고, 주의 성은 반쯤 구름에 덮여 있다"(驛路多連水, 州城半在雲)를 변화시킨 것으로 보인다. **學圃**(학포): 채소 농사를 배우다. 《論語 · 子路》: "번지가 곡식 농사짓는 법을 가르쳐 달라고 청하자 공자께서 '나는 노련한 농부만 못하다'라고 하시고, 채소 재배하는 법을 가르쳐 달라고 청하자 '나는 노련한 채소 재배가만 못하다'라고 하셨다."(樊遲請學稼, 子曰: "吾不如老農." 請學爲圃, 曰: "吾不如老圃.")

庚子薦饑三首(其一)

餓走拋家舍
縱橫死路岐
有天不雨粟
無地可埋屍
劫數慘如此
吾曹忍見之
官司行賑卹
不過是文移

[해설] 理宗 嘉熙 4년(1240)에 심한 가뭄이 들어 浙東 일대에는 살 길을 찾아 고향을 떠나는 사람과 길에서 굶어 죽은 사람이 수없이 많았다. 이 시는 이 때의 상황을 묘사한 것으로 굶주린 백성에 대한 동정과 무능하고 비정한 조정에 대한 불만이 잘 나타나 있다.

경자년의 거듭된 굶주림

자기 집을 버리고 배가 고파 달아나다
여기저기 죽어서 갈림길에 누워 있네.
하늘이 있다 하나 곡식을 안 내리고
땅이 없어서 시체를 못 묻네.
액운이 이토록 참혹하거늘
우리가 어떻게 자아 볼 수 있으랴?
관아에서 구휼을 한다고 하나
허울 좋은 공문에 지나지 않는다네.

庚子(경자): 남송 理宗 嘉熙 4년(1240). 路岐(노기): 기로. 갈림길. 雨粟(우속): 곡식을 비로 내리다. 戰國 말에 燕나라 太子 丹이 秦나라의 인질이 되었을 때 秦王이 "하늘에서 곡식이 떨어지고 말에 뿔이 생기면"(天雨粟, 馬生角) 돌려보내 준다고 했다.(《史記 · 刺客列傳》 참조) 劫數(겁수): 액운. 官司(관사): 관아. 賑卹(진휼): 救恤하다. 文移(문이): 공문서.

夜宿田家

簦笠相隨走路岐
一春不換舊征衣
雨行山崦黃泥坂
夜扣田家白板扉
身在亂蛙聲裏睡
心從化蝶夢中歸
鄉書十寄九不達
天北天南雁自飛

[해설] 오랫동안 집에 돌아가지 않고 계속해서 강호를 유랑하는 자신의 모습을 그린 것이다.

簦笠(등립): 우산과 삿갓. 전자는 비를 막고 후자는 해를 가린다. 路岐(노기): 기로. 갈림

시골집에 묵으며

우산 삿갓 번갈아 쓰고 갈림길을 헤매느라
봄 내내 찌든 옷을 갈아 입지 않았네.
빗속에 산길 걸어 황토 비탈 넘고 넘어
밤중에 시골집의 판자 문을 두드렸네.
요란한 개구리 소리 자장가 삼아 잠이 들어
나비 따라 꿈 속에 고향으로 돌아갔네.
고향 편지는 열 통 중에 아홉 통이 분실되고
기러기만 무심하게 여기저기 날아가네.

길. 山崦(산엄): 산. 黃泥坂(황니판): 누런 진흙이 깔린 미끄러운 비탈길. 白板扉(백판비): 칠을 하지 않은 판자로 만든 문짝. 化蝶(화접): 꿈 속에 화한 나비. 莊周가 꿈에 나비로 화하여 훨훨 날아다녔는데 깨고 보니 문득 장주가 꿈 속에 나비가 되었던 것인지 나비가 꿈에 장주가 되어 있는 것인지 알 수 없었다고 한다.(《莊子 · 齊物論》 참조)

淮村兵後

小桃無主自開花
煙草茫茫帶曉鴉
幾處敗垣圍故井
向來一一是人家

[해설] 전쟁이 끝난 뒤에 폐허화된 어느 淮河 연안 마을의 을씨년스러운 모습을 그린 것이다.

전란 뒤의 회하 마을

복숭아는 주인도 없이 스스로 꽃을 피웠고
아득한 풀숲에는 새벽 까마귀 깃들었네.
몇 군데 무너진 담이 묵은 우물을 에워싼 곳
옛날에는 하나 하나가 인가였다네.

淮村(회촌): 淮河 연안에 있는 마을. 煙草(연초): 안개에 덮인 풀. 茫茫(망망): 넓고 멀어 아득한 모양. 向來(향래): 원래. 종전에.

驟雨

牛尾烏雲潑濃墨
牛頭風雨翻車軸
怒濤頃刻卷沙灘
十萬軍聲吼鳴瀑
牧童家住溪西曲
侵早騎牛牧溪北
慌忙冒雨急渡溪
雨勢驟晴山又綠

[해설] 갑자기 소나기가 퍼붓듯이 쏟아지다가 언제 그랬느냐는 듯 순식간에 뚝 그쳐 버린 어느 날의 산골풍경을 그린 것이다.

소나기

소꼬리의 먹구름은 진한 먹을 끼얹은 듯
소머리의 비바람은 수레라도 뒤엎을 듯
노도가 경각간에 모래밭에 용솟음 치니
십만대군의 함성이요 우렁찬 폭포소리.
목동은 개울 저편 서쪽 굽이에 사는데
꼭두새벽에 소를 타고 북쪽으로 가서 풀 먹이다가
비를 맞으며 허둥지둥 다급히 개울을 건너는데
빗발이 뚝 그치고 산이 다시 푸르네.

烏雲(오운): 검은 구름. 沙灘(사탄): 모래밭. 吼鳴(후명): 울부짖다. 侵早(침조): 이른 새벽.

田家十首(其四)

鷄唱三聲天欲明
安排飯碗與茶瓶
良人猶恐催耕早
自扯蓬窓看曉星

[해설] 새벽부터 들에 나가 농사를 지어야 하는 고달픈 농촌생활의 한 단면을 그린 것이다.

농가

닭이 세 번 울어 날이 막 새려 할 제
밥과 차를 챙겨 놓고 조심스레 깨우니
남편은 아직도 너무 이른 게 아닌가 싶어
스스로 창을 밀고 새벽 별을 쳐다 보네.

鷄唱三聲(계창삼성): 이른 새벽을 가리킨다. 良人(양인): 남편. 催耕早(최경조): 농사 지으러 나가라고 재촉함이 너무 이르다. 蓬窓(봉창): 쑥대에 뒤덮인 창.

臨川逢鄭遐之之雲夢

天涯十載無窮恨
老淚燈前語罷垂
明發又爲千里別
相思應盡一生期
洞庭波浪帆開晚
雲夢蒹葭鳥去遲
世亂音書到何日
關河一望不勝悲

[해설] 십 년 동안 헤어져 있던 친구 鄭羽를 臨川에서 우연히 만난 감회와 만나자마자 다시 헤어져야 하는 안타까움을 노래한 것이다.

臨川(임천): 지금의 강서성 臨川. **鄭遐之**(정하지): 엄우의 친구 鄭羽. **雲夢**(운몽): 雲夢澤. 여기서는 그것의 소재지인 호북성의 江漢平原 일대를 가리킨다. **洞庭波浪帆開晚**(동정파랑범개만): 동정호에 파랑이 심해서 돛을 얼른 펴지 못하고 바람이 잔잔

임천에서 운몽으로 가는 정하지를 만나

하늘의 이쪽 끝과 저쪽 끝에서
십 년을 지냈으니 한이 무궁할 밖에
등불 앞에 앉아서 만리장성 쌓다가
이야기가 끝나니 눈물 주룩 흐르누나.
내일 아침 떠나가면 다시 천 리 밖에서
그리움에 한평생을 다 보내고 말겠구나.
파랑으로 동정호엔 돛을 펴기 힘들 테고
갈대 자란 운몽택엔 새가 더디 사라지리.
어지러운 세상이니 편지 갈 날 언제일꼬?
산하를 바라보면 슬픔이 북바치리.

해지기를 기다려 느지막이 펴다. 이 두 구절은 파랑이 심한 동정호와 넓디 넓은 운몽택이 가로놓여 있어서 다시 돌아오기 힘들 것임을 뜻한다. 蒹葭(겸가): 갈대. 푸른 갈대가 서 있는 강을 사이에 두고 사랑하는 사람이 서로 만나지 못하는 안타까움을 노래한《詩經 · 秦風 · 蒹葭》의 의경을 지니고 있다. 鳥去遲(조거지): 못이 하도 넓어서 새가 오랫동안 시야에서 사라지지 않음을 뜻한다. 關河(관하): 험난한 객지의 산하.

有感六首(其一)

誤喜殘胡滅
那知患更長
黃雲新戰路
白骨舊沙場
巴蜀連年哭
江淮幾郡瘡
襄陽根本地
回首一悲傷

[해설] 理宗 端平 원년(1234) 남송의 군대는 몽고군과 연합하여 금나라를 멸망시키고 잠시 汴京과 洛陽을 수복했다. 그러나 몽고는 금방 태도를 바꾸어 단평 2년(1235)에는 군대를 남하시켜 사천 · 호북 · 안휘 등지를 침공하고 단평 3년(1236)에는 양양을 함락시켰다. 이 시는 이러한 역사적 사실을 노래한 같은 제목의 시 6수 가운데 한 수이다. 엄우의 근체시는 杜甫를 배워 풍격이 沈鬱蒼涼하다고 평가되거니와 이 〈有感〉 시는 제목을 두보 시에서 따왔을 뿐만 아니라 풍격과 시어도 두보 시와 닮았다.

유감

오랑캐의 잔당이 소멸됨이 너무 좋아
정세도 잘 모르고 괜히 기뻐했나니
우환 더욱 심해질 줄 어떻게 알았으랴?
누런 먼지는 새 전장에 가득하고
하얀 해골은 옛 전장에 뒹군다.
파촉에는 해마다 곡소리가 안 끊이고
강회에는 몇 고을이 다쳤는지 모르겠다.
양양은 근거지 삼을 중요한 지역이라
고개 돌려 바라보며 슬픔을 못 가눈다.

殘胡滅(잔호멸): 금나라가 송원 연합군에게 멸망한 것을 가리킨다. 患更長(환갱장): 금나라는 중원 지역만 점령했는데 이에 반해 몽고군은 사천 · 안휘 · 호북 일대까지도 침공했다. 黃雲(황운): 戰塵을 가리킨다. 巴蜀(파촉): 지금의 사천성 일대. 江淮(강회): 長江과 淮河 유역에 있는 지금의 강소성 · 안휘성 일대. 襄陽(양양): 지금의 호북성 襄樊. 이곳은 군사적으로 매우 중요한 곳이었다.

戊辰卽事

詩人安得有靑衫
今歲和戎百萬縑
從此西湖休插柳
剩栽桑樹養吳蠶

[해설] 開禧 2년(1206) 寧宗은 승상 韓侂胄의 건의를 받아들여 금나라를 공격했다가 실패했다. 이에 한탁주의 목을 베어 금나라에 보냄으로써 용서를 구하고 화의를 요청했다. 그리하여 영종 嘉定 원년(1208) 무진년에 매년 은 30만 냥과 비단 30만 필을 추가로 보내기로 하는 이른바 가정화의가 맺어졌으니 隆興 2년(1164)의 융흥화의에 이은 또 한 차례의 굴욕적인 화의였다. 이 시는 이 가징화의에 대한 분노를 풍자적으로 표현한 것이다.

무진년의 즉흥시

시인이 어떻게 푸른 적삼을 입으리?
금년에 오랑캐와 화의를 맺어
고운 비단 백만 필을 주기로 하였으니.
이제부턴 서호에 버들을 심지 말고
뽕나무를 잔뜩 심어 누에나 쳐야 하리.

戊辰(무진): 남송 寧宗 嘉定 원년(1208). 卽事(즉사): 눈앞의 사물에 감정이 촉발되어 즉흥적으로 짓다. 和戎(화융): 금나라와 嘉定和議를 맺었음을 가리킨다. 揷柳(삽류): 버드나무를 심는다는 뜻이다. 버드나무는 삽목의 방법으로 번식한다. 버드나무는 유실수가 아니라 관상용으로 花柳의 의미를 지니므로 이 구절은 취생몽사하는 君臣들에 대한 경고의 성격을 띤다. 吳蠶(오잠): 오지방에서 나는 질 좋은 누에. 오지방(지금의 강소성 蘇州 일대)은 비단의 명산지이다.

落梅

一片能教一斷腸
可堪平砌更堆墻
飄如遷客來過嶺
墜似騷人去赴湘
亂點莓苔多莫數
偶粘衣袖久猶香
東風謬掌花權柄
却忌孤高不主張

[해설] 建陽(지금의 복건성 建甌의 서북쪽)縣令으로 재임중이던 嘉定(1208~1224) 연간에 지은 詠梅詩이다. 그는 이 시의 "東風謬掌花權柄, 却忌孤高不主張"이라는 두 구절이 국사를 비방했다는 죄로 전후하여 10년 동안 폄적생활을 했고 이 시를 인쇄한 서적상마저도 이에 연좌되어 처벌을 받았다. 이것이 바로 유명한 落梅詩案이다. 그러나 그는 결코 의기소침해지지 않고 오히려 더욱 많은 영매시와 詠梅詞를 지었으니 그가 평생 동안 지은 영매시사가 130여 수나 된다.

떨어진 매화

한 잎을 볼 때마다 애가 한 번 끊기는데
섬돌을 뒤덮고 담장에도 쌓이네.
귀양객이 매령을 넘듯 팔랑팔랑 흩날리다
시인이 호남으로 가듯 맥없이 떨어지네.
이끼 위에 여기저기 마구 점을 찍으며
헤아릴 수 없을 만큼 수없이 떨어지다
우연히 소매에 붙어 오래도록 향을 뿜네.
동풍은 꽃에게 권력을 남용하여
고고하여 나서지 않음을 도리어 시기하네.

敎(교): ……로 하여금 ……하게 하다. 平砌(평체): 섬돌과 평평하게 하다. 嶺(영): 大庾嶺. 강서성 · 호남성 · 광동성 사이에 있는 고개로 일명 梅嶺이라고도 하며 이 고개의 남쪽을 영남이라 한다. 당대의 시인 한유와 송대의 시인 소식은 각각 이 고개를 넘어 광동지방의 潮州와 惠州로 폄적된 적이 있다. 湘(상): 湖南 지방. 전국시대의 시인 屈原은 호남지방을 유랑하다가 汨羅水에 투신했고 당대의 시인 柳宗元은 호남지방의 永州로 폄적된 적이 있다. 莓苔(매태): 이끼. 花權柄(화권병): 꽃에 대하여 생사를 좌우할 수 있는 권력. 孤高不主張(고고불주장): 매화가 고고한 품격을 가지고 있어서 난 체하고 나서지 않는다는 뜻이다.

北來人二首(其一)

試說東都事
添人白髮多
寢園殘石馬
廢殿泣銅駝
胡運占難久
邊情聽易訛
凄凉舊京女
妝髻尚宣和

[해설] 송나라 조정이 남도한 뒤 금나라 치하인 북방에서 도망쳐 온 한 노인의 입을 빌려 북방인들의 애통한 심정과 중원회복을 바라는 그들의 간절한 소원을 서술한 것이다.

北來人(북래인): 靖康之變으로 북송이 망한 뒤 북쪽에서 남쪽으로 도망온 流民. 東都(동도): 북송의 도성 汴京을 가리킨다. 寢園(침원): 왕릉. 능침. 북송 황제들의 능침을 가리킨다. 石馬(석마): 무덤 앞에 세운 돌로 만든 말. 銅駝(동다): 구리 낙타. 西晉이 멸망하

북쪽에서 온 사람

동도의 일을 한 번 얘기하리다.
흰 머리카락이 부쩍 늘어날 겁니다.
왕릉에는 석마가 다 망가지고
허물어진 궁전에는 구리낙타가 운답니다.
오랑캐의 국운이 오래 가긴 힘들다고
변방의 징세는 잘못 듣기 일쑵니다.
처량한 옛 서울의 여인네들은
머리 모양이 아직도 선화 시절입니다.

기 직전에 索靖이 낙양의 궁문 밖에 있는 구리로 만든 낙타를 가리키면서 그것이 장차 가시덤불에 묻혀 버리고 말겠다고 탄식했다.(《晉書 · 索靖傳》 참조) 邊情(변정)~: 송나라 군사가 금나라 군사를 물리치고 곧 중원을 회복할 것이라는 식의 낭보가 금방 와전으로 판명됨을 뜻한다. 범성대의 〈州橋〉 마지막 구절 참조. 宣和(선화): 북송 徽宗의 연호(1119~1125). 이 구절은 삭발을 요구하는 금나라의 압력에도 불구하고 많은 북방인들이 옛날의 머리 모양을 견지하고 있음을 뜻한다.

冶城

斷鏃遺槍不可求
西風古意滿原頭
孫劉數子如春夢
王謝千年有舊遊
高塔不知何代作
暮笳似說昔人愁
神州只在闌干北
度度來時怕上樓

[해설] 지금의 강소성 남경에 있는 冶城에 올라 그 옛날 그 곳을 주름잡던 영웅호걸들이 흔적도 없이 사라진 데 대한 무상감과 난간 너머로 빤히 바라보이는 중원 땅에 대한 애절한 그리움을 노래한 것이다.

冶城(야성): 지금의 강소성 南京市의 朝天宮 일대에 있던 성. 춘추시대(일설에는 삼국

야성

부러진 화살촉과 버려진 창은
아무리 찾아봐도 찾을 수가 없는데
옛 생각은 서풍을 타고 들판 가득 퍼진다.
손권과 유비 같은 잘난 사람들
한바탕의 봄꿈인 듯 흔적 없이 사라지고
왕도와 사안 같은 천 년 전의 사람들
놀던 곳은 남았는데 사람은 간곳없다.
높다란 저 탑은 어느 시대에 지어졌나?
황혼녘에 들려 오는 호드기 소리
옛 사람의 근심을 하소연한다.
난간 북쪽 저 너머가 중원 땅이라
누각에 오르기가 올 때마다 겁이 난다.

시대) 때 칼·창 등의 무기를 만들던 곳이라고 한다. 古意(고의): 옛날을 회고하는 마음. 原頭(원두): 들판의 언저리. 孫劉(손류): 孫權과 劉備. 삼국시대 때 오나라의 손권은 남경에 도읍을 정하고 촉나라의 유비와 쟁탈전을 벌였다. 數子(수자): 여러 사람. 王謝(왕사): 東晉 때의 재상인 王導와 謝安. 笳(가): 호드기. 물 오른 버들 가지나 밀짚 토막으로 만든 피리. 神州(신주): 중원 지방. 度度(노노): 매번.

築城行

萬夫喧喧不停杵
杵聲丁丁驚后土
徧村開田起窯竈
望青斫木作樓櫓
天寒日短工役急
白棒訶責如風雨
漢家丞相方憂邊
築城功高除美官
舊時廣野無城處
而今烽火列屯戍
君不見高城鬐鬐如魚鱗
城中蕭疏空無人

[해설] 온 마을 사람들이 농토마저 몰수당한 채 성 쌓기에 동원되어 얻어맞기도 하고 목숨을 잃기도 하며 성을 쌓아 놓으면 그 공은 벼슬아치들이 다 차지하고 성을 쌓던 마을 사람들은 거의 다 죽어 버리는 부조리한 당시의 현실을 풍자한 것이다.

喧喧(훤훤): 둔탁한 소리가 시끌시끌한 모양. 杵(저): 땅을 다지는 데 쓰는 공이, 달구.

성 쌓기 노래

뭇 사내들 왁자지껄 달구질을 계속하니
달구 소리 쿵쿵 토지신을 놀래키네.
온 동네가 밭을 파서 벽돌 가마 세우고
시퍼런 나뭇잎을 올려다 보며
나무를 베어다 망루를 짓네.
날은 차고 해는 짧아 공사가 급해지니
하얀 몽둥이가 비바람 치듯 꾸짖네.
승상께선 바야흐로 변방을 걱정하여
성 쌓기에 공이 크면 좋은 벼슬 내리셨네.
성곽이 없었던 그 옛날의 광야에
지금은 초소마다 봉화가 늘어섰네.
그대는 보이지 아니 하는가?
높은 성은 들쑥날쑥 고기 비늘 같은데
사람 없이 텅 빈 성은 을씨년스럽다네.

后土(후토): 토지신. 地神. 窯竈(요조): 옹기 · 기와 · 벽돌 등을 굽는 가마. 樓櫓(누로): 지붕이 없는 성 위의 망루. 工役(공역): 토목 공사. 訶責(가책): 큰 소리로 꾸짖다. 除美官(제미관): 좋은 벼슬을 除授하다. 屯戍(둔수): 군사가 주둔하여 지키는 초소. 齾齾(알알): 들쑥날쑥한 모양. 蕭疏(소소): 나뭇잎 따위가 드문드문하여 쓸쓸한 모양. 이 구절은 마을 사람들이 성을 쌓다가 다 죽어 버려 성 안이 텅텅 비었음을 뜻한다.

軍中樂

行營面面設刁斗
帳門深深萬人守
將軍貴重不據鞍
夜夜發兵防隘口
自言虜畏不敢犯
射麋捕鹿來行酒
更闌酒醒山月落
綵縑百段支女樂
誰知營中血戰人
無錢得合金瘡藥

[해설] 변방의 정세나 병사들의 고충을 외면한 채 병사를 동원하여 자신의 신변이나 지키게 하면서 밤마다 잔치를 벌여 술과 가무를 즐기는 장군들의 타락한 태도를 풍자한 것이다.

行營(행영): 출성했을 때의 진영. 刁斗(조두): 구리로 만든 솥 비슷한 기구로 군중에서

즐거운 군대 생활

진영에는 사방에다 조두를 달고
장막 문엔 철통같이 만 사람이 지키네.
장군은 귀하셔서 안장에 앉지 않고
밤마다 병사를 보내 요충지를 지키네.
오랑캐가 무서워서 감히 침범치 못한다며
순록 시슴 잡아 와서 술판이나 벌리네.
밤이 새고 술이 깨고 산에 달이 질 즈음
오색 비단 오십 필을 기생에게 주지만
피 흘리며 싸우던 자기 진영 병사가
칼에 찔린 상처에 바를 약을 조제할
돈이 한 푼 없음을 아는 이 없네.

낮에는 밥을 짓고 밤에는 경계하는 데 사용했다. 이 구절은 진영에 대한 경비가 삼엄함을 뜻한다. 隘口(애구): 요충지. 更闌(경란): 밤이 다 지나 更漏의 물이 없어지다. 綵縑(채겸): 合絲로 짠 오색 비단. 段(단): 포목 반 匹을 1단이라 한다. 得合(득합): 약재를 調合할 수 있다. 金瘡(금창): 칼과 같은 쇠붙이에 다친 상처.

苦寒行

十月邊頭風色惡
官軍身上衣裘薄
押衣勑使來不來
夜長甲冷睡難着
長安城中多熱官
朱門日高未啓關
重重幃箔施屛山
中酒不知屛外寒

[해설] 변방 병사들의 춥고 고통스러운 근무 조건을 마음 아파하고 아울러 그것을 고관대작들의 생활과 대비시킴으로써 당시의 부조리한 사회현실을 풍자한 것이다.

苦寒行(고한행): 樂府 相和歌 淸調曲의 곡명. 樂府舊題를 빌려서 자신의 생각을 표현한

춥고 힘든 군대 생활

시월의 변방은 날씨가 매서운데
관군의 신상에는 의복이 얇네.
의복 담당 칙사는 오는가 안 오는가?
밤은 길고 갑옷은 차 잠을 이루기 어렵네.
장안성 안에 사는 고관님들은
해가 높이 솟아도 붉은 대문 열지 않고
겹겹이 휘장 치고 발까지 치고
그것도 모자라서 병풍마저 펼친 데다
술에 취해 병풍 밖이 추운 줄을 모르네.

것이다. 邊頭(변두): 변경. 변새. 風色(풍색): 날씨. 衣裘(의구): 의복의 총칭. 押衣勅使(압의칙사): 의복에 관한 일을 담당하는 황제의 特使. 長安(장안): 남송의 서울 항주를 가리킨다. 熱官(열관): 요직에 앉아 있는 관리. 朱門(주문): 붉은 칠을 한 부귀한 사람의 대문. 重重(중중): 겹친 모양. 屛山(병산): 병풍에 그려진 산. 그러한 병풍을 가리킨다. 中酒(중주): 술에 취하다.

方岳 방악

春思

春風多可太忙生
長共花邊柳外行
與燕作泥蜂釀蜜
纔吹小雨又須晴

[해설] 이 시는 봄바람을 의인화하여 만물이 봄에 약동하는 것이 봄바람의 공이라고 묘사하고 있다. 봄의 갖가지 움직임을 봄바람과 연관지어 생기발랄하게 묘사하고 있어서 淸新明快한 느낌을 준다.

多可(다가): 대부분 허락하다. 봄바람이 자신에 대한 요청을 다 들어 준다는 말이다. 太忙生(태망생): 너무나 바쁘다. '生'은 상태나 정도를 강화시켜 주는 어조사이다. 作泥(작

봄 생각

봄바람은 청을 다 들어 주느라 너무나 바빠서
오랫동안 꽃과 버들 곁에서 바삐 움직이더니
제비가 집을 짓고 벌이 꿀을 따도록 도우려고
이슬비를 몰고 오는가 싶더니 금방 또 밝아진다.

니): 진흙을 만들어 주다. "與燕作泥"는 봄바람이 제비가 집을 지을 때 사용하는 진흙을 따뜻하게 녹여 주어 제비가 집 짓는 것을 도와 준다는 말이다. 여기서 '泥'는 雙關語로 '呢'와 통하여 봄바람이 제비와 정담을 속삭인다는 뜻이 암시되어 있다. 須晴(수청): 날이 개도록 요구하다. 여기서 '晴'은 雙關語로 '情'과 통하여 애정을 구한다는 뜻이 암시되어 있다.

農謠五首

其四

雨過一村桑柘煙
林梢日暮鳥聲姸
靑裙老姥遙相語
今歲春寒蠶未眠

其五

漠漠餘香着草花
森森柔綠長桑麻
池塘水滿蛙成市
門巷春深燕作家

[해설] 이 시는 봄날 남방 농촌의 아름다운 풍광과 그 속에서 살아가는 농민들의 모습을 그린 것이다. 第4首에서는 비가 자주 내리고 추워서 농사와 양잠 걱정을 하는 농민들의 마음을 가벼운 필치로 담담하게 녹여 넣었고, 第5首에서는 전원의 늦은 봄 모습을 평담한 언어로 자연스럽게 묘사하였다.

농촌가

제4수

온 마을에 비 지난 뒤 뽕나무는 안개에 젖었고
숲 끝에 걸린 석양 아래 새 소리 아름답다.
검은 치마 두른 늙은 아낙들 멀리서 말하는데
금년에는 봄추위에 누에가 잠을 자지 못한다네.

제5수

소리 없이 풍겨 나오는 향기가 화초에 내려앉고
촘촘하게 파란 새싹이 뽕나무와 삼에서 나온다.
연못에 물이 넘실거려 개구리 소리 요란하고
마을에 봄이 깊어 가자 제비가 집을 짓는다.

桑柘煙(상자연): 뽕나무와 산뽕나무가 안개에 젖다. 이 구절은 비가 지나간 뒤 날이 개어 햇빛이 뽕나무에 비쳐드니 물안개가 피어 오른다는 말이다. 靑裙(청군): 검은 치마를 가리킨다. 老姥(노모): 늙은 아낙. 漠漠(막막): 소리 없는 모양. 森森(삼삼): 빽빽한 모양. 柔綠(유록): 어린 새싹을 가리킨다. 長(장): 자라 나오다. '長出'과 같다. 蝸成市(와성시): 개구리가 시장을 이루다. 개구리 소리가 요란하여 마치 시장이 선 것 같다는 말이다.

三虎行

黃茅慘慘天欲雨
老烏查查路幽阻
田家止予且勿行
前有南山白額虎
一母三足其名彪
兩子從之力俱武
西鄰昨暮樵不歸
欲覓殘骸無處所
日未昏黑深掩關
毛髮爲豎心悲酸
客子豈知行路難
打門聲急誰氏子
束縕乞火霜風寒
勸渠且宿不敢住
袒而示我催租瘢

[해설] 이 시가 묘사하고 있는 것은 하나의 오래 된 주제—"가혹한 정치는 호랑이보다 사납다"(苛政猛於虎)이다. 시인은 歌行體 古詩의 형식을 사용하여 가혹한 정치에 시달리는 백성들의 참상을 고발하고 비판하였다. 마지막 세 구절은 典故를 사용하여 당시의 관리들에게 '어진 교화'(仁化)는 없고 '가혹한 정치'만 있을 뿐이라는 점을 밝힌 것이다.

黃茅(황모): 누런 갈대. 여기서는 갈대가 누렇게 발라 살 때 이는 瘴氣(습하고 더운 땅에

세 호랑이 노래

누런 갈대 음산하여 비가 내리려 하고
까마귀 까악대는 길은 어둡고 위험하다.
농부가 나를 제지하며 가지 말라고 한다.
"앞의 남산에는 이마가 흰 호랑이가 사는데
다리가 셋 달린 어미라 범이라고 하지요.
그 뒤를 힘센 새끼 두 마리가 따르고 있어서
어제 밤엔 나무하러 간 이웃이 돌아오지 못했어요.
시체의 잔해를 찾으려 했지만 온데간데없어서
날이 어두워지기 전에 문을 단단히 잠갔지요.
머리털이 꼿꼿이 서고 마음이 슬프고 쓰라린데
나그네가 어찌 가는 길의 어려움을 알겠어요?"
누구인가 다급하게 문을 두드리며
서릿바람 차가운데 풀단을 들고 와 불을 구한다.
그에게 묵으라고 권했지만 머물 수 없다고 한다.
웃통을 벗고 나에게 채찍 맞은 흔적을 보여 주니

서 생기는 독기)를 가리킨다. 慘慘(참참): 음산하고 쓸쓸한 모양. 査査(사사): 새가 지저귀는 소리. '喳喳'와 같다. 여기서는 이것으로 까마귀 울음소리를 형용하였다. 彪(표): 원래의 뜻은 어린 호랑이를 가리키는데, 여기서 다리가 셋 달린 호랑이를 '彪'라고 한 것은 민간의 전설에 따른 것이다. 毛髮爲竪(모발위수): 머리털이 꼿꼿이 서다. 몹시 두려워함을 형용하는 말이다. 束蘊(속온): 풀단. 풀을 엮은 다발. 渠(거): 삼인칭대명사. '他'와 같다. 催租瘢(최조반): 독촉받은 세금을 내지 못하여 관리에게 채찍으로 얻어맞은 상흔.

嗚呼
李廣不生周處死
負子渡河何日是

李廣은 漢의 名將으로 활을 특히 잘 쏘았다고 한다. 周處는 西晉人으로 젊었을 때 망나니로 굴어 그 지방 사람들이 산 속의 호랑이와 물 속의 교룡과 그를 일러 '三害'라고 하였다. 周處는 그 말을 듣고 대오각성하여 호랑이와 교룡을 죽이고 자신도 올바른 사람이 되어 '三害'를 모두 없앴다고 한다. 負子渡河(부자도하): (호랑이가) 새끼를 업고 강을 오호라!
이광이 살아나지 않고 주처는 죽었으니
새끼를 업고 강을 건너는 것이 언제이려나?

건너다. 東漢의 劉昆은 弘農 太守가 된 지 3년 만에 "어진 교화가 크게 행해져서 호랑이가 모두 새끼를 업고 강을 건너가 버렸다"(仁化大行, 虎皆負子渡河)고 한다. 劉昆의 고사는 《後漢書》 卷107上에 보인다.

遊園不值

應憐屐齒印蒼苔
小扣柴扉久不開
春色滿園關不住
一枝紅杏出墻來

[해설] '不值'는 화원의 주인을 만나지 못했다는 말인데, 여기서는 화원 안으로 들어가지 못했다는 뜻이다. 錢鍾書가 《宋詩選注》에서 이 시에 대해 "이것은 古今에 애송되는 시지만 실은 陸游의 〈馬上作〉: '평평한 다리 좁은 길에 비가 그치니, 엷은 햇빛은 구름을 뚫고 푸른 안개가 떠 있다. 버들도 봄빛을 막지 못하여, 살구꽃 한 가지가 담 위로 나와 있다'(平橋小陌雨初收, 淡日穿雲翠靄浮. 楊柳不遮春色斷, 一枝紅杏出牆頭)를 奪胎한 것이다. 그러나 세 번째 구절은 陸游의 것보다 신선하고 교묘하다"고 평하였듯

화원에 갔으나 주인을 만나지 못하다

이끼 덮인 길에 나막신 자국을 남길까 봐서일까
똑똑 두들겨도 사립문은 한참을 열리지 않는다.
화원에 가득한 봄빛을 몽땅 가둘 수 없었던지
살구꽃 한 가지가 담 너머로 고개를 내밀었다.

이 봄빛에 대한 의외의 희열이 잘 표현되어 있다.

應憐(응련): ……할 것을 꺼려해서일 것이다. 여기서 '憐'은 이끼 덮인 길 즉 사람의 왕래가 없는 그윽하고 조용한 것에 대한 주인의 애호를 나타내며, 동시에 그것이 방해받을까 봐 꺼린다는 말이다. 屐齒(극치): 나막신 바닥에 있는 이빨 모양의 돌출부. 小扣(소구): 가볍게 두드리다. '扣'는 '叩'와 같다. 關不住(관부주): 가두어 둘 수 없다.

田家三詠

其一

織籬爲界編紅槿
排石成橋接斷塍
野老生涯差省事
一間茅屋兩池菱

[해설] 섭소옹은 관직이 없이 시골 각지를 유랑한 경험이 있어서 농촌생활에 대한 이해가 남달리 깊었다. 그는 이 세 수의 시를 통해 강남 농촌의 초여름 풍광과 그 속에서 살아가는 농민들의 모습을 사실적으로 묘사하여 농민에 대한

농촌가

제1수

붉은 무궁화를 엮어 울타리로 삼고
돌을 늘어놓아 끊어진 밭두둑을 잇는다.
촌로의 생애라 비교적 일이 적어서
초가 한 칸에 마름 못 두 군데뿐이다.

깊은 애정을 표시하였다.

差(차): 비교적. 조금.

其二

田因水壞秧重播
家爲蠶忙戶緊關
黃犢歸來莎草闊
綠桑采盡竹梯閒

其三

抱兒更送田頭飯
畫鬢濃調竈額烟
爭信春風紅袖女
綠楊庭院正鞦韆

옛날에는 누에를 기를 때 낯선 사람이 대문 안으로 들어오는 것을 꺼리는 풍습이 있었다. 남송의 시에는 이와 같은 풍습을 묘사한 작품이 적지 않다. 項安世 〈建平縣道中〉: "마을마다 술을 데워 관방을 열고, 집집마다 금기하여 누에 방을 막는다."(村村煮酒開官坊, 家家禁忌障蠶房.) 趙汝鐩 〈耕織歎〉: "생동하는 기운이 훈훈하니 누에가 종이에 가득 차고, 뽕 따는 계집아이들 시장처럼 시끄럽다. 낮에 먹이고 밤에 먹이며 때맞추어 쟁반을 나누니, 대문을 닫고 손님을 시절하여 세속의 금기를 삼간다."(生氣熏陶蠶滿紙, 采桑

제2수

전답이 물로 망쳐져서 다시 모를 심고
집안은 양잠에 바빠 문을 굳게 닫았다.
송아지는 돌아오며 널린 향부자를 뜯고
뽕잎은 다 따서 대 사다리 한가롭다.

제3수

아이 안고 다시 밭에 새참을 보내고
부뚜막의 재로 눈썹 그리고 화장한다.
어찌 믿으랴 봄바람에 대갓집 규수가
버드나무 뜰에서 그네 뛰고 있는 것을!

女兒鬨如市. 晝飼夜餧時分盤, 扃門謝客謹俗忌.) 范成大 〈四時田園雜興〉(其六): "한 달 동안 양잠의 금기를 지키느라 문을 닫으니, 이웃 마을 사람들 도무지 왕래를 않는다."(三旬蠶忌閉門中, 鄰曲都無步往蹤.) (錢鍾書 《宋詩選注》 注 참고)

竈額烟(조액연): 부뚜막 아궁이에 있는 재. **爭**(쟁): 어찌. 어떻게. '怎'과 같다. **紅袖女**(홍수녀): 붉은 소매의 여인. 여기서는 대갓집 규수를 가리킨다.

秋日行村路

兒童籬落帶斜陽
豆莢薑芽社肉香
一路稻花誰是主
紅蜻蛉伴綠螳螂

[해설] 가을날의 평화롭고 정겨운 전원 풍경을 그린 것이다.

가을날 시골길을 가노라니

아이들이 놀고 있는 석양 받은 울타리
그 안에 엉겨 있는 생강싹과 콩꼬투리
어디선가 날아 오는 향긋한 고기 내음.
길 양쪽 넓은 논의 벼꽃은 누구 건가?
빨간 고추잠자리와 초록 사마귀
둘이 서로 짝지어 벼꽃에서 놀고 있네.

籬落(이락): 울타리. 社肉(사육): 토지신에게 제사 지낼 때 제물로 사용하는 고기. 蜻蛉(청령): 잠자리. 螳螂(당랑): 사마귀.

逃戶

租帖名猶在
何人納稅錢
燒侵無主墓
地占沒官田
邊國干戈滿
蠻州瘴癘偏
不知携老稚
何處就豊年

[해설] 북방의 몽고가 금나라를 멸망시키고 남쪽으로 쳐내려 올 무렵 무능하고 부패한 남송 위정자들의 수탈로 인하여 농지를 다 빼앗긴 채 남방의 열대 지방을 전전하며 갖은 고생을 다 하는 백성들의 참담한 생활상을 고발한 것이다.

도망자

납세자 명부에는 이름 아직 있다지만
사람이 없으니 세금을 누가 내리?
들불은 주인 없는 폐묘로 옮겨 가고
토지는 관아에 몰수된 것뿐이네.
구석진 이 나라엔 전쟁이 가득하고
오랑캐의 고을엔 풍토병이 만연하니
모를레라 늙은이와 어린이를 데리고
어디에서 풍년을 맞을 수 있을는지.

租帖(조첩): 납세자 명부. 燒(소): 들불. 산불. 無主墓(무주묘): 관리할 후손들이 다른 곳으로 떠나 버려 방치되어 있는 무덤. 沒官田(몰관전): 관아에 몰수된 농지. 邊國(변국): 남송은 강남에 치우쳐 있었기 때문에 이렇게 부른 것이다. 蠻州(만주): 남쪽의 열대지방. 癘(장려): 瘴氣로 인하여 생기는 열대지방의 풍토병. 偏(편): 두루 퍼져 있다. '徧'과 같다. 就(취): 만나다. 맞이하다.

武夷山中

十年無夢得還家
獨立青峰野水涯
天地寂寥山雨歇
幾生修得到梅花

[해설] 武夷山은 福建省 崇安縣 남서쪽에 있는 산으로, 福建 제일의 명산이다. 이 시는 대략 元 世祖 至元 21年(1284) 경에 지어진 것이다. 시인이 군대를 이끌고 元에 항거하다 실패한 지 벌써 10년이 지나고 南宋이 멸망한 지도 5년이 되었다. 이와 같은 상황에서 자신의 고독과 애국적인 절조를 토로한 것이 이 작품이다.

무이산에서

십 년 동안 꿈 속에서도 집으로 돌아갈 수 없어
푸른 봉우리와 들판의 물가에 홀로 서 있다.
산에는 비 그치고 천지는 적막하기만 한데
몇 생애나 수양해야 매화의 경지에 이를까?

宋 恭帝 德祐 元年(1275) 사방득은 江西에서의 抗元 활동이 실패로 돌아간 뒤 福建으로 들어갔다. 이듬해 元軍이 그의 고향 信州로 쳐들어와 그의 아내와 두 아들을 붙잡아갔다. 그 후 십 년 동안 그는 복건의 산악지대에서 숨어 살았다. 여기서의 십 년은 바로 그 시기를 말한 것이다. '幾生' 구절은 앞으로 몇 생애나 더 수양해야 매화와 같은 고결하고 꿋꿋한 정신을 지니게 될지 모르겠다는 말로서, 자신의 희망과 굳은 의지를 암시한 것이다.

蠶婦吟

子規啼徹四更時
起視蠶稠怕葉稀
不信樓頭楊柳月
玉人歌舞未曾歸

[해설] 이 시는 누에를 치며 살아가는 아낙의 고달프고 고독한 처지를 묘사한 것이다.

四更(사경): 밤 시간을 5등분했을 때의 네 번째 시각으로 새벽 1시에서 3시까지를 가리

누에 치는 아낙의 노래

두견새 밤새 울어 먼동이 트려면 멀었는데
누에 조밀하여 뽕잎 모자랄까 일어나 살핀다.
문 밖 버드나무에 걸린 달이 다 기울었는데도
임은 춤과 노래에 빠져 돌아올 줄 모른다.

킨다. '不信' 구절은 밤이 깊어 달이 반공에 떠 있을 때까지는 임이 돌아올 것으로 알았는데 四更이 되어도 임이 돌아오지 않자 그것도 믿지 못하겠다는 말이다. 玉人(옥인): 일반적으로 美人을 가리키지만 여기서는 아낙이 기다리는 남편을 가리킨다.

送人之常德

秋風原頭秋葉飛
幽篁翠冷山鬼啼
海圖拆補兒女衣
輕衫笑指秦人溪
秦人得知晉以前
降唐臣宋誰爲言
忽逢桃花照溪源
請君停篙莫回船
編蓬便結溪上宅
採桃爲薪食桃實
山林黃塵三百尺
不用歸來說消息

[해설] 常德으로 가는 친구를 전송하면서 그 곳에 있다는 桃花源을 생각하고, 원나라에 짓밟힌 더러운 세상을 버리고 도화원과 같은 신선의 세계로 도망쳐 버리고 싶은 자신의 심경을 기탁한 것이다.

常德(상덕): 남송 때의 府 이름. 지금의 호남성 常德 일대로 洞庭湖의 서쪽에 있다. 原頭(원두): 들판의 언저리. 들가. 幽篁(유황): 깊숙한 대나무 숲. 山鬼啼(산귀제): 《楚辭 · 九歌 · 山鬼》에 "나 깊숙한 대밭에 있어 하늘이 보이지 않는도다"(余處幽篁兮終不見天)라고 했다. 海圖(해도)~: 바다 그림을 수놓은 刺繡 제품을 잘라서 아이들의 옷을 기웠음을 말한다. 杜甫의 〈북쪽으로 가노라니(北征)〉에 "침상 앞의 나이 어린 두 딸년은, 기워 입은 옷이 겨우 무릎을 지났는데, 바다 그림 자수에서 파도 무늬 잘라내니, 헌 자수가 옮겨져 비뚤비뚤 붙어 있네"(床前兩小女, 補綴纔過膝. 海圖拆波

상덕으로 가는 이에게

추풍 부는 들판에 낙엽이 흩날리고
푸른 대밭 서늘한 곳에 귀신 소리 나는데
누덕누덕 옷을 기운 아들딸을 앞세우고
산뜻한 적삼으로 도화원을 가리키네.
秦人들도 이제는 晉 이전 일은 알련마는
당과 송이 망한 일이야 누가 얘기했으랴?
복사꽃이 계곡을 비추는 도화원을 만나거든
상앗대를 멈추되 배 돌릴 생각은 하지 말고
쑥대를 엮어서 계곡 가에 집을 짓고
복숭아나무 땔감 삼고 그 열매는 잡수시게.
산림에는 누런 먼지가 삼백 자나 뻗쳤으니
돌아와 그 곳 소식 얘기할 것 없다네.

濤, 舊繡移曲折)라고 한 말의 의경을 빌린 것이다. 秦人溪(진인계): 진나라 사람들이 숨어 살던 계곡. 陶淵明의 〈桃花源記〉에서 진나라 사람들이 진시황의 학정을 피하여 들어가 은거했다는 도화원을 가리킨다. 常德府 안에 桃源縣이 있는데 그 곳에 있는 桃源洞은 바로 陶淵明의 桃花源이라고 알려져 있다. 秦人(진인)~誰爲言(수위언): 〈도화원기〉에 의하면 武陵의 어부가 秦 이후의 일을 다 이야기해 주었다. 그러나 그 어부는 晉나라 사람이었으므로 晉 이후의 나라인 당나라와 송나라에 대해서는 이야기해 주었을 리가 없다. 忽逢桃花(홀봉도화): "갑자기 복숭아 숲을 만났다"(忽逢桃花林)라는 〈도화원기〉의 표현을 빌려 쓴 것이다. 山林黃塵(산림황진)~: 바깥 세상은 산림 속의 은거지조차도 적의 손에 더럽혀져 있음을 말한다. 不用(불용)~: 〈도화원기〉의 어부처럼 바깥 세상으로 나와 도화원의 소식을 알리고 다시 찾아가려 하다가 실패하지 말라는 뜻이다.

偶成

雨妬游人故作難
禁持閑了下湖船
城中豈識農耕好
却恨慳晴放紙鳶

[해설] 도시인과 농민이 비에 대하여 갖는 서로 다른 관점을 대비시킴으로써 도시인들의 좁은 안목과 자기중심적인 발상을 질책한 것이다.

단비

유람객들 노는 꼴을 볼 수가 없어
비님이 일부러 장난을 치는가 봐.
한가로이 호수에 배를 띄우고
희희낙락 노닐지 못하게 하네.
농사에는 이것이 단비인 줄을
성내의 도시인들 알 턱이 없는가 봐.
맑은 날에 연 날리며 즐겁게 노는 일을
못하게 한다고 도리어 원망하네.

游人(유인): 유람객. 作難(작난): 난처한 일을 하다. 어렵게 만들다. 禁持(금지): 금지하다. '禁止'와 같다. 慳晴放紙鳶(간청방지연): 날씨가 맑아 연을 날리는 것에 대하여 인색하게 굴다.

夜歸

夜深歸客倚筇行
冷燐依螢聚土塍
村店月昏泥徑滑
竹窓斜漏補衣燈

[해설] 오랫동안 집을 떠나 있다가 귀향길에 오른 한 나그네가 집이 가까워지자 더욱 집 생각이 간절해진 나머지 한시라도 빨리 돌아가기 위해 밤길을 재촉하는 모습을 그린 것이다.

밤중의 귀향길

밤을 도와 돌아가는 지친 나그네
지팡이에 의지하여 길을 재촉하는데
개똥벌레 와글와글 밭두둑에 모여서
차가운 밤하늘에 반딧불을 뿜고 있네.
시골 객점에 달빛은 침침하고
길은 진흙이라 미끄러운네
옷을 깁는 여인의 호롱불 빛이
죽창으로 비스듬히 새어 나오네.

筇(공): 중국 四川에서 나는 대나무의 일종으로 속이 차고 마디가 길어 지팡이를 만들기에 좋다. 지팡이. 冷燐(냉린): 차가운 밤하늘에 반짝이는 반딧불. 依螢(의형): 기운이 왕성한 개똥벌레. 土塍(도승): 밭두둑 竹窓(죽창): 대로 창살을 만든 창문.

西塍廢圃

吟蛩鳴蜩引興長
玉簪花落野塘香
園翁莫把秋荷折
留與游魚蓋夕陽

[해설] 杭州 西馬塍의 한가롭고 평화로운 가을 풍경을 그린 것이다.

西塍(서승): 지명. 즉 杭州 錢塘門의 서북쪽에 있는 西馬塍. **吟蛩**(음공): 귀뚜라미. **鳴蜩**

서마승의 황폐한 채소밭

매미와 귀뚜라미 길게 흥을 돋구고
옥잠화 꽃 떨어지며 못에 향을 뿌린다.
늙으신 저 농부님 가을 연잎 꺾지 말고
연못에서 헤엄치는 물고기에게
눈부신 저녁 햇살 가리게 남겨 주소.

(명조): 유지매미. 玉簪花(옥잠화): 식물 이름. 향기로운 옥색 꽃이 피는데 피기 전의 모양이 옥비녀 비슷하다. 園翁(원옹): 전원에 사는 늙은이.

揚子江

幾日隨風北海遊
回從揚子大江頭
臣心一片磁針石
不指南方不肯休

[해설] 문천상은 德祐 2년(1276) 지금의 절강성 餘杭에 있는 皐亭山의 원나라 진영으로 들어가 원나라 승상과 담판을 벌이다가 억류되었다. 그 뒤 京口(지금의 강소성 鎭江)에서 탈출하여 여러 곳을 전전한 후 마침내 景炎 원년(1276) 福州에서 즉위한 端宗을 찾아갔다. 이 시는 적의 눈을 피하기 위하여 수천 리 길을 돌아 通州(지금의 강소성 南通)에서 배를 타고 양자강 북쪽의 바다로 나갔다가 다시 양자강 어귀로 돌아와 福州로 가면서 지

양자강

며칠 동안 바람 따라 북해를 떠돌다가
양자강 어귀로 되돌아왔다.
제 마음은 한 조각의 지남침이니
남방을 못 가리키면 그만두지 않으리다.

은 것이다.

揚子江(양자강): 揚州 일대를 지나가는 長江. 北海(북해): 양자강 어귀로부터 북쪽에 있는 바다를 가리킨다. 回從(회종): 돌아오다. '回到'와 같다.(潘中心 · 房開江, 《宋人絶句三百首》, 貴陽: 貴陽人民出版社, 1984, 515쪽 참조) 磁針石(자침석): 지남침. 不指南方(부지남방)~: 송나라의 부흥을 이룩하지 못하면 그만두지 않겠다는 뜻이다. 원나라의 포로가 된 이후의 시를 묶어 《指南錄》이라고 명명한 것은 이 구절에서 비롯된 것이다.

過零丁洋

辛苦遭逢起一經
干戈寥落四周星
山河破碎風飄絮
身世浮沈雨打萍
惶恐灘頭說惶恐
零丁洋裏歎零丁
人生自古誰無死
留取丹心照汗青

[해설] 문천상은 祥興 원년(1278) 12월 지금의 광동성 海豊縣 북쪽에 있는 五坡嶺에서 적에게 붙잡혔다. 원나라의 수군은 이듬해 정월 珠江 어귀에서 나와 영정양을 지나 남송의 마지막 거점인 崖山을 공격했는데 이 때 원나라 장수 張弘範이 문천상에게 함께 가서 애산에 있는 帝昺을 추격하자고 강요했다. 이 시는 배가 영정양을 지날 때, 해상에서 완강하게 버티고 있는 남송의 장수 張世傑의 투항을 권유하라고 강요하는 張弘範에게 자신의 강인한 의지를 표명하기 위하여 지은 것이다.

零丁洋(영정양): 즉 伶仃洋. 광동성 中山縣 남쪽 珠江 어귀의 零丁山 밑에 있는 바다. **遭逢**(조봉): 遭遇. **起一經**(기일경): 經典에 대한 지식으로 과거에 급제하고 그것을 통하여 벼슬길에 나아갔음을 뜻한다. **干戈**(간과): 抗元 전쟁을 가리킨다. **寥落**(요락): 쓸쓸하고

영정양을 지나며

경전에서 비롯된 힘겨운 인생 행로
전쟁과 처량함 속에 목성이 네 바퀴 돌았다.
부서진 산하는 흩날리는 버들개지
부침하는 내 신세는 비에 맞는 부평초.
황공탄 어귀에서 두려움을 얘기했고
영정양 안에서 외로움을 탄식한다.
우리 인생 예로부터 안 죽은 이 누구던가?
일편단심 길이 남겨 역사책을 비추련다.

처량하다. 문천상은 賈似道의 모함으로 벼슬에서 쫓겨난 적도 있고 의병을 일으켜 항원 투쟁을 벌인 이후 노모와 妻妾이 포로로 잡혀가기도 하고 아들을 잃기도 했다. 四周星(사주성). 周星은 歲星 즉 木星의 공전주기인 12년이므로 四周星은 48년이다. 당시 문천상은 44세였다. 일반적으로 이 시의 '四周星'을 4년으로 해석하지만 '周星'을 1년으로 해석할 수 있는 사전적 근거도 없고, 그런 뜻으로 사용한 다른 예도 찾기 어렵다. 山河(산하)~: 남송의 국운이 바람에 흩날리는 버들개지와 같음을 뜻한다. 惶恐灘(황공탄): 지금의 강서성 萬安縣에 있는 여울. 贛江十八灘의 하나. 문천상은 덕우 원년(1275) 감강에서 의병을 일으켜 황공탄을 거쳐 북쪽으로 진군했는데 당시 원나라 군사가 이미 建康(지금의 강소성 南京)을 함락시키고 항주를 향하여 다가오고 있었다. 惶恐(황공): 두렵다. 零丁(영정): 외롭다. 留取(유취): 남기다. '取'는 助字. 汗靑(한청): 불에 말려서 푸른 기운을 뺀 竹簡. 여기서는 역사책을 가리킨다.

南安軍

梅花南北路
風雨濕征衣
出嶺同誰出
歸鄉如此歸
山河千古在
城郭一時非
餓死眞吾志
夢中行采薇

[해설] 상흥 원년(1278) 12월 문천상은 원나라 군사의 포로가 되어 대도로 압송되었다. 그는 大庾嶺을 넘어 압송되었는데 이 시는 이듬해(1279) 5월 4일 대유령을 벗어나 南安軍을 지날 때 지은 것이다.

南安軍(남안군): 지금의 강서성 大余 일대. '軍'은 송대의 행정구역 명칭. 州 · 府 · 監과 같은 급으로 路에 속한다. 梅花(매화)~: 매화가 많아서 일명 梅嶺이라고도 하는 大庾嶺은 북쪽 가지에 매화가 갓 필 무렵이면 남쪽 가지에는 이미 진다고 할 정도로 남쪽과 북쪽

남안군

매화나무 가득한 남북의 길에
비바람이 군복을 흠뻑 적시네.
누구와 함께 고개를 넘었는가?
이 꼴이 되어서 고향으로 돌아가네.
산하는 천고에 영원하련만
성곽은 잠시 동안 주인이 달라졌네.
굶어서 죽는 것은 참으로 내 뜻이라
고사리 캐는 모습 꿈 속에도 보이네.

의 기후가 아주 다르다. 歸鄕(귀향)~: 포로가 되어 고향인 廬陵(지금의 강서성 吉安)을 지나가게 됨을 가리킨다. 城郭(성곽)~: 송나라가 곧 승리하여 돌아올 것임을 뜻한다. 饑死(기사)~: 문천상은 죽음으로써 절개를 지키기 위하여 고향인 여릉을 지날 때 죽을 수 있도록 단식을 시작했는데 5일째 되는 날 고향을 지났으나 아직 죽지 않았으므로 3일 동안 더 단식한 후 포기하고 말았다.(문천상,《文山先生全集 · 臨江軍》 참조) 行採薇(행채미): 殷나라 말 孤竹君의 두 아들 伯夷와 叔齊는 周나라의 곡식을 먹지 않겠다고 수양산에 들어가 고사리를 캐먹으며 연명하다가 마침내 굶어 죽었다.

金陵驛二首(其一)

草合離宮轉夕暉
孤雲飄泊復何依
山河風景原無異
城郭人民半已非
滿地蘆花和我老
舊家燕子傍誰飛
從今別去江南路
化作啼鵑帶血歸

[해설] 문천상은 大都로 압송되는 도중 상흥 2년(1279) 6월 12일 建康(지금의 강소성 南京)에 이르러 8월 24일까지 약 두 달 동안 머물렀다. 이 시는 다시 북쪽으로 길을 떠나기 직전에 지은 것이다. 나라 잃은 슬픔과 원수를 갚고 싶은 강한 의지가 잘 나타나 있다.

金陵(금릉): 즉 建康. 지금의 강소성 南京. **草合**(초합): 풀이 무성하다. **離宮**(이궁): 行宮. 임금이 다른 지방으로 행차했을 때 머물기 위하여 지은 궁전. 남송 초에 고종이 금릉에

금릉역

풀에 묻힌 행궁에 석양이 돌아가는데
정처 없는 외로운 구름 어느 곳에 의탁할까?
산천의 풍경은 달라진 게 없건만
성곽의 인민은 이미 반쯤 달라졌네.
땅을 덮은 갈대꽃은 나와 함께 늙는데
옛날 집의 제비는 누구 곁에서 날까?
나 이제 강남 길을 작별하고 떠나가면
두견새가 되어서 피를 물혀 돌아오리.

잠시 머문 적이 있는데 이 때 이 행궁을 지었다. **孤雲**(고운): 자기 자신을 비유한다. **和我**(화아): 나를 따라서. 나와 함께. **舊家燕子**(구가연자): 劉禹錫의 〈烏衣巷〉 시에 "옛날에는 고관 집에서 살던 제비가, 지금은 평민의 집으로 날아드네"(舊時王謝堂前燕, 飛入尋常百姓家)라고 했다. **啼鵑**(제견): 우는 두견새. 周代의 蜀主 杜宇는 스스로 덕이 없다고 여겨 帝位를 물려주고 산 속으로 들어가 죽으니 그 혼이 화하여 두견새가 되었는데 그 새가 목에서 피가 나도록 울었다고 한다.(《華陽國志 · 蜀志》 참조)

眞州驛

山川如識我
故舊更無人
俯仰干戈迹
往來車馬塵
英雄遺算晩
天地暗愁新
北首燕山路
凄凉夜向晨

[해설] 덕우 2년(1276) 정월 문천상은 원나라의 大都로 가서 忽必烈을 만나기 위해 원나라 진영을 찾아갔는데 뜻밖에도 원나라 진영으로 들어가자마자 억류되고 말았다. 그러나 京口(지금의 강소성 鎭江)에서 탈출하여 진주성으로 들어갔다. 거기서 그는 그 곳을 지키는 장수와 힘을 합쳐 원나라 군사를 반격하고자 했으나 도리어 간첩으로 오인되어 죽을 뻔하다가 가까스로 귀환했다. 이 시는 상흥 2년(1279) 8월 27일 포로가 되어 북송되던 도중 진주역을 지나면

진주역

산천은 나를 알아보는 듯한데
옛 친구는 더 이상 아무도 없네.
위로 보나 아래로 보나 전쟁 흔적뿐인데
오가는 거마가 먼지를 일으키네.
영웅이 실책하여 때가 늦으니
천지간에 깊은 시름 새로워졌네.
북쪽으로 연산로를 바라보는데
밤은 처량하게 새벽으로 다가가네.

서 옛날 일을 회상하며 지은 것이다.

眞州(진주): 지금의 강소성 儀徵. **英雄**(영웅): 3년 전에 진주성을 지키던 장수를 가리킨다. **遺算**(유산): 실책하다. 자신의 계책을 받아들이지 않았음을 뜻한다. **燕山路**(연산로): 행정구역의 이름. 북송 휘종 宣和 4년(1122)에 설치했으며 지금의 하북성 일대를 관할했다. 자기가 갈 곳을 가리킨다.

正氣歌

天地有正氣
雜然賦流形
下則爲河嶽
上則爲日星
於人曰浩然
沛乎塞蒼冥
皇路當淸夷
含和吐明庭
時窮節乃見
一一垂丹靑
在齊太史簡
在晉董狐筆

[해설] 문천상은 이 시의 서문에서 天地의 正氣인 浩然之氣로써 감옥 속의 일곱 가지 악독한 기운 즉 水氣·土氣·日氣·火氣·米氣·人氣·穢氣에 대처한다고 했지만 사실상 이 七氣보다 더 견디기 어려운 것이 원나라 조정의 끈질긴 투항 권유였다. 그러나 원나라 조정이 남송의 亡國 皇帝인 恭帝와 그의 재상 留夢炎에게 시켜서 권유하기도 하고 원나라 世祖 忽必烈이 직접 찾아가서 권유하기도 했지만 그는 어떠한 회유와 위협에도 불구하고 끝내 자신의 뜻을 굽히지 않아 그의 늠름한 正氣가 영원히 찬란한 빛을 발했다. 이 시는 大都의 土室에 구금된 지 2년이 지난 元나라 至元 18년(1281) 6월, 포로생활이 아무리 힘들지라도 자신의 정기를 발휘하여 끝내 굽히지 않겠다는 비장한 각오를 읊은 것이다.

정기가

하늘과 땅 사이에 정기가 있어
만물에게 제각기 형체를 부여하니
아래로는 하천과 산악이 되고
위로는 태양과 별이 되었네.
사람에게 있어서는 호연지기라 하는데
천지간에 가득하게 쌓여 있다네.
국운이 평탄한 태평성대를 만나면
조정에서 온화하게 생각을 토로하고
시대가 궁하면 절개가 곧 나타나
각자가 역사책에 이름을 남기나니
제나라에는 태사의 죽간이 있었고
晉나라에는 동호의 붓이 있었고

雜然(잡연): 잡다한 모양. **流形**(유형): 지상에 널리 퍼져 있는 만물의 형상. 삼라만상. **沛乎**(패호): 성대한 모양. 왕성한 모양. **蒼冥**(창명): 푸른 하늘. 蒼天. 여기서는 天地之間을 가리킨다. **皇路**(황로): 국운. **淸夷**(청이): 세상이 잘 다스려져 태평하다. **明庭**(명정): 밝고 안정된 조정. **丹青**(단청): 丹冊과 靑史, 즉 논공행상에 사용하는 丹砂로 쓴 책과 푸른색의 竹簡에 쓴 역사 기록. 역사책을 가리킨다. **太史簡**(태사간): 태사의 竹簡. 춘추시대에 제나라의 어느 태사가 崔杼가 齊莊公을 시해한 사실을 죽간에 기록하다가 최저에게 피살되자 태사의 동생이 또 그렇게 기록하고 동생이 피살되자 그 동생이 또 사실대로 기록했다.(《左傳 · 襄公25年》 참조) **董狐筆**(동호필): 동호의 붓. 춘추시대 晉나라의 趙穿이 靈公을 시해하자 太史 董狐가 대부 趙盾이 자신의 소임을 다하지 못했다고 하여 그가 영공을 시해했다고 기록했다.(《좌전 · 宣公2年》 참조)

在秦張良椎
在漢蘇武節
爲嚴將軍頭
爲嵇侍中血
爲張睢陽齒
爲顔常山舌
或爲遼東帽
清操厲冰雪
或爲出師表
鬼神泣壯烈
或爲渡江楫
慷慨呑胡羯
或爲擊賊笏

張良椎(장량추): 장량의 몽둥이. 장량은 조상이 韓나라 사람이었으므로 진시황이 한나라를 멸망시키자 120근이나 되는 쇠몽둥이를 만들어 진시황을 저격했다가 실패했다.(《사기 · 留侯世家》 참조) 蘇武節(소무절): 소무의 符節. 한 武帝 때 소무는 흉노에 사신으로 나갔다가 억류되었는데 19년 동안 한나라의 符節을 굳게 간직하며 투항을 거부하고 절개를 지키다가 마침내 한나라로 귀환했다.(《한서 · 소무전》 참조) '節'은 절개로 볼 수도 있으나 앞 세 구절에서 열거한 '簡' · '筆' · '椎'와의 균형을 고려하여 부절로 보는 편이 더 낫다. 嚴將軍頭(엄장군두): 엄장군의 머리. 張飛가 巴郡을 공략하여 그 곳을 지키던 장군 嚴顔을 포획하여 투항을 권유하자 "우리 고을에는 머리가 잘린 장군은 있어도 항복한 장군은 없다"라고 했다.(《삼국지 · 촉서 · 장비전》 참조) 嵇侍中血(혜시중혈): 혜시중의 피. 晉나라 惠帝가 湯陰에서 싸우다가 패배했다. 다른 사람들은 모두 도망가고 없는데 侍中 嵇紹만은 빗발치는 화살을 몸으로 막아 혜제를 보호하여 그의 피가 혜제의 옷을 적셨다. 나중에 사람들이 옷을 빨려고 하자 혜제가 "이것은 혜시중의 피이니 없애지 말라"라고 했다.(《진서 · 혜소전》 참조) 張睢陽齒(장휴양치): 장휴양의 이빨. 安史之亂 때 張巡과 許遠이 睢陽을 고수하고 있었는데 장순은 싸울 때마다 눈초리가 찢어져 피를 흘리고 이빨을 깨물어 이빨이 다 빠졌다. 그 이유를 묻자 병력이 부족하기 때문에 그렇

秦나라에는 장량의 몽둥이가 있었고
한나라에는 소무의 부절이 있었다네.
엄장군의 머리가 되기도 하고
혜시중의 피가 되기도 하고
장휴양의 이빨이 되기도 하고
안상산의 혀가 되기도 했다네.
때로는 요동 땅의 모자가 되었나니
해맑은 그 지조가 빙설보다 싸늘했고
때로는 제갈량의 〈출사표〉가 되었나니
귀신도 그 장렬함에 울고 말았고
때로는 강을 건너는 노가 되었나니
그 강개한 기개가 오랑캐를 삼켰고
때로는 역적을 친 홀이 되었나니

게 함으로써 적의 기세를 제압하려는 것이었다고 대답했다. 입 안을 들여다보니 과연 이빨이 서너 개밖에 남아 있지 않았다.(《구당서 · 장순전》 참조) **顔常山舌**(안상산설): 안상산의 혀. 安史之亂 때 상산태수 顔杲卿이 토벌에 나섰다가 적들에게 붙잡혔는데 쉬지 않고 적들을 꾸짖고 욕하자 적들이 그의 혀를 잘라 버렸다.(《신당서 · 안고경전》 참조) **遼東帽**(요동모): 요동에 은거한 管寧의 모자. 관녕은 한말의 정치적 혼란을 피하여 요동으로 가서 검은 모자를 쓰고 힘써 농사를 짓고 평생 벼슬에 나아가지 않았다.(《삼국지 · 위지 · 관녕전》 참조) **出師表**(출사표): 삼국시대에 蜀나라의 諸葛亮이 魏나라 군사를 정벌하기 위하여 출병하기 전에 後主에게 올린 글. **渡江楫**(도강즙): 東晉의 장군 祖逖은 북벌을 위해 장강을 건널 때 노를 두들기면서 반드시 중원을 회복하고 돌아오겠다고 강물에다 맹세했다.(《진서 · 조적전》 참조) **胡羯**(호갈): 오호십육국시대에 羯族의 나라인 後趙를 세운 石勒을 가리킨다. 조적이 북벌하여 여러 차례 석륵의 군사를 물리치고 황하 이남의 땅을 전부 수복했다. **擊賊笏**(격적홀): 도적을 치는 홀. 당나라 德宗 때 朱泚가 반란을 일으키자 太尉 段秀實이 홀을 가지고 주체를 두들겨 패는 바람에 주체가 뺨에서 피를 흘리며 달아났다.(《구당서 · 단수실전》 참조)

逆豎頭破裂
是氣所旁薄
凜烈萬古存
當其貫日月
生死安足論
地維賴以立
天柱賴以尊
三綱實係命
道義爲之根
嗟余遘陽九
隸也實不力
楚囚纓其冠
傳車送窮北
鼎鑊甘如飴
求之不可得
陰房闃鬼火
春院閟天黑
牛驥同一皂

逆豎(역수): 역적. **旁薄**(방박): 충만하다. '磅礴'과 같다. **凜烈**(늠렬): 늠름하고 장렬하다. **地維**(지유): 대지의 네 모퉁이에 묶어서 대지를 지탱하는 밧줄. **賴以立**(뇌이립): 정기에 의지하여 존립하다. **天柱**(천주): 하늘을 떠받치는 기둥. **陽九**(양구): 道家에서 하늘이 내리는 災厄을 가리키는 말. **隸**(예): 종. 노예. 천자의 종이라는 뜻에서 자기 자신을 가리킨다. **楚囚**(초수): 초나라의 포로. 여기서는 자기 자신을 비유한다. 晉나라 景公이 군용 창고를 시찰할 때 鍾儀라는 포로를 보고 옆 사람에게 "남방의 갓을 쓰고 묶여 있는 저 사람은 누구냐?"라고 물었더니 "초나라의 포로입니다"라고 대답했다. 경공이 그를 풀어 주라고 명하고 그를 불러 위로했다.(《좌전·成公9年》 참조) 남방의 갓을 쓴 것은 고국을 잊

역적의 머리를 부수어 놓았다네.
이 기운이 천지에 충만한 현상은
늠름하고 장렬하게 만고토록 존속하리.
이것이 해와 달을 꿰뚫을 때면
생사인들 따질 것이 어디 있으리?
땅을 맨 밧줄도 이것 덕에 존재하고
하늘 받친 기둥도 이것 덕에 우뚝 서며
삼강도 사실은 이것에 목을 매고
도의도 이것을 뿌리로 삼는다네.
아아 나는 크나큰 재난을 만났건만
나에게는 실로 나라 구할 힘이 없네.
초나라의 포로는 자기 나라 갓을 쓰고
역마차에 실려서 북쪽으로 압송됐네.
가마솥에 삶기는 것도 엿처럼 다나니
이런 기회는 구해도 얻기가 어렵다네.
적막한 감방에 도깨비불 비쳐들고
봄철의 뜨락은 어둠 속에 갇혀 있네.
소와 천리마가 한 구유를 사용하고

지 못함을 뜻한다. 傳車(전거): 역참의 수레. 窮北(궁북): 궁벽한 북방. 大都를 가리킨다. 鼎鑊(정확): 가마솥. 옛날에는 사람을 가마솥에 넣어서 삶아 죽이는 형벌이 있었다. 여기서는 그러한 형벌의 도구를 뜻한다. 求之不可得(구지불가득): 나라를 위해 몸을 바칠 기회란 좀처럼 얻기 어렵다는 뜻이다. 陰房(음방): 음침한 감방. 闃(격): 고요하다. 적막하다. 鬼火(귀화): 도깨비불. 燐 성분으로 인하여 뼈다귀 같은 데서 자연적으로 발생하는 불빛. 閟(비): 문을 닫다. 牛驥同一皂(우기동일조): 소와 천리마가 같은 구유에서 먹이를 먹다. 훌륭한 죄수와 못난 죄수가 함께 생활함을 뜻한다.

雞棲鳳凰食
一朝蒙霧露
分作溝中瘠
如此再寒暑
百沴自辟易
哀哉沮洳場
爲我安樂國
豈有他繆巧
陰陽不能賊
顧此耿耿在
仰視浮雲白
悠悠我心悲
蒼天曷有極
哲人日已遠
典型在夙昔
風檐展書讀
古道照顏色

雞棲(계서): 닭의 둥지. 蒙霧露(몽무로): 질병에 감염됨을 뜻한다. 分(분): 틀림없이. 瘠(척): 獄死하거나 餓死한 시체. 再寒暑(재한서): 추위와 더위를 두 번 지내다. 두 해를 지내다. 百沴(백려): 온갖 毒氣. 辟易(벽역): 물러나다. 沮洳(저여): 濕地. 繆巧(무교): 교닭장에서 봉황이 모이를 먹네.
어느 날 갑자기 병이라도 걸리면
도랑에 버려진 시체가 되리.
이렇게 두 해를 보내고 나니
온갖 독기가 스스로 물러났네.
아아 축축하고 낮은 이 곳이
편안하고 즐거운 내 나라가 되었네.
어찌 별다른 묘수가 있어
음기도 양기도 날 해치지 못했으리?
이와 같이 빛나는 정기가 있어
부귀와 영화를 뜬구름으로 본 덕이리.
내 마음의 슬픔은 끝이 없지만
푸르른 저 하늘이야 어찌 끝이 있으리?
현인들은 시대가 이미 아득하건만
옛날에 일찌감치 본보기를 남겨 놓아
바람 부는 처마 밑에서 책을 펼쳐 읽노라니
옛 성현의 올바른 도가 내 얼굴에 비치네.

묘한 속임수. 陰陽(음양): 음기와 양기. 천지간에 존재하는 모든 기운을 뜻한다. 賊(적): 해치다. 顧(고): 생각건대. 耿耿(경경): 반짝거리는 모양. 正氣를 가리킨다. 悠悠(유유): 끝이 없는 모양. 哲人(철인): 앞에서 열기한 옛 현인을 가리킨다. 夙昔(숙석): 옛날.

除夜

乾坤空落落
歲月去堂堂
末路驚風雨
窮邊飽雪霜
命隨年欲盡
身與世俱忘
無復屠蘇夢
挑燈夜未央

[해설] 원나라 지원 18년(1281) 섣달 그믐날 大都의 감옥 속에서 시시각각 다가오는 죽음의 그림자를 바라보면서 쓸쓸하게 제야를 보내는 심경을 노래한 것이다.

落落(낙락): 드넓은 모양. 末路(말로): 나라의 운명이 다하고 그에 따라 자신의 일생도 종말에 이르렀음을 뜻한다. 窮邊(궁변): 궁벽한 변방. 大都를 원나라의 영토로 인정하지

제야

천지는 휑뎅그렁 드넓게 펼쳐지고
세월은 성큼성큼 빨리도 가네.
막다른 골목에서 비바람에 경악하고
궁벽한 변경에서 눈서리를 흠뻑 맞네.
저무는 해를 따라 내 운명도 끝나가니
이 몸과 이 세상을 모두 다 잊으리라.
다시는 도소주를 꿈도 꾸지 못할 신세
등잔 심지 돋우어도 밤은 아직 새지 않네.

않고 여전히 송나라의 변방으로 본 것이다. 屠蘇(도소): 屠蘇酒. 屠蘇는 肉桂·山椒·白朮·桔梗·防風 등의 약재를 섞어서 만든 약이고 이것을 넣어서 빚은 술이 屠蘇酒인데 옛날에는 정월 초하룻날 어른 아이 할 것 없이 온 가족이 의관을 갖추고 차례로 세배를 한 후 함께 도소주를 마시는 풍습이 있었다.(《荊楚歲時記》 참조) 未央(미앙): 다하지 않다.

醉歌十首

其五

亂點連聲殺六更
熒熒庭燎待天明
侍臣已寫歸降表
臣妾僉名謝道清

其九

南苑西宮棘露牙
萬年枝上亂啼鴉
北人環立欄干曲
手指紅梅作杏花

[해설] 南宋 恭帝 德祐 2年(1276) 봄 元軍이 臨安에 들이닥치자 송 왕조는 大臣을 파견하여 元 丞相 바얀에게 傳國璽와 항복 문서를 바친다. 이 시는 그 때의 사실을 기록한 것이다.

亂點連聲(난점연성): 딱따기와 북을 어지럽게 치다. 殺(살): 마무리하다. 거두다. '煞'과 같다. 六更(육경): 밤 시간은 원래 五更으로 나누는데 송대의 궁정에서는 五更 이후에 다시 딱따기와 북을 쳐서 蝦蟆更이라고 하였다. 궁궐 문은 그 때 열려서 文武百官이 안으로 들어갔는데, 이를 六更이라고 했다. 熒熒(형형): 불빛이 희미한 모양. 庭燎(정료): 궁정의 밤을 밝히기 위해 켜둔 횃불. 여기서 희미한 횃불은 송 왕조의 참담한 국면을 암시한다. 僉名(첨명): 서명하다. '簽名'과 같다. 謝道淸은 理宗의 황후

취하여 부르는 노래

제5수

딱따기와 북소리 어지럽게 이어져 6경을 알리니
희미한 궁정의 횃불이 날 밝기를 기다린다.
신하들이 벌써 항복의 문서를 쓰고는
신첩 사도청이라고 서명을 하고 말았다.

제9수

남쪽 동산 서쪽 궁에 가시나무가 싹을 틔우고
동청수 위에서는 까마귀 소리 요란하다.
북쪽 사람들 굽은 난간에 빙 둘러서서는
손으로 홍매를 가리키며 살구꽃이라고 한다.

이고 恭帝의 祖母로서 이른바 太王太后이다. 그녀가 당시 궁정 안에서 가장 지체 높은 사람이었으므로 항복 문서에 서명을 한 것이다. 고대에는 적에게 항복할 때 남자는 人臣이라고 했고 여자는 人妾이라고 했기 때문에 謝道淸이 항복 문서에 서명할 때 '臣妾'이라고 한 것이다. **棘露牙**(극로아): 가시나무가 싹을 틔우다. '牙'는 '芽'와 같다. 이 구절을 통해 이미 궁궐을 관리하는 사람이 없다는 것을 알 수 있다. **萬年枝**(만년지): 冬靑樹를 가리킨다. 송나라 궁중에는 이 나무가 많았다. 송이 망한 후 황제의 능묘가 침략자에 의해 파헤쳐졌을 때 유민들이 유골을 수습하여 다시 매장하고는 冬靑樹를 심어 표지로 삼았다. 그런 연유로 宋의 유민들이 고국을 그리워하는 시가에서 종종 이 나무를 언급하였다.

湖州歌九十八首

其五

一掬吳山在眼中
樓臺疊疊間青紅
錦帆後夜煙江上
手抱琵琶憶故宮

其三十八

青天淡淡月荒荒
兩岸淮田盡戰場
宮女不眠開眼坐
更聽人唱哭襄陽

[해설] 〈湖州歌九十八首〉는 송 왕조가 망하고 母后와 幼主·관리 및 궁녀들이 포로가 되어 元나라 군사들에 의해 燕京으로 압송되던 일을 쓴 것이다. 德祐 2年(1276) 2月 바얀은 臨安 북동쪽에 있는 臨皐山에서 湖州(지금의 浙江省 湖州市)로 진주하여 사람을 보내 謝道淸의 항복 문서를 요구했다. 이런 연유로 汪元量이 이 시의 제목을 〈湖州歌〉라고 하였다.

吳山(오산): 胥山 또는 城隍山이라고 하며, 지금의 杭州市 남서쪽 모퉁이에 있다. 이 구절은 멀리서 오산을 바라보니 매우 작아서 한 움큼밖에 안 되어 보인다는 말이다. 이 구절은 푸르고 붉은 누대가 오산 위에 늘어서 있다는 말이다. **錦帆**(금범): 隋 煬帝가 江都

호주의 노래

제5수

눈에 들어오는 오산은 한 움큼에 불과하고
그 위에 누대가 알록달록 중첩되어 있다.
비단 돛배 타고 한밤중 안개 서린 강에서
비파를 타면서 옛 궁궐을 그리워한다.

제38수

푸른 하늘 맑게 물결치고 달빛 차가운데
회하 양쪽 전답이 모두 전쟁터였다.
궁녀들은 잠 못 이루고 뜬눈으로 앉아서
다시 누군가 부르는 〈哭襄陽〉을 듣는다.

를 유람할 때 탔던 龍舟. 여기서는 남송이 멸망한 후 燕京으로 끌려가는 궁녀들이 탄 배를 가리킨다. 後夜(후야): 자정 이후의 밤. 한밤중을 가리킨다. 淡淡(담담): 물이 출렁이는 모양. 하늘이 물처럼 맑게 물결친다는 표현은 배를 타고 가면서 하늘을 바라보니 마치 하늘이 일렁거리는 것 같다는 말이다. 荒荒(황황): 멀고 차가운 모양. 哭襄陽(곡양양): 당시에 널리 퍼졌던 민간가곡이다. 襄陽은 宋의 군대가 악전고투하며 지킨 유일한 요새였다. 咸淳 3年(1267) 元軍이 襄陽을 포위 공격하자 守將 呂文煥은 咸淳 9年까지 이 곳을 굳게 지켰지만 결국 元軍에 항복하고 말았다. 宋이 이 곳을 잃자마자 元軍은 파죽지세로 臨安까지 쳐들어갔다.

山窓新糊有故朝封事稿閱之有感

偶伴孤雲宿嶺東
四山欲雪地爐紅
何人一紙防秋疏
却與山窓障北風

[해설] 남송이 망한 뒤의 어느 겨울날 임경희는 산 속에 있는 한 인가에서 하루 밤을 묵게 되었는데 창문에 새로 바른 종이가 마침 옛날 남송 때의 대신이 황제에게 올린 상소문이었다. 이 시는 나라 잃은 슬픔과 울분으로 나날을 보내던 그가 이것을 보고 감개가 일어서 지은 것이다.

산촌 집의 창문에 새로 바른 종이에 옛날 조정의 비밀 상소문 원고가 있어서 그것을 읽고 느낀 바를 쓴다

구름 따라 다니다가 영동에서 묵노라니
산마다 눈 기운이요 화로는 시뻘겋네.
누가 쓴 국토방위 상소문인가?
적군은 못 막고 이 산골로 들어와
창문에 붙어서 북풍이나 막고 있네.

故朝(고조): 옛날의 조정. 송 왕조를 가리킨다. 封事(봉사): 다른 사람에게 누설되지 않도록 밀봉하여 황제에게 올리는 글. 四山(사산): 사방의 산. 地爐(지로): 땅 위에 설치해 놓은 화로. 防秋疏(방추소): 가을철의 침략을 방어하는 일에 관한 상소문. 唐나라 때는 突厥·吐蕃 등의 북방 오랑캐들이 항상 가을철에 침략해 들어왔기 때문에 군사를 보내어 변방을 방위하는 일을 防秋라고 했다.

溪亭

清秋有餘思
日暮尙溪亭
高樹月初白
微風酒半醒
獨行穿落葉
閑坐數流螢
何處漁歌起
孤燈隔遠汀

[해설] 해가 진 뒤에도 집에 돌아갈 생각을 잊고 혼자 정자에 남아서 나라 잃은 슬픔으로 수심에 잠긴 자신의 모습을 그린 것이다.

개울가의 정자에서

해맑은 이 가을에 상념이 하도 많아
저물녘에 아직도 정자에 앉아 있다.
높다란 나무 위에 하얀 달이 떠오르고
미풍이 살랑 불어 술이 반쯤 깨었다.
낙엽을 밟으며 혼자 걷다가
가만히 앉아서 개똥벌레 세노라니
어디서 들려 오는 어부가인가
저 멀리 개울 너머 등불 하나 외롭다.

餘思(여사): 자신이 나라 잃은 슬픔과 그로 인한 고민에 빠져 있음을 암시한다. 流螢(유형): 날아다니는 개똥벌레.

宋詩에 대하여

Ⅰ. 緖言

宋詩의 특징을 이야기할 때 논자에 따라 약간의 견해 차이가 있긴 하지만 대체로 唐詩에 비해 사회현실과의 연대감 강화, 일상생활에의 밀착과 제재 및 詩語의 확대, 산문화와 의론화의 경향, 平淡한 詩境의 추구 등을 꼽을 수 있을 것이다. 물론 이와 같은 송시의 특징이 송대에 들어와 처음으로 나타난 것은 아니고, 송시 이전에도 부분적으로 이러한 특징들을 지닌 시가 있긴 했었다. 사회현실과 일상생활을 제재로 한 시는 唐代의 杜甫(712~770)·白居易(772~846) 등의 시에서뿐만 아니라 《詩經》의 시에서 이미 찾아볼 수 있고, 시의 산문화·의론화에 있어서도 우리는 杜甫와 韓愈(768~824)의 시에서 그와 같은 성향의 시들을 발견할 수 있다. 그러나 이와 같은 특징들이 한 시대의 보편적 경향으로 자리잡은 것은 송대에 들어와서의 일이라고 할 수 있다.

그렇다고 이와 같은 특징을 지닌 송시가 송초에 형성된 것은 아니다. 송 왕조가 五代十國의 분열 국면을 마감하고 통일 제국을 건립한 것은 정치·사회적으로 새로운 시대를 연 것이지만 시가 방면에 있어서는 북송 중기 仁宗朝에 이르기까지 中·晩唐·五代詩의 계승과 새로운 모색의 과정이 있었다. 특히 송초의 시단은 蔡居厚가 《蔡寬夫詩話》에서 "건국 초기에는 오대의 여풍을 답습하여 사대부들이 모두 백거이 시를 본받았기 때문에 왕우칭이 한때의 맹주가 되었다. 대중상부·천희(진종 연호: 1008~1021) 사이에는 양억·유균·전유연이 전적으로 이상은을 좋아하였기 때문에 서곤체의 작풍이 홀연히 당시의 시풍을 변화시켰다"(國初因襲五代之餘, 士大夫皆宗白樂天詩, 故王黃州主盟一時. 祥符·天僖之間, 楊文公·劉中山·錢思公專喜李義山, 故崑體之作, 翕然一變)라고 지적하였고, 方回(1227~1306)가 〈送羅壽可詩序〉에서 "송 왕조에 들어서서는 오대의 구습에서 벗어나 시에는 白體·西崑體·晩唐體가 있게 되었다. 백체에는 예컨대 李昉·徐鉉과 徐鍇 형제·王禹偁·王奇 등이 속하고, 서곤체는 楊億과 劉筠이《西崑集》을 내어 세상에 전하였고 宋庠과 宋祁·張咏·錢惟演·丁謂 등이 모두 이에 속하며, 만당체로는 九僧이 가장 핍진하고 寇準·魯交·林逋·魏野와 魏閑 부자·潘閬·趙抃의 조부 趙湘 등이 이에 속한다. 이들 수십에 달하는 시인들이 깊이 있고 풍성하게 육성되어 그 기세가 지극히 왕성하였다"(宋剗五代舊習, 詩有白體·崑體·晩唐體. 白體如李文正·徐常侍昆仲·王元之·王漢謀; 崑體則有楊·劉《西崑集》傳世, 二宋·張乖崖·錢僖公·丁崖州皆是; 晩唐體則九僧最逼眞, 寇萊公·魯三交·林和靖·魏仲先父子·潘逍遙·趙淸獻之祖. 凡數十家, 深涵茂育, 氣極勢盛)라고 서술하였듯이 기본적으로 중·만당의 시풍이 계승되고 있었다. 그 후 북송 중기에 들어서서 구양수·매요신·소순흠 등이 시가혁신을 주도하면서 송초의 백체·만당체·서곤체 시를 극복하고 송시의 새로운 기풍을 열었으며, 뒤이어 王安石·蘇軾·黃庭堅 등이 나와 당시와는 다른 송시의 특징과 경향을 정착시켰다.

남송 때에는 근본적으로는 왕안석·소식·황정견 등에 의하여 완성된 송시의 새로운 경향이 면면히 유지되면서 세부적으로는 각 시기별로 서로 다른 시대상황에 따라 조금씩 다른 시풍이 형성되었다. 먼저 남송 전기의 시단에는 황정견의 시가창작 이론과 그의 시풍에 찬동하고 그것을 추앙하는 江西詩派 시인들이 다수를 차지했다. 그러나 陳與義·呂本中·曾幾 등 몇 사람을 제외하면 이렇다 할 업적이 없었다. 이어서 나타난 四靈詩派나 江湖詩派도 강서시파의 주장을 반대하거나 개선하려는 노력을 기울였지만 별로 큰 성과를 거두지는 못했다. 남송 시단에서 탁월한 업적을 남긴 사람들은 이들보다는 오히려 어느 한 시파에 속하지 않고 자신의 체험과 거기서 우러난 진솔한 감정을 꾸밈없이 토로해 낸 사람들이었으니, 中原 땅을 금나라에 내주고 강남으로 쫓겨 와 중원수복의 그 날을 고대하며 가슴을 쓸어내린 南渡 초기의 南宋四大家와 몽고족의 침략으로 마침내 나라를 잃고 원나라에의 出仕를 거부한 채 망해 버린 조국을 생각하며 실의에 찬 나날을 보낸 유민시인들이 그들이다.

이제 독자들이 보다 효율적으로 송시를 이해하는 데 도움을 주기 위하여, 송대에 들어와서 시가 어떠한 과정을 거쳐 唐詩와 다른 새로운 모습으로 거듭 나게 되었는지를 설명하고, 각 시기별로 조금씩 서로 다른 세부적인 모습을 제시함으로써 송시 발전의 중요한 맥락을 드러내 보이고자 한다.

II. 북송 초기의 시

북송 초기의 詩壇을 전체적으로 조망해 보면 가장 먼저 白體詩가 太祖·太宗朝(960~997)에 유행하였고, 太宗 후기부터 眞宗 시기 사이에 晩唐體詩가 유행하였으며, 眞宗 景德年間(1004~1007)에 西崑體詩가 흥기하여 그 위세가 仁宗朝까지 이르렀다. 백체 시는 주로 白居易의 평이하고 밋밋한 唱和詩風을 본받은 것인데, 그 성행은 당시 송 왕조의 정책과 깊은 연관을 맺고 있다고 할 수 있다.

송의 태조 趙匡胤은 건국 이후 통일 왕조로서의 기틀을 다지기 위하여 강력한 崇文抑武 정책을 실시하였고, 그 일환으로 文臣들이 시가를 통해 태평성대를 장식해 주길 바랐다. 이에 따라 관리들에게 있어서 창화는 중요한 교제 수단이 되었고, 이를 통해 자신의 벼슬길이 트이도록 할 수도 있었기 때문에 그들은 창화를 지식인이 반드시 갖추어야 할 재능으로 간주하고 그 연마에 힘썼다. 그 결과 唐代에 다량의 창화시를 제작했던 백거이의 元和體가 학습의 모범이 되었고, 창화시풍의 광범한 유행은 궁정과 관가뿐만 아니라 민간에도 그 세력이 미쳐서 시의 酬贈과 唱和가 당시 시가창작 중의 중요한 내용이자 특징이 되었다.

백체 시의 대표적 인물은 王禹偁(954~1001)이라고 할 수 있다. 그의 시가창작 노선을 살펴보면 시를 교제와 응수의 수단으로 삼은 창화시에서 출발하여 시로써 사회현실을 반영하고 비판하는 풍유시로 발전하였을 뿐만 아니라 거기서 한 걸음 더 나아가 杜甫詩의 학습을 통해 시가 예술의 새로운 경지를 추구하였다. 이런 연유로 왕우칭은 나중에 북송의 시단을 주도했던 구양수·소식·황정견 같은 시인들에 의해 그 업적을 인정받긴 했지만 그가 쓴 새로운 경향의 시들이 당시의 시단에 새로운 바람을 일으키지는 못했다. 그렇게 된 이유는 여러 가지가 있겠지만 우선 그의 이 방면의 시들이 그가 남긴 시 전체에서 차지하는 비중이 얼마 되지 않아 문단에 큰 반향을 일으키기에 부족했고, 당시 송 왕조의 통치집단이 시를 통해 태평성대를 장식해주길 요구하고 있었던 때라 왕우칭의 새로운 경향에 주목하는 이가 많지 않았던 것 등을 꼽을 수 있을 것이다. 그 결과 당시의 시단에서 왕우칭이 시도한 새로운 경향은 새로운 기풍으로 정착되지 못하고 한때를 풍미했던 백체 시는 오히려 자구의 단련과 정교한 구상에 힘써 천속하고 투박한 백체 말류의 병폐를 바로잡고자 노력했던 만당체 시인들에게 자신들의 자리를 넘겨 주고 말았다.

당시 백체 말류의 평이하고 천속한 시풍에 불만을 품은 일단의 시인들은 정교한 구상과 字句의 단련에 뚜렷한 성취를 보여 주었던 晩唐의 시에서 돌파구를 찾아 백체 말류의 시를 대체하였다. 이와 같은 관점에서 볼 때 만당체 시와 서곤체 시가 백체 시를 대신하여 흥기한 것은 시대의 새로운 요구에 부응하여 시가예술의 형식미를 중시한 것이지만 이것은 새로운 시풍의 모색이라기보다는 종전에 성행했던 만당시에로의 복귀라고 하겠다.

만당의 시단을 세분해 보면 皮日休 · 杜荀鶴 · 陸龜蒙 등을 대표로 하는 寫實詩風과 溫庭筠 · 李商隱 · 韓偓 등을 대표로 하는 艶情詩風과 賈島 · 姚合을 종주로 하는 淸苦詩風 등으로 나눌 수 있는데,[1] 이 중에서 만당체 시인들이 본받은 것은 賈島 · 姚合을 종주로 하는 淸苦詩風이었다. 만당의 정치적 불안정은 사회를 동요시켰고, 그 결과 당시의 문인들은 前代와 달리 官界로의 진출을 꺼리게 되었다. 晩唐 前期에 시인들은 前代의 기풍을 어느 정도 이어받아 조정에 대

1) 唐詩의 分期는 매우 복잡한 문제이다. 오늘날 일반적으로 채택하고 있는 初 · 盛 · 中 · 晩唐의 4분법에 따르면 賈島 · 姚合 등은 中唐에 귀속되어야 할 것이지만 여기서는 宋人이 宋初詩派를 논한 舊說에 의거하여 唐詩를 크게 初 · 盛 · 晩唐의 3期로 나누고 中唐을 晩唐에 포함시켰다.(程千帆 · 吳新雷《兩宋文學史》11쪽 註(1)에서 재인용)

한 희망을 잃지 않고 참여의식을 지니고 있었지만 혹독한 현실 앞에서 실망과 좌절을 맛보아야 했다. 晩唐 後期에 이르러서는 조정에 대한 시인들의 태도가 더욱 소극적이 되어 어두운 현실에 대한 그들의 불만이 냉담한 태도와 避世의 행위로 나타나 그들의 시가 창작도 대부분 개인생활이라는 협소한 범위로 축소되고 말았다. 당시의 이와 같은 사회적 여건과 환경이 만당시인들로 하여금 賈島詩의 淸苦한 풍격과 협소한 경계를 선호하게 하여 결과적으로 晩唐·五代 및 宋初人의 눈에는 賈島의 시가 만당시를 대표하는 것이 되고 말았다.

이와 같이 송초에 백체 시를 대신하여 만당시를 학습한 사람들은 가도와 요합의 시풍을 본받아 만당체 시파를 이루었는데 그 대표적인 작가로는 潘閬·魏野·林逋·九僧과 寇準 등을 들 수 있다. 이들은 五言律詩를 즐겨 짓고 전고를 사용하지 않으면서 간결하고 산뜻한 표현과 정밀한 구상에 힘써 백체 말류의 淺俗하고 평이한 시풍을 바로잡는 데 어느 정도 성과를 거둘 수 있었다. 사실상 그들에게는 사람의 마음에 스며드는 佳句가 적지 않고 對仗의 사용에도 뛰어난 솜씨를 발휘하였다. 그러나 그들은 대체로 생활상의 경험이 풍부하지 않고 意境이 협소하여 섬세한 기교로 경물을 묘사하거나 맑고 그윽한 개인의 성정을 서술하는 데 주력했기 때문에 표현범위가 협소하고 변화가 다채롭지 못하다는 비난을 감수할 수밖에 없었다. 그 결과 만당체 시는 이상은의 작법을 본받아 풍부하고 아름다운 詞藻와 화려한 조직을 특징으로 하는 서곤체 시의 발흥 후에는 그 기세가 꺾일 수밖에 없었다.

이와 같은 상황에서 등장한 서곤체 시는 송초의 창화 시풍을 계승했으면서도 백체 말류의 지속에 제동을 거는 한편 동시기의 만당체 시풍에 대해서도 의도적인 변혁을 꾀하였다. 서곤체 시의 형성은 《西崑酬唱集》을 그 근간으로 하는 만큼 송초의 백체 시풍과 만당체 시풍을 계승하여 이를 발전시킨 면이 있고, 작품의 제재 내용에 있어서도 백체 시를 이어받은 흔적을 살펴볼 수 있긴 하지만 시대 정신의 새로운 요구와 문인 심미 취미의 변화라는 배경 하에서 서곤체 창화시의 표현 형식과 예술 풍격은 백체 시·만당체 시와 전혀 다른 길을 걷게 되었다. 서곤체 시의 출현은 송시 발전사에 있어서 눈여겨보아야 할 중요한 단계로서 송초의 백체·만당체 시에 대한 계승이자 변혁이었다.

《서곤수창집》에 수록된 시 250수의 내용을 전체적으로 살펴보면 당시 사회의 어두운 면을 직접적으로 폭로하거나 비판한 작품은 별로 없고 자신들의 궁정생활과 관련지어 북송 왕조의 태평성대를 장식하고 미화한 작품들이 주류를 이루고 있어서 당시 秘閣에 몸담고 있는 궁정 관료들의 창화시라는 한계를 극명하게 보여 주고 있는 듯하다. 실제로 그들은 생활 범위가 좁았던 까닭에 시를 통한 사회 현실의 반영이 깊고 넓지 못하였다. 반면에 그들은 당시 조정의 내막에 대해서 누구보다도 잘 알고 있었으므로 그들의 시를 자세히 읽어 보면 암시적 수법을 사용하여 최고통치자에 대한 비판과 조국의 앞날에 대한 우려 및 이와 관련된 자신들의 감개를 깃들인 내용이 적지 않다는 것을 발견하게 된다. 실제로《서곤수창집》의 내용을 살펴보면 암암리에 풍유의 뜻을 담고 있는 작품이 적지 않아서 이것이 결국 王嗣宗의 上奏와 王欽若의 밀고를 유발하였고, 그 결과 大中祥符 2年(1009)에 진종이 浮文을 금지하는 조서를 내리게 되었다.[2] 이것이 후에 구양수 등의 시문혁신을 촉발하는 하나의 계기로 작용하긴 하지만 진종이 그와 같은 조서를 내리게 된 숨은 동기는 역시 양억 등의 창화시에 들어 있는 풍유의 내용을 견책하려는 데 있었을 것이다.

楊億·劉筠·錢惟演 등의 서곤체 시인이 백체 시 末流의 淺俗함과 만당체 시의 편협성을 극복하고자 노력하면서 모범으로 삼았던

---

2) 御史中丞 王嗣宗은 楊億·劉筠 등이 "〈선곡〉시를 주고받으며 前代의 후궁 일을 기술하였는데, 문사가 몹시 부염하다"(倡和〈宣曲〉詩, 述前代掖庭事, 辭多浮艶)"라고 상주하였고, 이에 대해 眞宗은 大中祥符 2年(1009) 1月에 "앞으로 글 짓는 선비들 가운데 문사가 부화하여 명교에 흠집을 내는 사람이 있으면 반드시 조정의 법을 가할 것이다"(今後屬文之士, 有詞涉浮華·玷于名教者, 必加朝典)라고 조서를 내렸다.(《宋大詔令集》卷191)

것은 주로 음절이 아름답고 낭랑하며 언어가 정교한 李商隱 시였다. 이상은의 시는 그들의 학자적인 취향과 심미 이상에 들어맞아 그들은 이상은의 시에 대해 강렬한 심리적 공명과 예술적 매력을 느꼈다. 또 葉夢得은 《石林詩話》에서 "양억과 유균은 모두 唐彦謙 시를 좋아하여 用事를 정교하게 하고 對偶를 치밀하게 구사하였다" (楊大年·劉子儀皆喜唐彦謙詩, 以其用事精巧, 對偶親切)라고 하여 그들이 당언겸 시의 장점도 받아들였음을 시사하였다. 이상은과 당언겸은 모두 만당의 시인이며, 그 중에서도 이상은은 성취가 큰 시인으로서 나름대로 두보 시의 沈鬱博大한 장점을 섭취하려고 애쓴 반면에 서곤체 시인들은 그 면에 힘을 쏟지 않았다. 또한 이상은의 시와 비교해서도 서곤체 시는 이상은 시의 외형을 갖추긴 했지만 세련된 언어와 적절한 전고 속에 감추어져 있는 진정실감은 결핍되어 보이는 경우가 많아 결국 그것이 서곤체 시의 한계가 되고 말았다. 서곤체 시인들은 하루 종일 秘閣에서 서적과 씨름하다 보니 서적을 통한 지식과 수양이 높아 송초 백체 시와 만당체 시의 한계를 극복하고 당시 시단의 혁신을 꾀하여 어느 정도 성취를 거둔 것이 사실이지만, 한편 앞에서 지적한 것과 같은 한계 때문에 구양수 등에 의한 혁신을 다시금 맞이해야 했다.

Ⅲ. 북송 중기의 시

북송 중기에 들어와 송시는 새로운 길을 모색하게 되었다. 시가혁신으로 대변되는 이 새로운 모색은 中唐의 新樂府運動을 직접 계승한 문학복고운동으로서, 이를 통해 송시는 당시와는 다른 독자적인 모습을 갖추게 된다. 이 시가혁신을 주도한 사람으로는 구양수·매요신·소순흠 등을 꼽을 수 있지만 그들에 앞서서 范仲淹이 시가혁신의 정신적 발판을 마련해 주었고, 또한 시가혁신의 과정에서 그들이 담당한 역할도 조금씩 달랐다고 할 수 있다. 즉 매요신과 소순흠은 각기 개성을 달리하며 송시의 새로운 면모를 보여 주는 시를 써서 창작실천을 통해 시가혁신에 공헌을 하였고 구양수는 詩論을 주도하였다. 구양수는 북송의 새로운 시풍을 형성해나가는 과정

속에서 중당의 신악부운동과 고문운동의 이론적 성과를 계승하여 자신의 시론을 발전시키는 한편 이를 창작실천과 결합시켜 북송의 시가혁신을 일구어 냈다.

구양수(1007~1072)는 북송 초기에 서서히 대두하기 시작한 국가와 사회에 대한 사대부들의 책임의식에 부응하여 韓愈의 明道觀念에 수정을 가해 '道'를 행하는 자는 천하의 일을 걱정해야 한다는 책임감을 부여하고 아울러 그것을 復古의 근본 목적으로 삼았다. 그는 古道의 부흥을 정치개혁의 실천과 밀접히 연계시켜 정치의 혁신을 통해 문풍의 변혁을 완성해야 한다고 주장하였다. 따라서 사회현실에 관심을 갖고 천하의 일을 걱정하여 백성의 질고를 반영하고 사악한 사회현상에 분개하는 것을 문학의 주된 직능으로 삼아 詩道에서의 風·騷의 정통지위를 확립하고 아름답지만 내용이 없는 雅·頌에 반대한 것이 구양수가 주도한 시가혁신의 기본사상이라고 할 수 있다.

구양수가 그의 시론을 통해 교정의 대상으로 삼은 것은 宋初의 晩唐體詩와 西崑體詩만이 아니었다. 그는 眞宗·仁宗朝에 태평성대를 가영했던 晏殊·宋祁 등의 頌聲도 비판의 대상으로 삼아 화평한 때의 시문도 사회현실을 반영하고 비판해야 한다는 주장을 제기하여 唐代의 문인들이 강조했던 "세상이 잘 다스려지면 찬양하고, 세상이 혼란하면 원망한다"는 관념을 크게 발전시켰다.

그렇다고 구양수의 시론이 '내용의 강조'에만 중점을 둔 것은 아니었다. 그는 문학의 예술미 창조 문제를 깊이 있게 탐구하여 내용의 진실성과 함께 형식기교의 가치를 인정하였다. 그는 각종 형식은 모두 道를 위해 쓰임이 있으며 독립해서 존재할 이유와 가치를 지니고 있다고 주장하였다. 그는 또한 시가 내용과 형식에서 모두 형상미와 함축미를 지닌 새로운 意境을 창조해야 한다고 강조하였고, 제재와 풍격의 다양성을 인정하여 宋詩의 독자적인 성격 형성에 크게 이바지하였다.

이와 같이 구양수의 시론은 북송 중기 이후 송시의 새로운 성격 형성에 이바지하였고 북송 시문혁신의 이론적 근거가 되기도 했지만 구양수가 영도한 시문혁신이 결실을 맺을 수 있었던 원인으로 더욱 중요한 것은 그가 蘇舜欽·梅堯臣 등과 함께 성공적인 시문 창작으로 자신의 이론을 실천했다는 점이다. 이에 대해 淸代의 葉燮은《原詩·外篇 下》에서 다음과 같이 평가하였다.

> 송시 일대의 면목을 연 것은 매요신과 소순흠 두 사람에게서 시작되었다. 漢·魏로부터 晩唐에 이르기까지 시가 차츰 바뀌긴 했지만 모두가 차례로 고갈되지 않는 뜻을 남겼다. 즉 만당의 시도 여지를 남겨 다 읽고 나서 詩卷을 덮어도 오래도록 그것을 생각나게 한다. 매요신·소순흠으로부터 서곤체를 완전히 변화시켜 독창적이고 새로운 것을 낳았으니 반드시 문사는 말을 다 나타내고 말은 뜻을 다 나타내며 충분히 표현하고 상세히 묘사하여 변화롭게 첩첩이 쌓아 나가 있는 힘을 다한 다음에야 그만두었다.(開宋詩一代之面目者, 始于梅堯臣·蘇舜欽二人. 自漢魏至晩唐, 詩雖遞變, 皆遞留不盡之意. 卽晩唐猶存餘地, 讀罷掩卷, 猶令人屬思久之. 自梅蘇變盡崑體, 獨創生新, 必辭盡于言, 言盡于意, 發揮鋪寫, 曲折層累以赴之, 竭盡乃止.)

郭紹虞도《中國文學批評史》에서 이들 세 사람에 대하여 "구양수는 송시의 작풍을 열었고 또한 공고히 하였다. 구양수 시의 작풍은 서곤체를 힘써 교정했거니와 또한 산문화에 가까웠다. 그러나 그가 마음으로부터 탄복하였던 동시대의 시인 매요신과 소순흠도 더욱 그러하였다"라고 평가하였듯이, 매요신과 소순흠은 창작실천을 통해 구양수 등과 함께 송시의 성격을 새롭게 형성하였고 그 이후의 시단에 새로운 지평을 열어 주었다고 할 수 있다.

Ⅳ. 북송 후기의 시

북송 후기에 이르러 송대 사회는 번영을 멈추고 점차 쇠퇴의 길로 접어들어서 위기의 조짐이 여기저기서 나타났다. 그러나 시가의 발전은 이에 영향받지 않고 자신의 발전 추세에 따라 가속적으로 頂上을 향해 치닫는다. 물론 詩史의 발전은 사회 의식 및 시대 정신과의 연관에서 완전히 벗어날 수는 없다. 북송 후기의 사회는 갖가지 모순과 위기 속에서 정치적으로 革新派와 守舊派의 대립이 격화되어 사회가 동요하고 국력은 피폐해지고 있었다. 그러나 이 시기 시인들의 개성과 창조정신은 오히려 이러한 사회적 분위기 속에서 空前의 자유를 획득하여 시가 예술은 전성기에 도달한다.

이 시기의 시단을 대표하는 王安石·蘇軾·黃庭堅 같은 시인들은 자신들의 개성을 유감 없이 발휘하면서 송시의 면모를 확정지었다. 이에 대해 陳師道(1053~1102)는 《後山詩話》에서 다음과 같이 말했다.

> 시를 의식적으로 잘 지으려고 하면 잘 지을 수가 없다. 왕안석의 시는 세련되었고, 소식의 시는 새롭고, 황정견의 시는 기이하다. 그러나 두보의 시는 기이한 것이건 평범한 것이건, 세련된 것이건 평이한 것이건, 새로운 것이건 오래된 것이건 간에 모두 좋지 않은 것이 없다.(詩欲其好, 則不能好矣. 王介甫以工, 蘇子瞻以新, 黃魯直以奇. 而子美之詩, 奇常·工易·新陳, 莫不好也.)

진사도는 '工'과 '新'과 '奇'로써 북송 후기의 대표적 시인 세 사람의 창작개성과 특징을 개괄해 내었을 뿐만 아니라 이들이 각기 杜詩의 일면을 발휘한 것이라고 하여 그와 같은 개성의 독자적인 발전이 동시에 함께 杜詩와 같은 集大成의 국면을 이룩해 내었음을 지적하였다. 실제로 송시의 한 가지 현저한 성과는 前代의 훌륭한 성과를 충실히 계승하는 바탕 위에서 자신들의 개성을 힘써 추구하고 발휘하는 정신의 소산이었다고 할 수 있다.

宋詩史上 이 시기는 시가 창작의 수량이 많을 뿐만 아니라 시인 개인의 풍격이 충분히 발휘되어 공동으로 송시의 성숙한 모습을 일구어내서 이른바 宋詩四大家로 일컬어지는 王安石·蘇軾·黃庭堅·陸游 네 사람 가운데 세 사람이 이 시기에 집중되어 있다. 이들 중 이 시기의 前期에 속하는 왕안석과 소식은 歐陽修의 직접적인 계발과 지지 아래 두각을 나타내어 북송 중기 시가혁신의 완성과 결실을 보여 주었다.

왕안석 시의 성과를 간추려 보면 참신한 시각이 돋보이고, 현실적인 의의가 풍부하고, 높은 자부심이 반영되어 작품의 전반적인 분위기가 대체로 밝은 편이고, 세련된 언어로 자신의 사상 또는 진실한 정감을 서술하였고, 일부 편폭이 긴 古體詩의 경우 故事의 개괄성이 뛰어나고 전체적인 구성이 긴밀하며, 詩想 전개의 측면에서 시적 감각이 돋보이고, 수사기교의 측면에서 엄정한 법도뿐 아니라 기교와 내용이 적절하게 조화를 이루고 있으며, 前人들의 시구를 흡수하여 자신의 것으로 재창조하는 데 뛰어난 재능을 보였다고 하겠다. 그러나 왕안석의 시에 이러한 긍정적인 측면만 있는 것은 아니고, 부정적인 면도 있어서 이를 정리해 보면 지나치게 의론의 발휘에 치중하여 시적 감흥을 도외시한 작품을 적지 않게 남겼고, 수사기교에 치중한 나머지 조탁의 흔적이 뚜렷이 드러나 시의 자연스러운 맛을 잃어버린 경우가 적지 않다는 점을 들 수 있다.

儒家思想에 뿌리를 둔 현실참여 사상과 佛老思想에서 비롯된 현실도피 사상을 동시에 지니고 있었던 소식(1036~1101)은 憂國愛民의 정신이 누구 못지 않게 강했지만 다른 한편으로 인생을 몽환으로 파악하여 세속적인 것에 대한 애착을 버리고 초연해지려고 노력했다. 그리고 그것은 자연에 대한 사랑으로 모습을 드러내기도 했다. 따라서 소식의 시는 사회의 부조리한 면을 고발하거나 위정자의 失政과 그로 인하여 도탄에 빠진 백성들의 생활상을 묘사한 諷刺詩, 자신의 초월적 인생관을 반영한 哲理詩, 산수자연의 아름다움을 한 폭의 풍경화처럼 그려낸 敍景詩가 주류를 이룬다. 수사기교면에서 그는 典故를 많이 사용하여 그의 시를 난해하게 만드는 부정적인 요인이 되기도 했지만 함축성을 더해 주는 긍정적인 역할도 했다. 또한 풍부한 상상력으로 갖가지 참신한 비유를 구사하여 시의 표현력을 증대시켰다. 아울러 소식은 성격이 자유분방하여 형식에 얽매이기를 싫어했기 때문에 격률이 까다로운 근체시보다는 고체시를 선호했고, 그 결과 비교적 형식적 제약에 얽매이지 않고 자신의 생각과 감정을 자유롭게 토로할 수 있는 七言古體詩에서 가장 큰 성취를 거두었다. 그에게는 다른 사람이 사용한 韻을 그대로 사용하여 지은 次韻詩가 많은데, 이것은 그가 형식적 제약을 싫어하여 고체시를 즐겨 지은 것과는 대조적인 현상이다. 이는 당시 시단의 경향 및 분위기와 무관하지 않겠지만 그의 남다른 천재성과 해박한 지식에서 비롯된 바도 적지 않았을 것이다. 요컨대 哲理性·議論性·散文性 등 송시의 성격과 특징이 그에 이르러 완전히 뿌리내렸다고 할 수 있다.

이 시기의 후기에 속하는 黃庭堅(1045~1105)은 蘇門에서 나와 학문과 독서를 중시하며 선천적 재능보다는 각고단련의 후천적 노력의 측면을 강조하여 이것이 나중에 江西詩派에 의해 詩法으로 전수되었다. 그의 시는 내용면에서는 도학적 자기수양의 정신을 강조하였고, 생활시를 대량으로 지으며 제재와 서술의 혁신을 가져 왔다. 형식면에서는 唐代의 杜甫와 韓愈 등에 의해 시험적으로 시도된 시의 낯설게 하기가 본격적으로 채택되기 시작하였다. 구체적으로 말하자면 시의 구성·拗律·句法·詩語·고시로의 회귀 등 각 방면의 '新奇함의 추구'와 이로 말미암은 딱딱한 맛 등 동시대의 다른 시와 구별되는 면모를 보여 주었다. 그의 이와 같은 특징은 江西詩派 시인들에 의해 詩法의 차원에서 계승되어 신유학적 사변성과 삶의 진실한 감정들을 당시적 세계와 다른 모습으로 창출해 낼 수 있게 되었다는 긍정적인 면과, 시의 발랄한 생명력과 창의적 영감보다는 법칙성을 강조함으로써 필연적으로 도래한 결점인 '맛'의 감소와 시적 생명력이 고갈되는 방향으로 나아갔다는 부정적인 면을 동시에 보여 주었다. 이상과 같은 점에서 황정견이 宋詩史에서 차지하는 위상은 긍정과 부정의 양면성을 함께 지닌 것으로 파악된다.

德性의 함양·학문의 중시·禪趣의 추구·표현의 창신으로 개괄되는 황정견의 詩論과 창작경향은 초기 강서파 시인들에게 그대로 계승되어 點鐵成金·換骨奪胎의 詩法을 활용하여 두보의 예술적 성취와 구법의 학습에 치중하였다. 특히 陳師道는 황정견을 만난 뒤 그를 뒤따라 이전의 자기 시를 불태우고 황정견을 배우기 시작하였으며, 결국엔 두보를 좇아 노력하는 자세로써 자기 자신의 독창적 영역을 창조하고자 하였다. 이러한 실정은 陳與義(1090~1139)도 마찬가지여서 그도 단기적으로는 소식과 황정견에게서, 장기적으로는 두보에게서 시학의 근거를 찾고자 하였다. 이러한 창작태도는 강서시파 시인들의 대체적인 경향으로서 모두 두보를 애호하며 황정견의 시학적 관심인 새로운 표현과 구법의 신기함을 계발하는 데 힘을 쏟았다.

이로부터 볼 때 王安石·蘇軾·黃庭堅을 대표로 하는 북송 후기 시단은 宋詩史에서 북송 중기의 시가혁신을 계승하여 이를 완성시켰을 뿐만 아니라 송시의 성격을 확정지어 이를 후대에 계승시킨 중요한 시단이었다고 할 수 있다.

V 남송 전기의 시

欽宗 靖康 2년(1127) 4월에 북송이 멸망하고, 5월에 高宗이 남송을 세웠다. 이 때부터 南宋四大家 가운데 마지막 생존자인 애국시인 陸游가 세상을 떠난 寧宗 嘉定 3년(1210)까지의 약 80년에 이르는 남송 전기에는, 남송의 통치자들이 투항정책을 주장하여 대외적으로는 신하국임을 자처하며 금나라에 조공을 바치고, 대내적으로는 금나라 군사를 물리치고 빼앗긴 중원 땅을 되찾을 것을 주장하는 抗金志士들에게 온갖 박해를 가했다. 그러므로 이 시기에는 抗戰派와 和議派의 투쟁이 극심한 가운데 화의파가 득세하는 국면이 지속되었는데, 남송 조정이 투항정책의 지속에 필요한 비용을 마련하기 위해서는 불가피하게 백성들에 대한 억압과 착취를 더욱 강화할 수밖에 없었기 때문에 수많은 백성들이 고통스러운 나날을 보내야 했다.

이 시기에 활약한 많은 시인들은 이처럼 국가가 패망하는 비통한 현실을 직접 목격했고 백성들의 질고를 가까이서 보았기 때문에 이에 대한 그들의 비분강개한 심정을 토로한 애국시를 많이 지었다. 그러나 황정견의 시가창작 이론과 시풍을 추종하는 강서시파의 영향력도 상당히 광범위하게 그리고 상당히 지속적으로 작용했다.

강서시파라는 명칭은 황정견이 江西人이라는 데서 비롯되었고 정식으로 강서시파라는 명칭을 사용한 것은 呂本中이었다. 여본중은 그의 〈江西詩社宗派圖〉에서 황정견을 開祖로 삼고 그 아래에 陳

師道 등 25명의 이름을 열거했는데 후인들이 이들 이외에 呂本中·陳與義·曾幾 등을 추가하여 이들을 통틀어 강서시파라고 불렀다. 그리고 원나라 초에 方回(1227~1306)는《瀛奎律髓》에서 두보를 一祖로 치고 황정견·진사도·진여의를 三宗으로 치는 一祖三宗說을 제창하여 이들의 師承關係를 설명했다. 황정견에게서 비롯된 강서시파의 시가창작 이론은 남송 초까지도 많은 시인들의 적극적인 호응을 얻었고 그 뒤에도 계속하여 남송 시인들에게 크고 작은 영향을 미쳤다. 그러나 강서시파 시인들의 시적 성취는 별로 말할 만한 것이 없었다. 이들 가운데 크게는 강서시파로 분류되면서도 강서시파의 작풍에서 벗어나려고 노력하기도 했던 진여의·여본중·증기 등의 성취가 비교적 컸다.

陳與義(1090~1139)는 일찍이 강서시파의 영향을 받았지만, 거기서 빠져 나올 줄도 알았다. 그의 시는 풍격면에서 저속하지 않으면서도 지나치게 많은 典故의 사용을 지양하여 강서시파의 풍격과 다른 데가 있었다. 그리고 나라 잃은 슬픔을 맛보고 도탄에 빠진 백성들의 생활을 수없이 목격한 南渡 이후에는 형식면에서만 두보를 배울 것이 아니라 두보 시에 나타난 우국애민의 정신에 주의를 기울여야 한다고 생각하게 되었다.

呂本中(1084~1145)은 강서시파에서 출발했지만 두보와 황정견만 배우는 것으로는 부족하고 李白과 蘇軾도 함께 배워야 한다고 생각했다. 그는 "시를 배우려면 활법을 알아야 한다. 이른바 활법이라고 하는 것은 법도가 다 갖추어져 있으면서도 법도의 바깥으로 뛰쳐나올 줄 알고, 변화를 예측할 수 없으면서도 또한 법도에 어긋나지 않는 것이다. 이 방법으로 말할 것 같으면 대체로 정해진 법도가 있는 듯하면서도 정해진 법도가 없고 정해진 법도가 없는 듯하면서도 정해진 법도가 있는 것이다"(學詩當識活法, 所謂活法者, 規矩備具而能出于規矩之外, 變化不測而亦不背于規矩也. 是道也, 蓋有定法而無定法, 無定法而有定法)(〈夏均父集序〉)라고 하여, 법도를 준수하면서도 법도를 초월할 줄 알고 법도를 초월한 듯하면서도 법도에 어긋나지 않는 活法을 가지고 강서시파의 시풍을 수정하려고 했다. 그의 시는 황정견과 진여의를 배우는 데서 출발했지만 이처럼 또 변화를 모색하기도 했기 때문에 생경하다는 병폐를 극복할 수 있어서 강서시파의 다른 시인들에 비하면 평이하고 자연스러운 편이며, 게다가 만년에는 또 어려움에 처한 시대상황을 반영하는 시도 지었다. 그럼에도 불구하고 그의 시는 여전히 강서시파의 영향을 떨쳐버리지 못했다.

曾幾(1084~1166)는 황정견을 스승으로 삼았지만 황정견 시의 생경함은 피했다. 그의 시풍은 陸游와 楊萬里에게 비교적 큰 영향을 미쳤을 정도로 다른 강서시파 시인들의 시와는 달리 경쾌하고 활기찬 편이었다.

남송 전기의 시인들 가운데 성취가 가장 큰 사람은 강서시파에서 출발하여 차츰 독자적인 시풍을 개척해 낸 육유·범성대·양만리·우무였다. 이들이 이른바 남송사대가이다.

역대의 중국 시인들 가운데 가장 많은 수효인 9,000여 수의 시를 남기고 있는 陸游(1125~1210)의 시는 초기에는 강서시파의 시풍을 배워 수사와 기교를 중시하는 면이 있었으나, 최전방인 南鄭(지금의 섬서성 漢中)에서 抗金戰爭에 종군한 중기부터는 차츰 형식미보다 내용을 중시하는 자기 나름의 시세계를 개척하여 금나라에 대한 적개심과 조국에 대한 우국충정을 꾸밈없이 토로해 낸 애국시를 주로 지었으며, 만년에는 한적한 전원생활의 정취를 노래한 시를 많이 지었다. 그의 시는 당시의 시대적 상황과 자신의 남다른 애국심에 바탕을 둔 현실주의가 주류를 이루지만 풍부한 상상력을 바탕으로 한 낭만주의적 요소도 상당한 정도로 갖추고 있다.

范成大(1126~1193)도 초기에는 강서시파의 영향을 받아 시의 내용이 평범하고 때때로 소극적인 정서들을 표출하기도 했지만 나중에는 당면한 조국의 현실과 백성들의 질고를 목격하면서 시에 대한 관점에 변화를 일으켜 시의 내용이 다양해지고 강서시파의 작풍에서도 탈피하여 스스로 일가를 이루었다. 그의 시는 금나라에 대한 적개심이나 조국에 대한 사랑을 토로한 것과 백성들의 생활고를 반영한 것은 물론 심지어 전원생활을 묘사한 것까지도 그의 현실에 대한 관심을 강하게 드러내고 있다.

평생 동안 20,000여 수의 시를 지어 4,200여 수의 시를 남기고 있는 楊萬里(1127~1206) 역시 〈荊溪集序〉에서 스스로 천명한 바와 같이 처음에는 진사도의 오언율시를 비롯한 강서시파 시인들의 시와 왕안석의 칠언절구와 만당 시인의 절구 등 전인들의 시를 즐겨 배웠으나 만년에 문득 깨달은 바가 있어 이들의 영향을 과감하게 벗어 던지고 자신의 독자적인 시세계를 개척했다. 엄우가 〈滄浪詩話〉에서 '楊誠齋體'라고 명명한 양만리 시의 특징은 해학적인 말투, 참신하고 독특한 구상, 통속적이고 생기발랄한 언어 등의 세 가지로 압축할 수 있다. 양만리 시의 주된 내용은 아름다운 자연 경물과 일상생활 속에서 느끼는 개인적인 감정이다. 그에게도 우국과 애민의 시가 있기는 하지만 같은 시기의 육유나 범성대에 비하면 훨씬 적은 편이다.

尤袤(1127~1194)는 육유 · 범성대 · 양만리와 함께 남송사대가로 불릴 만큼 시적 성취가 컸던 사람이지만 지금은 그의 시집이 전해지지 않아 구체적인 면모를 확인하기 어렵다. 다만 지금 전해지는 그의 시는 대부분 내용이 평범하고 언어도 범속하여 육유 · 범성대 · 양만리에 못 미친다.

이들 남송사대가 이외에 남송전기 시단에서 비교적 영향력이 컸던 시인으로 유자휘 · 주희 · 소덕조가 있다.

劉子翬(1101~1147)는 남송의 유명한 道學家로서 주희의 스승이었지만 시에 대한 관점은 주희를 비롯한 다른 도학가들과 상당히 차이가 있어서 주희가 도학가들 가운데 한 사람의 훌륭한 시인이라면 유자휘는 시인들 가운데 한 사람의 훌륭한 도학가라고 할 수 있다. 따라서 그의 시는 메마르기 짝이 없는 다른 도학가들의 시와는 달리 철학적인 냄새가 비교적 적게 나고 문학적 형상성이 상당히 뛰어난 편이다. 그는 曾幾 · 呂本中 · 韓駒 등과 唱和했지만 결코 강서시파의 시법을 배우지는 않았으며 시풍이 대체로 명랑하고 호방한 편이다.

증기에게 시를 배운 적이 있는 蕭德藻(?~?)는 독서의 중요성은 인정하면서도 학식을 바탕으로 시를 짓는 '以書爲詩'의 작시태도는 반대하는 등 강서시파의 영향에서 벗어나려고 노력했다. 그러나 그럼에도 불구하고 시풍이 여본중이나 증기보다 더욱 황정견의 시풍에 가까와서 그의 시에는 생경하고 기이한 표현이 많다.

송대 최고의 도학가답게 '重道輕文'의 문학관을 견지하여 '詩言志'의 儒家詩觀을 고수한 朱熹(1130~1200)의 시는 대부분이 明理와 言志의 경향을 띠고 있지만 도학가의 시 중에서는 비교적 淸新活潑한 편이었을 뿐만 아니라 강서시파의 작풍과도 같지 않았다.

Ⅵ. 남송 후기의 시

嘉定 3년(1210) 陸游가 세상을 떠난 후 祥興 2년(1279) 남송이 멸망하기까지의 약 70년에 이르는 남송의 후기에는, 남송 전기의 몇 차례에 걸친 抗金鬪爭이 실패함으로 인하여 화의파가 더욱 득세를 하게 되었고, 금나라도 내부적인 문제로 인하여 남송에 대한 대규모의 전면적인 공격을 감행하기 어려운 상황이 되어 송금 두 나라의 대치국면은 소강상태에 접어들었다. 이러한 사회적 상황의 영향으로 시단에서는 목놓아 절규하는 우국애민의 시보다는 한 글자 한 글자에 정성을 들여 자신의 개인적인 생활과 거기서 우러나는 개인적인 감정을 노래하는 시가 주류를 이루어 시적 성취가 전기에 훨씬 못 미쳤지만 강서시파에 대한 반발은 남송 전기에 비해 더욱 심해졌다. 四靈詩派와 江湖詩派가 이 시기의 시단을 오랫동안 지배했다.

四靈詩派란 永嘉(지금의 절강성 溫州) 출신 시인으로 字나 號에 '靈'자가 들어가는 徐照(?~1211)·徐璣(1162~1214)·翁卷(?~?)·趙師秀(1170~1220) 등의 네 사람을 가리킨다. 이들은 강서시파의 시가창작 이론을 반대하고 晩唐 시인, 그 중에서도 특히 賈島와 姚合을 추앙했다. 趙師秀가 직접 가도와 요합의 시 228수를 뽑아 《二妙集》이라는 시집을 만들고 이것을 시 학습의 대상으로 삼은 사실이나, 翁卷이 〈갈천민에게(寄葛天民)〉에서 "다섯 개의 글자를 멋지게 만들려고, 반년이 넘도록 읊고 또 읊었네"(傳來五字好, 吟了半年餘)

라고 한 말을 통하여 알 수 있는 바와 같이 그들은 가도와 요합을 배워 苦吟을 시가창작의 요체로 삼고 한 글자 한 구절을 반복해서 퇴고하고 고심하여 창작했다. 그들은 "한 글자도 유래가 없는 것이 없다"(無一字無來處)고 할 정도로 전고와 성어의 사용을 강조한 강서시파의 시가창작 방법을 반대하고 白苗의 수법을 중시했다. 그 결과 그들의 시는 평이한 일면이 있는 반면 그것이 지나쳐서 천박하고 여운이 부족한 면도 있었다. 그들의 시는 대부분 오언율시의 체제를 빌려 산수전원의 풍경을 묘사하거나 개인적인 이별의 슬픔과 그리움을 노래하여 의경이 협소했다.

사령시파는 강서시파의 잘못을 바로잡는 것을 기치로 내걸고 당시 시단에 상당한 영향을 준 것이 사실이지만 그 영향력은 그다지 크지 않아서 잠깐 사이에 江湖詩派로 대치되고 말았다. 강호시파는 공명에 힘쓰지 않고 강호에 노닐면서 시를 지어 서로 唱和한 시인들이다. 강호시파라는 명칭은 錢塘의 시인 겸 서적 상인인 陳起가 그들의 시를 모아 《江湖集》·《江湖前集》·《江湖後集》·《江湖續集》·《中興江湖集》 등의 시집을 간행한 데서 비롯되었다.

강호시파는 주요한 경향이, 사령시파의 뒤를 이어 강서시파의 시풍에 반대하고 만당 시풍을 중시했으며 형식상 칠언절구를 좋아하고 敍景詩나 抒情詩를 즐겨 지었다는 점에서 공통점을 찾을 수는 있지만 각자의 사상과 시가 창작에 대한 주장이 조금씩 달랐으며 따라서 각자의 시풍도 조금씩 달랐다. 강서시파의 작풍을 반대하는 것이 일반적인 경향이었지만 강서시파의 영향을 비교적 많이 받은 사람도 있었고, 사령시파의 시풍을 배운 사람이 많았지만 육유나 양만리의 시풍을 배운 사람도 있었다. 대개 가도와 요합을 추앙했지만 다른 만당 시인을 배운 사람도 있었으며, 현실문제에 대해 냉담한 사람이 대부분이었지만 현실문제에 비교적 관심을 많이 보인 사람도 있었다. 이들 가운데 성취가 비교적 큰 사람은 강기·대복고·유극장 등이었다.

姜夔(1155~1221)는 처음에 蕭德藻를 배웠고 황정견의 영향을 많이 받았으나 나중에 점차 느낀 바가 있게 되어 독자적인 길을 개척했다. 그의 시어는 잘 다듬어졌으면서도 자연스럽다. 느긋하게 대자연의 아름다움을 만끽한 시가 주류를 이룬다.

戴復古(1167～?)는 일찍이 사령시파의 영향을 받은 적이 있지만 나중에는 육유에게서 시를 배워 경치에 빠지거나 지나치게 형식미를 추구하는 것은 시를 해친다는 인식을 갖기 시작하여 시로써 현실을 반영하거나 우국충정을 드러내려고 노력했다.

劉克莊(1187～1269)은 대복고와 마찬가지로 젊은 시절에는 한때 사령시파의 영향을 받고 만당 시풍을 배워 字句를 다듬는 데 힘썼지만 나중에는 책을 멀리함으로써 시가 거친 데로 흐르게 된 사령시파의 단점과 지나치게 책에 의존함으로써 시가 진부한 데로 흐르게 된 강서시파의 단점을 모두 개선할 수 있는 새로운 길을 모색했다. 그는 궁극적으로 육유를 스승으로 삼아 현실주의의 노선을 걸었기 때문에 그의 시에는 애국사상을 토로한 것과 위정자의 무능을 폭로한 것이 비교적 많다.

남송 말년의 시단에는 새로운 풍조가 일어났다. 몽고족의 대대적인 침략으로 위급존망지추를 맞은 남송 지식인들은 더 이상 안일한 생활을 누릴 수가 없었다. 이러한 조국의 위기 앞에서는 자연히 비분강개한 적개심을 토로하는 격앙된 정조의 애국시가 대량으로 지어지기 마련이었다. 그리고 이러한 분위기는 남송이 멸망한 이후까지도 지속되어 원나라가 들어선 뒤에도 시인들은 원나라 조정에 벼슬하기를 거부하고 나라 잃은 비통한 심정을 시에다 토해 냈다. 이들이 이른바 遺民詩人들이다. 문천상 · 왕원량 · 임경희가 대표적인 유민시인이었다.

남송 말년의 유명한 애국지사였던 文天祥(1236～1283)은 유민시인들 중에서 가장 성취가 컸을 뿐만 아니라 송대 시단 전체에서도 손꼽히는 시인이다. 그도 처음에는 강호시파의 영향을 받아서 친구들끼리 서로 주고 받은 평범한 應酬詩가 많았지만, 德祐 2년(1276) 항원투쟁을 벌이다가 붙잡혀서 大都에 구금된 이후부터는 비분강개한 우국충정을 직설적으로 토로한 애국시가 많으며 그 중에서도 남송이 망한 뒤에 지은 시는 더더욱 비장하다.

송나라가 망한 뒤 원나라의 포로가 되어 북방으로 끌려간 적이 있는 汪元量(?~?)의 시는 질박한 언어로 자신이 직접 체험한 나라 잃은 슬픔과 나라 떠나는 아픔을 기록했기 때문에 송나라 시인 李珏(1219~1307)은 〈왕수운의 시를 읽고(書汪水雲詩後)〉에서 그의 시를 일러 "시로써 쓴 송나라 멸망의 역사"(宋亡之詩史)라고 불렀다.

원나라가 들어선 뒤 벼슬을 버리고 고향으로 돌아가 나라 잃은 슬픔을 달래며 은거한 林景熙(1242~1310)는 동지들과 함께 약초를 캔다는 핑계로 산에 들어가 원나라 사람들에게 도굴당한 뒤 버려진 송나라 황제의 유골을 수습하여 蘭亭에 다시 묻어 주는 등 은밀하게 애국활동을 한 만큼 그의 시는 나라 잃은 슬픔을 노래한 것과 송나라의 옛날 일을 회상한 것이 많아 비장한 정조가 주류를 이룬다.

Ⅶ. 結語

시는 시인의 생각과 감정이 정련된 언어로 형상화된 것이기 때문에 시인이 처한 시대상황과 동떨어질 수 없는데, 미시적으로 보면 송대의 시는 이상에서 본 바와 같이 각 시기의 시대상황에 따라 조금씩 다른 면모를 지니고 있다. 그러나 거시적 관점에서 송시 전체를 조감해 보면 사회현실과의 연대감 강화, 일상생활에의 밀착과 제재 및 詩語의 확대, 산문화와 의론화의 경향, 平淡한 詩境의 추구라는 공통점을 지니고 있다. 이 점이 당시와 구분되는 송시의 특징이다. 그렇다면 송시는 어떻게 해서 이러한 특징을 형성하게 되었을까?

흔히 중국 고전시가는 唐代에 이르러 정점에 달했다고들 한다. 정말 그랬다면 당대 이후에는 중국 고전시가가 더 이상 나아갈 곳을 찾기가 어려웠을 것이다. 이것이 송대 시인들이 직면한 고민이요 그들이 해결해야 할 숙제였을 것이다. 이러한 상황 앞에서 송대의 시인들은 자신들이 나아갈 돌파구를 찾지 않으면 안 되었을 것이다. 이처럼 궁지에 처한 송대 시인들은 변화를 모색할 수밖에 없었고 그리하여 그들이 찾아 낸 것이 바로 위에서 언급한 송시의 각종 특징들일 것이다.

위에서 언급한 내용상의 변화 이외에 그들은 또 창작기법상의 변화도 모색했으니 강서시파의 시가창작 이론이 그것이다. 그들은 唐代에 이미 극에 달한 중국 고전시가에 활로를 개척해 주기 위한 몸부림의 하나로 前人의 詩句를 적절히 변용함으로써 새로운 의경을 창조해 낼 것을 주장했다. 이러한 강서시파의 시가창작 이론은 그것에 적극 찬동한 시인은 말할 것도 없지만 그것을 수정 또는 개선하려 한 시인이나 그것을 반대하는 시인에게조차도 크든 작든 간에 영향을 미쳤다고 볼 수 있는바, 그것이 많은 문제점을 안고 있음에도 불구하고 이처럼 많은 송대 시인들에게 지속적으로 영향력을 행사할 수 있었던 것은 그것이 궁지에 처한 송대 시인들에게 상당히 매력적인 변화 추구의 방법으로 받아들여졌기 때문일 것이다.

송시가 더 이상 나아갈 데가 없을 것만 같던 막다른 골목에서 벗어나 마침내 당시가 갖지 못한 새로운 모습으로 거듭나고 또 이를 통하여 당시에 못지 않은 커다란 업적을 이룩함으로써 중국문학사에 길이 남을 수 있게 된 것은 말하자면 "궁하면 변하고, 변하면 통하고, 통하면 오래 가는"(窮則變, 變則通, 通則久)(《周易 · 繫辭傳》) 자연의 이치를 구현한 것이라고 하겠다.

王禹偁(954～1001)

濟州 鉅野(지금의 山東省에 속함) 사람으로 字는 元之이다. 太平興國 8년(983)에 進士가 되어 右拾遺, 翰林學士, 知制誥 등을 역임하였다. 북송 초기의 시는 대부분 천속하고 평이하여 현실성이 결여되어 있었는데, 왕우칭은 이러한 기풍을 만회하려고 하였다. 그는 杜甫와 白居易의 시를 제창하였으며, 백거이를 본받은 북송의 유명한 시인 가운데서—다른 시인은 蘇軾과 張耒—그는 최초였고 또한 가장 깊게 영향을 받았다. 그의 杜甫에 대한 평가도 매우 주목할 만하다. 이전에 두보를 추앙한 사람들은 모두 그가 集大成하여 과거 작가들의 장점을 종합할 수 있었다고 말했다. 그런데 왕우칭은 두보의 "낡은 것을 밀어 내고 새 것을 만들어 낸"(推陳出新) 점을 중시하여 〈日長簡仲咸〉시에서 당시로서는 매우 독창적인 말로 두보가 시의 영역을 새롭게 개척한 것을 칭송하여 "두보의 시집은 시의 세계를 새로 열었다"(子美集開詩世界)라고 하였다. 《小畜集》이 있다.

寇準(961～1023)

華州 下邽(지금의 陝西省 渭南) 사람으로 字는 平仲이다. 太平興國 5年(980)에 進士가 되었고, 參知政事·同中書門下平章事 등의 관직을 지냈다. 동시대인인 范雍은 그의 시집 서에서 그가 평소 王維와 韋應物의 시를 몹시 좋아하였다고 했는데, 그의 명작으로 꼽히는 〈春日登樓懷歸〉의 "野水無人渡, 孤舟盡日横"구는 위응물 〈滁州西澗〉의 "野渡無人舟自横"구를 한 聯으로 확대한 것에 지나지 않는다. 그의 7언절구는 비교적 前人들을 모방하지 않았으므로 가장 운치 있는 편이다. 현재《寇忠愍公詩集》3卷이 전한다.

林逋(967～1028)

錢塘(지금의 浙江省 杭州) 사람으로 字는 君復이다. 그 당시 일군의 山林詩人들이 있어서 九僧과 같이 출가하여 중이 된 사람들과 林逋·魏野·曹汝弼 등의 은거한 處士들이 있었다. 그들의 풍격은 다소 비슷하여 모두 晩唐 詩人 賈島·姚合의 영향을 보이고 있다. 林逋는 그 중에서 성취가 높은 작가라고 하겠는데, 정교한 구상과 세련된 언어로 淸苦하면서도 幽靜한 은거생활을 묘사하였다. 그러나 그의 시는 전고를 사용하지 않고 표현범위가 협소한데다 변화와 함의가 다채롭지 못하여 여러 편을 읽다보면 천편일률적이라는 느낌을 주는 단점이 있다. 그는 西湖의 孤山에 혼자 살면서 西湖의 풍경을 읊은 시가 매우 많아 '梅妻鶴子'라는 별명이 붙기도 했다. 《林和靖詩集》이 있다.

楊億(974～1020)

建州 浦城(지금의 福建에 속함) 사람으로 字는 大年이다. 眞宗 景德年間(1004～1007)에 劉筠·錢惟演 등과 함께 唱和 酬唱하여 《西崑酬唱集》을 내어 北宋初期 西崑體詩의 대표자로 알려져 있다. 서곤체 시는 송초의 백체 시풍과 만당체 시풍을 계승하여 이를 발전시킨 면이 있고, 작품의 제재 내용에 있어서도 백체 시를 이어받은 흔적을 살펴볼 수 있긴 하지만 시대 정신의 새로운 요구와 문인 심미 취미의 변화라는 배경하에서 서곤체 창화시의 표현 형식과 예술 풍격은 백체 시·만당체 시와 전혀 다른 길을 걷게 되었다. 《서곤수창집》에 수록된 시 250수의 내용을 전체적으로 살펴보면 당시 사회의 어두운 면을 직접적으로 폭로하거나 비판한 작품은 별로 없고 자신들의 궁정생활과 관련지어 북송 왕조의 태평성대를 장식하고 미화한 작품들이 주류를 이루고 있어서 당시 秘閣에 몸담고 있는 궁정 관료들의 창화시라는 한계를 극명하게 보여 주고 있는 듯하다. 실제로 그들은 생활 범위가 좁

았던 까닭에 시를 통한 사회 현실의 반영이 깊고 넓지 못하였다. 반면에 그들은 당시 조정의 내막에 대해서 누구보다도 잘 알고 있었으므로 그들의 시를 자세히 읽어 보면 암시적 수법을 사용하여 최고통치자에 대한 비판과 조국의 앞날에 대한 우려 및 이와 관련된 자신들의 감개를 깃들인 내용이 적지 않다는 것을 발견하게 된다.

楊億·劉筠·錢惟演 등의 서곤체 시인이 백체 시 末流의 淺俗함과 만당체 시의 편협성을 극복하고자 노력하면서 모범으로 삼았던 것은 주로 음절이 아름답고 낭랑하며 언어가 정교한 李商隱 시였다. 이상은의 시는 그들의 학자적인 취향과 심미 이상에 들어맞아 그들은 이상은의 시에 대해 강렬한 심리적 공명과 예술적 매력을 느꼈다. 그러나 이상은은 성취가 큰 시인으로서 나름대로 두보 시의 沈鬱博大한 장점을 섭취하려고 애쓴 반면에 서곤체 시인들은 그 면에 힘을 쏟지 않았다. 또한 이상은의 시와 비교해서도 서곤체 시는 이상은 시의 외형을 갖추긴 했지만 세련된 언어와 적절한 전고 속에 감추어져 있는 眞情實感은 결핍되어 보이는 경우가 많아 결국 그것이 서곤체 시의 한계가 되고 말았다. 서곤체 시인들은 하루 종일 秘閣에서 서적과 씨름하다 보니 서적을 통한 지식과 수양이 높아 《四庫全書總目提要》에서 "이상은을 본받아 자구가 아름답고 화려하며 기상이 결핍되어 있지 않다"(宗法李商隱, 詞取姸華, 而不乏氣象), "세련되고 생동적인 곳은 끝내 마멸되지 않을 것이다"(鍛煉新警之處終不可磨滅)라고 평가하였듯이 송초 백체 시와 만당체 시의 한계를 극복하고 당시 시단의 혁신을 꾀하여 어느 정도 성취를 거둔 것이 사실이지만, 한편 앞에서 지적한 것과 같은 한계 때문에 구양수 등에 의한 혁신을 다시금 맞이해야 했다.

范仲淹(989~1052)

蘇州 吳縣(지금의 江蘇省 蘇州市) 사람으로, 字는 希文이다.

두 살 때 부친이 죽어서 모친이 朱氏에게 개가하는 바람에 어려서부터 고학하여 眞宗 大中祥符 8年(1015)에 進士가 되었고, 벼슬이 參知政事에까지 올랐다. 慶曆年間(1041~1048)의 정치 혁신을 주도하였다. 그는 문장과 교화의 관계를 중시하여 文風의 혁신이 정치혁신의 중요한 부분이라고 생각했다. 그러나 그는 忠君을 바탕으로 한 愛民이라는 유가의 전통관념에 집착하여 민생의 질고를 반영한 작품도 애민의 견지에서 고난에 찬 그들의 생활을 동정하고 있지만, 그들을 그렇게 만든 통치집단의 무능과 부패에 대해서는 별로 언급이 없어 이후에 등장한 歐陽脩·梅堯臣·蘇舜欽 등의 사회시와는 차이가 있다. 豪放한 시풍을 지녔으며 즐겨 변방의 풍물과 서민들의 애환을 묘사하였는데, 전하는 작품이 많지 않다.《范文正公集》이 있다.

柳永(?~약 1053)

崇安(지금의 福建省에 속함) 사람으로 原名은 三變이고 字는 耆卿이다. 그는 詞의 大家로 알려져 있고 詩는 2~3수만이 宋人의 필기와 지방지에 흩어져 남아 있다. 그는 詞集《樂章集》에서 늘 당시 쾌락을 추구하던 호화스러운 성황을 읊었기 때문에 宋 仁宗 42년 동안의 태평스러운 모습은 전부 유영의 사에 그려져 있다는 송인들의 말이 있게 되었다. 그러나 여기에 뽑은 시 한 수는《樂章集》이 결코 유영의 전모를 개괄할 수 없다는 것을 보여 주고, 또한 우리에게 그의 성격과 송 인종의 태평성대에 대하여 다른 각도에서 살펴보게 한다. 유영의 이 시는 王冕의〈傷亭戶〉와 함께 宋·元 兩代에 있어서 鹽民들의 생활을 가장 비통하고 절실하게 그린 시라고 할 수 있다.

晏殊(991~1055)

撫州 臨川(지금의 江西省 撫州) 사람으로, 字는 同叔이고 謚

號가 元獻이다. 仁宗 慶曆(1041~1048) 때 同中書門下平章事兼樞密使(宰相)를 지냈고, 적지 않은 인재를 선발했다. 그는 韋應物을 좋아하고 李商隱의 영향을 받아서 文字가 典麗하고 音調가 조화로우며 활발·경쾌한 특징을 지니고 있지만 주로 관료생활에서 터득한 인생감개에 대해 썼고 사회현실은 다루지 않았다.

宋祁(998~1061)

安州 安陸(지금의 湖北省 安陸市) 사람으로, 字는 子京이고 謚號가 景文이다. 天聖 2年(1024)에 進士가 되었고 翰林學士承旨·史館修撰 등의 관직을 역임했다. 그의 형 宋庠과 함께 文名이 있어서 당시에 '二宋'으로 불렸다. 그의 〈玉樓春〉詞: "붉은 살구나무 가지 끝에 봄기운이 아우성친다"(紅杏枝頭春意鬧)가 유명하여 "紅杏尙書"의 별명이 있었다. 그의 시도 언어가 정교하고 아름답다는 평을 받았다.

梅堯臣(1002~1060)

梅堯臣은 宣城(지금의 安徽省에 속함) 사람으로 字가 聖兪이다. 梅堯臣은 뜻이 공허하고 말도 晦澀한 西崑詩體를 반대하고 '平淡'을 주장하여 매우 높은 명성이 있었으며 후대에 커다란 영향을 끼쳤다. 그는 백성들의 고통에 대하여 매우 깊이 체득하였으며 사용한 자구 또한 소박하였는데, 살펴보면 古詩는 韓愈·孟郊와 盧仝으로부터 약간의 수법들을 배웠고 五言律詩는 王維·孟浩然에서 깨우침을 받았다. 그는 화려하지만 실질이 없고 크기는 하지만 합당하지 않은 습관을 바로잡으려고, 매번 융통성 없이 둔하고 무거우며 건조하여 전혀 시 같지도 않은 어휘를 사용하여 자질구레하고 더러워서 시에 넣지 않는 사물, 예를 들면 회식한 후의 복통, 설사라든지 화장실에 가서 구더기를 본다든지 차를 마시고 뱃속이 꾸르륵거린다든지 하는 것들을 묘사하였다. 歐陽修·蘇

舜欽 등과 함께 시가혁신을 주도하여 이후 송시의 형성에 큰 영향을 끼쳤다.《宛陵先生集》이 있다.

歐陽修(1007～1072)

吉水(지금의 江西省에 속함) 사람으로 字가 永叔, 號가 醉翁인데 晩年에는 號를 六一居士(藏書 1만권, 金石遺文 1천권, 거문고 1대, 바둑판 1개, 술 1병과 자신 한 사람)라고 하였다. 그는 당시 공인된 문단의 영수로, 宋朝에 들어서서 散文·詩·詞의 각 부문에서 모두 뛰어난 성취를 이루었던 첫번째 작가이다. 梅堯臣과 蘇舜欽은 그에게 계몽적인 역할을 하였지만, 그의 언어에 대한 이해와 자구와 음절에 대한 감성은 그들보다 낫다. 그는 李白과 韓愈의 영향을 깊이 받아, 한편으로는 唐人이 정해놓은 형식을 보존하고, 다른 한편으로는 이 형식들이 탄력을 갖게 하여 비교적 하고 싶은 말을 다 하면서도, 다리를 잘라 신발에 맞추듯 내용을 희생하지도 않고, 시의 정제한 체재를 잃지 않으면서 산문과 같이 흐르는 듯하면서 맑고 깨끗한 풍격에 접근할 수 있기를 원했다. "산문으로 시를 짓는다"(以文爲詩)는 점에서 그는 王安石·蘇軾 등에게 초석을 놓았고, 동시에 邵雍·徐積 등과 같은 도학자에게도 단서를 열어 주었다. 이 도학자들은 흔히 詩體를 가지고 철학 사학 심지어는 천문·수리를 말하였고, 게다가 내용이 詩律의 제한을 받는다고 생각하여 한 걸음 더 산문화하였는데, 그들이 그려 낸 것은 형식이 정제되고 구속적인 시를 벗어난 것이 아니라, 徐積의 근 2,000자에 달하는 〈大河〉시(《徐節孝先生文集》 권1)처럼 압운되고 중첩된 산문을 아직 벗어나지 못하였다. 北宋의 詩文革新은 그가 주도했다고 할 수 있다.《歐陽文忠公集》이 있다. 남송의 裵及卿은 구양수의 시에 주해를 달았지만(魏了翁《鶴山大全集》 권54 〈裵夢得注歐陽公詩集序〉) 당시에 유전되지 않은 듯하다.

蘇舜欽(1008～1048)

梓州 桐山(지금의 四川省 中江縣) 사람이지만 開封으로 이주하였고 字는 子美이다. 그는 歐陽修·梅堯臣 등과 함께 宋初에 유행했던 三體詩(白體詩·晚唐體詩·西崑體詩)에서 벗어나 宋詩의 새로운 기풍을 여는 데 앞장선 사람이다. 이들 중 구양수는 中唐의 新樂府運動과 古文運動의 이론적 성과를 계승하여 宋代 詩文革新의 이론적 바탕을 제공하는 한편 이를 자신의 작품과 결합시켜 詩文革新을 주도하였고, 소순흠과 매요신은 각기 개성을 달리하며 창작실천을 통해 詩文革新에 공헌하였다. 소순흠이 북송의 시가혁신을 주도할 수 있었던 것은 구양수·매요신 등과 함께 이론과 실천 방면에서 뛰어난 성취를 거두었기 때문이다. 구양수는 시문혁신의 사상과 이론체계를 확립하여 이 운동의 리더가 되었지만, 창작실천에 있어서는 소순흠이 시문혁신에 종사한 것이 구양수나 매요신보다 이르다고 할 수 있다. 그는 杜甫와 白居易의 현실주의 창작방법을 받아들여 이를 계승하고 발전시켰으며, 李白詩의 낭만적인 정신과 표현수법을 배워서 시가창작에 적용하였으며, 韓愈詩의 웅혼하고 분방한 면을 활용하였지만 한유시에 나타나는 생소한 어휘는 사용하지 않았다. 소순흠은 이와 같이 前人의 진보적인 주장을 계승하여 자기화함으로써 북송시의 성격 형성에 이바지할 수 있었다.《蘇學士文集》이 있다.

李覯(1009～1059)

建昌軍 南城(지금의 강서성 남성) 사람으로 字가 泰伯이며, 고향인 南城이 盱江 가에 있기 때문에 세상에서 盱江先生이라고 불렀다. 范仲淹의 천거로 太學助教·海門主簿 등의 관직을 역임했다. 그는 사상가로서 무위도식하는 불교도를 못마땅하게 여겼고 유가학설에 대해서도 비판을 많이 가했으며 뼈빠지게 농사를 지어도 굶주림을 면치 못하는 농민들을

동정했다. 그의 시는 표현이 생경하고 기이한 편이다.《盱江詩集》이 있다.

邵雍(1011～1077)

范陽(지금의 河北省 涿縣) 사람이지만 어려서 부친을 따라 衛州 共城(지금의 河南省 輝縣)으로 이사하였다. 字는 堯夫이고 安樂先生·伊川翁 등의 自號가 있다. 그는 젊어서 吳·楚·齊·魯·梁·晋 등지를 돌아다닌 후 30세에 河南 洛陽으로 돌아와 거처를 정하고는 安樂窩라고 하였다. 죽은 후 秘書省 著作郎에 추증되었고, 哲宗 元祐年間에 康節이라는 시호를 받았다. 소옹의 저작으로는《觀物篇》·《漁樵問答》·《先天圖》·《皇極經世書》·《伊川擊壤集》 등이 있는데, 앞의 네 가지는 모두가 철학 저술이고《伊川擊壤集》은 그의 시집이다. 철학저술을 통해 표현된 그의 사상은 周敦頤와 程顥·程頤만큼 계통적이거나 영향이 크지는 않았지만 同輩와 後輩에 대한 계발에 있어서는 가볍게 평가할 수 없고,《伊川擊壤集》은 理學家의 특이한 詩論과 詩風을 형성하여 동시대 및 그 후의 理學家 詩에 깊은 영향을 끼쳤다. 邵雍은 시의 형식과 풍격 방면에서 인위적인 수식에 반대하고 자연스럽게 뜻이 가는 대로 쓸 것을 제창하여 梅堯臣의 제창 이래 宋詩의 한 특징으로 자리잡은 '自然平淡'과 상통하는 면이 있다. 그러나 邵雍은 "반드시 그려내기 어려운 경치를 형용하여 눈앞에 있는 것같이 하고, 다하지 않는 뜻을 언어 바깥에 나타낼 수 있게 된 후에야 지극하게 된다"(必能狀難寫之景, 如在目前; 含不盡之意, 見于言外, 然後爲至矣)(歐陽修《六一詩話》)는 형상미와 함축미를 고려하지 않고 생각나는 대로 '志'를 표현할 것을 제창한 것이어서 결과적으로 자연스럽다고는 하지만 무미건조하여 시라기보다는 압운한 語錄같이 되어 버렸다. 다른 한편 그는 理學家 詩論의 창시자로서 "詩는 志를 표현하는 것이며, 本性을 현시하는 것"이라는 자신의 詩論이 구체적으로 어떻게 창작될 수 있는가를 보여 줌으로써 後代 理學家 詩에 지대한 영향을 끼쳤을 뿐만 아니라 宋詩史에 독자적인 영역을 차지할 수 있었다. 현재 그의 시 1,550여 수가 전한다.

文同(1018～1079)

梓州 永泰(지금의 사천성 鹽亭) 사람으로 字가 與可, 호가 笑笑居士이며 湖州知州를 지낸 적이 있기 때문에 文湖州라고도 했다. 蘇軾의 사촌 형이요 절친한 친구였기 때문에 비평가들이 그의 시를 소식 시와 같은 부류로 간주하는 경우가 많지만, 사실상 북송의 유명한 화가로서 대나무를 잘 그려 湖州竹派의 영수였던 그는 시풍도 매우 질박하고 자연스러워서 蘇舜欽·梅堯臣 등 북송 초기시의 풍격에 가까우며 詞藻를 강구하고 典故를 즐겨 쓴 王安石·蘇軾 이후의 시와는 거리가 있다. 《丹淵集》이 있다.

曾鞏(1019～1083)

南豐(지금의 江西省에 속함) 사람으로, 字는 子固이다. 그는 산문으로 유명하여 唐宋八大家 중의 하나이다. 秦觀은 그가 시를 잘 지을 줄 모른다고 하였고, 陳師道도 다른 사람들의 말을 인용하여 秦觀에 동조하였다. 이 문학적인 시비는 淸代까지 이르렀지만 曾鞏의 손을 들어 준 비평가가 다수를 차지한다. 八家로 논한다면 그의 시는 蘇洵·蘇轍 부자보다 낫고 7언절구에 뛰어나 王安石의 풍치가 있다. 《元豐類稿》가 있다.

司馬光(1019～1086)

陝州 夏縣(지금의 산서성 聞喜 일대) 涑水鄕 사람으로 字가 君實, 號가 迂叟이며 세상에서 涑水先生이라고 했다. 仁宗 寶元 원년(1038)에 진사급제하여 일찍부터 관직생활을 시작

했으나 왕안석의 신법에 반대하는 구법파의 영수로서 신법이 시행되자 관직에서 물러나 15년 동안 洛陽에 숨어 살면서 《資治通鑑》의 편찬에 주력하다가 神宗이 죽고 어린 哲宗이 즉위한 뒤 수렴청정하게 된 高太后가 그를 다시 불러 재상으로 등용하자 신법을 완전히 철폐하고 구법을 복원했다. 歐陽修 〈六一詩話〉의 뒤를 이어 〈續詩話〉를 지었다. 그의 시는 질박한 가운데 재치가 있다. 《司馬文正公集》이 있다.

王安石(1021~1086)

王安石은 臨川(지금의 江西省 撫州) 사람으로 字는 介甫이다. 그의 정치적인 면에 있어서의 새로운 조처들은 많은 동시대와 후세 사람들의 적대감을 불러일으켰다. 그러나 이러한 사람들 역시 그의 문학적인 성취, 특히 그의 시를 높이 평가하였다. 그는 歐陽修에 비하여 해박하였으며 수사기교를 더욱 강구하였기 때문에, 그의 작품이 재기가 번뜩이는 언어를 구사하여 간단명료하면서도 참신한 내용을 표현했을지라도, 이후 宋詩의 형식주의(형식미를 추구하고 운율미를 추구하는 태도)는 그가 그 싹을 키운 것이다. 왕왕 그의 시는 어휘와 전고를 자랑하는 유희거리였으며 학문을 측정하는 시험문제였다. 전고를 빌려다 눈앞의 사실을 말하였고, 흔히 보지는 못했으나 출처가 있는 것 혹은 보기에는 참신하나 사실은 진부한 언어로써 일상적으로 사용하는 언어들을 대신하였다. 더욱이 《六經》과 《四史》에 나오는 것처럼 유래가 멀고 불교의 경전이나 道家의 서적처럼 출처가 편벽될수록 그는 재주를 유감없이 발휘할 수 있었다. 간혹 그는 또 통속적인 말들을 장식으로 사용하였는데, 이는 마치 大觀園 안에 토담과 우물을 만들어 시골풍의 벼 향기가 나는 마을이 있는 것과 같았다. 전체적으로 볼 때 그의 시에 나타나는 주된 정서는 자부심을 토대로 한 개성이고, 그는 시의 언어란 일상적인 언어와 달라야 한다는 인식을 지니고 작시에 임했다고 하겠다.《王臨川集》과《臨川集拾遺》가 있다.

鄭獬(1022~1072)

安州 安陸(지금의 湖北省에 속함) 사람으로, 字는 毅夫인데 義夫라고도 한다. 仁宗 皇祐 5年(1053)에 진사가 되었다. 그의 벼슬살이는 直率로 유명하여 백성의 고통을 호소한 작품이 많다. 시는 韓愈의 영향을 받았지만 풍격은 상쾌·신랄하고 명백하여 조작하거나 꾸미지 않았다.《鄖溪集》이 있다.

劉攽(1022~1088)

新喩(지금의 강서성 新餘) 사람으로 字가 貢父, 호가 公非이다. 王安石의 신법 시행을 반대하는 바람에 오랫동안 지방관으로 전전해야 했다. 그는 저명한 史學者로 司馬光의《資治通鑑》편찬에 동참하여 漢代 부분을 담당했다. 詠物과 敍景에 뛰어난 그의 시는 歐陽修의 시풍에 가까우며, 박학다식한 학자였음에도 불구하고 그의 시에는 현학적인 분위기가 없다.《彭城集》이 있다.

王令(1032~1059)

廣陵(지금의 江蘇省 揚州) 사람으로 字는 逢原이다. 그의 시는 韓愈·孟郊·盧仝의 영향을 깊이 받았다. 詞句는 李覯처럼 독창적이지만 어조는 더욱더 웅장하여 마치 우주 밖으로 머리를 내밀고 지구를 공으로 차고 있는 듯하며, 아마 宋代에서 기개가 가장 크고 활달한 시인에 속할 것이다. 그러나 언어의 구사가 조잡함을 면치 못하고 뜻이 왕왕 진부하다고 볼 정도였는데, 이것이 그의 단점이라고 할 수 있다.《廣陵先生文集》이 있다.

張舜民(약 1034~1100)

邠州(지금의 陝西省 邠縣) 사람으로, 字는 芸叟이고 自號하여 浮休居士라고 하였고 또한 叮齋라고도 불렀다. 그는 陳師道의 姉夫로 蘇軾과 친했으며, 作詩에 있어서는 白居易를 스승으로 본받아 字句의 수식에 크게 힘을 쏟지 않았다.《畵墁集》이 있다.

蘇軾(1036~1101)

眉州 眉山(지금의 四川省 眉山) 사람으로 字가 子瞻, 號가 東坡居士이다. 그는 아버지 蘇洵(1009~1066), 동생 蘇轍(1039~1112)과 더불어 唐宋八大古文家로 꼽힐 만큼 뛰어난 문장가였을 뿐만 아니라, 黃庭堅(1045~ 1105)과 더불어 '蘇黃'으로 병칭될 만큼 송대 시단의 영수이기도 했으며, 詞에 있어서도 중국문학사상 최고의 豪放詞人으로 꼽히고, 書藝에 있어서도 北宋四大家로 꼽히는 등, 각종 문예분야에서 모두 중추적인 역할을 한 희대의 천재 예술가였다. 그러나 정치적으로는 불의를 용납하지 못하고 바른 말을 너무 잘한 관계로 정적들의 미움을 받아, 중간에 잠깐 잠깐 中書舍人·翰林學士知制誥·翰林學士承旨·兵部尙書·禮部尙書 등의 중앙관직을 지내기도 했지만, 일생의 대부분을 지방관으로 전전했으며 黃州(지금의 호북성 황주)·惠州(지금의 광동성 혜주)·儋州(지금의 해남성 儋州市 中和鎭) 등지에서 폄적생활을 한 기간만 해도 10년이 넘는다. 그의 시는 아름다운 문사를 갈고 닦기보다는 진실한 감정을 자연스럽게 표출하는 데 더 가치를 두었고 그 결과 인생문제나 사회문제를 철학적으로 승화시킨 淸麗曠達한 시풍이 주류를 이룬다.《蘇東坡全集》·《蘇軾詩集》 등의 시문집에 3,000수에 가까운 많은 시가 전해진다.

蘇轍(1039~1112)

眉州 眉山(지금의 사천성 眉山) 사람으로 字가 子由, 호가 潁濱遺老이며 黃門侍郎의 후신인 門下侍郎을 역임한 적이 있

어서 蘇黃門이라고도 한다. 王安石의 신법에 반대하는 구법파였기 때문에 오랜 기간 지방관 생활과 유배생활을 해야 했다. 아버지 蘇洵 및 형 蘇軾과 더불어 三蘇로 병칭되는 그는 당송팔대가로 꼽힐 정도로 뛰어난 문장가였지만 시에 있어서는 성취가 그다지 크지 않다. 성격이 형 소식과 상당히 대조적이었던 만큼 시풍에 있어서도 활달하고 호방한 소식의 시와 달리 그의 시는 침착하고 평온한 편이다. 《欒城集》이 있다.

黃庭堅(1045~1105)

洪州 分寧(지금의 강서성 修水) 사람으로 字가 魯直, 호가 山谷道人 또는 涪翁이다. 23세에 진사에 급제하여 관직에 나아갔으나 《神宗實錄》의 편찬이 부실하다는 죄목으로 涪州(지금의 사천성 涪陵)에 폄적되는 등 평생토록 뜻을 이루지 못했다. 그는 秦觀(1049~1100)·晁補之(1053~ 1110)·張耒(1054~1114) 등과 함께 蘇門四學士의 한 사람으로 蘇軾과 더불어 '蘇黃'으로 병칭될 만큼 시명이 높았다. 그는 '한 글자라도 유래가 없는 것이 없다'(無一字無來處)고 생각한 杜甫(712~770)의 시를 높이 평가하여 시를 지으려면 먼저 전인들의 글을 많이 읽은 뒤에 전인의 구절을 적절하게 변형하여 참신하고 기발한 자신의 구절로 만들어야 한다며 '點鐵成金'·'換骨奪胎' 등의 창작방법론을 주장했다. 그의 이러한 주장은 송대 시인들에게 많은 영향을 끼쳐 마침내 江西詩派를 열었다. 그러나 그는 시의 諷諫作用을 인정하지 않았던 만큼 1,000수 가량 되는 그의 시는 개인적인 정감을 토로한 것이 대다수를 차지하고 사회문제를 다룬 것은 극소수에 불과하다. 그의 시풍은 일반적으로 기이하고 딱딱한 것으로 평가된다. 《山谷集》이 있다.

秦觀(1049~1100)

揚州 高郵(지금의 江蘇省 高郵) 사람으로, 字가 少游(처음에는 太虛를 썼으나 37세 때 少游로 바꾸었음)이고 號는 淮海居士이다. 神宗 元豊 8年(1085)에 進士가 되었고, 秘書省正字·國史院編修官 등의 관직을 역임하였다. 그는 蘇門四學士 중의 한 사람으로 詩보다는 詞로 명성을 떨쳤지만 수사가 대단히 정치하고, 淸新婉麗한 시풍의 시를 써서 높은 평가를 받았다. 《淮海集》이 있다.

賀鑄(1052~1125)

衛州(지금의 하남성 汲縣) 사람으로 字가 方回, 호가 慶湖遺老이다. 그는 의협심이 강하고 성격이 강직하여 권세가에게 아부하기를 거부했기 때문에 평생 높은 관직에 오르지 못했다. 젊을 때 하급 무관을 맡고 있다가 蘇軾의 추천으로 泗州(지금의 안휘성 사현 일대)와 太平州(지금의 안휘성 當塗 일대)의 通判을 역임했으며 만년에는 蘇州에 은거했다. 그는 북송 후기의 주요 詞人으로서 사단에 대한 영향력이 상당히 컸으며 시도 적지 않게 지었다. 그의 시는 李商隱과 溫庭筠의 영향을 받아 대체로 婉麗하고 잘 단련된 편이지만 王維와 孟浩然의 산수시처럼 淸新하고 자연스러운 시도 꽤 지었다. 《慶湖遺老集》이 있다.

陳師道(1053~1102)

彭城(지금의 강소성 徐州) 사람으로 자는 履常 또는 無己, 호는 後山居士이다. 徐州敎授·潁州敎授·太學博士·秘書省正字 등의 하급관직을 역임하며 평생 곤궁하게 살았지만 권세 있는 사람에게 아부하지 않았다. 江西詩派에 있어서 黃庭堅 다음으로 영향력이 큰 인물이었던 그의 시는 '閉門覓句'하는 苦吟으로 유명하며 내용상 사회현실의 반영에 비교적 소홀했다고 평가된다. 현존하는 그의 시는 약 700수 정도이다.

《後山居士文集》이 있다.

張耒(1054～1114)

楚州 淮陰(지금의 강소성 淮安) 사람으로 字가 文潛, 호가 柯山이다. 黃庭堅(1045～1105)·秦觀(1049～1100)·晁補之(1053～1110) 등과 함께 蘇門四學士의 한 사람으로 소식과 같은 정파에 속했기 때문에 여러 차례 그로 인하여 폄적을 당했다. 白居易와 張籍의 영향을 받아 소문사학사 가운데 백성들의 생활에 대한 관심이 가장 컸던 시인이며, 平易自然한 것이 그의 주된 시풍이다.《柯山集》이 전한다.

孔平仲(?～?)

臨江 新喩(지금의 강서성 신유) 사람으로 字가 毅父이며, 당시 사람들이 그와 그의 형 文仲·武仲 및 蘇軾·蘇轍 형제를 병칭하여 二蘇三孔이라고 불렀다. 북송 英宗 治平 2년(1065)에 진사급제하여 秘書省集賢校理·江東轉運使判官·提點京西刑獄 등의 관직을 역임했으며 元祐黨人에 연루되어 오랫동안 폄적생활을 했다. 그의 시풍은 소식시에 가깝다.《朝山集》이 있다.

韓駒(?～1135)

仙井監(지금의 사천성 仁壽) 사람으로 字가 子蒼이다. 북송 휘종 政和(1111～1117) 연간에 召試를 통해 進士出身을 하사받아 秘書省正字·江州知州·中書舍人兼修國史 등의 관직을 역임하고 紹興 5년(1135) 撫州(지금의 강서성 臨川 일대)에서 세상을 떠났다. 어릴 때 소식의 시풍을 배웠고 나중에 황정견의 영향을 받아 江西詩派의 일원이 되었지만 만년에는 소식과도 같지 않고 황정견과도 같지 않은 나름대로의 시풍을 개척했다. 그러므로 그는 呂本中이 자신을 강서시파에 넣은 것을 좋아하지 않았다. 그는 글자마다 내력이 있어야 한다는 강서시파의 주장에 찬동하여 시를 지을 때 草稿에 字句의 출처를 상세하게 注明해 줄 정도였지만 단순히 전고를 나열하는 데서 그치는 병폐를 낳지 않기 위하여 전체적인 맥락에 맞추어 적절하게 전고를 잘 운용하려고 노력했으며 또 마무리 손질을 잘 했다. 그 결과 그의 시는 對仗이 정교하고 시어의 선택이 정밀하다는 평을 듣는다. 《陵陽先生詩》가 있다.

唐庚(1071~1121)

眉州 丹稜(지금의 四川省 丹稜縣) 사람으로, 字는 子西이다. 哲宗 紹聖年間(1094~1097)에 進士가 되었다. 그는 蘇軾과 同鄕이라고 할 수 있고 또한 惠州에서 다년간 귀양살이를 하여 신세도 좀 닮았으며 게다가 소식을 매우 존경하여 '小東坡'의 칭호가 있다. 그러나 두 사람의 창작경향을 말한다면 蘇軾은 낙천적인 반면 唐庚은 비관적이었다. 그는 苦吟하는 시인으로 시를 지으면 누차 그것을 고치고 다듬어서 간결하고 세련된 詩語를 구사했지만 간혹 "교묘함을 쫓다가 졸렬해진" 곳이 있다.

王藻(1079~1154)

饒州 德興(지금의 江西省에 속함) 사람으로, 字는 彦章이다. 그는 초년에 江西詩派의 徐俯·洪炎 등에게 재능을 인정받았으며, 중년 이후에는 韓駒에게 편지를 보내 그를 스승으로 모시고 싶다고 말하였다. 그러나 그의 작품을 보면 주로 蘇軾의 영향을 받았다. 북송 말기와 남송 초기의 시단은 거의 黃庭堅의 시대였다. 蘇軾의 아들 蘇過 외에 孫覿·葉夢得 등 江西詩派의 기풍에 휩쓸리지 않고 蘇軾에 기울었던 名家들은 그 수효가 얼마 되지 않았는데, 王藻는 그 가운데서 가장 뛰어났다.

王庭珪(1079～1171)

吉州 安福(지금의 江西省에 속함) 사람으로, 字는 民瞻이고 號는 瀘溪先生이다. 政和 8年(1118)에 進士가 되었다. 그는 당시의 다른 시인들과는 달리 黃庭堅에 대해 비판적인 태도를 취했지만 그의 시는 여러 곳에서 황정견의 격조와 어구를 모방하였고 그가 활용하여 유행한 典故와 成語를 사용하였다. 그러나 그의 시는 분명하고 유창하여 江西派 詩와 다른 면이 있다. 《瀘溪集》이 있다.

李淸照(1084～1145)

濟南(지금의 산동성 제남) 사람으로 호가 易安居士이다. 18세 때 趙明誠과 결혼하여 금슬이 매우 좋았으나 靖康之變(1126～1127) 이후 남편이 죽고 나라가 망하는 이중의 고통 속에 여기저기 떠돌아다니며 고독한 만년을 보냈다. 그는 중국문학사상 가장 걸출한 여류작가로 특히 사에 뛰어났다. 그의 시는 대부분 산실되고 후인들에 의하여 수집된 극소수만 전하는데 그의 사와는 달리 비분강개한 정조를 띠고 있다.

呂本中(1084～1145)

壽州(지금의 안휘성 壽縣) 사람으로 字가 居仁, 호가 紫薇이며 세상에서 東萊先生이라고 불렀다. 《江西詩社宗派圖》의 작자로 비록 자기 자신은 그 속에 포함시키지 않았으나 스스로 강서시파라고 여겼고 후세 사람들도 그를 강서시파로 간주했다. 그러나 그는 황정견에게도 단점이 있으므로 두보와 황정견만 배우는 것으로는 부족하고 이백과 소식도 배워야 한다고 생각했다. 그 중에서도 특히 소식을 배워야 한다고 생각했다. 그 결과 그의 시는 일반 강서시파 시인들에 비해 평이하고 자연스러운 편이다. 《東萊先生集》이 전한다.

曾幾(1084～1166)

贛州(지금의 江蘇省 贛縣) 사람으로, 字가 吉甫이고 號가 茶

山居士이다. 그는 黃庭堅을 극구 추앙하였으며 스스로《山谷集》을 열심히 읽었다고 말하였다. 또한 韓駒와 呂本中에게 詩法에 관해 가르침을 청한 적이 있으므로 후인들도 그를 江西派에 넣으려고 하였다. 그의 詩風은 呂本中보다 경쾌하고 일상생활 주변의 일을 많이 다루었다. 南宋의 대시인 陸游가 그에게 시를 배운 적이 있으며, 그의 일부 근체시는 활발하면서 크게 힘을 쏟지 않은 느낌을 주어 楊萬里의 선구가 되었다.《茶山集》이 있다.

陳與義(1090～1139)

洛陽(지금의 河南省에 속함) 사람으로 字가 去非, 號가 簡齋이다. 政和 3년(1113) 上舍甲科에 登第하여 參知政事 등의 관직을 역임하였다. 그는 비록 蘇軾과 黃庭堅을 추앙하였지만, 오히려 陳師道를 더 존경하였다. 이렇게 진여의는 그와 가까운 시대인들에 대한 사색과 탐구를 통해서 杜甫를 배우는 디딤돌로 삼았다. 동시에 그는 江西派와는 그다지 같지 않았다. 왜냐 하면 그는 "천하의 책을 읽지 않을 수는 없지만, 그러나 참으로 用事에 마음을 두어서는 안 된다"(天下書雖不可不讀, 然愼不可以有意於用事)(徐度《却掃編》卷中)라는 말을 들은 적이 있기 때문이다. 그의 전기 작품은 고체시에서 주로 황정견 · 진사도의 영향을 받았고, 근체시에서는 황정견 · 진사도의 풍격에서 두보의 풍격으로 넘어가려는 점을 보여 주고 있다. 두보 율시의 聲調 · 音節은 唐代 율시 중 가장 장대하고 중후한 것으로 공인되고 있다. 황정견과 진사도는 고심하고 애를 써서 두보를 배웠지만 이 점을 소홀히 하였다. 그러나 진여의는 오히려 이 점을 주의하였기 때문에 그의 시는 비록 뜻이 깊지는 않지만 詞句가 분명하고 깨끗하며 음조 또한 맑게 울려 퍼져, 사람들은 강서파의 작가들보다 그를 더 좋아하였다.《簡齋集》이 있다.

劉子翬(1101～1147)

崇安(지금의 복건성 숭안) 사람으로 字가 彦冲, 號가 病翁이며, 집안이 대대로 숭안의 屛山에서 살았기 때문에 세상 사람들이 그를 병산선생이라고 불렀다. 북송 말년에서 남송초까지 잠시 벼슬을 했으나 몸이 병약하여 오래지 않아 그만두고 武夷山으로 들어가 17년 동안 은거했다. 그는 송대의 道學家로 朱熹의 스승이지만 시에 대한 두 사람의 관점은 상당히 차이가 있어서 주희가 도학가들 가운데 한 사람의 훌륭한 시인이라면 유자휘는 시인들 가운데 한 사람의 훌륭한 도학가라고 할 수 있다. 따라서 그의 시는 메마르기 짝이 없던 다른 도학가들의 시와 달리 철학적인 냄새가 비교적 적게 나고 문학적 형상성이 상당히 강한 편이다. 그는 曾幾·呂本中·韓駒 등과 唱和했지만 결코 강서시파의 시법을 배우지는 않았으며 시풍이 대체로 명랑하고 호방한 편이다. 《屛山全集》이 있다.

陸游(1125～1209)

越州 山陰(지금의 절강성 紹興) 사람으로 字가 務觀, 호가 放翁이다. 그는 누구보다도 강력하게 금나라에 빼앗긴 중원 땅의 수복을 주장했기 때문에 主和派의 미움을 사서 남송 고종 紹興 23년(1153)의 과거에서 주화파에 의해 제명되기도 하고, 소흥 27년(1157) 福州寧德縣主簿에 기용되어 관직에 첫발을 내디딘 이후에도 평생에 걸쳐 다섯 차례나 면직을 당하는 등 정치생애에 있어서 수많은 파란을 겪었다. 그는 중국의 역대 시인들 가운데 가장 많은 수효인 9,000여 수의 시를 남기고 있는데, 그의 시는 초기에는 강서시파의 시풍을 배워 수사와 기교를 중시했으나, 최전방인 南鄭(지금의 섬서성 漢中)에서 抗金戰爭에 종군한 중기에는 차츰 형식미보다 내용을 중시하는 자기 나름의 시세계를 개척하여 금나라에 대한 적개심과 우국충정을 꾸밈없이 토로해 낸 애국시를 주로 지

었으며, 만년에는 한적한 전원생활의 정취를 노래한 시를 많이 지었다. 그는 范成大(1126~1193)·楊萬里(1127~1206)·尤袤(1127~1194)와 더불어 남송사대가로 꼽히며, 특히 우국충정을 노래한 시가 남달리 많기 때문에 남송애국시인이라고 불린다. 《劍南詩稿》·《渭南文集》·《老學庵筆記》·《入蜀記》·《放翁詞》·《南唐書》 등의 많은 저작이 있다.

范成大(1126~1193)

吳縣(지금의 강소성 蘇州) 사람으로 字가 致能, 호가 石湖居士이다. 그는 陸游(1125~1210)·楊萬里(1127~1206)·尤袤(1127~1194)와 더불어 남송사대가로 꼽힌다. 네 살 때(1129) 소주가 금나라 군사에게 유린되어 5일 동안 건물이 불타고 50여 만 명의 무고한 백성이 희생되는 참화를 목격했고 열여섯 살 때(1141)에는 금나라와의 사이에 굴욕스러운 소흥화의가 맺어져 백성들의 생활이 도탄에 빠지는 것을 보았다. 그는 스물일곱 살이 될 때까지 과거에 응시할 생각을 하지 않고 고향에서 칩거하면서 농민들과 생활을 같이하다가 소흥 24년(1154)에야 스물아홉 살의 나이로 禮部試에 급제하여 진사가 되었다. 그 뒤 약 30년에 걸쳐 新安(지금의 안휘성 歙縣)·杭州(지금의 절강성 항주)·處州(지금의 절강성 麗水 동남쪽)·靜江(지금의 광서성 桂林)·成都(지금의 사천성 성도)·明州(지금의 절강성 鄞縣 동쪽)·建康(지금의 강소성 南京) 등지에서 벼슬살이를 했다. 건도 6년(1170)에는 사절단을 이끌고 금나라에 들어갔다가 금나라 조정의 위압적인 분위기에도 불구하고 끝까지 자신의 주장을 굽히지 않는 기백과 우국충정을 보여 줌으로써 송나라는 물론 금나라의 君臣들까지도 감복하게 만든 바 있다. 만년에는 고향에 은거하면서 자주 石湖에 나가 심신의 안식을 얻었다. 범성대의 시는 금나라에 대한 적개심을 토로한 애국시, 위정자들의 실정과 백성들의 생활고를 고발한 사회시, 전원생활의 이모저모를 그린 전원시가 주류를 이루는데 그의 전원시는 陶淵明(365～427)과는 달리 전원생활의 긍정적인 면만 그리지 않고 관리에 의한 농민의 착취와 수탈이라는 전원생활의 부정적인 면도 동시에 그리고 있어서 사회시와 일체를 이루는 경우가 많다.《石湖集》이 있다.

楊萬里(1127～1206)

吉州 吉水(지금의 江西에 속함) 사람으로 字가 廷秀, 號가 誠齋이다. 紹興 24年(1154)에 進士가 되었고 孝宗 初에 知奉新縣을 맡은 다음에 太常博士·太子侍讀 등을 역임하였다. 光宗 즉위 후에는 秘書監을 맡기도 했는데, 抗金을 주장하였다. 詩에 뛰어나 尤袤·范成大·陸游와 함께 南宋四大家로 일컬어졌다. 楊萬里의 창작 경력은《江湖集》과《荊溪集》의 자서에 보인다.(《誠齋集》 卷80) 그의 말에 의거하자면, 그는 최초에는 江西派를 배웠고, 나중에 王安石의 絶句를 배웠다. 그 후 전향하여 晩唐人의 絶句를 배웠고, 최후에는 "문득 깨닫는 것이 있는 듯하여서"(忽若有悟) 더 이상 아무도 배우지 않고, "뒷동산을 걷고 옛 성에 오르며 구기자와 국화를 따고 꽃과 대나무를 당기고 살피자면 온갖 사물이 다 나타나서 나에게 시의 재료를 바친다"(步後園, 登古城, 採擷杞菊, 攀翻花竹, 萬象畢來, 獻余詩材)라고 하였다. 그 이후로 시를 짓는 것이 매우 용이했다고 한다. 동시대의 사람들도 그의 "형상을 살려 내는 방법"(活法)과 그의 "죽은 뱀을 살려 내고"(死蛇弄活) "산채로 사로잡는"(生擒活捉) 솜씨를 칭찬하고 감탄하였다. 한 가지 주의할 것은 楊萬里의 시와 黃庭堅의 시가 하나는 경쾌하고 분명하여 속어가 섞여 있고, 하나는 경전을 인용하여 넓고 오묘하며 어렵고 깊이가 있어 보이지만, 楊萬里가 이론상에서는 결코 黃庭堅이 말한 "無一字無來處"의 범위를 벗어나지 않고 있음을 알아야 한다. 그는 물론 전고를 늘어놓지는 않았지만, 그러나 그가 사용한 속어는 모두 출전

이 있어서 白話 안에서도 비교적 古雅한 부분이었다. 독자는 그의 산뜻함과 자유로움만 볼 뿐, 이와 같은 용의주도한 면을 알기는 쉽지 않다. 일생 동안 2만여 수의 시를 썼다고 하지만 현존하는 것은 4,200여 수이다. 《誠齋集》이 있다.

尤袤(1127~1194)

常州 無錫(지금의 江蘇省에 속함) 사람으로, 字는 延之이고 號는 遂初居士이다. 紹興 18年(1148)에 進士가 되었고, 泰興(지금의 江蘇省에 속함)의 知縣을 지냈다. 그는 楊萬里·陸游·范成大와 함께 南宋四大家로 불릴 만큼 詩名이 높았으나 안타깝게도 지금 그의 시집은 전해지지 않는다. 후인들이 그의 시를 수집한 것 중에서 《錫山尤氏叢刻》 甲集의 《梁谿遺稿》가 어느 정도 갖추어 놓기는 했지만 아직도 증보의 여지가 있다. 지금 전해지는 그의 시는 대부분 평범하고 언어도 범속하여 楊萬里·陸游·范成大의 작품에 미치지 못한다. 다만 다음에 소개한 시는 그의 시작 중에서 압권에 속한다.

朱熹(1130~1200)

徽州 婺源(지금의 江西省에 속함) 사람으로 字는 元晦, 一字 仲晦, 號 晦庵, 又號 晦翁, 別稱 紫陽이다. 그는 南宋의 저명한 理學家인데, 그의 문학관점은 기본적으로 周敦頤·程頤 등의 '文以載道' 주장을 계승하여 '重道輕文'의 경향을 띠었다. 그러나 그는 문학석 소양이 있는 학자여서 詩와 文에 모두 상당한 성취를 거두었고, 古今 作家의 작품에 대한 평론 방면에서도 정채로운 견해를 많이 내었다. 그는 '詩言志'의 儒家詩觀을 답습하여 그의 시 대부분이 明理와 言志의 경향을 띠고 있지만 理學家의 시 중에서는 淸新活潑한 편이다. 《四書章句集注》·《周易本義》·《詩集傳》·《楚辭集注》 및 후인이 편찬한 《晦庵先生朱文公文集》과 《朱子語類》 등이 있다.

蕭德藻(?~?)

閩淸(지금의 복건성 민청) 사람으로 字가 東夫, 號가 千巖居士이다. 남송 고종 소흥 21년(1151)에 진사급제하여 烏程令을 지낸 바 있으며 나중에는 烏程에 있는 屛山에 은거했다. 그는 당시 尤袤·楊萬里·范成大·陸游 등과 시명을 나란히 했으며 우무나 양만리 대신 남송사대가로 꼽히기도 한다. 曾幾에게 시를 배운 적이 있는 그는 독서의 중요성은 인정하되 '以書爲詩'의 작시태도는 반대하는 등 강서시파의 영향에서 벗어나려고 노력했지만 그럼에도 불구하고 시풍이 呂本中이나 증기보다 더욱 황정견의 시풍에 가까와서 생경하고 기이한 표현이 많은 것으로 평가된다. 그의 시집은 전하는 것이 없고 일부의 시만 남아 있다.

姜夔(1155~1221)

饒州 鄱陽(지금의 강서성 波陽) 사람으로 字가 堯章, 호가 白石道人이다. 일찍이 부친을 따라 漢陽(지금의 호북성 武漢)에서 살다가 부친이 죽은 뒤에는 누나에게 의탁하여 살았다. 평생 벼슬에 나아가지 않고 호북·강서·안휘·강소·절강 등지를 돌아다니면서 남의 식객 노릇을 하다가 항주에서 세상을 떠났다. 그는 江湖詩派의 시인으로 초기에는 黃庭堅의 영향을 적지 않게 받았으나 나중에는 "古人과 같기를 추구하지 않되 같지 않을 수 없고, 고인과 다르기를 추구하지 않되 다르지 않을 수 없는"(不求與古人合而不能不合, 不求與古人異而不能不異)(〈詩集自序〉) 경지를 추구하여 자신의 길을 개척함으로써 楊萬里·范成大 등 여러 대가의 칭송을 받았다. 그는 특히 칠언절구에 뛰어나 현존하는 그의 시 70여 수 가운데 절반 정도를 차지한다. 그는 음악에 능통하고 詞를 잘 지어 시인으로보다 사인으로 더 유명하며, 자신의 시에 관한 견해를 담은《詩說》을 짓기도 했다.《白石道人詩集》이 있다.

徐璣(1162～1214)

永嘉(지금의 절강성 溫州) 사람으로 字가 文淵 또는 致中, 호가 靈淵이다. 동향의 친구인 徐照(字 靈暉, ?～1211)·翁卷(字 靈舒, ?～?)·趙師秀(號 靈秀, 1170～1220) 등과 더불어 永嘉四靈이라고 불렸다. 이들은 강서시파를 반대하고 만당시를 높이 받들어 한 글자 한 구절을 반복적으로 퇴고하는 苦吟을 주요 창작방법으로 삼되 典故와 成語의 사용을 지양하고 白描의 수법을 즐겨 써서 평이하다는 장점이 있는 반면에 깊은 맛이 없다는 단점이 있다.《二薇亭詩集》이 있다.

翁卷(?～?)

永嘉(지금의 浙江省 溫州市) 사람으로 字는 續古, 一字 靈舒이다. 여러 차례 과거에 응시하였으나 낙방하여 벼슬을 지낸 일이 없다. 시를 지음에 있어서는 晩唐을 배워 字句의 수식에 힘을 기울였으나 개중에는 自然淸新한 작품도 있다. 徐照·徐璣·趙師秀와 함께 永嘉四靈으로 불린다.《葦碧軒集》이 있다.

趙師秀(?～1219)

永嘉(지금의 浙江省 溫州市) 사람으로 字는 紫芝이고 號 靈秀, 一號 天樂이다. 紹熙 元年(1190)에 進士가 되었다. 그는 晩唐의 賈島·姚合을 종주로 삼고 字句의 조탁에 힘써 江西派의 병폐를 바로잡으러 했지만 표현범위가 협소하고 변화가 다채롭지 못하다는 한계를 극복하지 못하였다. 徐照·徐璣·翁卷과 함께 永嘉四靈으로 불린다.《淸苑齋集》이 있다.

戴復古(1167～?)

黃巖(지금의 절강성 황암) 사람으로 字가 式之, 號가 石屛이다. 그는 평생 동안 벼슬에 나아가지 않고 강호를 유랑했다. 그는 유명한 江湖派 시인이지만 四靈派가 제창한 만당시의 영향도 받았고 나중에는 江西派의 시풍도 받아들였다. 위인이 매우 신중하여 좌중에서 세상사를 이야기하는 경우가 별로 없었지만 그의 시 가운데는 과감하게 조정의 실정을 비판한 것이 많다. 《石屛詩集》이 있다.

華岳(?~?)

貴池(지금의 안휘성 귀지) 사람으로 字가 子西, 호가 翠微이다. 그는 開禧 원년(1205)에 간신 韓侂胄 등을 처형하라는 상소를 올렸다가 폄적되기도 하고, 나중에는 또 간신 史彌遠을 제거하려다가 도리어 죽음을 당하기도 한 武科 출신의 애국지사였다. 그의 시는 강서시파나 강호시파의 영향을 받지 않았으며 거칠고 비속하다는 비판에도 불구하고 시종 솔직담백한 작풍을 유지했다. 《翠微北征錄》이 있다.

嚴羽(?~?)

邵武(지금의 복건성 邵武) 사람으로 字가 義卿 또는 丹邱이고 호가 滄浪逋客이다. 남송의 詩論家로 《滄浪詩話》라는 유명한 시화를 남긴 그는 시의 議論的 성격을 반대하고 여운과 함축을 중시하여 唐詩 중에서도 특히 성당시를 좋아했다. 그의 《창랑시화》는 명청대에 이르러 송대 최고의 시화로 추앙될 정도로 지대한 영향력을 발휘하여 神韻派의 이론적 바탕이 되었다. 그러나 그의 시는 성취가 별로 크지 않아 자신의 이론에 훨씬 못 미칠 뿐만 아니라 왕왕 모방의 흔적을 보이는 것으로 평가되기도 한다. 《滄浪吟》이 있다.

劉克莊(1187~1269)

蒲田(지금의 복건성 蒲田) 사람으로 字가 潛夫, 호가 後村居士이다. 理宗 淳祐(1241~1252) 연간에야 同進士出身을 하사받았으며 여러 가지 벼슬을 거쳐 工部尙書兼侍讀에 이르렀다. 그는 江湖詩派의 한 사람으로 처음에는 四靈詩派의 영향을 많이 받아 시구의 雕琢을 비교적 중시했으나 나중에는 사령시파와 강서시파의 극단적인 태도에서 벗어나 陸游를 추앙하여 현실주의의 노선을 걸었다. 그의 시와 사는 모두 중원회복에 대한 갈망과 남송 집권자들의 안일한 태도에 대한 분노를 토로한 것이 많다. 《後村集》이 있다.

方岳(1199~1262)

歙州 祁門(지금의 安徽省에 속함) 사람으로, 字는 巨山이고 號는 秋崖이다. 紹定 5年(1232)에 進士가 되었다. 남송 후기에 시인으로서의 명성이 높아서 劉克莊을 능가할 정도였다. 그는 처음에는 江西詩派에 입문하였으나 후에는 楊萬里와 范成大의 영향을 받았다. 그는 典故와 成語를 조합하여 참신하면서도 교묘한 對偶를 만드는 데 능숙하였다. 《秋崖集》이 있다.

葉紹翁(1224년 전후)

處州 龍泉(지금의 浙江省에 속함) 사람으로, 字는 嗣宗이고 號는 靖逸이다. 그의 학문은 葉適(永嘉學派)에게서 나왔으며, 眞德秀와 가깝게 지냈다. 江湖派 시인으로 7言絶句에 특히 뛰어났다. 《靖逸小集》이 있다.

樂雷發(1240년 전후)

舂陵(지금의 호남성 寧遠의 서북쪽) 사람으로 字가 聲遠, 호가 雪磯先生이며, 총명하고 영민하기로 소문났으면서도 여러 차례 과거에 낙제한 것을 안타깝게 여겨 理宗 寶祐 원년(1253)에 급제한 그의 제자 姚勉이 자신의 급제를 스승에게 양보하기를 청하는 상소를 올리자 이종이 친히 시험한 후 特科第一을 하사했기 때문에 세상에서 特科狀元이라고 부르기도 했다. 당시의 정치 풍조에 실망하여 오래지 않아 벼슬을 그만두고 고향으로 돌아가 雪磯에 은거했다. 江湖派에 속하지만 강건하고 격앙된 정조를 띠는 시도 조금 있다.《雪磯叢稿》가 있다.

謝枋得(1226~1289)

信州 弋陽(지금의 江西省에 속함) 사람으로, 字는 君直이고 號는 疊山이다. 寶祐 4年(1256)에 進士가 되었다. 한때 군사를 일으켜 元에 대항하였으나 宋이 멸망한 후에는 성명을 바꾸고 숨어 살다가 곡기를 끊고 죽었다고 한다. 그의 시에는 세상과 시대를 비관하며 슬퍼한 내용이 많아 意境이 沈痛悲凉하지만 언어는 소박하면서 운치가 있다. 그의 원래 문집은 없어졌고 후인이 편집한《疊山集》이 있다.

蕭立之(?~?)

寧都(지금의 강서성 寧都) 사람으로 일명 立等이라고도 하며 字가 斯立, 호가 冰崖이다. 理宗 淳祐 10년(1250)에 진사 급제하여 南城知縣·南昌推官·辰州通判 등의 지방관을 역임하다가 남송이 망하자 원나라 조정을 극도로 증오하며 벼슬을 그만두고 고향으로 돌아가 은거했다. 남송 조정이 위기에 처했을 때 나라를 지키기 위하여 전쟁터에 나가기도 했던 그의 시는 대체로 명쾌하고 시원스러운 풍격을 지니고 있다. 원래 26卷의 시집이 있었으나 전란에 대부분이 망실되고 현재 남은 것은 모두 3卷으로《蕭冰崖詩集拾遺》에 수록되어 있다.

周密(1232~1298)

吳興(지금의 절강성 湖州) 사람으로 字가 公謹, 호가 草窓 또는 弁陽嘯翁이다. 남송 말에 義烏(지금의 절강성 義烏)縣令 등의 관직을 역임했으나 남송이 망한 뒤로는 벼슬을 그만두었다. 그의 시는 만당체를 배워 섬세하고 화려하며 나라가 망하는 시기를 살았으면서도 국가와 시절에 대한 감개를 읊은 시는 극히 적다.《草窓韻語》가 있다.

文天祥(1236~1283)

吉州 廬陵(지금의 강서성 吉安) 사람으로 字가 履善 또는 宋瑞, 호가 文山이다. 理宗 寶祐 4년(1256)에 장원으로 급제하여 벼슬이 右丞相兼樞密使에 이르렀다. 그는 남송 말년의 유명한 애국지사요 애국시인으로 德祐(1275~1276) 연간에 元나라의 침략을 받아 나라가 위급존망지추에 처했을 때 자신의 전재산을 털어서 의병을 규합하여 복건·강서·광동 등지에서 항원투쟁을 전개하다가 祥興 원년(1278) 12월에 광동에서 붙잡혀 이듬해 10월 大都(지금의 北京)로 압송되어 약 4년 동안 포로생활을 했지만 차라리 죽을지언정 항복할 수는 없다며 끝까지 저항하다가 마침내 피살되었다. 그의 시는 덕우(1275~1276) 연간을 전후하여 성향이 크게 달라진다. 전기는 江湖詩派의 영향을 받아 친구들끼리 서로 주고받은 평범한 應酬詩가 많고, 덕우 2년(1276) 항원투쟁을 벌이다가 붙잡혀서 大都에 구금된 이후인 후기에는 국가와 민족의 불행에 직면하여 비분강개한 우국충정을 직설적으로 토로한 애국시가 많으며 그 중에서도 남송이 망한 뒤에 지은 시는 더더욱 비장하다.《文山先生全集》이 있다.

汪元量(?~?)

臨安 錢塘(지금의 浙江省 杭州市) 사람으로, 字는 大有이고 號는 水雲이다. 南宋 度宗 때의 宮廷 琴師였는데, 남송 멸망 후 元에 의해 북쪽으로 끌려갔다가 나중에 道士가 되어 남쪽으로 돌아왔다. 남송 亡國의 상황과 恨이 그의 시에 대량으로 반영되어 있는데, 묘사가 구체적이고 생생하다. 전체 작품을 통해 볼 때 가끔씩 黃庭堅과 陳師道의 成句를 차용하고는 있지만 또한 江湖派의 시를 배웠다고 할 수 있다.

林景熙(1242～1310)

平陽(지금의 절강성 平陽) 사람으로 字가 德陽, 호가 霽山이다. 남송 때는 泉州教授 · 從政郎 등의 하급 관직을 역임했으나 원나라에 들어서는 벼슬을 버리고 고향으로 돌아가 나라 잃은 슬픔을 달래며 은거했다. 그는 동지들과 함께 약초를 캔다는 핑계로 산에 들어가 원나라 사람들에게 도굴당한 후 버려진 송나라 황제의 유골을 수습하여 蘭亭에 다시 묻어 주기도 했다. 그의 시는 나라 잃은 슬픔을 노래한 것과 송나라의 옛날 일을 회상한 것이 많아 비장한 정조가 주류를 이룬다. 《霽山先生集》이 있다.

A Bilingual Anthology of Song Poetry

It is not easy to discuss merits and demerits of poetry of the Tang Dynasty and the Song Dynasty, as they are two great pillars of Chinese ancient poetry. There have been heated controversies over their merits and demerits from the period of Southern Song Dynasty until these days, but more people voice their opinions that the Chinese ancient poetry reached a peak in the Tang Dynasty.

In fact, differences between poetry of the Tang Dynasty and the Song Dynasty boil down to 'distinctness' rather than 'superiority and inferiority.' Given this, it is thoughtless and unnecessary to discuss their merits and demerits. While poetry of the Tang Dynasty is based on outpouring of emotions, poetry of the Song Dynasty is focused on reason and speculative philosophy, and is more prosaic than poetry of the Tang Dynasty and the style of the poetry is somewhat tranquil and peaceful. As the poetry of the Tang Dynasty is often likened to liquor and that of the Song Dynasty is to tea, strong feelings are reflected in the poetry of the Tang Dynasty and cool-headed reason is involved in poetry of the Song Dynasty. This book selected 285 poems written by 61 poets, among 270,000 poems composed by 9,300 poets of the Song Dynasty , and then translated the poems with notes and gave an explanation of them in order to help readers have an understating of poems of the Song Dynasty. With the aim of helping readers see the whole picture of poetry of the Song Dynasty with the small numbers of poetry, like a fragment of many fish scales, this book was written in accordance with the following principles:

1. Select poets who can clearly show the development of poetry of the Song Dynasty and represent the characteristics of each period or each

group of poets;

2. Classify selected poets into four classes, depending on their significance, and select representative works within a specific scope of each class.

This book selected 285 poems written by 61 poets in accordance with the aforementioned principles, including Wang Yucheng(王禹偁), Kou Zhun(寇準), Lin Bu(林逋), Yang Yi(楊億), Fan Zhongyan(范仲淹), Liu Yong(柳永), Yan Shu(晏殊), Song Qi(宋祁), Mei Yaochen(梅堯臣), Ouyang Xiu(歐陽修), Su Shunqin(蘇舜欽), Li Gou(李覯), Shao Yong(邵雍), Wen Tong(文同), Zeng Gong(曾鞏), Sima Guang(司馬光), Wang Anshi(王安石), Zheng Xie(鄭獬), Liu Ban(劉攽), Wang Ling(王令), Zhang Shunmin(張舜民), Su Shi(蘇軾), Su Zhe(蘇轍), Huang Tingjian(黃庭堅), Qin Guan(秦觀), He Zhu(賀鑄), Chen Shidao(陳師道), Zhang Lei(張耒), Kong Pingzhong(孔平仲), Han Ju(韓駒), Tang Geng(唐庚), Wang Zao(王藻), Wang Tinggui(王庭珪), Li Qingzhao(李淸照), Lü Benzhong(呂本中), Zeng Ji(曾幾), Chen Yuyi(陳與義), Liu Zihui(劉子翬), Lu You(陸游), Fan Chengda(范成大), Yang Wanli(楊萬里), You Mao(尤袤), Zhu Xi(朱熹), Xiao Dezao(蕭德藻), Jiang Kui(姜夔), Xu Ji(徐璣), Weng Juan(翁卷), Zhao Shixiu(趙師秀), Dai Fugu(戴復古), Hua Yue(華岳), Yan Yu(嚴羽), Liu Kezhuang(劉克莊), Fang Yue(方岳), Ye Shaoweng(葉紹翁), Yue Leifa(樂雷發), Xie Fangde(謝枋得), Xiao Lizhi(蕭立之), Zhou Mi(周密), Wen Tianxiang(文天祥), Wang Yuanliang(汪元量), Lin Jingxi(林景熙).

This book annotated on the selected poems in detail, gave an explanation of specific poetic words and verses, as well as creation backgrounds of the works and their literature meanings, thereby helping readers have a deeper understanding of the works and promoting efficiency of appreciation. This book also briefly explained lives and poetical styles of poets in the end of the book to help readers understand positions of poets in the literary history.

■ 시인 찾아보기

《ㄱ》

姜 夔 518-526
孔平仲 342-344
歐陽修 78-112
寇 準 20-24

《ㄷ》

唐 庚 350-352
戴復古 542-546

《ㅁ》

梅堯臣 54-76
文 同 158-160
文天祥 600-618

《ㅂ》

方 岳 570-574
范成大 454-476
范仲淹 40-42

《ㅅ》

司馬光 166-168
謝枋得 588-590
徐 璣 528-530
葉紹翁 578-580
蕭德藻 512-516
蕭立之 592-594
蘇舜欽 114-144
蘇 軾 218-264
邵 雍 150-160
蘇 轍 266-268
宋 祁 52-53

《ㅇ》

樂雷發 584-590
晏 殊 48-50
楊萬里 478-498
楊 億 32-38
嚴 羽 552-554
呂本中 370-380
翁 卷 532-534
王 令 214-212
王安石 170-192
王禹偁 2-18
汪元量 620-622
王庭珪 362-364
王 藻 356-360
尤 袤 500
劉克莊 556-568
劉 攽 200-202
柳 永 44-47

劉子翬 406-410
陸　游 412-452
李　覯 146-148
李清照 366-368
林景熙 624-626
林　逋 26-30

《ㅈ》

張　耒 330-340
張舜民 214
鄭　獬 196-198
趙師秀 536-540
周　密 596-598
朱　熹 506-510
曾　鞏 162-164
曾　幾 382-386
秦　觀 292-302
陳師道 309-328
陳與義 388-404

《ㅎ》

賀　鑄 308-309
韓　駒 346-348
華　岳 548-550
黃庭堅 270-290

■ 작품 찾아보기

《ㄱ》

假山 204
假中示張寺丞王校勘 50
葛溪驛 174
感流亡 8
感憤 208
感春十三首(其一) 330
强起 172
江上 408
江上看山 218
江上漁者 40
劍門道中遇微雨 420
牽船人 72
庚子薦饑三首(其一) 542
慶州敗 114
溪亭 626
古梅二首(其一) 514
苦雨初霽 146
高竹八首(其二) 150
苦寒行 568
過百家渡四絶句 478
過垂虹 520
過零丁洋 602
關山月 430
觀書有感二首(其一) 506
九日寄秦覯 312
軍中樂 566
金陵驛二首(其一) 606
金錯刀行 422
己酉亂後寄常州使君姪 358
寄黃幾復 274

《ㄴ》

落梅 558
落花二首(其一) 52
南安軍 604
南朝 32
覽照 144
勞歌 332
勞坑入前城 270
魯山山行 64
農謠五首 572

《ㄷ》

對雪 2
代意 38
悼亡(其一) 66
道傍田家 168
道傍店 488
桃源行 192
陶者 54
逃戶 586
讀老杜詩集 210
獨步至洛濱二首 (其二) 166
同謝師厚宿胥氏書齋聞鼠甚患之 68
冬日田園雜興十二絶(其十) 476
東坡八首(其一, 其二) 246

登岳陽樓 516
登岳陽樓二首(其一) 394
登快閣 272
登快哉亭 324

《ㅁ》

晩泊岳陽 80
晩春田園雜興十二絶(其三) 470
望雲樓 158
梅花絶句 450
明妃曲二首(其一) 176
明妃曲和王介甫 100
牡丹 402
夢 380
武夷山中 588
戊辰卽事 556
聞雨 416
憫農 480

《ㅂ》

泊船瓜洲 184
跋子瞻和陶詩 288
百步洪二首(其一) 242
范饒州坐中客語食河豚魚 56
泛淮 320
法惠寺橫翠閣 230
汴京紀事二十首(其一) 406
邊戶 98
別三子 308
病起荊江亭卽事十首(其一, 其八) 280
兵亂後雜詩五首 370
北來人二首(其一) 560
分宜逆旅逢同郡客子 498

《ㅅ》

泗州東城晩望 292
山居 530
山園小梅 28
山窓新糊有故朝封事稿閱之有感 624
山村冬暮 30
三衢道中 382
三虎行 574
挿秧歌 484
桑茶坑道中八首 486
傷春 400
西樓 162
書憤 440
西塍廢圃 598
書鄢陵王主簿所畵折枝二首(其一) 258
書河上亭壁(其四) 22
暑旱苦熱 206
書湖陰先生壁二首(其一) 190
昔遊詩十五首(其五) 526
薛氏瓜廬 540
雪後黃樓寄負山居士 316
城南 164
洗兒戲作 252
繅絲行 456
蘇秀道中自七月二十五日夜大雨三日,
秋苗以蘇, 喜而有作 384
逍遙堂會宿二首(其一) 266
送人之常德 592

送胡邦衡之新州貶所二首(其一) 362
水谷夜行寄子美聖兪 82
水口行舟二首(其一) 508
首尾吟(其七十八) 152
數日 536
酬沖卿月晦夜有感 186
宿芥塘佛祠 306
示三子 314
示兒 452
示長安君 180
食荔支二首(其二) 264
食糟民 108
新涼 528
新晴 202
新晴山月 160
新秋卽事(其二) 14
沈園二首 448
十一月四日風雨大作二首(其二) 446

《ㅇ》

餓者行 212
鵝湖寺和陸子壽 510
鄂州南樓書事四首(其一) 290
安樂坊牧童 490
安樂吟 154
夜歸 596
夜讀兵書 412
野望 534
夜泊寧陵 346
野色 42
冶城 562
夜宿田家 544
夜坐 340
夜坐有感 466
夜直 182
夜聽隣家唱 70
約客 538
襄邑道中 388
揚子江 600
於潛僧綠筠軒 236
憶錢塘江 148
汝墳貧女 60
荔支歎 260
連州陽山歸路 378
烏江 366
正氣歌 610
吳越大旱 120
五月十一日夜且半, 夢從大駕親征, 盡復漢唐故地, 見城邑人物繁麗, 云西涼府也. 喜甚, 馬上作長句, 未終篇而覺, 乃足成之 436
五月初二日苦熱 492
吳中田婦歎 226
偶成 594
寓意 48
雨中對酒庭下海棠經雨不謝 396
雨中登岳陽樓望君山二首 286
雨中遊天竺靈感觀音院 222
雨晴 404
雨後池上 200
遠恨 24
有感六首 554
有美堂暴雨 238
遊山西村 414
遊園不値 578
柳州開元寺夏雨 376

六月十四日宿東林寺 434
六月二十七日望湖樓醉書五絶(其一) 224
飮湖上初晴後雨二首(其二) 234
依韻和勝之暑飮 126
蟻蝶圖 284
二月二日出郊 364
日本刀歌 104
日長簡仲咸 18
壬戌歲除作明朝六十歲矣 386
臨安春雨初霽 442
臨川逢鄭遐之之雲夢 552

《ㅈ》

煮海歌 44
蠶婦吟 590
長歌行 424
張求 352
田家 318
田家三詠 580
田家十首(其四) 550
田居四首(其一) 294
絶句四首(其四) 326
題西林壁 254
除夜 618
霽夜 344
除夜自石湖歸苕溪十首 518
啼鳥 88
題竹石牧牛 278
州橋 462
竹林 26
中牟道中二首 390
中秋松江新橋對月和柳令之作 140
中秋夜八絶(其一) 268
卽事二首 356
眞州驛 608

《ㅊ》

次韻太守向公登樓眺望二首(其一) 300
策杖 410
淸明 392
淸燕堂 304
滯客 198
初見嵩山 338
初發夷陵 432
樵夫 512
蜀士 132
村行 16
催租行 458
秋夜將曉出籬門迎涼有感二首(其二) 444
秋日家居 76
秋日登海州乘槎亭 336
秋日三首(其一) 298
秋日田園雜興十二絶(其九) 474
秋日行村路 584
築城行 564
春思 570
春日 360
春日郊外 350
春日登樓懷歸 20
春日五首(其二) 302
春日田園雜興十二絶(其二) 468
春日卽事二首(其二) 374

春殘 368, 428
春盡 196
春寒 398
春懷示隣里 328
醉歌十首 620
驟雨 548
醉吟 494

《ㅌ》

打麥 214

《ㅍ》

八月九日晨興如厠有鴉啄蛆 74
八月十五日看潮五絶 240
平甫見招不欲往二首(其一) 522
豊樂亭游春三首 94

《ㅎ》

河北民 170
夏日田園雜興十二絶(其七) 472
夏中 142
學書(其二) 112
閒居初夏午睡起二絶句 482
漢武 34
寒食郊行書事二首(其一) 454
海州道中二首(其二) 334
鄕村四月 532
惠崇春江晩景二首(其一) 256
湖上寓居雜詠十四首 524
湖州歌九十八首 622
湖天暮景 496
紅梅三首(其一) 250
禾熟三首(其一) 342
和李上舍冬日書事 348
和子由澠池懷舊 220
黃州 418
會同館 464
淮民謠 500
淮中晩泊犢頭 138
淮村兵後 546
後催租行 460
後湖晩坐 322
戱答元珍 78
戱呈孔毅父 276

역해자 소개

류종목(柳種睦)
서울대학교 인문대학 중어중문학과 졸업
서울대학교 대학원 중어중문학과 졸업(문학박사)
대구대학교 인문대학 중어중문학과 부교수 역임
현재 서울대학교 인문대학 중어중문학과 교수

저 · 역서
《蘇軾詞硏究》, 중문출판사, 1993
《唐宋詞史》(공역), 신아사, 1995
《여산진면목》, 솔출판사, 1996
《논어의 문법적 이해》, 문학과지성사, 2000
《범성대 시선》, 문이재, 2002
《팔방미인 소동파》, 신서원, 2005
《완역소식시집1》, 서울대학교출판부, 2005
《육유 시선》, 민음사, 2007
《소동파 시선》, 지만지, 2008
《소동파 사선》, 지만지, 2008

송용준(宋龍準)
서울대학교 인문대학 중어중문학과 졸업
서울대학교 대학원 중어중문학과 졸업(문학박사)
영남대학교 문과대학 중어중문학과 교수 역임
현재 서울대학교 인문대학 중어중문학과 교수

저 · 역서
《淮海詞譯注》, 영남대학교출판부, 1988
《秦觀詞硏究》, 영남대학교출판부, 1989
《現代中國語文法의 諸問題》, 중문출판사, 1991
《唐宋詞史》(공역), 新雅社, 1995
《중국어어법발전사》(공역), 사람과책, 1997
《蘇舜欽詩譯註》, 서울대학교출판부, 2001
《宋詩史》(공저), 도서출판 역락, 2004
《中國詩律學》, 소명출판사, 2005
《柳永詞選》, 민음사, 2007
《甌北詩話》, 서울대학교출판부, 2009
《桃花扇譯解》(공역), 소명출판사, 2009

송시선

2001년 6월 30일 초 판 제1쇄 발행
2009년 9월 1일 개정판 제1쇄 인쇄
2009년 9월 5일 개정판 제1쇄 발행

역해자 | 류종목 · 송용준
발행인 | 이장무
발행처 | 서울대학교출판문화원
151-742 서울 관악구 관악로 599
전화 02-889-4424, 02-880-7995
Fax 02-888-4148
E-mail snubook@snu.ac.kr
Home-page http://www.snupress.com

출판등록 제15-3호

ISBN 978-89-521-1044-2 93820